交通版高等学校交通工程专业规划教材

JIAOTONG DIAOCHA YU FENXI
# 交通调查与分析

主　编　马超群　王建军
副主编　王卫杰
主　审　严宝杰

人民交通出版社股份有限公司
China Communications Press Co.,Ltd.

## 内 容 提 要

本书为交通版高等学校交通工程专业规划教材之一。全书是在结合我国交通特点并总结近 40 年来交通调查理论与方法的研究成果和实践经验的基础上编写而成，并着重于交通调查方案的拟订、方法的选择和有关仪器的优缺点分析等内容，本书还注意对所收集资料数据的统计分析的介绍，同时书中附有计算实例和大量调查所用的表格。全书共 16 章，主要内容有：绪论、交通量调查、车速调查、密度调查、通行能力调查、行车延误调查、起讫点(OD)调查、车辆停放调查、行人与非机动车交通调查、公共交通调查、交通意向(SP)调查、交通安全调查、交通环境保护调查、面向交通规划的调查、预可、工可及后评价调查和面向建设项目交通影响评价的调查等。

本书可作为交通工程专业和土木工程专业公路与城市道路方向本科教材或研究生参考教材，也可供从事公路、城市道路、交通规划、交通工程、交通管理、交通经济分析等相关工作的技术人员和决策者参考使用。

图书在版编目(CIP)数据

交通调查与分析/马超群，王建军主编. —北京：人民交通出版社股份有限公司，2016.6
交通版高等学校交通工程专业规划教材
ISBN 978-7-114-12719-9

Ⅰ.①交… Ⅱ.①马… ②王… Ⅲ.①交通调查—高等学校—教材②交通分析—高等学校—教材 Ⅳ.①U491.1

中国版本图书馆 CIP 数据核字(2016)第 001837 号

交通版高等学校交通工程专业规划教材

| | |
|---|---|
| 书　　名： | 交通调查与分析 |
| 著 作 者： | 马超群　王建军 |
| 责任编辑： | 郭红蕊　李　娜 |
| 出版发行： | 人民交通出版社股份有限公司 |
| 地　　址： | (100011)北京市朝阳区安定门外外馆斜街 3 号 |
| 网　　址： | http://www.ccpress.com.cn |
| 销售电话： | (010)59757973 |
| 总 经 销： | 人民交通出版社股份有限公司发行部 |
| 经　　销： | 各地新华书店 |
| 印　　刷： | 北京印匠彩色印刷有限公司 |
| 开　　本： | 787×1092　1/16 |
| 印　　张： | 25.75 |
| 字　　数： | 596 千 |
| 版　　次： | 2016 年 6 月　第 1 版 |
| 印　　次： | 2021 年 1 月　第 4 次印刷 |
| 书　　号： | ISBN 978-7-114-12719-9 |
| 印　　数： | 8001—10000 册 |
| 定　　价： | 48.00 元 |

(有印刷、装订质量问题的图书由本公司负责调换)

# 交通版高等学校交通工程专业规划教材
## 编审委员会

主 任 委 员：徐建闽(华南理工大学)
副主任委员：马健霄(南京林业大学)
　　　　　　王明生(石家庄铁道大学)
　　　　　　王建军(长安大学)
　　　　　　李淑庆(重庆交通大学)
　　　　　　吴　芳(兰州交通大学)
　　　　　　张卫华(合肥工业大学)
　　　　　　陈　峻(东南大学)
委　　　员：马昌喜(兰州交通大学)
　　　　　　王卫杰(南京工业大学)
　　　　　　龙科军(长沙理工大学)
　　　　　　朱成明(河南理工大学)
　　　　　　刘廷新(山东交通学院)
　　　　　　刘博航(石家庄铁道大学)
　　　　　　杜胜品(武汉科技大学)
　　　　　　郑长江(河海大学)
　　　　　　胡启洲(南京理工大学)
　　　　　　常玉林(江苏大学)
　　　　　　梁国华(长安大学)
　　　　　　蒋阳升(西南交通大学)
　　　　　　蒋惠园(武汉理工大学)
　　　　　　韩宝睿(南京林业大学)
　　　　　　靳　露(山东科技大学)
秘　书　长：张征宇(人民交通出版社股份有限公司)

(按姓氏笔画排序)

# 前 言

　　道路交通是国民经济的重要基础产业和新的经济"增长点",是社会及经济快速、健康、持续发展的生命线,并在一定程度上标志着一个国家或地区社会经济的发展水平。而经过交通调查与分析得到的基础数据资料是在交通规划,交通分析,交通设施设计,建设及运营管理,交通管理与控制,交通安全,交通环境保护和交通流理论等方面实践与研究的重要依据。

　　1990年7月《交通调查与分析》出版至今已有20多年,这期间在2004年进行了修订,出版了该教材的第二版,交通调查与分析作为普通高等学校交通工程专业的主干专业课程,这两版教材在我国交通工程专业的人才培养和教学上做出了突出贡献。但是无论是根据交通领域发展的现实情况,还是针对教学本身的要求,对本教材进行新的修订已经是责无旁贷了。恰逢人民交通出版社股份有限公司启动"交通版高等学校交通工程专业规划教材"建设,编者有幸参与本教材的修订工作。

　　本次修订继承和发扬了《交通调查与分析》前两版的风格和特色,编排上基本承袭了第二版的结构,修订的内容主要包括:第7章按照起讫点调查的三大项"居民出行调查""机动车OD调查"和"货流OD调查"进行编排,结合国内大城市开展的调查实践对"居民出行调查"有较大篇幅的更新,新增"机动车OD调查"和"货流OD调查",原有的"自行车使用调查"调整至第9章;第10章增加了"公共交通运输能力的计算与调查""公共交通乘客满意度调查""轨道交通客流调查"等内容;删减了第二版中的第13章畅通工程调查,增加了第11章交通意向(SP)调查、第16章面向建设项目交通影响评价的调查;第14章面向交通规划的调查按照"城市综合交通规划"和"公路网规划"中的交通调查项目重新编排,结合最新的《城市综合交通体系规划交通调查导则》,阐述面向城市综合交通规划的调查与分析方法,新增"面向公路网规划的调查"。同时,结合每一章节的要点和编者多年来的教学经验和实践,在每章开篇编写了教学目标,指出本章教学的基本内容、重点和难点,同时分"掌握""理解"和"了解"三个层次提出了相应的学习目标;在每章的章尾编写了课后习题。教学目标和课后习题可供教师参考,也便于学生自主学习、复习、思考与应用。另外,本版教材还根据我国新发布的有关技术标准和规范,对前版中的相关内容进行了修改和增补。

　　本书第2、6、7、10、14、16章由长安大学马超群编写,第1、4、12、13、15章由长安大学王建军编写,第3章由西安建筑科技大学王玉萍编写,第5章由长安大学韩荣良编写,第8章由山东交通学院纪英编写,第9章由山东科技大学靳露编写,第11章由南京工业大学王卫杰编写。全书由长安大学马超群、王建军担任主编,南京工业大学王卫杰担任副主编,由长安大学严宝杰教授担任主审。研究生李文兵、罗芳、尹晓桐等收集整理了部分资料,并参与了图表制作和文字整理工作。

  本次修订,参考、吸收了国内外众多学者的研究成果和使用本教材的部分读者、师生的宝贵意见。在此,对本教材所引用的参考资料的作者、给本教材提出宝贵意见和建议的读者及师生表示衷心的感谢。鉴于交通调查的各种技术和方法正处于不断完善和发展之中,本次修订限于编写人员水平,疏漏和不当之处在所难免,敬请读者批评、指正,以便再版时修正,以臻完善。

编 者

2015 年 10 月

# 目录

| | |
|---|---|
| **第1章 绪论** | 1 |
| 1.1 交通调查的定义和对象 | 1 |
| 1.2 交通调查的类别 | 2 |
| 1.3 交通调查发展情况 | 3 |
| 1.4 学习本课程的意义和要求 | 5 |
| 课后习题 | 6 |
| **第2章 交通量调查** | 7 |
| 2.1 概述 | 7 |
| 2.2 交通量调查方法 | 12 |
| 2.3 交通量调查方案的设计与实施 | 25 |
| 2.4 数据资料整理与分析 | 37 |
| 课后习题 | 57 |
| **第3章 车速调查** | 59 |
| 3.1 概述 | 59 |
| 3.2 地点车速调查 | 62 |
| 3.3 区间车速和平均车速调查 | 75 |
| 课后习题 | 93 |
| **第4章 密度调查** | 95 |
| 4.1 概述 | 95 |
| 4.2 密度调查方法 | 102 |
| 课后习题 | 111 |
| **第5章 通行能力调查** | 113 |
| 5.1 概述 | 113 |
| 5.2 调查方法 | 115 |
| 5.3 数据资料整理与分析 | 125 |
| 课后习题 | 136 |

## 第 6 章　行车延误调查 ...... 137
 6.1　概述 ...... 137
 6.2　路段行车延误的调查方法 ...... 142
 6.3　交叉口延误的调查方法 ...... 149
 课后习题 ...... 158

## 第 7 章　起讫点 (OD) 调查 ...... 160
 7.1　概述 ...... 160
 7.2　居民出行调查 ...... 165
 7.3　机动车 OD 调查 ...... 181
 7.4　货流 OD 调查 ...... 185
 课后习题 ...... 188

## 第 8 章　车辆停放调查 ...... 200
 8.1　概述 ...... 200
 8.2　停车设施供应调查 ...... 207
 8.3　路内车辆停放实况调查 ...... 210
 8.4　路外车辆停放实况调查 ...... 212
 8.5　数据资料整理与分析 ...... 215
 课后习题 ...... 221

## 第 9 章　行人与非机动车交通调查 ...... 222
 9.1　概述 ...... 222
 9.2　行人交通特性调查 ...... 227
 9.3　自行车交通调查 ...... 240
 课后习题 ...... 244

## 第 10 章　公共交通调查 ...... 245
 10.1　概述 ...... 245
 10.2　公共交通设施调查 ...... 249
 10.3　公共交通运输能力的计算与调查 ...... 250
 10.4　公共交通乘客满意度调查 ...... 261
 10.5　常规公交客流调查 ...... 269
 10.6　轨道交通客流调查 ...... 273
 10.7　数据资料整理与分析 ...... 274
 课后习题 ...... 284

## 第 11 章　交通意向 (SP) 调查 ...... 290
 11.1　概述 ...... 290
 11.2　SP 调查设计 ...... 292
 11.3　数据资料整理与分析 ...... 303
 课后习题 ...... 305

## 第12章　交通安全调查 306
- 12.1　概述 306
- 12.2　交通事故调查 312
- 12.3　交通事故分析 315
- 12.4　交通冲突调查 321
- 12.5　事故多发点(路段)调查 331
- 课后习题 335

## 第13章　交通环境保护调查 336
- 13.1　概述 336
- 13.2　大气污染调查与分析 339
- 13.3　噪声污染调查与分析 343
- 13.4　振动污染调查与分析 351
- 课后习题 353

## 第14章　面向交通规划的调查 354
- 14.1　概述 354
- 14.2　面向城市综合交通规划的交通调查 355
- 14.3　面向公路网规划的调查 374
- 课后习题 377

## 第15章　预可、工可及后评价的调查 378
- 15.1　概述 378
- 15.2　预可、工可资料调查与分析 380
- 15.3　公路建设项目后评价资料调查 386
- 课后习题 391

## 第16章　面向建设项目交通影响评价的调查 392
- 16.1　概述 392
- 16.2　土地利用调查 395
- 16.3　道路交通设施调查 395
- 16.4　交通运行状况调查 396
- 16.5　停车调查 399
- 16.6　公共交通调查 399
- 16.7　周边同类性质项目调查 400
- 课后习题 400

## 参考文献 401

# 第1章 绪 论

【教学目标】
　　交通调查是交通工程学科中的一个重要组成部分,交通工程学的发展在一定程度上依靠交通调查工作的开展和数据资料的积累与利用。本章的教学内容主要包括:
　　(1)基本内容:交通调查的定义、对象、类别以及我国交通调查发展概况;
　　(2)重点:交通调查的定义,交通调查的类别。
　　通过本章内容学习希望能够达到以下几个目标:
　　(1)掌握:交通调查的定义和类别;
　　(2)了解:交通调查的发展历史和趋势。

　　交通调查是一项平凡、工作量大而又非常重要的基础工作。为了发展我国的道路交通事业,必须充分发挥交通工程学的作用,积极开展系统的、有计划的交通调查工作。交通调查就是通过对多种交通现象进行调查,提供准确的数据信息,为交通规划、交通设施设计与建设、交通管理与控制、交通安全、交通环境保护和交通流理论研究等各方面服务。因此,我们必须重视交通调查的作用,熟悉和了解交通调查的内容和方法,以便更好地发挥交通调查的作用。

## 1.1 交通调查的定义和对象

　　交通调查是指利用客观的手段测定道路交通流及有关的交通现象的片段,并进行分析与判断,从而了解掌握交通状态及有关的交通现象规律的工作过程。其目的是向交通、城市建设规划和环境保护以及公安交通管理等部门提供用于改善、优化道路交通的实际参考资料和数据。

　　在上述定义中,之所以用"有关的交通现象的片段"这种提法,是由于交通现象是一种范围很广泛,且随时间变化的复杂现象,因此很难考虑作一次性调查或任何综合性的描述。交通调查只能在有限的地点(区域)和有限的时间内,客观地探求与具体对策有关的那部分最必需的资料。因此,在作交通调查计划时,明确是想了解交通现象中的哪一部分情况就显得十分重要。在记述交通现象时,确定交通流各参数(如交通量、车速、密度等)的单位及精度,选择评价对策的适当方法等也成为重要的问题。许多实践经验表明,将调查范围定得过宽,记录的分类、时间间隔等弄得过细,不仅增加时间和经济负担,而且也未必能更准确地了解调查的实际情况。因此,在制订具体调查方案和细节时,应该注意这些问题,以免造成人力、物力和财力的浪费。

交通调查的对象,主要是交通流现象,而与交通流有关的诸如国民经济发展、经济结构,各种交通运输状况,城乡规划、道路等交通设施,交通环境、汽车的行驶特性,地形、气候、气象及其他安全设施和措施等,几乎每一项都可以作为专门的调查对象。在进行交通调查和分析时,均应该考虑诸因素对交通流的影响。

## 1.2 交通调查的类别

### 1.2.1 以查明区域性大范围的交通需求和交通状况为目的的交通调查

这类调查是根据中央有关部、委提出的规划或计划,由省(自治区、直辖市)、市、县的交通、建设、公安和环保等机构承担。在城市中,则也可由城市主管部门组织实施。该项调查的主要内容有:

(1) 国家干线公路(国道)交通量和车速调查;
(2) 物资运输流通调查;
(3) 城市客流调查与货运调查;
(4) 公路和城市道路车辆(汽车、自行车等)起讫点调查;
(5) 主要交叉口的交通量调查;
(6) 交通阻塞路段(交叉口、交通设施)的阻塞程度及阻塞频率的调查等。

这些调查的结果,应该在逐级按统一形式汇总之后,由各部门定期发布。汇总的数据可提供给各有关部门利用和参考。

### 1.2.2 以相当具体的道路新建、改建项目、城市建设项目和综合的交通管制等交通工程措施为目的,以较大范围的地区和道路路线为对象的交通调查

这类调查通常要求对交通的组成和随时间的变化做较详细的记录,一般由省(自治区、直辖市)、市、县的交通、城建、规划和公安交通管理等部门来实施。该项调查的主要内容有:

(1) 在路旁直接询问或发放调查明信片,调查汽车的起讫点和行经路线等;
(2) 在主要交叉口进行分车型、分流向的交通量调查;
(3) 地区出入交通量调查;
(4) 地点车速调查;
(5) 行驶时间调查(区间速度、行驶车速调查);
(6) 地区车辆拥有量调查(或统计、汇总);
(7) 路内、路外停车调查;
(8) 通行能力调查;
(9) 阻塞程度及其发生的频率调查(延误调查);
(10) 公共交通运输系统及其利用状况的调查;

(11)在阻塞或事故多发地点,为弄清主要原因的专门调查等。

### 1.2.3 为改善局部不良路段和个别交叉口的交通状况而进行的交通实况调查

这类调查可由道路和公安交通管理部门实施。其目的是改善交通阻塞或事故多发的交叉口和路段的交通、安全设施(或措施)和信号配时、高速公路(快速干道、汽车专用路等)合流处等发生交通阻塞地点的道路几何线形和渠化、标志标线等设施和措施。该项调查的主要内容有:

(1)交通量调查;
(2)车速调查;
(3)密度调查;
(4)影响交通流的主要因素(横穿道路的行人、混入机动车流中的其他车辆、停放车辆、路面标线和交通标志、信号机配时等)调查。

### 1.2.4 其他的交通调查

在交通工程学研究的领域内,涉及的内容很多,有关的其他调查也很多,如行人交通调查,自行车交通调查,车辆行驶特性调查,交通事故调查,人(特别是驾驶人和行人)的交通生理、心理特性调查,道路和交通设施调查,各种交通运输方式实况调查,道路两侧土地使用特性调查,社会经济调查,道路照明调查,以及交通环境调查等。另外,还有在采取措施前后进行对比性交通调查。以上不少交通调查是属于交通工程科研调查的组成部分。计算机在交通工程领域越来越广泛的使用,在一定程度上使交通调查工作的工作量有所减轻。如交通模拟(交通仿真),只要将有关数据输入计算机,利用所编程序及相关软件,便能把所需分析的车辆或交通流的动态由计算机(用图像或文字)显示出来。但是计算机所需的输入数据大部分还要由实地调查而得,因此,可以说计算机的应用,对交通调查提出了更高的要求。

## 1.3 交通调查发展情况

随着交通工程学基本原理在我国的应用日益扩大,我国的交通调查工作也出现了新局面。

在公路交通部门,除了进行大规模的长期连续的国道交通量调查和干线公路交通量调查以外,已陆续开展了下列交通调查:各项车速调查,客运和货运的车辆起讫点调查,高等级公路的环境影响评价调查,公路沿线经济调查,为交通规划、工程可行性研究以及工程项目后评价等所需要的各项调查,交通量比重调查,公路交通量与运输量换算关系参数调查,公路阻塞与拥挤路段交通调查,城市间的交通流的辐射区调查,路段大(重)型与中型拖挂车比重调查,公路通行能力调查和公路事故多发点(路段)调查等。这些调查积累了大量资料,基本掌握了国、省道干线公路的交通状况,描述了交通量的各种分布规律,为公路网规划、公路项目可行性研究、收费道路收费标准和经济效益分析等提供了可靠的数据。与此同时,研制了一批交通调查常用仪器设备,开发了利用计算机进行交通调查和建立数据库的软件。

近几年来，交通调查已越来越受到重视，不少规划、设计、经济分析报告中，交通调查及其资料已成为必不可少的内容。如编制公路网规划时，要求进行包含许多详细内容的六大调查：

（1）方针政策调查；

（2）社会经济调查；

（3）资源环境调查；

（4）交通运输调查；

（5）基础设施调查；

（6）建设资金调查。

其中与交通调查有关的调查内容就有：国家、省级公路的历年交通量和县、乡级公路的基年交通量；主要干线公路近期起讫点调查和浮动车法调查资料；社会汽车保有量和运输成本、效益；公路承运的主要产品种类、流量、流向，各种运输方式运输现状的合理性；公路里程、等级、道路交叉等路况；国、省干线公路通行能力及近三年的交通事故情况，事故多发路段及事故原因；各种运输方式的单位客货运输成本、平均速度、实载率（使用率）等营运指标等。

在城市建设部门，大中城市进行了规模越来越大的居民出行调查、机动车起讫点调查、自行车调查。全国绝大多数大中城市进行了系统的交通调查，如居民出行调查、经常性的交叉口和路段的交通量调查、车速调查、交通延误调查。对公共交通进行客流调查，开始对行人交通量、步幅、步速等进行调查，对道路、交叉口的通行能力进行调查和研究。同时，还开展了城市出入口道路的交通调查、机动车和自行车停车调查、交通环境影响调查等工作，并取得了大量数据，为城市总体规划、交通规划、道路网规划、停车规划、公共交通规划等提供了大量资料，为治理城市交通、了解交通现状和提出对策提供了依据。城市建设系统在仪具研制、计算机应用、调查人员培训和各种软件开发等方面都取得了很大的成绩。

再如编制城市道路交通规划时，交通调查应包括下述内容：

（1）交通需求和交通源流调查，包括人和车的出行活动规律、货物流动规律、大集散点和交通枢纽的交通集散规律等；

（2）交通设施调查，包括车辆、交通运输系统、道路网和停车设施等；

（3）道路服务质量调查；

（4）经济、社会、交通调查。

主要的调查有：全市性个人出行调查；全市性货流调查；全市性货运汽车出行调查；全市性客车出行调查；公共交通调查；道路设施调查；停车设施调查；道路交通量（路段和交叉口流量观测）、车速（路段）、服务水平（交叉口延误实测、道路交通噪声实测、道路安全设施）调查；大集散点和客运交通枢纽调查等。

公安交通管理部门，在城乡道路交通管理和控制、交通安全保障和事故预防等方面都开展了大量的交通调查，并配合城市规划部门进行了城市停车调查。为实施特大城市和大城市的交通区域控制进行了历时长、范围广、项目多的综合交通调查，包括对车辆（汽车、自行车）和行人交通量、车速、延误、车道利用的调查，对主要交叉口的交通调查、车头时距、车队离散等的调查。加强了交通事故、车辆拥有量及驾驶人、行人生理、心理等调查。自 2000 年实施"畅通工程"以来，又开展了广泛而深入的相关评价指标的各种观测调查。不少地方已应用计算机对事故调查资料建立数据库，交通调查用仪器设备的开发研制也取得了很大成绩。我国其他部门如电子工业部门、航空航天工业部门、机械工业部门等都开发研制了许多交通调查用的仪具，如测速雷达仪、交通量计数检测器、传感器、驾驶人心理、生理测试仪等，为交通调查提供了越来越多的计测手段。

回顾近40年来交通调查的迅速发展，我们除了应充分肯定所取得的成绩，同时也应该看到尚存在的一些问题。以后，应该在以下方面做出更大的努力：

(1) 各有关部门要重视交通调查工作，进一步提高对交通调查重要性的认识，真正把交通调查看成是必不可少的工作，看作是发展我国交通建设事业和加强交通管理的最基础性的工作。只有交通调查工作真正开展起来，交通工程学才能真正建立在科学的基础上，交通预测才能有可靠的保证，决策才能有依据。

(2) 加强对交通调查人员的技术培训，提高他们的政治素质和技术业务水平，重视对他们的职业道德的教育。交通调查是一项十分平凡而又麻烦的工作，要讲求实事求是，绝对不能弄虚作假，要对每一个数据负责。

(3) 全国交通、城建、规划和公安交通管理等部门要通力合作，开展对全国交通调查网点的规划研究，认真学习国外先进的交通调查方法，研究适合我国国情的调查方法、手段和精度，制定统一的交通调查方法、交通观测记录表格和各种汇总图表。这样既有利于交通调查工作的迅速发展，又有利于资料的统一汇总、管理和分析利用。

(4) 要重视已有的交通调查资料数据的保管、开发、利用、分析和研究。近年来，全国已投入了大量的人力、物力和财力，初步积累了一定数量的交通调查资料，对于这些已有的各种交通调查资料应该充分利用。

(5) 积极引进、开发、研制生产和推广各种交通调查仪具和设备，在一切能使用机械检测的地方使用机械检测，减轻工作人员劳动强度，提高工作效率。要在统一规划的前提下，逐步实现交通调查仪具设备的系列产品生产。

(6) 扩大计算机和高新科技在交通调查领域的应用。对于交通调查过程中的计测、计数，资料的汇总和整理、分析，对以往资料数据的查阅和地区性、全国性交通调查资料数据库的建立等，均尽可能应用计算机处理。另外，对交通的模拟(仿真)、预测、事故的再现等也应大力开发这方面的程序、软件和软件包。对于汇总中所需要的绘图、制表也要同时开发。

(7) 交通资料数据信息，要为今后智能运输系统(ITS)的发展创造基础平台。

## 1.4 学习本课程的意义和要求

交通调查与分析是交通工程学的一个分支，也是一门以实践和理论并重的综合性工程技术专业课。它涉及的学科较多，包括的范围也较广，既有基本理论、基本方法，又有很多实际调查观测，是交通工程专业学生的必修课程，也可作为公路与城市道路专业或其他有关专业学生的选修课程。学生在学习本课程之前，应具备必要的基础知识，如《交通工程学》、《工程数学》(概率与数理统计)、《算法语言》、《电工学与电子技术》、《城市道路设计》等。

本课程总教学时数为 80 学时,其中讲课 60 学时,实习 20 学时。具体教学的授课内容、重点和实习安排,以及总的学时数等,各院校可根据具体情况作相应的变更。

本课程的任务在于结合我国交通工程和交通的特点以及面临的问题,在阐述各种交通调查目的、原理和意义的基础上,详细地介绍调查方法、调查内容、记录格式、资料的整理和分析,以及各种调查资料的应用。在各章内同时介绍了调查中的精度要求、允许误差、误差计算及检验、抽样原理和方法、样本量大小等内容,使学生通过本课程的课堂学习和交通调查实习,能初步了解和掌握交通工程中最常用的调查方法、观测设备,熟悉对资料的整理方法,学会对所得结果进行理论分析,为今后在工作中参加交通调查打下一个良好的基础。

## 课后习题

1. 交通调查有何目的?
2. 交通调查的对象一般有哪些?
3. 交通调查主要包括哪些种类?各自的调查内容是什么?

# 第2章 交通量调查

【教学目标】
　　交通量是交通流的三大基本参数之一,交通量调查既重要又比较简单。通过交通量调查能够了解交通量在时间、空间上的变化和分布规律,为交通规划、道路建设、交通控制与管理提供必要的数据。本章的教学内容主要包括:
　　(1)基本内容:交通量的定义,车辆换算,交通量调查的类别,交通量调查方法,数据资料整理与分析;
　　(2)重点:人工计数法,浮动车法,交通量调查设计;
　　(3)难点:浮动车法的公式推导和应用,环形交叉口交通量的调查。
　　通过本章内容学习希望能够达到以下几个目标:
　　(1)掌握:交通量及其相关定义和交通量分类,交通量调查基本程序和实施要点,掌握人工计数法和浮动车法的调查方法、表格设计和调查数据处理计算;
　　(2)理解:车辆折算标准,交通量调查数据整理和分析方法;
　　(3)了解:交通量调查的目的和意义,其余各类交通量调查方法,浮动车法的优缺点和适用范围。

## 2.1 概述

　　交通量是三大基本交通参数之一,是描述交通流特性的最重要的参数之一。由于交通量既重要而调查方法又比较简单,因此交通量及其调查就成为交通工程学中的重要内容,并且越来越受到人们的重视。近30年来,我国首先在交通系统的全国公路国道网上进行了以交通量连续式观测为主的调查,取得了较系统、全面的宝贵资料。在大、中城市也对城市道路网进行了广泛的交通量调查。通过对调查资料的整理分析,我们已初步掌握了交通量的空间分布和时间分布特性、交通量的各种变化规律和影响因素,从而为道路网规划、道路设计和建设、交通管理和控制、工程的经济分析和效果对比、交通安全和道路环境等各个方面提供可靠的依据。
　　国外很重视交通量调查工作。美国在1921年起就开始注意交通调查和研究工作。英国在1922年开始交通量调查,1933年以后每隔3年进行一次较大规模的交通量调查,1955

年时已有5 000个观测点,目前主要公路上平均每7km即有一个观测点。意大利从1927年起开始交通量观测,以后规定每年进行一定天数的连续观测。日本从1928年起开始交通量观测,每5年一次,1962年起每3年一次,每次在春、秋季非节假日各调查2天。目前,日本共有27 000个观测点,平均不到6km即有一个观测站,观测时间一般从上午7点到晚上7点,连续观测12h,分12类车辆调查。

我国交通量调查只是在新中国成立以后才开始。1955年及1958年,我国公路交通系统曾对公路干线进行过规模较大的调查,取得了一批资料。但以后的20多年,交通量调查基本上处于停滞状态,原有资料也几乎全部散失。只是在1979年交通工程学开始在我国受到重视以后,交通调查(包括交通量调查)才又重新较大规模地进行。交通运输部公路管理部门在全国各省、自治区、直辖市首先建立了较完善的交通量观测系统,从1979年10月起开展了对国道和其他干线公路的调查。培训和建立了一支专职和兼职的观测队伍,有几万人参加了这一工作,每年经费达几百万元。随着公路建设的快速发展,交通调查也日益受到重视,根据交通运输部2008年发布的《国家高速公路网交通量调查观测站点布局规划》,全国8.5万km高速公路范围将设一类调查站2 100余个,二类调查站22 000余个,平均布设间距分别为40km和4km。通过30多年的努力,摸清了我国公路交通量的各种参数与变化的规律,掌握了较为丰富的数据。交通量调查向我国各级规划、科研、设计、养护、管理和决策部门提供了大量的基础数据,为制定全国交通运输技术政策、各地高速公路网等规划和建设发展战略等提供了重要依据,在许多重大交通建设项目的可行性研究、方案论证和领导决策中起了决定性作用。同样,在城市建设、公安交通管理部门,近30多年来也开展了大量的交通量调查,为城市的总体规划、交通规划、道路和交通枢纽建设、交通区域控制、交通信号设计、交通管理和交通安全等各个方面提供了可靠的资料。

### 2.1.1　交通量调查的目的和意义

交通量调查的目的在于通过长期连续性观测或短期间隙性和临时性观测,搜集交通量资料,了解交通量在时间、空间上的变化和分布规律,为交通规划、道路建设、交通控制与管理、工程经济分析等提供必要的数据。交通量数据是交通工程学中的一种最基本的资料,因此交通量调查是十分重要的。由于以往重视不够,无系统性观测数据,且资料保管不善,经常散失,给科学决策造成了很大的困难,因此目前更应该重视交通量调查,注意积累系统的、完整的交通量资料,便于更好地为我国交通建设服务。

交通量调查资料根据不同的目的,有着广泛的应用。如果通过调查观测掌握了一定的交通量数据,则可作为必不可少的资料供下列各种目的应用:

(1)同一地点长期连续性观测,掌握交通量的时间分布规律,探求各种与交通量有关的参数,并为交通量预测提供以往长期的可靠资料。

(2)众多的间隙性观测调查,可用于了解交通量在地域空间上的分布规律,为了解全面的交通情况提供数据。

(3)为制订交通规划掌握必要的交通量数据。通过全面了解现状资料,分析交通流量的分配,预测未来的交通量,为确定交通规划、道路网规划、道路技术等级和修建次序及确定规划所需的投资和效益提供依据。

(4)交通设施的修建和改建也离不开交通量的历史发展趋势和现状。有了确切的交通量(目前的和根据目前推算的),就能合理地确定道路等级、几何线形、交叉口类型,平面交叉是否需要扩建或改建成立体交叉,就能做出道路设施修建和改建的先后次序。

(5)交通控制的实施离不开交通量的现状和需求。如果脱离了交通量流向和流量的实际,则交通控制的效果就会大大降低。设计信号机的配时、线控系统的相位差、区域交通控制系统的各种控制方案,都需要做大量的交通量、车速等的调查。判断设置交通信号灯、交通控制方案的合适性也仍然是根据交通量的时间和空间分布。

(6)交通管理工作要真正做到决策有科学依据,必须重视交通量调查。实施单向交通,禁止某种车辆进入或转弯,设置交通标志和标线,实施交通的渠化,指定车辆的通行车道或专用车道,中心线移位以扩大入口引道的车道数,道路施工、维修时禁止车辆通行并指定绕行路线,以及交警警力配备等问题,都需要交通量资料作决策的指导或依据。

(7)为行人交通提供保护,设置步行街、确定人行道、人行横道的宽度,人行天桥和地道的位置及规模,是否设置行人信号灯及其如何配时等,均需要提供行人交通量及其各种特性,使所采取的措施有一定的参考数据。

(8)进行工程的后评估,对各种工程措施、管理措施进行前后对比调查,判断改善交通措施的效果,所需要的前后交通量的资料,应该在其他条件不变的前提下进行交通量调查。

(9)研究交通基本参数如交通量、车速和密度等之间的关系,开展交通流理论的分析,交通量经常是最重要的参数。

(10)用于推算通行能力、预估交通事故率、进行交通影响评价和环境影响评价、预估收费道路的收入和效益、工程可行性研究等各个方面,在涉及社会经济环境效益时,交通量的大小、预测的正确与否对方案论证往往有举足轻重的作用。

当然,任何事物都不是绝对的、孤立的,交通量同其他交通参数如车速、延误、密度、车头时距等相互影响,同时作用。我们在实际工作中应该同时考虑到它们的影响,给它们以足够的重视。

### 2.1.2 交通量的定义

交通量是指单位时间内通过道路某一断面(一般为往返两个方向,如特指时可为某一方向或某一车道)的交通实体数,又称为交通流量或流量。按交通类型分,有机动车交通量、非机动车交通量和行人交通量。

交通量是一个随机数,不同时间、不同地点的交通量都有变化。交通量随时间和空间而变化的现象,称之为交通量的时空分布特性。由于交通量时刻都在变化,为了说明代表性交通量,一般常用平均交通量、最大交通量、高峰小时交通量和从最大值算起的第$n$位小时交通量等之类的表示方法。

1)平均交通量

取某一时间段内的平均值(一般以辆/d 为单位)作为该时间段的代表性交通量。按其不同目的可分为:

(1)平均日交通量($ADT$):任意期间的交通量累计之和除以该期间的总天数所得的交通量。

(2)年平均日交通量($AADT$):一年内连续累计交通量之和除以该年的天数(365 或 366)所得的交通量。

(3)月平均日交通量($MADT$):一月内交通量之和除以该月的天数(28、29、30 或 31)所得的交通量。

(4)周平均日交通量($WADT$):一周内交通量之和除以一周的天数(7)所得的交通量。

2)最高小时交通量

这是在以 1h 为单位进行连续若干小时观测所得结果中最高的小时交通量。其单位为辆/h。既可用观测地点的整个断面的交通量来表示,也可用每一车道交通量表示。按其用途可分为:

(1)高峰小时交通量($PHT$ 或 $VPH$):一天 24h 内交通量最高的某一小时的交通量。一般还分为上午高峰(早高峰)和下午高峰(晚高峰)小时交通量。其时间的区划一般从 $n$ 点到 $n+1$ 点整数区划。为研究分析目的亦可寻找连续 60min 最高交通量(非整点到非整点)。

(2)年最高小时交通量($MAHV$):一年内 8 760(闰年为 8 784)个小时中交通量最高的某一小时交通量。

(3)第 30 位年最高小时交通量($30HV$):一般简称为第 30 小时交通量。将一年中所有 8 760 个小时的交通量按顺序由大至小排列时其第 30 位的小时交通量。

3)有关名词术语和定义

(1)道路方向分布系数($K_d$):用百分数表示的主要行车方向交通量占双向行车总交通量的比值。

(2)第 30 位小时交通量系数($K_{30}$):第 30 位小时交通量与年平均日交通量之比,简称第 30 小时系数。

(3)月交通量变化系数($K_M$):年平均日交通量与某月的平均日交通量之比,又称月不均衡系数、月换算系数等。

(4)周日交通量变化系数($K_W$):年平均日交通量与全年中某周日的平均日交通量之比。又称日变化系数、日换算系数等。

(5)白天 16h 交通量系数($K_{16}$):白天 16h(一般为 6:00～22:00)交通量与全天 24h 交通量的比值。一般应采用连续若干天的交通量的平均值。

(6)白天 12h 交通量系数($K_{12}$):白天 12h(一般为 7:00～19:00)交通量与全天 24h 交通量的比值。一般应采用连续若干天的交通量的平均值。

(7)高峰小时流量比:高峰小时交通量与该天全日交通量之比值,一般以百分比表示。

(8)高峰区间:某高峰小时内连续 5min(或 15min)累计交通量最大的区间称为该高峰小时内的高峰区间。

(9)扩大高峰小时交通量:把高峰区间的累计交通量扩大推算为 1h 时间内的交通量即为扩大高峰小时交通量。

(10)高峰小时系数($PHF$):高峰小时实测交通量与由 5min 或 15min 高峰区间推算所得的扩大高峰小时交通量之比,即为高峰小时系数。

### 2.1.3 车辆换算和数量统计

我国道路中,除了高速公路、一级公路和二级汽车专用路是汽车专用的道路外,其余大部分道路都是汽车与其他各种车辆混合行驶。因此，就存在一个以什么车辆为标准和各种车辆如何换算成标准车的问题。根据各种不同车辆在行驶时占用道路净空的程度，可以分别确定它们对标准车的折算系数。为此，在进行交通量观测时，必须根据调查的目的和用途，区分不同车种，分别记录，以便利用折算系数换算成统一的标准车。由于对车辆在行驶中状态和彼此干扰的研究尚很不够，目前折算系数还不太完善，需要进一步的改进完善。

依据《公路工程技术标准》(JTG B01—2014)，公路交通量换算采用小客车为标准车型，各汽车代表车型和车辆折算系数规定如表2-1所示。

**公路各汽车代表车型及车辆折算系数**　　　　　　　　　　　　　　　表2-1

| 汽车代表车型 | 车辆折算系数 | 说　明 |
|---|---|---|
| 小型车 | 1.0 | 座位≤19座的客车和载质量≤2t的货车 |
| 中型车 | 1.5 | 座位>19座的客车和2t<载质量≤7t的货车 |
| 大型车 | 2.5 | 7t<载质量≤20t的货车 |
| 汽车列车 | 4.0 | 载质量>20t的货车 |

注：1. 畜力车、人力车、自行车等非机动车按路侧干扰因素计。
　　2. 公路上行驶的拖拉机每辆折算为4辆小客车。
　　3. 公路通行能力分析所要求的车辆折算系数应针对路段、交叉口等形式，按不同的地形条件和交通需求，采用相应的折算系数。

另外，交通运输部于2014年10月制定了《公路交通情况调查统计报表制度(2014—2015)》，其中关于公路交通量调查车型划分及车辆折算系数与表2-1略有不同：公路交通量调查车型按两级分类划分，其中国、省干线公路上的调查站点应按照二级分类进行车型调查，非机动车不作为全国调查车型，各省可根据实际情况酌情增加。交通量调查车型划分及车辆折算系数见表2-2。

**公路交通量调查车型划分及车辆折算系数**　　　　　　　　　　　　　　　表2-2

| 车型 | 一级分类 | 二级分类 | 折算系数 | 额定荷载参数 | 轮廓及轴数特征参数 | 备　注 |
|---|---|---|---|---|---|---|
| 汽车 | 小型车 | 小客车 | 1 | 额定座位≤19座 | 车长<6m，2轴 | |
| | | 小型货车 | 1 | 载质量≤2t | | 包括三轮载货汽车 |
| | 中型车 | 大客车 | 1.5 | 额定座位>19座 | 6m≤车长≤12m，2轴 | |
| | | 中型货车 | 1.5 | 2t<载质量≤7t | | 包括专用汽车 |
| | 大型车 | 大型货车 | 3 | 7t<载质量≤20t | 6m≤车长≤12m，3轴或4轴 | |
| | 特大型车 | 特大型货车 | 4 | 载质量>20t | 车长>12m或4轴以上；且车高<3.8m或车高>4.2m | |
| | | 集装箱车 | 4 | | 车长>12m或4轴以上；且3.8m≤车高≤4.2m | |
| 摩托车 | | | 1 | | 发动机驱动 | 包括轻便、普通摩托车 |
| 拖拉机 | | | 4 | | | 包括大、小拖拉机 |

注：1. 各车型的额定荷载、轮廓及轴数的特征参数可作为不同具体调查方法的车型分类依据。
　　2. 交通量换算采用小客车为标准车型。

城市道路交通量调查时,依据《城市道路交通规划设计规范》(GB 50220—1995),交通量换算采用小客车为标准车型,折算系数可参照表2-3。

城市道路当量小汽车折算系数　　　　　表2-3

| 车　型 | 折算系数 | 车　型 | 折算系数 |
| --- | --- | --- | --- |
| 自行车 | 0.2 | 旅行车 | 1.2 |
| 二轮摩托 | 0.4 | 大客车或小于9t的货车 | 2.0 |
| 三轮摩托或微型汽车 | 0.6 | 9~15t货车 | 3.0 |
| 小客车或小于3t的货车 | 1.0 | 铰接客车或大平板拖挂货车 | 4.0 |

交通量调查后,其数量的统计也比较麻烦。为了求得所需的总交通量,通常需将各类车辆的交通量通过一定换算(也有不用换算的)后再相加。常见的有下列表示方法:

(1)所有车辆(包括拖拉机和自行车)折算成标准车型后的总和。
(2)所有车辆(包括拖拉机和自行车)全部未加折算的总和。
(3)全部机动车(包括拖拉机和汽车)折算成标准车型后的总和。
(4)全部机动车(包括拖拉机和汽车)未加折算的总和。
(5)全部汽车(包括客车和货车)未折算或折算成标准车型后的总和。
(6)全部自行车的总和。有时往往与全部机动车未折算的总和并列在一起。
(7)某类车辆的总和。
(8)汽车、拖拉机、人力车与兽力车、自行车四类车辆的折算和未折算分类总和。

## 2.2　交通量调查方法

交通量调查方法比较多,主要有人工计数法、浮动车法、机械(自动)计数法、录像法、GPS法、航摄法、视频检测法等。具体采用何种方法,主要取决于人力资源、时间限制条件、所能获得的设备、经费和技术条件、调查的目的要求以及要求提供的资料情况等。

### 2.2.1　人工计数法

这是我国目前应用最广泛的一种交通量调查方法,只要有一个或几个调查人员即能在指定的路段或交叉口引道一侧进行调查,组织工作简单,调配人员和变动地点灵活,使用的工具除必备的计时器(手表或秒表)外,一般只需手动(机械或电子)计数器和其他记录用的记录板(夹)、纸和笔。

1)调查资料

(1)分类车辆交通量。可以根据公路部门、城建部门、公安交通管理部门或其他需要来对车辆分类、选择和记录,分类可以很细,调查内容甚至可区分空载或重载、车辆轴数多少、各种不同的分类车辆数、公交车辆的各种分类(如公共汽车或无轨电车,通道车或单车,载客情况,公交路线区别)等。

(2)车辆在某一行驶方向、某一车道(内侧或外侧,快车道或慢车道)上的交通量,以及双向总交通量。

(3)交叉口各入口引道上的交通量及每一入口引道各流向(左转、直行和右转)交通量,各出口引道交通量和交叉口总交通量。对于环形交叉口还可调查各交织段的交通量。

(4) 非机动车(自行车、人力三轮车、畜力车、架子车等)交通量和行人交通量(对于行人交通调查可详见本书第9章,本章仅讨论对机动车交通量的调查)。

(5) 车辆排队长度及车辆停驶时间和空间占有率等。

(6) 车辆所属车主(单位和个人)、车辆所属地区(外省、外地区、外县或本地)、车辆所属部门或系统(民用车、军车、特种车、运输企业车、社会车辆等)。

(7) 驾驶人和骑车人对交通管理和控制的遵守情况。

以上所述各种资料中,有不少资料目前是无法用机械计数或其他手段获得的。

2) 人工计数法的优缺点和适用范围

人工计数法适用于任何地点、任何情况的交通量调查,机动灵活,易于掌握,精度较高(调查人员经过培训,比较熟练,又具有良好的责任心时),资料整理也很方便。但是这种方法需要大量的人力,劳动强度大,冬夏季室外工作辛苦。对工作人员要事先进行业务培训,加强职业道德和组织纪律性的教育,在现场要进行预演调查和巡回指导、检查。另外,如需作长期连续的交通量调查,由于人工费用的累计数很大,因此需要较多费用。一般最适于作短期的交通量调查。

### 2.2.2 浮动车法

浮动车法由英国道路研究试验所的华德鲁勃(Wardrop)和查尔斯沃思(Charlesworth)于1954年提出,可同时获得某一路段的交通量、行驶时间和行驶车速,是一种较好的交通综合调查方法。

1) 调查方法

需要有一辆测试车,小型面包车或工具车最好,吉普车或小汽车也可以,尽量不要使用警车等有特殊标志的车,以工作方便、不引人注意、座位足够容纳调查人员为宜。

调查人员(除开车的驾驶人以外)需要一人记录与测试车对向开来的车辆数;一人记录与测试车同向行驶的车辆中被测试车超越的车辆数和超越测试车的车辆数;另一人报告和记录时间及停驶时间。行程距离应已知或由里程碑、地图读取,或自有关单位获取,如不得已则应亲自实地丈量。调查过程中,测试车一般需沿调查路线往返行驶12~16次(即6~8个来回)。根据美国国家城市运输委员会的规定,总的行驶时间要求主要道路为每英里(约1.6km)30min,次要道路为每英里(约1.6km)20min。

2) 数据计算

对路段 $AB$ 采用浮动车法进行交通量观测,如图2-1所示,相关参数说明如下❶:

① 待测变量:

$q_{BA}$——待测路段在 $A$ 断面由 $B$ 至 $A$ 方向的交通量,辆/h;

$q_{AB}$——待测路段在 $B$ 断面由 $A$ 至 $B$ 方向的交通量,辆/h;

$t_{BA}$——待测路段 $AB$ 由 $B$ 至 $A$ 方向的车流的平均行程时间,min;

$t_{AB}$——待测路段 $AB$ 由 $A$ 至 $B$ 方向的车流的平均行程时间,min;

---

❶ 为了便于区分和记忆,这里待测变量均用小写字母表示,下标表示待测的方向;记录变量均用大写字母表示,下标表示测试车行驶方向。

$v_{BA}$——待测路段 $AB$ 由 $B$ 至 $A$ 方向的平均行程车速,km/h;

$v_{AB}$——待测路段 $AB$ 由 $A$ 至 $B$ 方向的平均行程车速,km/h。

②记录变量:

$L$——待测路段 $AB$ 的长度,km;

$T_{AB}$——测试车由 $A$ 至 $B$ 方向行驶时的行驶时间,min;

$T_{BA}$——测试车由 $B$ 至 $A$ 方向行驶时的行驶时间,min;

$X_{AB}$——测试车由 $A$ 至 $B$ 行驶时,测试车对向行驶的来车数,辆;

$X_{BA}$——测试车由 $B$ 至 $A$ 行驶时,测试车对向行驶的来车数,辆;

$C_{AB}$——测试车由 $A$ 至 $B$ 方向行驶时,超越测试车的车辆数,辆;

$C_{BA}$——测试车由 $B$ 至 $A$ 方向行驶时,超越测试车的车辆数,辆;

$D_{AB}$——测试车由 $A$ 至 $B$ 方向行驶时,被测试车超越的车辆数,辆;

$D_{BA}$——测试车由 $B$ 至 $A$ 方向行驶时,被测试车超越的车辆数,辆。

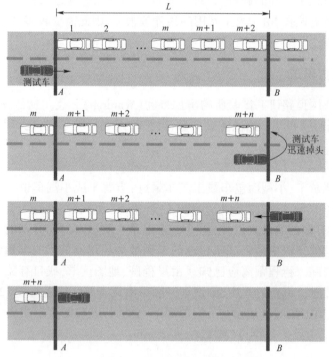

图 2-1 浮动车法测量示意图

(1)交通量计算

在测试中,当没有测试车辆超越其他车辆或其他车辆超越测试车时,假设 $AB$ 路段内没有进出的支路,车辆由 $A$ 到 $B$ 的过程中所遇到的对向车辆数 $X_{AB}$ 由两部分组成,其中 $m$ 是 $T_{AB}$ 时间内通过 $A$ 断面的车辆数,$n$ 是 $T_{BA}$ 时间内通过 $A$ 断面的车辆数,测试车到达 $B$ 断面后立即掉头,中间未插入任何车辆,则自 $B$ 到 $A$ 方向通过 $A$ 断面的流量 $q_{BA}$ 可由下式求得:

$$q_{BA} = \frac{X_{AB}}{T_{AB} + T_{BA}} \times 60 \tag{2-1}$$

另一种情况,如果测试车在从 $B$ 返回 $A$ 的途中有 $C_{BA}$ 辆车超越测试车,则在 $T_{BA}$ 时间内自 $B$ 至 $A$ 方向驶过 $A$ 断面的车辆数增加到 $n+C_{BA}$ 辆。同理如有 $D_{BA}$ 辆车被测试车超越,则在 $T_{BA}$ 时间内自 $B$ 至 $A$ 方向驶过 $A$ 断面的车辆数减少到 $n-D_{BA}$ 辆。如果两者兼有之,则 $T_{BA}$ 时间内通过 $A$ 断面的车辆数为 $n+C_{BA}-D_{BA}$。

经过上述修正后,$A$ 断面(自 $B{\rightarrow}A$ 方向)的流量计算公式为:

$$q_{BA} = \frac{X_{AB} + C_{BA} - D_{BA}}{T_{AB} + T_{BA}} \times 60 \qquad (2\text{-}2a)$$

同样,可以得到 $B$ 断面(自 $A{\rightarrow}B$ 方向)的流量计算公式为:

$$q_{AB} = \frac{X_{BA} + C_{AB} - D_{AB}}{T_{AB} + T_{BA}} \times 60 \qquad (2\text{-}2b)$$

(2)行程时间计算

如果测试中没有车辆超越测试车或被测试车超越,则测试车的往返时间 $T_{AB}$、$T_{BA}$ 就可以代表车流的往返时间。如果测试车由 $B$ 到 $A$ 的过程中有 $C_{BA}$ 辆车超越测试车,则 $B$ 到 $A$ 方向车流的平均车速比测试车的车速高,即车流平均行程时间较 $T_{BA}$ 短;反之,若测试车超越了车流中 $D_{BA}$ 辆车,则 $B$ 到 $A$ 方向车流的平均车速比测试车的车速低,即车流平均行程时间较 $T_{BA}$ 长。

因此,从 $B$ 到 $A$ 方向车流的平均行程时间需在 $T_{BA}$ 的基础上进行修正,其计算公式如下:

$$t_{BA} = T_{BA} - \frac{C_{BA} - D_{BA}}{\dfrac{q_{BA}}{60}} \qquad (2\text{-}3a)$$

同样,可以得到从 $A$ 到 $B$ 方向车流的平均行程时间为:

$$t_{AB} = T_{AB} - \frac{C_{AB} - D_{AB}}{\dfrac{q_{AB}}{60}} \qquad (2\text{-}3b)$$

(3)车流平均行程车速计算

设 $v_{BA}$ 为 $B$ 到 $A$ 方向的平均行程车速,$L$ 为 $A$ 断面到 $B$ 断面间的距离(km),则

$$v_{BA} = \frac{L}{t_{BA}} \times 60 \qquad (2\text{-}4a)$$

同样,可以得到从 $A$ 到 $B$ 方向车流的平均行程车速为:

$$v_{AB} = \frac{L}{t_{AB}} \times 60 \qquad (2\text{-}4b)$$

**注意**:由于浮动车法在整个测试过程中测试车在 $AB$ 路段上一般不少于 6 个来回,因此在利用上述各公式进行计算时,式中所用各记录参数(如 $T_{AB}$、$T_{BA}$、$X_{AB}$、$X_{BA}$、$C_{AB}$、$C_{BA}$、$D_{AB}$、$D_{BA}$ 等)一般都取用其算术平均值来进行计算。如果分次计算 $q_{BA}$、$q_{AB}$、$t_{BA}$、$t_{AB}$、$v_{BA}$、$v_{AB}$ 后再计算各次计算值的平均值亦可,但计算比较麻烦。

3)记录格式及实例

为了使测算的流量和平均行程车速更接近实际,应当在相似的交通条件下,让测试车在 $AB$ 路段上来回次数不少于 6,并且同时测出车流穿越 $B$ 断面的流量 $q_{BA}$ 及 $AB$ 段的平均行程时间和车速。现场测定的记录表格可参见表 2-4。

**浮动车法调查记录表**　　　　　　　　　　　　　　　　　　　　　　表2-4

道路名称_____　　起　点_____　　终　点_____
路段长度_____　　观测者_____　　日　期_____
天　气_____

| 行驶方向 | 出发及到达时间 | | | 对向来车数 | | | 超越测试车数 | | | 被测试车超越数 | | | 行驶状况描述 |
|---|---|---|---|---|---|---|---|---|---|---|---|---|---|
| | 时 | 分 | 秒 | 大 | 中 | 小 | 大 | 中 | 小 | 大 | 中 | 小 | |
| | | | | | | | | | | | | | |
| | | | | | | | | | | | | | |
| | | | | | | | | | | | | | |
| | | | | | | | | | | | | | |
| | | | | | | | | | | | | | |
| | | | | | | | | | | | | | |

浮动车法实际上是在整个行驶时间内的一种抽样率小于50%的抽样测定法。因为测试车每来回行驶一趟，每个方向的车流被测的时间约占一半，所以这种方法所统计的流量和车速不如用牌照法测量精确。

【**例2-1**】　某道路全长1.5km，用浮动车法进行测量，测试车在路线上共往返6次，测量后数据整理如表2-5所示，试计算该路段的流量、平均行程时间、平均行程车速。

**浮动车法调查数据整理**　　　　　　　　　　　　　　　　　　　　　　表2-5

| 行驶次序方向 $A \to B$ | 行程时间 $T_{AB}$ （min） | 对向来车数 $X_{AB}$ （辆） | 超越测试车数 $C_{AB}$ （辆） | 被测试车超越数 $D_{AB}$ （辆） |
|---|---|---|---|---|
| 1 | 3.08 | 70 | 0 | 2 |
| 2 | 3.25 | 72 | 1 | 0 |
| 3 | 3.10 | 72 | 2 | 1 |
| 4 | 3.23 | 74 | 1 | 3 |
| 5 | 3.41 | 79 | 3 | 0 |
| 6 | 3.33 | 77 | 0 | 2 |
| 总计 | 19.40 | 444 | 7 | 8 |
| 平均 | 3.23 | 74.0 | 1.17 | 1.33 |
| 行驶次序方向 $B \to A$ | 行程时间 $T_{BA}$ （min） | 对向来车数 $X_{BA}$ （辆） | 超越测试车数 $C_{BA}$ （辆） | 被测试车超越数 $D_{BA}$ （辆） |
| 1 | 2.95 | 86 | 1 | 2 |
| 2 | 3.22 | 90 | 2 | 0 |
| 3 | 2.95 | 89 | 0 | 2 |
| 4 | 3.18 | 79 | 0 | 1 |
| 5 | 3.25 | 88 | 3 | 0 |
| 6 | 3.30 | 92 | 1 | 2 |
| 总计 | 18.85 | 524 | 7 | 7 |
| 平均 | 3.14 | 87.3 | 1.17 | 1.17 |

**解**:断面流量(单向):

$$q_{BA} = \frac{X_{AB} + C_{BA} - D_{BA}}{T_{AB} + T_{BA}} \times 60 = \frac{74.0 + 1.17 - 1.17}{3.23 + 3.14} \times 60 = 697(辆/h)$$

$$q_{AB} = \frac{X_{BA} + C_{AB} - D_{AB}}{T_{AB} + T_{BA}} \times 60 = \frac{87.3 + 1.17 - 1.33}{3.23 + 3.14} \times 60 = 821(辆/h)$$

当路段长度不大时,可近似地认为断面的双向流量为两断面流量之和,即

$$q = q_{AB} + q_{BA} = 697 + 821 = 1\,518(辆/h)$$

行程时间:

$$t_{BA} = T_{BA} - \frac{C_{BA} - D_{BA}}{\frac{q_{BA}}{60}} = 3.14 - \frac{1.17 - 1.17}{\frac{697}{60}} = 3.14(\min)$$

$$t_{AB} = T_{AB} - \frac{C_{AB} - D_{AB}}{\frac{q_{AB}}{60}} = 3.23 - \frac{1.17 - 1.33}{\frac{821}{60}} = 3.24(\min)$$

行程车速:

$$v_{BA} = \frac{L}{t_{BA}} \times 60 = \frac{1.5}{3.14} \times 60 = 28.7(km/h)$$

$$v_{AB} = \frac{L}{t_{AB}} \times 60 = \frac{1.5}{3.24} \times 60 = 27.8(km/h)$$

4)注意事项

(1)行程时间,在记录时以分、秒计,但在公式计算中,秒应以分的百分数计,以便于直接计算。

(2)浮动车法调查延续的时间较长,为了真实反映交通情况,应注意路段和行程时间不要太长,尽可能分段以较短时间完成调查。

(3)浮动车法观测到(经过计算获得)的交通量是一个平均值(当以平均值计算时),是表明在整个观测时段内的平均值,而由每一次观测所得数据计算的交通量才是该时段的交通量。

5)优缺点

(1)优点

①方法简单,能测到全程及各路段的行程时间、行驶时间、延误时间、沿途交通状况及交通阻塞原因等。

②所需的观测人员少,内业工作量小,劳动强度小。

③适用于路线上无交叉口、道路两侧很少有车辆插入、车流均匀稳定的情况。

(2)缺点

①测量次数不可能多,相对于某一时段(如高峰小时)只能测量2~3次,所测车速可以作为宏观控制,但难于用作微观分析。用于建立模型等此法尚感不足。

②当路段交通流量少时,车辆难于形成车流,往往发生测试车无车流可跟,测试中经常处于非跟踪状态,最后测得的车速常受到测试车性能及驾驶人习惯的影响,不能完全代表道

路上车流的车速。

③测量精度较低，不宜用于城市中交叉口间距短或全线道路交通条件不一致的情况。浮动车法实际上是在整个行驶时间内的一种抽样率小于50%的抽样测定法。因为测试车每来回行驶一趟，每个方向的车流被测的时间约占一半，所以这种方法所统计的流量和车速不如用牌照法测量精确。

### 2.2.3 机械计数法

自动机械计数装置一般由车辆检测器(传感器)和计数器两部分组成。自动机械计数装置可分为便携式机械计数装置和永久性(或半固定型)计数装置两种，前者适用于临时、短期的交通量调查，后者适用于固定或长期的交通量调查。

1)便携式机械计数装置

便携式机械计数装置一般有以下3种类型：

(1)初级计数器

初级计数器是一种带有可见标度读数的连续型计数器，采用干电池作电源。

(2)专门型初级计数器

专门型初级计数器又称周期计数器，它具有一只可调时间的时钟，可按任意规定的时间来开动计数器，并且在转动一定的时间间隔后停止工作。

(3)高级计数器

高级计数器包括一个时钟、一个可复位型(自动清零)计数器、一个打印机或穿孔机，或计数器记录笔，用一组电池(充蓄电池或干电池)供电。

由于低级的计数器没有打印或穿孔机，因此在计数开始和结束时，必须由工作人员读累计读数并作记录。而高级计数器中装有累计记录器，可将脉冲信息储存起来，并通过时钟控制，按一定时间间隔将累计脉冲打印在纸带上。典型的打印纸带记录器是每隔15min和每隔1h打印一次结果，而且在每小时打印结果之后，计数器都会自动回复到零。

常用的累计记录器有：

①圆形记录卡式记录器。这种记录器可按每5min、10min、15min、20min、30min和60min的时间间隔记录从0到1000辆的交通量，并且可以连续24h或连续7d来做记录。工作时，交通量计数器记录笔随着车辆通过检测器(传感器)而在图上逐渐向外移动，并根据确定的预置计数周期，记录笔的臂又回复到图中心的零位。

②穿孔纸带记录器。它是与键控穿孔机连接，通过一个转换器使得能够自动处理纸带穿孔，产生计算机中可直接使用的穿孔纸带。工作时，输入系统从车辆检测器接收脉冲信息，并将这些信息转换，存入脉冲记忆装置编码盘中，在一定时间间隔内将累计总数通过穿孔机在纸带上穿孔。

上述3种便携式计数器的车辆检测器，一般均使用临时性的气压管式车辆检测器(道路管检测器)。这种检测器使用一根单层的橡胶软管，其内径12.7mm(1/2in)、外径25.4mm(1in)。使用时，将此管子固定在路面表层并与预期车辆驶过的车道成直角。管子的一端予以密封，另一端接在记录器的压力起动开关上。当车辆从管子上面通过使车辆轮胎挤压橡胶管时，管子内的空气(或液体)受到压缩，从而在压力开关上产生一个可探测到的空气压力脉冲,此脉冲使开关将电路接通并起动记录器,按计数器记录的每两次脉冲数作为一辆汽车数。

使用气压管式车辆检测器时应注意:

①使用范围有一定限制,最多可同时检测 4 条车道的交通量,车道太多其精度和灵敏度将显著降低。

②对于同时平行通过道路管的车辆或以某一交角通过的车辆,以及三轴以上车辆或拖挂车通过时,计数往往是不正确的。一般计数精度很少大于 90%。

③无法检测转向行驶的车辆和区别车辆类型,它只是检测管子受压的次数,而不论其行驶方向和车辆类型。

④应避免安装在弯道上或转弯处,也不要在路面上斜向放置,以避免车辆与其成一定角度驶过管子而造成重复计数。一般还要求离开交叉口处 30m 左右。另外,也不应该安置在车辆易滑溜的地方以及小半径竖曲线与加速或制动频繁的地点。选择的地点还应当在路边停车可能性最小的地方,以及避开像交叉口、铁路道口、收费站等这样一类可能车辆阻塞的地方。

⑤不能用于碎砾石路面或松土路面上,一般应限于铺筑有中高级路面的路段。安装地点的路面应比较平整,不致因坑洞或不平造成管子被车轮撕裂与加速磨损。路面结冰、积雪及可能阻碍处都会使道路管检测无效。

⑥冬季带防滑链的轮胎,街道清扫机,铲雪车,雪犁,车辆所装载的拖拉在路面上的长大货物(长钢筋、竹木材料、农作物等)铁轮车,履带车,以及车轮已制动而继续滑溜的车轮均极易使道路管受损,要注意对这些车辆的管理。

在有些道路上,车轴数大于 2 的车辆较多,且占有相当比例,则可通过分类型计数,用修正系数进行修正。以下举一实例说明。

在某调查路段上进行一次人工车辆分类计数,其结果如表 2-6 所示。

目前我国已引进并开始研制和使用这类检测器。

人工分类计数表　　　　　　　　　表 2-6

| 车 辆 类 型 | 轴　数 | 人工计数(辆) | 轴的总数(次) |
|---|---|---|---|
| 小客车 | 2 | 1 600 | 2×1 600 = 3 200 |
| 载货汽车 | 3 | 800 | 3×800 = 2 400 |
| 大货车 | 4 | 700 | 4×700 = 2 800 |
| 总　计 |  | 3 100 | 8 400 |

注:1. 机械计数如按每 2 个轴次为 1 辆车,则总计为 8 400÷2 = 4 200(辆),而实际计数为 3 100 辆。

2. 轴数修正系数为 3 100/4 200 = 0.738。

3. 据此,如果于同一路段,在交通组成相近的情况下,调查机械计数某次读数为 6 000 辆,则应该校正为 6 000×0.738 = 4 428(辆)。

2) 永久性机械计数装置

永久性的或半固定型计数器,使用的检测器(传感器)有道路管(气压式或液压式)、电接触式、光电管、雷达、磁性、感应线圈、超声波、红外线和电容式等许多形式。有些永久性的计数检测站上只安装检测器作传感器,而将脉冲信号传输到记录和数据中心。以下介绍各类永久性机械计数装置。

(1) 道路管检测器

道路管检测器分气压式和液压式两种。气压式依靠车辆轮胎挤压一个软的充气或中空橡胶管,产生气压脉冲将压力起动开关开通来计数。液压式则依靠轮胎压力挤压一个灌有液体的橡胶软管,通过液体压力的传递来开启压敏开关以计数。由于道路管检测器有一定的局限性,故很少用于计数检测站。

(2) 电接触检测器

电接触检测器是用一块钢底板,在板上用一块浇铸硫化橡胶垫固定住并可拆卸的悬置弹簧钢的带条所组成。在两个接触带之间开口,并用惰性气体充填成型,通过热补封闭组装元件。将这种检测器装置埋设于车道里并与路面齐平,当车辆从路面上通过时,使接触带接触而接通电路触发计数器。可以在每条车道下分别安装这种检测器,统计各条车道的车辆数。另外还有铺于路面之上的由导电橡胶为主组成的检测器,当车辆通过时使相对隔离的两部分接触,从而接通电路触发计数器。

(3) 光电检测器

一般可分为光束切断型和光束反射型两种。前者的原理是发出一道光束穿过车行道射到光敏管(光电管)上,当有汽车通过时就切断光束,光敏管测出后即激发计数器计数。后者的原理是一道光束从路面反射到光敏管上,汽车驶过时使光束从汽车上反射,这种特别的光反射在光敏管上被测出后即激发计数器计数。光电检测器对于预期每小时交通量超过1 000辆的双车道或多车道道路是不太适用的,它也无法区别同时通过光束的两辆车,使得计数有误差。另外,由于车辆本身设计尺寸的变化很大,要确定光束通过的合适高度较困难。虽然这是一种简单可靠的计数系统,但由于精度的问题,仅限于交通量不大的道路使用,也不适用于有自行车混合交通的道路。

(4) 雷达检测器

一般分为连续波雷达检测器和导向型雷达检测器两种。前者的原理是利用悬挂在车道上方一定距离的检测器,向下方车道发射已知频率的无线电波并接收反射波,通过反射波和接收波频率差异来检测通过的车辆。后者的原理是把无线电波以一定频率输送到埋置在车道下的传送线里,由于上面汽车的通行,而使检测器测出其变化并计数。这两种检测器都很精确可靠,并且不受行车作用而磨耗损坏。

(5) 磁性检测器

这种检测器的原理是在其周围形成一种磁场(可由人工形成,也可利用天然的地球磁场)当具有金属体的车辆通过时,引起原来磁场的变化,由此即可通过变换器产生信号或脉冲。它可安设在车道表面上或埋在车道下。其优点是不受车轮的直接磨耗或破坏,也不受冰雪影响。但当附近有大型电气设备、电缆等产生强磁场时,它就会受到干扰,使用非常困难。

(6) 感应线圈检测器

这种装置是磁性检测器的一种变形。它是依靠埋入路面面层内的一个或一组感应线圈产生的电感应变化,来检测所通过的车辆。可以在每条车道下分别设置感应线圈以检测每条车道上的车辆通过数。它特别适用于交通量较大的道路。但对于其埋设的手段和方法、线圈本身的性能和寿命、线圈与导线接头的可靠性和防潮绝缘性能等均有待进一步完善和改进。

感应线圈检测器的种类很多,其彼此不同点在于:

①线圈外形不同,即检测器的尺寸和形状根据其不同用途而有所区别。

②检测车辆的通过或存在产生的功能不同。

③电缆的种类不同,可分1芯、2芯或3芯标准以及特殊电缆。对于2芯或3芯的电缆,又有全连通或非全连通之分。

④根据检测器的灵敏度,电缆在路面内的埋置深度不同。

⑤重新平衡的时间不同,一般从几秒到几十分钟。

⑥探头到控制器的最大作用距离不同。

⑦由一个电源供应的传感器的数目不同。

⑧传感器的工作原理不同,主要有以下两类:

a. 谐振电路感应线圈。大多数感应线圈属于这一类,由一个感应线圈和一个振荡电路里的可变电容器组成。电路的频率调节使电路与固定频率的振荡器产生共振。汽车驶过感应线圈会改变其电感,从而引起振荡电路频率的变化。定值振荡器和电路之间的频率差驱动另一个电路。使其闭合成为一个继电器。最后产生信号或脉冲就可进行计数。

b. 相移式感应线圈检测器。由车辆引起感应线圈的电感变化,可由测定一个电阻(感应线圈也就是这个电阻的组成部分之一)的电压和电流之间的相位移办法来确定,从而达到检测的目的。

(7)超声波检测器

这类检测器有脉冲波、谐振波和连续波三种类型:

①脉冲波式检测器。悬挂在车道上方,向车道下方发射超声波能的脉冲,并接收回波。当有车辆通过下方时,从车顶反射回波而不是从路面反射回波,缩短了回波路程,使接收回波的时间也同时缩短,从而检测车辆的到达。

②谐振波型检测器。在车道两边分别安装相向对立的发射器和接收器,从发射器发射谐振型超声波横越车道被对面的接收器接收,当车辆通过超声波束时就截断了波束,从而检测出车辆。

③连续波型超声检测器。其原理与连续波型雷达检测器的原理相同,当其发射一个连续的超声波能的波束射向驶近的车辆时,由于多普勒效应引起来车反射能频率的变化,于是就能检测出车辆的存在。

这几种检测器精确可靠,不受大气影响,但初始费用较大。

(8)红外线检测器

一般可分为主动式和被动式两种:

①主动式红外线检测器。与光电检测器的原理相似,不过它使用半导体红外线发生器作为传感器。

②被动式红外线检测器。其原理是利用无车辆时路面的红外线能辐射强度与路上有汽车通过时的红外线能辐射强度的变化,由红外线接收器检测出来。

(9) 电容式检测器

一般可分为机械性电容式和非机械性电容式两种：

①机械性电容式检测器。其原理是车辆通过时车轮的压力改变了两个重叠起来的柔性金属面的间隔，从而引起它们之间的静电耦合变化，最终电容的变化即被适当地检测出来。

②非机械性电容式检测器。其原理是两个电极之间的电容由于车辆金属物的干扰（或是一个电极和车辆车身组成的电容）而发生了变化，这一变化同样可用前一种方法检测出来。

(10) 其他类型检测器

除了以上所介绍的各类检测器外，还有一些检测器目前也已应用，如：

①压电式检测器。利用车轮产生的压力，通过适当的机械连接，使压电部件受力而输出电压，从而计数。

②摩擦电式检测器。其原理为车轮的压力使两个不同的材料产生摩擦，这一摩擦引起电子迁移，从而转变成可测出的电压进行计数。

③地震式检测器。当车辆通过时使埋置的钢条内产生振动，被一加速器测出而做出计数。

以上所介绍的各种类型的检测器，除了可供交通量调查之外，在交通控制和交通管理中也得到了广泛应用。同时，还可供车速检测或其他交通参数的检测。当供作车速检测器使用时，需用两个前后排列有适当距离的通行检测器组成，根据车辆通过前后两个通行检测器已知距离的时间差，即可换算成车速。也可采用前述的多普勒速度传感器（如雷达检测器）来测定车速。还可用两个或多个检测器来测定其他交通参数，例如利用通行检测器加上速度检测器即可测出车辆密度。

选用哪一种类型的检测器以及配接何种类型的计数器，要根据各地、各部门交通调查的目的、检测车辆种类、设备的性能、国内目前所能购置的情况以及经费的多少等条件决定。常用车辆传感器的性能特点可参见表2-7。

常用车辆传感器的性能特点　　　　表2-7

| 传感器名称 | 检测原理 | 检测方式 | | 检测范围 | 信号处理难易 | 路面开挖量 | 抗干扰性能 | 设置方式 | 使用寿命 | 成本 |
|---|---|---|---|---|---|---|---|---|---|---|
| | | 存在 | 通过 | | | | | | | |
| 道路管 | 气压开关 | — | √ | 线 | 易 | 无 | 差 | 移动 | 短 | 低 |
| 光电 | 车体遮光 | √ | √ | 线 | 易 | 无 | 差 | 移动 | 短 | 中 |
| 超声波 | 反射 | √ | √ | 点 | 难 | 无 | 中 | 固定 | 长 | 高 |
| 电磁 | 剩磁 | √ | √ | 点 | 中 | 小 | 中 | 固定 | — | 低 |
| 地磁 | 地磁 | — | √ | 点 | 易 | 中 | 好 | 固定 | 中 | 中 |
| 环形有源 | 电感 | √ | √ | 面 | 中 | 大 | 中 | 固定 | 短 | 中 |
| 环形无源 | 地磁 | — | √ | 面 | 易 | 大 | 好 | 固定 | 短 | 低 |
| 导电橡胶 | 模拟开关 | √ | √ | 线 | 易 | 无 | 差 | 移动 | 短 | 中 |
| 雷达 | 多普勒效应 | — | √ | 点 | 难 | 无 | 差 | 移动 | 中 | 高 |
| 振动共轴 | 电容式 | — | √ | 线 | 中 | 小 | 中 | 固定 | 长 | 中 |
| 棒式磁 | 车体剩磁 | — | √ | 线点 | 易 | 小 | 好 | 固定 | 长 | 低 |

使用各类车辆检测器，要注意保持其精确性和可靠性。由于道路处于露天野外，受多种

因素影响,检测器的工作条件较差,很容易失灵和损坏,因此需要配备技术熟练的技师来调整和修理不精确的或已损坏的检测器。另外也需要准备有一定数量的备用器材,以便随时更换替用。还要注意设置检测器的位置,使它能正常工作,检测准确。

### 2.2.4 录像法

目前常利用录像机(摄像机、电影摄影机或照相机)作为高级的便携式记录设备。可以通过一定时间的连续图像给出定时间隔的或实际上连续的交通流详细资料。在工作时要求使用专门设备,并升高到工作位置(或合适的建筑物),以便能观测到所需的范围。将摄制到的录像(影片或相片),重新放映或显示出来,按照一定的时间间隔以人工来统计交通量。这种方法搜集交通量或其他资料数据的优点是现场人员较少,资料可长期反复应用,也比较直观。其缺点是费用比较高,整理资料花费人工多。因此,一般目前多用于研究工作的调查中。

对于交叉口交通状况的调查,往往可采用录像法(或摄像法)。通常将摄像机(或摄影机或时距照相机)安装在交叉口附近的某制高点上,镜头对准交叉口,按一定的时间间隔(如30s、45s或60s)自动拍摄一次或连续摄像(摄影)。根据不同时间间隔情况下每一辆车在交叉口内其位置的变化情况,数点出不同流向的交通量。这种方法的优点是能够获取一组连续时间序列的画面,只要适当选择摄影的间隔时间,就可以得到最完全的交通资料,对于如自行车、行人交通量、分车种分流向的机动车交通量、车辆通过交叉口的速度及延误时间损失、车头时距、信号配时、交通堵塞原因、各种行人与车辆冲突情况等,均能提出令人信服的证据,并且资料可以长期保存。其缺点是费用大,内业整理工作量大,需要做大量图(像)上的量距和计算。并且在有繁密树木或其他遮挡物时,调查比较困难或引起较大误差。

### 2.2.5 GPS 法

GPS 是一种全球性、全天候、连续的卫星无线电定位系统,可提供实时的三维坐标的位置、速度等空间信息和高精度的时间信息。因其具有定位精度高,速度快,不受云雾、森林等环境遮挡的特点,已被广泛应用于军事测绘精密测量、导航定位、交通管理、地球科学研究等国民经济各个领域,成为当今应用最为广泛的卫星定位系统。将 GPS 技术与城市交通管理系统相结合,得到交通状况信息具有重要意义,可实现交通状况的实时检测。

利用 GPS 实时监测实验车,无法直接得到路段的交通量,我们可以根据所测得的路段区间平均车速来反推路段交通流量,交通流量与平均车速、车流密度统称为交通流三要素,其关系式为:

$$Q = v_s K \tag{2-5}$$

式中:$Q$——交通流量;
$v_s$——区间平均速度;
$K$——车流密度。

目前常用的几种速度—密度模型有:
(1)格林希尔茨(Greenshields)提出的线性模型:

$$v = v_f(1 - K/K_j) \tag{2-6}$$

(2) 格林柏(Grenberg)提出的对数模型:
$$v = v_m \ln(K_j/K) \quad (2-7)$$
(3) 安德伍德(Underwood)提出的指数模型:
$$v = v_f e^{-\frac{K}{K_m}} \quad (2-8)$$

以上式中:$v_f$——自由车速;
$v_m$——临界车速;
$K_j$——阻塞密度;
$K_m$——最佳密度。

根据道路的实际情况,采用不同的速度—密度公式,分别代入式(2-5)就可以求得交通流量。

### 2.2.6 航摄法

现在还可以利用航摄技术来进行交通量调查,航摄法的观测点是一个空间连续的移动断面,因此航摄法车流量的计算为:

$$Q_{航} = K \cdot v_s \quad (2-9)$$
$$Q = Q_1 + Q_2 \quad (2-10)$$

式中:$Q$——顺向、逆向的双向车流量;
$Q_1$、$Q_2$——顺向、逆向的车流量;
$v_s$——车流空间平均车速。

通过航摄法在公路交通调查中的应用表明,利用此法进行车速和交通量调查较传统的交通量调查具有明显的优点。这些优点主要表现在:

(1)航摄法调查可不受天气、地点、时间的影响便可开展交通调查,可大大减少实地交通调查的工作量,具有很好的现实性和实用性。

(2)能在空中动态地监测道路运行状况,特别是在监测城市汽车行驶路线、沿线车辆停放以及交叉路口交通状况等方面也是一种有效的手段。

(3)航摄法进行公路交通状况调查,具有灵活的特点,其不足之处在于因影像较小而对车型判读较困难。

### 2.2.7 视频检测法

20世纪90年代以后,随着计算机处理能力的提高和图像处理设备的发展,视频和图像处理技术被广泛应用到车辆检测系统中。传统的车辆检测器,正在逐渐被视频检测系统所替代。

视频车辆检测器是一种基于视频图像分析和计算机视觉技术对路面车辆运行情况进行检测分析的集成系统。采用摄像机作为视频传感器,将摄像机架设在道路的合适位置(如道路上方、路中央的隔离带),视频信号经视频线输入视频检测系统,利用图像工程学(图像处理与机器视觉)的方法,实时监测各个现场的图像,并去除各种环境造成的影响,通过图像分析处理获得所需的各种交通数据,检测线和检测区可在计算机或监视器的图像画面上自由设置。系统检测到的各种交通数据既可存储在设备本身的大容量存储器中,也可以通过通信接口将检测数据传输到远端数据中心。

交通流量的视频检测中,最关键的就是车辆检测识别。通常,基于视频的车辆检测方法主要有:灰度等级法、背景差分法、帧差法、边缘检测法等。灰度等级方法通过背景和车辆的统计灰度阈值来检测车辆,但灰度阈值容易受环境和光线变化影响;背景差分法利用当前输入帧和背景模型差来获取运动目标,但需要对多变的场景进行实时背景更新;帧差法利用相邻帧对应像素差分检测运动车辆,检测结果依赖于选择连续帧时间间隔和车辆速度;边缘检测法能够在不同光照条件下检测出车辆边缘,但如果路面边缘不明显,则检测结果将不理想甚至出现错误。

目前研发的各种视频检测产品,按它们的工作原理来分类,可以分为两类:虚拟线圈法或者虚拟检测线法、车辆跟踪法。

早期大部分视频检测技术采用的都是虚拟线圈法,如 AUTOSCOPE、CCATS、TAS、IMPACTS、TRAFFICCAM 等,其工作原理就是类似于地埋式线圈检测器。用户在图像上定义检测线位置(以一条或多条直线代表道路断面),系统通过计算检测线圈或者检测线的视觉变化强度来判断车辆的经过,从而计算交通参数。该方法的优点是大大减少了数据处理时间(只需要一行或几行的图像数据),在满足实时要求的前提下完成流量、速度的检测。由于交通场景像素值与路面(背景)像素值作差分比较仅仅可得到有无车辆通过采样线,只包含着一个唯一的特征值,而丢失了包括车辆长度、宽度和运动轨迹等特征,所以降低了系统的可靠性,同时也未能充分利用图像信息。

车辆跟踪法则通过识别出交通场景图像中符合车辆特征的像素,进行图像分割,并依据提取出的特征来匹配前后帧中车辆,从而计算交通参数。CMS Mobilizer、Eliop EVA、PEEK VideoTrak、Nestor、Traffic Vision 都属于这一类型,也称为"第三代 VIPS"。理论上,车辆跟踪法比虚拟线圈法更加严谨,所以更能代表发展的趋势。但是该方法的难度在于特征的提取和特征的跟踪。首先,特征必须有代表性,图像中的车辆都具备该特征且各不相同;其次同一车辆在不同帧图像中的特征应该具有相关性,且能够有较好的对应关系。

视频检测系统采用图像处理和模式识别技术,能够检测许多交通流参数,如:交通量、速度、占有率、车间距、交通流密度等,其中有些参数是其他设备无法检测的,而且它可以和交通监视系统共享视频数据,从而节省整个交通管理系统的成本。然而现阶段的车辆视频检测系统也存在着一些不足之处,如受环境和天气的影响比较大等。尽管如此,视频检测系统由于具有不破坏路面、维护方便、可检测的参数多等优点已经成为一种重要的、有着很好发展前景的交通流量检测方法。

## 2.3 交通量调查方案的设计与实施

交通量调查实施的程序,一般包括:
(1)接受交通量调查任务,明确调查目的,确定应提交的成果内容。
(2)拟订交通量调查方案设计。
(3)确定具体的调查内容、日期、时间、地点、方法及所需仪具等与实施交通量调查有关的细节。
(4)组织人力,开展交通量调查。
(5)汇总、整理资料。

(6)对所获得数据进行归纳、分析。

### 2.3.1 调查的种类

由于调查的着眼点不同,一般可将交通量调查做如下分类:

(1)特定地点的交通量调查。本调查是以研究交通管理、信号控制为主要目的,调查特定地点(交叉口、路段或出入口)的交通量。

(2)区域交通量调查。是在某特定区域内同时在许多交叉口和路段设置交通量调查点,以掌握该区域交通流量的分布变化特点为目的的交通量调查。

(3)区域境界线交通量调查,也称出入交通量调查。是为校核商务中心区等特定地区、城市或城市郊区等区域的出入交通量,以及起讫点调查数据中的内外出行距离而获取所需的数据。往往与起讫点调查及其他有关的调查一起进行。

(4)分隔查核线交通量调查。主要是为了校核起讫点调查的数据而进行的调查,记录跨越查核线的交通量。

### 2.3.2 调查地点

调查地点的选择,根据调查资料的目的而有所不同,主要是考虑交通量集中而又有代表性、便于调查统计、具有控制性的地点。一般设置在下列场所:

(1)交叉口之间的平直路段上。

(2)交叉口(交叉口各入口引道的停车线)。

(3)交通设施、枢纽的出入口(流通中心、大型停车场等)。

### 2.3.3 调查时间与时段

1)调查时间的选取

调查的时间取决于调查目的。作为了解交通量全年变化趋势的一般性调查,应选在一年中有代表性交通量的时期进行。从一周来说,最好是星期二到星期四,避开双休日及其前后,无大型文体活动的晴天为宜。

对"24h 观测",时间一般应从该日早上6时到第二天早上的6时。

对"16h 观测",则应从早上6时至晚上10时,要注意把早、晚高峰交通量都调查到。

对"12h 观测",一般从早上6时至傍晚6时,可以因地而异,但必须观测到白天主要的交通量及其变化。

对"峰值时间观测",用于了解早晚高峰小时交通量变化状况。一般在早晚高峰时间范围内作 1~3h 的连续观测。要注意高峰小时在不同的地点出现的时间有差别,汽车和自行车等不同车种的高峰小时也不尽相同。

2)调查时段的划分

调查时段的划分,可每隔 15min 计数一次,但如用于确定通行能力的调查,则以用 5min 的间隔为好。必要时也可按信号交叉口的信号周期来计数。如果交通不是十分繁忙,人员又较多,则调查时段的划分还是以短一些较好,以便于计算其他有关系数,如高峰小时系数和荷载系数等。

高峰小时系数是高峰交通特征的量度。它是以发生在高峰小时的实际小时交通量,与在高峰小时内指定时间间隔最大交通量乘以该小时的间隔数(扩大的高峰小时交通量)的比值,最大可能值是1.0。此值受到1h内规定短时间的限制,对高速公路运营通常为5~6min,对交叉口运营为5~15min。

荷载系数是高峰小时期间被车辆充分利用的绿灯信号间隔的总数与同一期间内可以被利用的绿灯信号间隔的总数之比。其最大可能值也为1.0。调查时段的划分此时应以绿灯信号时间为准。

### 2.3.4 观测用记录表格的设计

常用的交通量观测记录表,可参见表2-8、表2-9。其中表2-8用于观测机动车,车种的分类可以视具体情况而定。表2-9用于观测非机动车。观测的时间段,可以为信号周期,也可以为其他间隔,视实际需要而定。表2-10是另一种形式的观测记录表。车种和时间区间可自定,而同一时刻的观测计数栏有两格,上面一格供记录累计数字,下面一格记分计数字,可以进行校核,以避免累计性误差。

机动车交通量观测表　　　　　　　　　表2-8

路口_____ 路_____ 路_____ 进口_____ 日期_____ 星期_____
天气_____ 控制方式_____ 路口形式_____ 时间_____

| 周期 | 左 转 | | | | | 右 转 | | | | | 红灯(右转) | | | | | 直 行 | | | | | 二次停车 |
|---|---|---|---|---|---|---|---|---|---|---|---|---|---|---|---|---|---|---|---|---|---|
| | 大 | 中 | 小 | 公 | 电 | 大 | 中 | 小 | 公 | 电 | 大 | 中 | 小 | 公 | 电 | 大 | 中 | 小 | 公 | 电 | |
| | | | | | | | | | | | | | | | | | | | | | |
| | | | | | | | | | | | | | | | | | | | | | |
| | | | | | | | | | | | | | | | | | | | | | |
| 小计 | | | | | | | | | | | | | | | | | | | | | |

观测员_____ 第____页

非机动车流量观测表　　　　　　　　　表2-9

日期_____ 时间_____ 星期_____ 天气_____ 非机动车车道宽_____ m
路口_____ 路_____ 路_____ 进口_____ 控制方式_____ 路口形式_____

| 周期 | 左 转 | 直 行 | 右 转 | 红灯右转 | 红灯到达数 | 红灯到达数通过时间 | 绿灯通过数 |
|---|---|---|---|---|---|---|---|
| | | | | | | | |
| | | | | | | | |
| | | | | | | | |
| | | | | | | | |

观测员_____ 记录员_____ 第____页

交通量观测记录表　　　　　　　　　　　　　表2-10

日期＿＿＿＿年＿＿月＿＿日　　星期＿＿＿上、下午＿＿＿　天气(晴)(多云)(雨)

地址＿＿＿＿＿＿＿＿＿＿＿＿＿　　时间＿＿＿点＿＿分～＿＿＿点＿＿分

方向＿＿＿＿＿＿＿＿＿＿＿＿＿

| 时刻＼车种 | | | | | 合计 |
|---|---|---|---|---|---|
| | | | | | |
| | | | | | |
| | | | | | |
| | | | | | |
| | | | | | |
| | | | | | |
| | | | | | |
| | | | | | |

观测员＿＿＿＿＿　第＿＿＿＿页

### 2.3.5 调查方案的设计

拟订调查方案时，应对以下各项内容，提出书面说明。

1）调查目的和用途

应有明确的目的和要求，以使调查工作符合原定意图。通常交通量调查的目的有：交通规划、设计、经济分析和管理等。

2）拟调查地区或路线的情况

包括地区平面图、路网图、道路平纵线形等。应说明对交通量将有影响的各种道路、交通管理和控制因素，如道路宽度及各车道宽度及其功能，分隔带或隔离墩等分隔设施，路面标线，各类交通岛，交通标志，交通管理与控制设施位置，道路以及交叉口周围环境及障碍物，路面状况，人行横道，公交车站和停车位位置等。

3）观测点在平面图上的位置

在地区平面图上标注各个观测点的位置，并作必要的说明。

4）所观测车辆的车种和分类

确定车辆的车种，并确定划分标准。

5）所拟定调查时间和周期的说明

确定调查的日期、具体时间段、计数间隔等。

6）观测仪器

如采用自动机械计数装置，应提出设备的规格、型号及数量，并对设备的性能加以简要说明，还应给出详细的设备安装施工图。采购设备要注意费用、供货可能及到货的日期，保证按时开始观测。

7）人员配备及分工

对于新参加观测工作的人员，必须进行技术培训和工作纪律、责任心的教育。

8) 其他调查用具配备规格和数量

要注意保证调查时其他调查用具用电和晚间工作照明用电,人员联络往来用的电话、通信和交通工具,遮阳挡雨的伞具或篷棚等问题,否则将严重影响工作。

9) 记录表格的形式和要求

表头一般应包括道路或交叉口名称(相交道路),观测站位置,所观测车流运行方向和车种,观测日期(年、月、日、星期、上午、下午或晚上),观测时间,天气,观测人员等,必要时可附平面示意图。

10) 调查资料整理方法及格式,图表要求及内容,交通量计数单位和精度等

调查方案设计应根据调查目的和任务确定,注意资料的精确性和完整性,但也应注意人力、物力和财力的节约。为了符合实际情况,在拟订调查方案时,应向当地交通管理部门进行调查了解,由于他们常年长期工作在那里,能提供许多宝贵的意见和建议,故在调查工作中,更应努力争取他们的协助和配合。如有必要可先作探索性调查,作调查试点,再进行大规模调查,以便更好地演练和积累经验。进行大型交通量调查时,往往会牵涉到许多部门和单位,要努力依靠各级政府和有关领导同志的支持帮助,要与公安交通管理、公路交通部门、城建部门、公交公司等密切配合,这样才能取得事半功倍的效果。

总的来说,随着交通量调查目的和对象的变化,无论是车辆的划分还是调查时间、地点、方法以及人员、设备的配备都会有很大的差异。因此,调查方案设计并无一成不变的固定模式,具体拟订时应注意各自的实际条件。

### 2.3.6 公路交通量调查

我国自1979年10月开始进行正规的交通量调查以来,已有30多年的历史。目前,公路交通量调查的观测主要有间隙式观测和连续式观测两种:按预先确定的观测日期,对交通量进行定期地统计观测,称间隙式观测;全年按小时连续不断地对交通量进行统计观测,称连续式观测。间隙式和连续式交通量调查站设置应遵循以下一般性原则:

①从全面反映公路网交通流量及特性出发,结合公路网布局、公路的行政等级、技术等级及公路规划建设等因素,在充分利用原有公路交通量调查站的基础上,进行科学规划、合理布局。

②调查站应设在交通流比较稳定、流量和特性可代表某个路段区间交通流量和特性的地点。上述路段区间称为观测里程,也称代表路段长度,代表路段长度应按实际情况确定。代表路段的分界点一般设在交通量明显变化处,原则上各行政区划的分界处应作为代表路段的分界点,省际行政区划分界处必须作为代表路段的分界点。

③比重调查、车速调查应尽量与交通量调查合并进行。

④干线公路与干线公路交叉点(互通立交或平面交叉口)之间的路段上应设置交通量调查站;县级及县级以上城市、大型工业生产基地、重要港站枢纽、重点旅游风景区之间的路段上应设置交通量调查站;在每条县道和专用公路(非高速公路)上,原则上应设置一个交通量调查站。

⑤乡道设有交通量调查站的路线数应不少于乡道路线总数的10%~20%。

⑥交通量调查站的位置应选择在视线开阔、便于安装观测仪器、公路路线纵坡小于2%

的直线路段处。

⑦高速公路可利用监控系统车辆检测器、养护管理站等设置交通量调查站。

1)间隙式观测

(1)观测站的设置

为了确切地掌握交通量的变化(时间、空间分布)规律,在保证取得准确数据并能代表所表示的路段的基础上,间隙式观测站除了遵循前文所述的一般性原则外,还应满足下列要求:

①间隙式交通量调查站的分布应与连续式交通量调查站的分布相互协调。

②每条路线上设置的间隙式交通量调查站的多少,应根据其交通量分布变化的程度而定。

③一般路线,平原或微丘区路段间隙式交通量调查站间的间距宜为20~30km;山区或重丘区路段的间隙式交通量调查站间的间距宜为30~40km;对于交通量少、城镇稀疏的路段,间隙式交通量调查站间的距离可相应拉长。

④间隙式交通量调查站的位置不应随意变更,应保持相对的稳定。

(2)观测次数及时间

间隙式交通量观测的次数及时间要求:

①国道、省道和其他行政等级高速公路,每个月间隙式交通量观测次数不应少于2次;县道,每个月间隙式交通量观测次数不应少于1次;乡道和专用公路,每个季度间隙式交通量观测次数不应少于1次。

②观测日要避开法定节假日、不良气候、地方性集会等交通量异常日期。

③每次观测的时间一般为7时至次日7时连续24h。当日19:00时至次日7:00时夜间交通量占昼夜交通量的比例不超过5%时,观测时间可调整为7:00时至19:00时连续12h,但计算日交通量时要计入推算的夜间交通量。对于同一观测年度内的同一调查站点,其观测时间应一致。

(3)观测记录内容及记录方式

观测的原始记录应注明观测路段所在的路线编号、调查站编号、调查站名称、调查站里程桩号、观测路段代表长度、观测路段起讫点名称、观测路段起讫点状号、观测日期及天气情况。观测时应按表2-2划定的车型分类记录,原始记录的车辆数均为自然车辆数。

当昼夜交通量小于2 000辆(自然数)时,间隙式交通量观测可采用人工记录的方法;当昼夜交通量超过2 000辆(自然数)时,间隙式交通量观测宜采用全自动、半自动或手工计数器观测。当采用人工观测、半自动观测方法时,间隙式调查站的每小时机动车及各车型数量统计误差率应小于5%;当采用全自动观测方法时,每小时机动车及各车型数量统计的误差率应小于2%。

(4)填报内容

根据相关文件要求填报有关内容,主要包括:

①分车型、分小时进行记录和统计的每小时交通量及日交通量。

②每个观测月结束后,对各调查站的月交通量进行整理、统计。

③每年的交通量观测结束后,对各调查站的年交通量进行整理、统计,并填报路段年平

均日交通量年报表。

2）连续式观测

（1）观测站的设置

连续式观测的目的除了为全年提供完整的交通量数据外，更主要的是为了探求交通流量的变化规律，借以逐步简化观测工作量。观测站的地点，应使所得交通量资料能充分代表一个区域的交通量的变化规律。根据近几年的资料分析，发现其变化规律与气候、地形的变化有着最直接的关系，因此在选择地点时，应综合考虑将各站设置于气候、地形不同的地区避免集中或过分靠近大城市。连续式交通量调查站的设置除了遵循前文所述的一般性原则外，还应满足下列要求：

①符合国家编制公路网总体布局规划的要求。

②各省、自治区、直辖市在辖区内的每条干线上应设置连续式交通量调查站。

③连续式交通量调查站一经设定，其位置不得随意变更、撤销。

（2）观测时间

连续式交通量观测必须全年365天、每天24h不间断地进行，并以每小时为一时段，由整点到整点观测记录。

（3）观测记录内容及记录方式。

连续式观测记录内容与间隙式观测基本相同，连续式交通量观测、记录必须采用自动调查设备。

对连续式调查站的观测记录应及时自检、互检或抽样检查。每小时机动车及各车型观测的误差率应控制在2%以内，每小时混合交通量观测的误差率应控制在5%以内。

（4）填报内容。

除了与间隙式观测类似的填报内容外，在交通量观测、统计的基础上，应按以下要求，对各交通量观测路段的交通流特性进行分析、计算：

①交通量构成。每月及每年应对各交通量观测路段的交通量构成进行分析。各路段的交通量构成可以用每月及每年各类车辆累计数占全部车辆累计数的百分比表示，也可用各类车辆月平均日交通量及年平均日交通量占全部车辆合计的月平均日交通量及年平均日交通量的百分比表示。混合交通量的构成以各类车辆标准车当量数占混合交通量合计标准车当量数的百分比表示。汽车交通量的构成以各类车辆自然车辆数占汽车交通量自然车辆合计数的百分比表示。

②交通量昼夜系数。各调查站应对每月及每年相应的观测路段的昼间混合交通量及汽车交通量占昼夜混合交通量及汽车交通量的比例进行分析计算，昼间交通量指7:00~19:00的12h交通量，年平均或月平均日交通量昼夜系数可按混合交通量或汽车交通量分别计算。

③交通量周日、月不均匀系数。对于每一个连续式交通量观测路段，应分析混合交通量及汽车交通量的周日、月不均匀系数。

3）交通量比重调查

根据交通运输部的要求，各省、自治区、直辖市每年应进行一次国道（含国家高速公路）、省道、县道、乡道交通量比重调查，简称四类公路比重调查。比重是指各行政等级公路上通行车辆（路线交通量）与观测路网总交通量的比值。交通量比重调查，其目的是依据整个公路网的总里程和日交通量的观测资料,分析各类道路的使用功能,阐明相互之间的关系,论证已划定的国道网是否合理,研究新路建设和旧路改造的基本方针,确定投资的先后次序,制定合理的技术政策。根据有关规定,对交通量比重调查观测的要求是:

(1)观测对象。规定以机动车为观测对象,调查车型为表2-2中的二级分类,有些省(自治区、直辖市)可对非机动车进行观测。

(2)观测时间和次数。在交通量高于年平均日交通量的某月中的某一天,进行从早6时至次日晨7时连续24h的观测。所选定的日期,应与间隙式观测站的观测日期相同。一般每年进行一次,一个省(自治区、直辖市)范围内应在同一天内进行观测。由各省公路管理部门统一研究部署,各地区公路总段(分局)领导和指导,县公路段(局)组织实施。

(3)观测内容与方法。四类公路比重调查的内容应包括调查区域内国道(含国家高速公路)、省道、县道、乡道的交通量及四类公路里程,其中四类公路里程为调查当年年底的观测里程。四类公路比重调查中交通量调查的站点设置、路段选择、方法及内容,参照交通量调查的有关内容执行。对新建、改建公路,原来未设交通量调查站的各类公路,特别是在高速公路和一级公路上,均应设站进行观测。

4)其他交通调查

目前进行的我国公路国道交通调查项目,是最基本的也是最重要的一部分调查。除上述调查外,有必要根据需要的迫切程度,逐步开展其他一些交通情况的调查,以使从宏观到微观方面适应国道和整个公路建设发展的需要,从多方面积累并提供规划、运营,经济效益评价、可行性研究等所必需的基础资料。当前需要开展的项目不少是与交通量调查有关的,如:

(1)公路交通量与运输量换算关系参数的调查。

(2)公路阻塞与拥挤路段的交通调查。

(3)汽车起讫点调查。

(4)城市间交通流的辐射区调查。

(5)路段大(重)型与中型汽车拖挂比重调查。

(6)事故多发路段调查。

### 2.3.7 城市道路交通量调查

城市道路交通量调查方法,基本与公路交通量的调查方法相似。但由于城市道路和交通具有道路网密度大、交叉口多、路段短、交通量大、车型多、交通量变化迅速和交通干扰因素多等特点,因此对城市道路的交通量调查应该注意其工作特点。

城市道路交通量调查,一般应包括对路段、交叉口和城市出入口道路的调查,有时根据规划、设计工作的需要,也可对特定地点(如车站、机场、广场、交通枢纽、大型物流中心、大型体育场馆等)进行调查。从调查的时间和规模来看,一般又可分为长期连续调查、大范围宏观调查、临时突击短期调查和局部单点小规模调查等。城市交通的影响因素很多,由于管理、交通事故、自然堵塞和施工养护等原因,往往会使交通量发生骤然的变化,对于这些情况,在调查前和调查中应予以足够的重视,以免观测到的交通量根本不反映道路上实际的交通状况。

当规划城市道路网的交通量观测站时,首先要对城市道路适当分级,通常可分为主要道路和次要道路两级。主要道路包括快速路、主干路、城市出入口道路及主要集散道路。我国大部分城市,其城市道路的功能分工不清,缺乏完整的干道系统,商业区道路和工业区道路交通特别拥挤,对于这种情况设置观测站时应有充分考虑。

对于每一条主要道路都应建立一个主控制站,至少每2年要做一次24h的观测,调查应分方向和车种。其目的是获得主要道路系统中有代表性的交通量及其小时变化和方向分布。

在每一类的次要道路上都要建立副控制站。当城市很小时,最低限度也要建立9个副控制站,住宅区、商业区和工业区道路各3个。随着城市规模的扩大以及调查工作的重要性的提高,控制站的数量还应增加。每个副控制站每2年做一次24h的观测,可以不分方向,目的是获得对次要道路系统有代表性的交通量。

为了得到各种不同等级的道路上交通量的日变化和季节性变化系数,并将观测值换算为平均日交通量,需要在控制性观测站中选择一些观测站作为关键站,其数量至少应保证每类主要道路和每类次要道路各有1个。为了得到周日系数,每年要观测7d;为了得到季节性系数,至少每3个月要选择星期一至星期五中的某一天进行1次24h观测,当气候变化对交通量的影响比较显著时,应每个月做1次24h观测。关键站的调查可以不分流向。

为了获得整个道路系统的平均日交通量,除了控制性和关键性观测站外,还需要建立一批辅助性观测站。对于主要道路,首先将其划分为若干控制性路段,划分的标准是交通量的大小,使各路段中的交通量比较一致,而各路段之间则显然不同。一般以主要交叉口来分段,因为交通量变化的趋势,在城市出入口道路(及其内延伸、外延段上)是最为明显的。每一控制性路段都要建立1个辅助性观测站,每4年观测1次,要选择星期一至星期五中的某一天做24h的调查,一般可采用人工计数。对于次要道路,大约1.5km设1个辅助性观测站,不定期地进行每次为24h的观测,具体日期可根据道路环境和交通状况的变化情况而定。次要道路上辅助性观测站的调查可以用人工计数,也可以用浮动车法。

以上介绍的主要是长期的宏观的调查,对于具体项目、交叉口、小区出入道路和路段等的交通量调查,则应根据要求、目的不同参阅本教材有关内容进行调查。

我国城市道路交通调查工作开展得较晚,近年来,交通量调查工作虽已受到重视,但由于受人力、费用和设备等的限制,目前还不能满足各方面的需要。因此,应及早规划、制订国内城市道路交通量调查的统一方法,逐步开展这项工作,积极积累资料,以供今后应用。

### 2.3.8 平面交叉口交通量调查

平面交叉口是道路交通的枢纽,城市的交通问题往往突出地表现在交叉口上,因此了解平面交叉口的交通量是十分重要的。对属于平面交叉口的信号控制交叉口、无信号交叉口和环形交叉口,均可采用相类似的调查方法。

调查平面交叉口交通量的主要目的,是为了获得有关交通量的实况、通行能力、流向分布、交通量变化及高峰小时交通量和交通组成等方面的资料,以便对交叉口的运行效能做出准确的评价,提出交通管理、控制措施或改建、扩建方案。因此,交叉口交通量调查一般应选在高峰期间进行,持续时间至少为1h,以完整地测到整个高峰小时的交通量资料。同时,可以根据需要,分别对机动车和非机动车的高峰进行观测。调查时段划分大多数采用15min,也可采用10min或5min的时间间隔,如对上下班高峰时的自行车交通量,即可采用5 min的时间间隔计数。另外,对于信号交叉口也可按其信号周期来统计计数,但此时应同时进行信号灯配时的调查,以便于资料的换算。

　　由于交叉口的交通流比较复杂,需分车种和分流向调查,故一般均采用人工计数,并以入口引道的停车线作为观测断面。当交通量较小时,如入口处渠化较好,能严格控制车辆分道行驶,则可由1人负责整个入口;当交通较繁忙时,每一入口需要3人,分别统计左转、直行和右转的机动车流量。若同时调查自行车交通量,则每一入口需要增加一倍的人员,以分别统计各向自行车流量。因此每一入口往往需要6人,对于一个普通的十字交叉口就需要24人。如果为了检验入口流量的可靠程度,在交叉口出口引道上再布置人员对驶出交叉口的机动车和自行车进行计数,则总的调查人员将增加到32人。假如要求同时调查行人过街流量,则还需另外增加人员。如果人员不足,也可只同时调查一个或两个主要入口引道,另抽时间(尽可能使各种条件相似)调查其他入口引道的交通量,但这种方法存在资料来源于不同时间的缺陷。

　　对于大型的环形交叉口、多于四路相交的多路交叉口及畸形交叉口,必须进行具体分析,仔细拟订观测方案。对于环形交叉口,其调查方法与十字交叉口略有不同,除在各相交道路入口引道上设置断面,并统计入环车辆总数及右转车辆数外,还需在环道上各交织段设置4个观测断面,统计交织段的流量,根据上述观测数据即可计算各进口道直行、左转等的车辆数。对于多路相交的交叉口或畸形交叉口,按照常规的观测方法一般难以测得车辆在各向的流量,因此最好采用牌照法测定各入口引道进入交叉口的车型及牌照号码,然后用人工或编制程序,由计算机算出车辆分型往各方向的流量。总之,对交叉口观测方案的确定,是一项十分细致的工作,必须根据交叉口的条件和特点、交通情况确定观测断面及人员配备,稍有疏忽,就会影响调查质量和精度。

　　调查的日期,除专门的目的外,一般应避开星期六、星期日和节假日。天气则应避开雨、雪等影响正常交通情况的恶劣天气。对于以交叉口改建前后对比研究为目的的交通量调查。要使前后两次调查的时间、地点、方法、气候等条件尽可能相同。同样,对设置信号灯前后、采取某项交通管制措施前后(如区域控制、线控、禁止左转、单向通行等),对此研究调查时,也同样应遵循上述要求。

　　对交叉口进行饱和流量调查,可用于通行能力等的研究。当交叉口交通量很大、每次绿灯结束时尚有大量车辆未能通过时,不难获得饱和交通量。在其他情况下,要得到饱和流量,往往可采用"阻车法"人为地促成饱和状态,即利用原有道路上的车辆,使其在短时间内暂停通行,待各入口引道上积累了一定数量的车辆后再一起放行,这时进行观测即可获得源源不断的饱和交通量。但是这种方法影响面很广,容易发生交通事故,造成交通阻塞,给过往车辆、乘客造成人为的延误,因此除非确有必要,否则应尽量不用或少用。如万不得已非采用不可时,则事先要向当地政府及有关部门书写详细报告,申述其必要性和重要性,同时在批准实施时,要与公安交通管理部门密切配合,得到他们的协助,并且尽可能缩短阻车的时间。一般应避开上下班的高峰时间,以便尽可能地减少影响和损失。参加调查人员则要明确分工,精心尽责,熟悉调查要求和方法,务必使搜集的资料完全适用。

在做交叉口交通量调查时,一般应绘制交叉口平面图,按比例表示交叉口各路口入口引道的设施和尺寸,各车道的功能,必要时还应标绘各种交通控制管理设施,如各种标线、标志、停车线位置、人行横道宽度和位置、信号灯位置、岗亭或指挥台位置等。另外,如有视线障碍,则应绘出附近建筑物或其他障碍物的位置。

以上介绍的方法,同样适用于立体交叉和交通枢纽、交通广场等的交通量调查。

### 2.3.9 道路网交通量调查

道路网(公路、城市道路网)交通量调查的目的是绘制某一区域道路网的交通流量图,以供运输规划、路网规划、编制道路养护维修计划等使用。一般用年平均日交通量来绘制。

进行路网交通量调查之前,首先应对拟调查的区域做详细的研究,将所有的道路标在该地区的平面图上,然后确定观测站系统。

交通量资料由控制性观测站和临时性观测站的调查提供。当拟调查的区域原已建有各类永久性观测站、控制性观测站和关键站时,可以以此作为控制性观测站,而不必再设主控制站。当拟调查的区域没有这类观测站时,应在每一种类型的道路上于有代表性交通量的断面处建立控制性观测站。控制性观测站一般每3个月连续观测1周,或者每个月选星期一至星期五中的1天,同时每隔1个月增加1个星期日进行24h的观测,但要避开交通量异常的日子和开放夜市的夜间。控制站大多采用人工计数,根据条件,有时也可采用自动机械计数装置。

临时性观测站应遍布整个拟调查的区域。其间距一般规定为:郊区干线公路3~5km,市区公路1.5km左右1个,在交通量变化较大的地点还需增密。具体设置网点个数,可根据人力和设备条件确定。当拟调查的区域内设有辅助性观测站时,则可用辅助性观测站来代替临时性观测站,若数量不够时,同样可根据上述原则适当加密。临时性观测站通常采用人工计数,也可以用浮动车法代替。观测时应选择星期一至星期五中的某一天做24h或16h的连续观测。

城市道路网交通量调查如受条件限制,也可按下述方法调查。调查时间选择与年平均日交通量相接近的季节和月份。从一周内各天考虑,星期二至星期五属正常工作日,可选其中任何1天或2天作为观测日,对全市各测站作同步调查。控制性观测站1天调查24h,辅助性观测站1天调查12h或14h,一般选择6时至18时或6时至20时来进行。对于特大城市,测站很多,无法同一天进行同步观测时,则可分为二级进行,对于一级观测站可同时观测数天,并整理出几天交通量的变化关系。二级观测站可在一级观测站观测期间,各选1天分别观测,然后根据一级观测站的资料修正成同一天交通量,以使能画出全市统一的交通流量图。各类观测站可根据其重要性大小,分别设置于主干路、次干路或主要交叉口和次要交叉口的有关位置。

### 2.3.10 区域境界线交通量调查

区域境界线交通量调查是在一个完全被一条假设线封闭的特定区域内,对进出该区域的所有道路进行交通量调查,以检测出入的交通量和该区域内交通量(或车辆,或行人)的比例关系。

区域境界线交通量调查,常用作全面的起讫点调查或中心商业区调查的一部分。

作为起讫点调查的一部分,这种调查常被用作扩算家访数据的基础,作为出行调查数据的核对之用。在家访调查期间的交通量调查可用作建立有关系数的基础。这种调查同时使用人工计数和机械计数。人工计数是为了确定车辆类型,按车辆类型、行驶方向和小时进行记录。机械计数是在家访调查开始之前进行为期24h的调查,其目的在于:第一,用作安排家访时间表和分配人力的依据;第二,提供将家访期间的交通量与没有家访的日子里的交通量进行比较的机会。

用于中心商业区的调查时,对每一条道路与拟调查区域的境界线的交点处都要设立观测站。对于某些交通量很小的街道也可以不进行调查,但必须保证这些街道上的总交通量不超过总出入交通量的3%~4%。观测断面要选在路段上,以避免由于存在转向车辆而造成的重复计数,同时又可以使用路段交通量的观测方法,使调查工作简化。为了减少观测站的数量,境界线应尽量利用天然的或人为的分隔线,如河流、区界线和铁路等,但不要选在道路中线上。这种固定的区域要包括所有的通过主要临街商店的道路,避免在境界线上有较大的临街商业网点。

由于这种调查要获得出入中心商业区的交通量的详细资料,对各种机动车、非机动车、行人、乘客的数量都应按方向调查统计,因此只能采用人工计数。乘公共汽车、电车、地铁或轮渡等交通工具进出拟调查区域的乘客数,最好从公交公司获得,不得已时,再在观测站计数。而乘大轿车、小客车(出租汽车)等社会车辆进出的人数和步行者的数量,只能在观测站统计。这些资料可为公交部门编制符合实际的运行时间表提供可靠的依据。

为获得未来发展趋势而进行的中心商业区出入交通量调查,应每年进行1次,可选择星期二、三、四中的某一天,要求其所在月份的月平均日交通量最好接近年平均日交通量,逐年调查的日期要保持在同一个月的同一周内。若为了获得中心商业区出入交通量的峰值,则应选择商业活动集中的节假日进行观测。每次调查通常持续12h,从早上7时至傍晚19时。根据当地实际情况,也可以延长到16h或少于12h。一般每15min累计一次统计数。

这种调查可获得大量宝贵的资料,如出入交通量及其时间分布、方向分布,利用不同交通工具(或步行)的出入人数,交通量的高峰值,交通最繁重的路线(或出入道路)以及交通流的不平衡程度等,从而为下列计划和措施提供依据:

(1)停车场(汽车、自行车)设施计划。
(2)街道单向交通计划。
(3)交叉口信号配时往主交通方向的调整。
(4)多车道道路中央车道按时间变更行驶方向的实施。
(5)地铁、轻轨、公交等大容量交通运输工具的路线调整和行车调度。
(6)交通环境保护措施。
(7)交通管理措施的改善和警力配置等。

### 2.3.11 分隔查核线交通量调查

分隔查核线交通量调查是为了记录跨越一个主要地理障碍物或行驶于两地区之间的交通量。分隔查核线是沿地理或自然界限设置的,这样可使跨越分隔查核线的道路条数保持在最少的数量。分隔查核线交通量调查是起讫点调查精度检验的一个重要组成部分。把家访调查所获得的起止于查核线两侧的总出行数(交通量)相加起来,与实际调查的交通量相比较,就可以看出两者相接近的程度。

从分隔查核线调查所得的分类车辆数据通常是比较可靠的。分类车辆资料对起讫点调查和经济分析都有用。在交通量每天达 500 辆以上以及每 8h 周期内交通量超过 500 辆的所有道路上,一般都要进行分类车辆调查统计。

对于分隔查核线交通量调查,通常至少要用便携式检测器(或人工)进行 1 天连续 24h 的观测。如果调查是用于验证起讫点调查资料,则必须进行几天的调查,并至少相隔 1 周。这样可以发现和改正人工计数时的不正常情况。

## 2.4 数据资料整理与分析

在进行了大量的交通量观测之后,对于花费了许多时间、人力、财力等所获得的所有资料,应该十分珍惜,认真整理和分析,以便让这些资料发挥应有的作用。交通量调查中,在搜集了必要的数据之后,需要将数据进行整理分析,或列成表格,或绘成图式,然后用适当的统计方法来帮助正确地评价所得的调查结果。

交通量资料的整理、计算和分析,通常可分为对连续观测和非连续观测资料的分析两种。对连续一年的交通量资料可求算年的平均日交通量,月、周日交通量变化系数,第 30 位年最高小时交通量及第 30 位小时交通量系数等参数,从而为路网规划、设计提供必要依据。对连续 1 天 24h 交通量调查,可利用此资料绘制交通量的小时变化柱状图或曲线图,以分析交通量的昼夜和小时变化,也可用以计算对非连续 24h 的高峰小时流量比。高峰小时交通量调查的资料,可用以计算高峰小时系数、扩大的高峰小时交通量,以分析高峰小时交通的特点。对于交叉口的交通量调查,其数据可分析高峰小时交通特点、各向流量的大小,并绘制交叉口流向流量图等。

利用上述交通量资料还可分析交通量的方向分布。交通量资料的分析,比之车速资料分析要简单一些,主要是进行时间序列分布、方向分布和地点(路段)分布等的分析,但要注意平均值的计算、交通量的扩算以及有效数字和精度等问题。

根据观测手段或计数的方法不同,交通量资料的整理与分析方法大体可分为两大类:

(1)对于由机械计数自动记录的资料,一般不用专门进行人工整理,可直接由计数器打印输出,并利用计算机进行图表的绘制和一些系数的直接计算。目前国内已开发了这方面的软件,利用计算机对连续式交通量调查一年的资料进行整理分析,计算各参数和系数,打印有关文件、图表,取得了可喜的结果。这样可大大节约人力,使资料的整理时间大大缩短,提高了效率。

(2)对于大量广泛的人工计数资料,一般都是间断调查的,延续的时间较短,但涉及的范围很广,种类很多。对于这些资料一般都由人工整理、分析。

### 2.4.1 数据资料分析与计算示例

1)连续式观测资料分析

连续式观测所获得的资料可以进行许多的分析比较,计算各种所需系数,并进而推算其他一些数值。其计算步骤如下：

(1) 计算月平均日交通量($MADT$)

先分别求出该年各月交通量的和，再除以各月的实际天数，就可得出各月的 $MADT$ 值：

$$MADT = \frac{1}{K_m} \sum_{i=1}^{K_m} n_i \tag{2-11}$$

式中：$K_m$——各月的实际天数，d；

$n_i$——每日交通量，辆。

(2) 计算年平均日交通量($AADT$)

先求出一年 12 个月内 365 天(闰年 366 天)交通量的总和，然后再除以一年的总天数，即可得到 $AADT$：

$$AADT = \frac{1}{365} \sum_{i=1}^{365} n_i \tag{2-12}$$

(3) 计算月交通量变化系数($M$)

用年平均日交通量 $AADT$ 分别除以每个月的月平均日交通量 $MADT$，即可得到月交通量变化系数 $M$：

$$M = \frac{AADT}{MADT} = \frac{\frac{1}{365} \sum_{i=1}^{365} n_i}{\frac{1}{K_m} \sum_{i=1}^{K_m} n_i} \tag{2-13}$$

(4) 计算各周日的平均日交通量($ADT$)

按全年所有各周日(星期一、星期二、…、星期日)的交通量分别相加，然后各除以这一年中各个周日的总天数(一般为 52 天)计算出全年各周日的平均日交通量 $ADT$：

$$ADT = \frac{1}{K_D} \sum_{i=1}^{K_D} n_i \tag{2-14}$$

式中：$K_D$——一年中某个周日的总天数。

(5) 计算周日交通量变化系数($D$)

以年平均日交通量分别除以各周日的平均日交通量，即可得周日交通量变化系数 $D$：

$$D = \frac{AADT}{ADT} = \frac{\frac{1}{365} \sum_{i=1}^{365} n_i}{\frac{1}{K_D} \sum_{i=1}^{K_D} n_i} \tag{2-15}$$

(6) 推算年平均日交通量($AADT'$)

利用上述公式计算求得的 $M$、$D$ 系数，根据一年中某一天的实际观测值，即可推算该年的年平均日交通量 $AADT'$：

$$AADT' = DT \times M \times D \tag{2-16}$$

式中：$DT$——实测某天的日交通量，辆/d；

$M$——观测日所在月份的月交通量变化系数；

$D$——观测日的周日交通量变化系数。

利用上式计算 $AADT'$，必须有根据积累多年交通量资料后所获得的 $M$ 值及 $D$ 值。其结果只能是近似的。因为日交通量是一个随机的变量。但是,利用此公式可节省一定人力和时间,在缺乏资料、时间匆促或作预估推算时,还有一定用处。

【例2-2】 某公路连续式交通量观测站,某一年交通量调查资料经初步整理如表2-11、表2-12的第1行所示,试根据所列资料计算:

①年平均日交通量 AADT 值;
②各月的月平均日交通量 MADT 值和月交通量变化系数 M 值;
③各周日的平均日交通量 ADT 值和交通量变化系数 D 值;
④若已知该年9月某日(星期二)的实测日交通量为 3 392 辆/d,试推算其 AADT′值,并计算其相对误差(%)。

**MADT、M 值计算表**  表2-11

| 月份 | 一 | 二 | 三 | 四 | 五 | 六 | 七 | 八 | 九 | 十 | 十一 | 十二 | 全年 |
|---|---|---|---|---|---|---|---|---|---|---|---|---|---|
| 该月份的累计交通量(辆) | 71 231 | 64 720 | 75 509 | 83 350 | 90 402 | 90 270 | 89 311 | 96 565 | 97 470 | 109 027 | 97 770 | 78 740 | 1 044 365 |
| 该月的天数(d) | 31 | 28 | 31 | 30 | 31 | 30 | 31 | 31 | 30 | 31 | 30 | 31 | |
| 月平均日交通量 MADT(辆/d) | 2 298 | 2 311 | 2 436 | 2 778 | 2 916 | 3 009 | 2 881 | 3 115 | 3 249 | 3 517 | 3 259 | 2 540 | AADT=2 861 |
| 月交通量变化系数 M | 1.245 | 1.238 | 1.175 | 1.030 | 0.981 | 0.951 | 0.993 | 0.919 | 0.881 | 0.814 | 0.878 | 1.126 | |

**ADT、D 值计算表**  表2-12

| 周日 | 一 | 二 | 三 | 四 | 五 | 六 | 日 |
|---|---|---|---|---|---|---|---|
| 该周日的全年累计交通量(辆) | 147 056 | 158 324 | 155 696 | 153 764 | 150 951 | 156 530 | 122 044 |
| 该周日的全年天数 $K_D$(d) | 52 | 52 | 53 | 52 | 52 | 52 | 52 |
| 该周日的平均日交通量 ADT(辆/d) | 2 828 | 3 045 | 2 938 | 2 957 | 2 903 | 3 010 | 2 347 |
| 该周日的交通量变化系数 D | 1.012 | 0.940 | 0.974 | 0.968 | 0.986 | 0.951 | 1.219 |

**解**:①按式(2-12)可求得某年的 AADT 为:

$$AADT = \frac{1\ 044\ 365}{365} = 2\ 861(辆/d)$$

②按式(2-11)可分别计算各月的 MADT 为:

一月份

$$MADT_1 = \frac{71\ 231}{31} = 2\ 298(辆/d)$$

二月份

$$MADT_2 = \frac{64\ 720}{28} = 2\ 311(辆/d)$$

其余各月的 MADT 可依此类推,最后可得表2-11第4行的各值。
按式(2-13)可分别计算各月的 M 值为:

一月份

$$M_1 = \frac{2\ 861}{2\ 298} = 1.245$$

二月份

$$M_2 = \frac{2\,861}{2\,311} = 1.238$$

其余各月的 $M$ 值可依此类推,最后可得表 2-11 第 5 行的各值。表 2-11 的计算结束。

③按式(2-14)可分别计算各周日的 $ADT$ 值为:

星期一

$$ADT_{(1)} = \frac{147\,056}{52} = 2\,828(辆/d)$$

星期二

$$ADT_{(2)} = \frac{158\,324}{52} = 3\,045(辆/d)$$

星期三

$$ADT_{(3)} = \frac{155\,696}{53} = 2\,938(辆/d)$$

其余各周日的 $ADT$ 值以此类推,最后可得表 2-12 的第 4 行的各值。
按式(2-15)可分别计算各周日的 $D$ 值为:

星期一

$$D_{(1)} = \frac{2\,861}{2\,828} = 1.012$$

星期二

$$D_{(2)} = \frac{2\,861}{3\,045} = 0.940$$

其余各周日的 $D$ 值可依此类推,最后可得表 2-12 的第 5 行的各值。表 2-12 的计算结束。

④根据本题所给实测日交通量,按公式(2-16)计算推算的 $AADT'$ 值:

由表 2-11 第 5 行查得,九月的 $M_9 = 0.881$。

由表 2-12 第 5 行查得,星期二的 $D_{(2)} = 0.940$。

与实测计算出来的 $AADT = 2\,809$ 辆/d 的相对误差为:

$$E = \frac{2\,861 - 2\,809}{2\,861} \times 100\% = \frac{52}{2\,861} \times 100\% = 1.8\%$$

2)白天 16h 交通量系数 $K_{16}$ 计算

白天 16h(6 时至 22 时)的交通量与全天 24h 交通量之比,称为白天 16h 交通量系数 $K_{16}$。可利用式(2-17)计算:

$$K_{16} = \frac{16\text{h 平均交通量}}{\text{平均日交通量}} \tag{2-17}$$

【例 2-3】 某公路观测站 8 月份的 16h 交通量观测值总和为 104 830 辆,该月的 $K_{16}$ 为 0.965,求该月的月平均日交通量。

解:8 月份的 16h 平均交通量为:

$$104\,830 \div 31 = 3\,382(辆/16\text{h})$$

利用式(2-17)可计算得该月月平均日交通量 $MADT_8$ 为:

$$3\ 382 \div 0.965 = 3\ 505 (辆/d)$$

3) 方向分布系数 $K_d$ 计算

一条道路往返两个方向的交通量,在较长的时间内可能是平衡的,但是实际上几乎每小时都不一样。特别是如城市出入口道路、旅游道路和其他一些道路,在高峰小时期间其差异很大。为了表示这种方向的不均衡性,引入一个方向分布系数 $K_d$,其定义为:

$$K_d = \frac{主要方向行车交通量}{双向总交通量} \times 100\% \quad (2-18)$$

根据我国一些公路连续式交通量观测站的资料分析,如果以全年两个方向的交通量来计算分析,则 $K_d$ 值接近于 50%,即两个方向交通量无多大区别。但如果按早、晚高峰小时的双向交通量来计算分析,则其 $K_d$ 值可变化为 55%~60%,个别的路段可能更大。假如按一年中某一天的早、晚高峰双向交通量计,则 $K_d$ 值将更大。因此,对于这个与设计交通量数值大小直接有关的系数,其数值如何计算和确定应作更深入的研究分析。

【例 2-4】 已知某一道路连续式观测结果如表 2-13 所示,试分别求早高峰、晚高峰及全年日平均分向交通量的 $K_d$ 值。

分向交通量数值表　　　　　　　　　　　表 2-13

| 项目 | 早高峰分向交通量(辆/h) | | 晚高峰分向交通量(辆/h) | | 全年日平均分向交通量(辆/d) | |
|---|---|---|---|---|---|---|
| | 来向 | 去向 | 来向 | 去向 | 来向 | 去向 |
| 交通量 | 207 | 320 | 235 | 208 | 2 617 | 2 732 |

**解**:①计算早高峰 $K_d$ 值,按式(2-18)可得:

$$K_{d(早)} = \frac{320}{207+320} \times 100\% = \frac{320}{527} \times 100\% = 60.7\%$$

②计算晚高峰 $K_d$ 值:

$$K_{d(晚)} = \frac{235}{235+208} \times 100\% = \frac{235}{443} \times 100\% = 53.1\%$$

③计算全年的平均分向交通量 $K_d$ 值:

$$K_{d(年)} = \frac{2\ 732}{2\ 617+2\ 732} \times 100\% = \frac{2\ 732}{5\ 349} \times 100\% = 51.1\%$$

由此可看出,早、晚高峰的 $K_d$ 值不同,并且其主要行车方向也不同;而全年的年平均日交通量中两个方向的交通量差别不大。

4) 高峰小时系数 PHF 值的计算

交通量不但随一天内各小时的不同而变化,形成一天 24h 的时变,而且在某个高峰小时内交通量也并不是均匀的,因此往往将一个高峰小时再划分成更短的几个区间(或称时段),以更好地显示各区间内交通量变化的特征。一般按 5min(或 15min)一个区间来划分。某高峰小时内连续 5min 累计交通量最大的区间,称为高峰小时内的高峰区间,并把以该区间的累计交通量推算而得的小时交通量,称之为扩大高峰小时交通量。所谓高峰小时系数(PHF)即为高峰小时交通量与扩大高峰小时交通量之比。其计算公式为:

$$PHF = \frac{高峰小时交通量}{扩大高峰小时交通量} \times 100\% \quad (2-19)$$

$$PHF_{(5)} = \frac{高峰小时交通量}{12 \times 5min\ 最高交通量} \times 100\% \quad (2-20)$$

$$PHF_{(15)} = \frac{高峰小时交通量}{4 \times 15\min 最高交通量} \times 100\% \tag{2-21}$$

上列公式中,式(2-20)一般用于路段交通量的分析;式(2-21)一般用于交叉口交通量的分析。

**【例2-5】** 表2-14为某观测站交通量调查结果,已知高峰小时在8:30~9:30,高峰小时交通量为1 768辆/h,试分别求5min及15min的$PHF_{(5)}$和$PHF_{(15)}$系数值。

分时段高峰小时交通量数值表(辆)　　　　表2-14

| 时　　间 | 向南车辆数 | 向北车辆数 | 双向合计 |
|---|---|---|---|
| 8:30~8:35 | 81 | 67 | 148 |
| 8:35~8:40 | 78 | 65 | 143 |
| 8:40~8:45 | 62 | 69 | 131 |
| 8:45~8:50 | 84 | 72 | 156 |
| 8:50~8:55 | 93 | 73 | 166 |
| 8:55~9:00 | 87 | 76 | 163 |
| 9:00~9:05 | 85 | 71 | 156 |
| 9:05~9:10 | 79 | 68 | 147 |
| 9:10~9:15 | 77 | 70 | 147 |
| 9:15~9:20 | 70 | 64 | 134 |
| 9:20~9:25 | 75 | 63 | 138 |
| 9:25~9:30 | 73 | 66 | 139 |
| 高峰小时合计 | 944 | 824 | 1 768 |

**解:** 由表2-14可看出,其中高峰5min时段为8:50~8:55,其值为166辆;高峰15min时段为8:45~9:00或8:50~9:05,其值均为485辆。高峰小时交通量为1 768辆。根据上列式(2-20)、式(2-21)可计算得:

$$PHF_{(5)} = \frac{1\ 768}{12 \times 166} \times 100\% = 89\%$$

$$PHF_{(15)} = \frac{1\ 768}{4 \times 485} \times 100\% = 91\%$$

5)第30h系数$K_{30}$计算

第30h系数$K_{30}$是第30位年最高小时交通量(30HV)与年平均日交通量(AADT)的比值,是第30位小时交通量系数的简称。$K_{30}$是确定设计小时交通量的重要参数,通常要由连续一年以上的交通量中的$K_{30(双)}$与来向或去向交通量中的$K_{30(单)}$(或进一步分成$K_{30(来)}$及$K_{30(去)}$)是不同的,对于其值的取用,应作进一步的分析研究。其计算公式如下:

$$K_{30} = \frac{第30位年最高小时交通量}{年平均日交通量} = \frac{30HV}{AADT} \tag{2-22}$$

上式也同样可用于其他小时系数值的计算,只要把分子部分交通量作相应的变化即可。

**【例2-6】** 已知某连续观测站1984年和1986年的若干资料,试分别计算其小时交通量系数。交通量值见表2-15。

### 不同顺序位数高峰小时交通量及 AADT 数值表

表 2-15

| 年份 | 不同位数高峰小时交通量 PHT / 方向 | 第10位年最高 (辆/h) | 第20位年最高 (辆/h) | 第30位年最高 (辆/h) | 第40位年最高 (辆/h) | 第50位年最高 (辆/h) | AADT (辆/d) |
|---|---|---|---|---|---|---|---|
| 1984 年 | 双向 | 763 | 722 | 701 | 687 | 653 | 5 350 |
|  | 来向 | 366 | 347 | 336 | 328 | 320 | 2 617 |
|  | 去向 | 458 | 437 | 426 | 418 | 413 | 2 732 |
| 1986 年 | 双向 | 1 108 | 1 064 | 1 034 | 1 007 | 986 | 8 760 |
|  | 来向 | 547 | 517 | 497 | 484 | 424 | 4 395 |
|  | 去向 | 644 | 618 | 599 | 579 | 560 | 4 354 |

**解:** 利用式(2-22)先计算 $K_{30}$:

1984 年:

$$K_{30(双)} = \frac{701}{5\ 350} = 0.131\ 0$$

$$K_{30(来)} = \frac{336}{2\ 617} = 0.128\ 4$$

$$K_{30(去)} = \frac{426}{2\ 732} = 0.156\ 0$$

1986 年:

$$K_{30(双)} = \frac{1\ 034}{8\ 760} = 0.118\ 0$$

$$K_{30(来)} = \frac{497}{4\ 395} = 0.113\ 0$$

$$K_{30(去)} = \frac{599}{4\ 354} = 0.137\ 6$$

其他 $K_n$ 值的计算可依此类推, 不另枚举。具体计算结果见表 2-16。

### 不同顺序位数 $K_n$ 值表

表 2-16

| 年份 | 不同位数 PHT/AADT / 方向 | $K_{10}$ | $K_{20}$ | $K_{30}$ | $K_{40}$ | $K_{50}$ |
|---|---|---|---|---|---|---|
| 1984 年 | 双向 | 0.142 6 | 0.135 0 | 0.131 0 | 0.128 5 | 0.122 0 |
|  | 来向 | 0.140 0 | 0.132 6 | 0.128 4 | 0.125 3 | 0.122 3 |
|  | 去向 | 0.167 6 | 0.160 0 | 0.156 0 | 0.153 0 | 0.151 2 |
| 1986 年 | 双向 | 0.126 5 | 0.121 5 | 0.118 0 | 0.115 0 | 0.112 6 |
|  | 来向 | 0.124 5 | 0.117 0 | 0.113 0 | 0.110 1 | 0.107 8 |
|  | 去向 | 0.147 9 | 0.141 9 | 0.137 6 | 0.133 0 | 0.128 6 |

由上面计算可知，$K_{30}$ 系数在双向、来去向两个方向的交通量是不同的，$K_{30(双)}$ 一般介于 $K_{30(来)}$ 和 $K_{30(去)}$ 之间。但是对于设计小时交通量的确定就产生了困难和问题，即根据双向合计计算值和来去向单向计算值相加的数值将有不小误差。如以1984年资料为例：

双向合计计算：

$$K_{30(双)} = 0.131\,0, K_d = 0.576\,6, AADT = 5\,350 \text{ 辆/d}$$

来向设计小时交通量 $= 5\,350 \times 0.131 \times 0.423\,4 = 297(\text{辆/h})$

去向设计小时交通量 $= 5\,350 \times 0.131 \times 0.576\,6 = 404(\text{辆/h})$

双向设计小时交通量 $= 297 + 404 = 701(\text{辆/h})$

来去向单向计算：

$K_{30(来)} = 0.128\,4, K_{30(去)} = 0.156\,0$，来向 $AADT = 2\,617$ 辆/d，去向 $AADT = 2\,732$ 辆/d

来向设计小时交通量 $= 2\,617 \times 0.128\,4 = 336(\text{辆/h})$

去向设计小时交通量 $= 2\,732 \times 0.156\,0 = 426(\text{辆/h})$

来去向合计设计小时交通量 $= 336 + 426 = 762(\text{辆/h})$

两者相差 $762 - 701 = 61(\text{辆/h})$，占双向合计值的 8.7%。

以上两年的小时交通量曲线图可参见图2-2a)、图2-2b)。

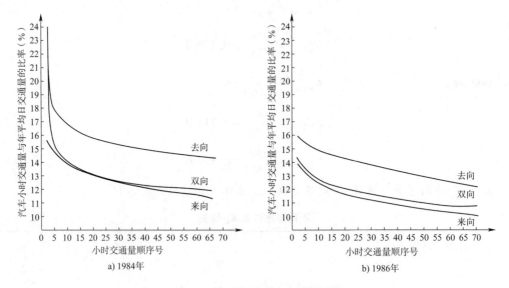

a) 1984年　　　　　　　　b) 1986年

图2-2　某观测站小时交通量曲线图

6) 24h交通量计算和分析

在一昼夜时间内，交通量表现为以24h为周期的变化规律。当我们进行了24h交通量的连续观测后，就可以整理成以小时为单位的交通量统计表。利用交通量数据，可绘制交通量的时变图，以便于分析交通量的变化趋势，了解上下午高峰小时出现的时间、数值大小和夜间交通的情况等。下面我们举例做进一步具体分析。

【例2-7】 已知某日分别在市区、城乡结合部、公路选取1典型道路断面进行昼夜24h交通量观测数据(表2-17)，试绘制时变图并进行分析，同时计算高峰小时流量比和该日的16h交通量系数 $K_{16}$。

汽车交通量统计表（辆）　　　　　　　　　表 2-17

| 时段 | 市区 | | | | 城乡接合部 | | | | | 公路 | | | | |
|---|---|---|---|---|---|---|---|---|---|---|---|---|---|---|
| | 小型车 | 中型车 | 大型车 | 小计 | 小型车 | 中型车 | 大型车 | 集装箱与拖挂 | 小计 | 小型车 | 中型车 | 大型车 | 集装箱与拖挂 | 小计 |
| 0~1 | 603 | 77 | 107 | 787 | 149 | 46 | 54 | 7 | 256 | 69 | 20 | 10 | 1 | 100 |
| 1~2 | 410 | 94 | 87 | 591 | 128 | 39 | 47 | 6 | 220 | 53 | 15 | 8 | 1 | 77 |
| 2~3 | 339 | 97 | 78 | 514 | 103 | 31 | 38 | 4 | 176 | 43 | 13 | 6 | 0 | 62 |
| 3~4 | 224 | 93 | 134 | 451 | 95 | 29 | 35 | 4 | 163 | 60 | 18 | 9 | 0 | 87 |
| 4~5 | 129 | 61 | 52 | 242 | 124 | 38 | 46 | 5 | 213 | 72 | 21 | 10 | 0 | 103 |
| 5~6 | 130 | 59 | 73 | 262 | 149 | 46 | 54 | 7 | 256 | 79 | 23 | 11 | 0 | 113 |
| 6~7 | 237 | 105 | 118 | 460 | 179 | 55 | 66 | 8 | 308 | 95 | 28 | 14 | 0 | 137 |
| 7~8 | 2 211 | 366 | 194 | 2 771 | 204 | 74 | 71 | 3 | 352 | 142 | 91 | 38 | 1 | 272 |
| 8~9 | 1 804 | 271 | 151 | 2 226 | 435 | 164 | 135 | 8 | 742 | 186 | 107 | 26 | 2 | 321 |
| 9~10 | 1 622 | 265 | 163 | 2 050 | 585 | 258 | 157 | 7 | 1 007 | 235 | 132 | 19 | 2 | 388 |
| 10~11 | 1 407 | 299 | 175 | 1 881 | 443 | 183 | 147 | 7 | 780 | 337 | 109 | 19 | 5 | 470 |
| 11~12 | 1 681 | 234 | 144 | 2 059 | 451 | 192 | 158 | 25 | 826 | 313 | 100 | 25 | 4 | 442 |
| 12~13 | 1 630 | 243 | 159 | 2 032 | 339 | 127 | 109 | 16 | 591 | 261 | 67 | 42 | 3 | 373 |
| 13~14 | 1 496 | 264 | 156 | 1 916 | 355 | 184 | 155 | 13 | 707 | 253 | 119 | 32 | 1 | 405 |
| 14~15 | 1 703 | 220 | 166 | 2 089 | 443 | 155 | 127 | 6 | 731 | 284 | 74 | 26 | 4 | 388 |
| 15~16 | 1 568 | 238 | 172 | 1 978 | 476 | 165 | 153 | 18 | 812 | 276 | 94 | 25 | 1 | 396 |
| 16~17 | 1 797 | 221 | 170 | 2 188 | 471 | 137 | 146 | 9 | 763 | 285 | 108 | 28 | 3 | 424 |
| 17~18 | 2 095 | 215 | 156 | 2 466 | 415 | 144 | 97 | 8 | 664 | 339 | 95 | 22 | 4 | 460 |
| 18~19 | 1 668 | 160 | 127 | 1 955 | 394 | 145 | 82 | 16 | 637 | 300 | 84 | 32 | 1 | 417 |
| 19~20 | 1 380 | 236 | 181 | 1 797 | 323 | 132 | 64 | 33 | 552 | 247 | 77 | 32 | 2 | 358 |
| 20~21 | 1 394 | 233 | 129 | 1 756 | 349 | 139 | 67 | 11 | 566 | 230 | 60 | 26 | 3 | 319 |
| 21~22 | 1 356 | 212 | 120 | 1 688 | 293 | 62 | 50 | 7 | 412 | 204 | 55 | 24 | 2 | 285 |
| 22~23 | 1 073 | 102 | 109 | 1 284 | 189 | 59 | 70 | 9 | 327 | 186 | 36 | 14 | 3 | 239 |
| 23~24 | 771 | 90 | 117 | 978 | 182 | 56 | 67 | 8 | 313 | 93 | 25 | 12 | 2 | 132 |
| 合计 | 28 728 | 4 455 | 3 238 | 36 421 | 7 274 | 2 660 | 2 195 | 245 | 12 374 | 4 642 | 1 571 | 510 | 45 | 6 768 |

**解**：首先根据表 2-17 所给数据，绘制汽车绝对数的交通量柱状小时分布图。为便于与其他道路比较，纵轴以交通量绝对值表示；同时，计算各小时交通量占全日 24h 交通量的比例，进一步绘制小时交通量比例图，分别见图 2-3a)和图 2-3b)。

从图 2-3 可看出，汽车交通量在 24h 内呈现明显的变化趋势，白天交通量占了全天交通量的绝大多数，出现了上下午两个高峰。早高峰出现得比较快，而下降也比较快；晚高峰出现比较缓慢，下降也比较慢。从早高峰出现的时段来看，市区道路早于城乡结合道路，而城乡接合部道路又早于公路。

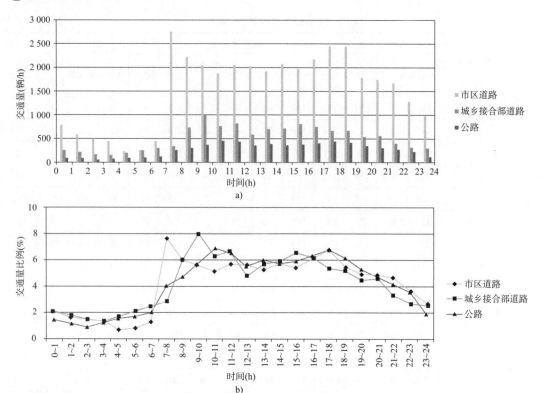

图 2-3 交通量时变图

其次，计算高峰小时流量比：

$$高峰小时流量比 = \frac{高峰小时交通量}{日交通量} \times 100\% \quad (2\text{-}23)$$

$$市区高峰小时流量比 = \frac{2\,771}{36\,421} \times 100\% = 7.61\%$$

$$城乡接合部高峰小时流量比 = \frac{1\,007}{12\,374} \times 100\% = 8.14\%$$

$$公路高峰小时流量比 = \frac{470}{6\,768} \times 100\% = 6.94\%$$

最后计算白天 16h 交通量系数 $K_{16}$：

$$K_{16} = \frac{16\text{h 交通量}}{日交通量} \times 100\% \quad (2\text{-}24)$$

市区：

$$K_{16} = \frac{31\,312}{36\,421} \times 100\% = 85.97\%$$

城乡接合部：

$$K_{16} = \frac{10\,450}{12\,374} \times 100\% = 84.45\%$$

公路：

$$K_{16} = \frac{5\,855}{6\,768} \times 100\% = 86.51\%$$

7) 环形交叉口调查资料计算

对于大型环形交叉口或环岛中心有建筑物等障碍视线的环形交叉口,无法直接观测到各类转向车辆的流量,这时就无法用通常采用的交叉口交通量调查办法来进行调查。下面介绍一种间接的环交流量流向调查及其结果的计算。由环形交叉口及其各向流量可知(参见图2-4),它们之间有下列关系:

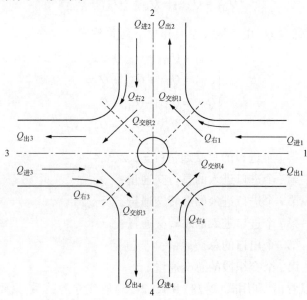

图 2-4　环形交叉口交通流量图

(1) 各进口引道的进入环道的交通量 $Q_{进}$ 等于其直行、右转和左转交通量 ($Q_{直}$、$Q_{右}$、$Q_{左}$) 之和,即:

$$\begin{cases} Q_{进1} = Q_{直1} + Q_{右1} + Q_{左1} \\ Q_{进2} = Q_{直2} + Q_{右2} + Q_{左2} \\ Q_{进3} = Q_{直3} + Q_{右3} + Q_{左3} \\ Q_{进4} = Q_{直4} + Q_{右4} + Q_{左4} \end{cases} \quad (2\text{-}25)$$

(2) 环道各交织段上的交通量 $Q_{交织}$,等于其上游各入口引道进入的有关交通量之和,即:

$$\begin{cases} Q_{交织1} = Q_{直1} + Q_{右1} + Q_{左1} + Q_{直4} + Q_{右4} + Q_{左3} \\ Q_{交织2} = Q_{直2} + Q_{右2} + Q_{左2} + Q_{直1} + Q_{右1} + Q_{左4} \\ Q_{交织3} = Q_{直3} + Q_{右3} + Q_{左3} + Q_{直2} + Q_{右2} + Q_{左1} \\ Q_{交织4} = Q_{直4} + Q_{右4} + Q_{左4} + Q_{直3} + Q_{右3} + Q_{左2} \end{cases} \quad (2\text{-}26)$$

(3) 若将式(2-25)中有关交通量的关系式代入式(2-26)中,则可得到:

$$\begin{cases} Q_{交织1} = Q_{进1} + Q_{进4} - Q_{右4} + Q_{左3} \\ Q_{交织2} = Q_{进2} + Q_{进1} - Q_{右1} + Q_{左4} \\ Q_{交织3} = Q_{进3} + Q_{进2} - Q_{右2} + Q_{左1} \\ Q_{交织4} = Q_{进4} + Q_{进3} - Q_{右3} + Q_{左2} \end{cases} \quad (2\text{-}27)$$

进一步化简可得：

$$\begin{cases} Q_{左1} = Q_{交织3} - Q_{进3} - Q_{进2} + Q_{右2} \\ Q_{左2} = Q_{交织4} - Q_{进4} - Q_{进3} + Q_{右3} \\ Q_{左3} = Q_{交织1} - Q_{进1} - Q_{进4} + Q_{右4} \\ Q_{左4} = Q_{交织2} - Q_{进2} - Q_{进1} + Q_{右1} \end{cases} \quad (2\text{-}28)$$

(4) 各出口的交通量 $Q_{出}$ 由车流关系可建立下列关系式：

$$\begin{cases} Q_{出1} = Q_{右4} + Q_{直3} + Q_{左2} \\ Q_{出2} = Q_{右1} + Q_{直4} + Q_{左3} \\ Q_{出3} = Q_{右2} + Q_{直1} + Q_{左4} \\ Q_{出4} = Q_{右3} + Q_{直2} + Q_{左1} \end{cases} \quad (2\text{-}29)$$

以上各式中：$Q_{进i}$——第 $i$ 个进口的总交通量（$i=1、2、3、4$）；

$Q_{直i}$——第 $i$ 个进口进入的直行交通量；

$Q_{右i}$——第 $i$ 个进口进入的右转交通量；

$Q_{左i}$——第 $i$ 个进口进入的左转交通量；

$Q_{出i}$——第 $i$ 个出口的总交通量；

$Q_{交织i}$——第 $i$ 个交织段的总交通量。

由以上各式可以看出，利用式（2-28）和式（2-25）所建立的关系，只要实测各出入口和各交织段的下列交通量：$Q_{进i}$、$Q_{右i}$ 和 $Q_{交织i}$，即可计算出无法直接观测的 $Q_{直i}$ 和 $Q_{左i}$；并可通过实测各个 $Q_{出i}$ 来对调查进行复核。

**【例 2-8】** 已知某环形交叉口交通量调查实测资料如表 2-18 所示，试分别推算其未知的其他各向交通量，并复核其调查结果。

**环交交通量调查资料汇总表**（辆/h）　　　　表 2-18

| 交通量 \ 进出口序号 | 1 | 2 | 3 | 4 |
|---|---|---|---|---|
| $Q_{进i}$ | 140 | 150 | 180 | 190 |
| $Q_{右i}$ | 30 | 50 | 70 | 60 |
| $Q_{交织i}$ | 350 | 300 | 330 | 340 |
| $Q_{出i}$ | 130 | 200 | 150 | 180 |

**解：**①利用式（2-28），分别计算各入口的左转交通量：

$$\begin{cases} Q_{左1} = 330 - 180 - 150 + 50 = 50 \\ Q_{左2} = 340 - 190 - 180 + 70 = 40 \\ Q_{左3} = 350 - 140 - 190 + 60 = 80 \\ Q_{左4} = 300 - 150 - 140 + 30 = 40 \end{cases} \quad (\text{辆/h})$$

②利用上列式子已推算出各出入口 $Q_{左i}$，再利用式（2-25）经变换所得的式（2-30）和已有实测资料，即可计算各入口的直行交通量 $Q_{直i}$：

$$\begin{cases} Q_{直1} = Q_{进1} - Q_{右1} - Q_{左1} \\ Q_{直2} = Q_{进2} - Q_{右2} - Q_{左2} \\ Q_{直3} = Q_{进3} - Q_{右3} - Q_{左3} \\ Q_{直4} = Q_{进4} - Q_{右4} - Q_{左4} \end{cases} \quad (2\text{-}30)$$

$$\begin{cases} Q_{直1} = 140 - 30 - 50 = 60 \\ Q_{直2} = 150 - 50 - 40 = 60 \\ Q_{直3} = 180 - 70 - 80 = 30 \\ Q_{直4} = 190 - 60 - 40 = 90 \end{cases} \quad (辆/h)$$

③利用式(2-29)对所推算的 $Q_{直i}$ 和 $Q_{左i}$ 进行验算:

$$\begin{cases} Q_{出1} = 60 + 30 + 40 = 130 \\ Q_{出2} = 30 + 90 + 80 = 200 \\ Q_{出3} = 50 + 60 + 40 = 150 \\ Q_{出4} = 70 + 60 + 50 = 180 \end{cases} \quad (辆/h)$$

所得结果与表2-19所列各出口的 $Q_{出i}$ 一致,说明推算正确无误。

④最后,将各向交通量及出、入总交通量汇总成表2-19。

**环交交通量调查资料统计汇总表**      表2-19

| 交通量 \ 进出口序号 | 1 | 2 | 3 | 4 | 小计 |
|---|---|---|---|---|---|
| $Q_{直i}$ | 60 | 60 | 30 | 90 | 240 |
| $Q_{右i}$ | 30 | 50 | 70 | 60 | 210 |
| $Q_{左i}$ | 50 | 40 | 80 | 40 | 210 |
| $Q_{进i}$ | 140 | 150 | 180 | 190 | 660 |
| $Q_{出i}$ | 130 | 200 | 150 | 180 | 660 |

利用本法对环形交叉口进行交通量分流向调查比较方便,计算也比较简单。但是为了尽可能减少误差,计时区间应尽量加长。时间越短,误差越大。

### 2.4.2 交通量资料表示方法

交通量资料在经过初步整理和汇总之后,应该根据调查目的和可能的用途,分别制成图表以便于进一步归纳和分析。其常用的方法有两种:一种是各类资料的汇总表,主要以文字和数字来表示交通量的数值和变化;另一种是各种示意图,主要通过各种图形直观地表示交通量的大小及其变化。这两种表示方法均各有其适用的范围。

1)汇总表

各种调查方法所获得的交通量资料,经过整理,都应列成总表以供各种分析研究之用。为保证资料的可靠性、完整性和科学性,汇总表应包括有时间(年、月、日、星期、上下午、小时)、地点(路线、街道、交叉口、交叉口入口引道等的名称、方向和车道)、天气、调查人员姓名等内容,必要时可绘制平面示意图或另附说明。

汇总表竖向一般均按时间分隔来统计，通常为1h，若为15min、5min、一个信号周期等分隔，每小时应小计一次。横向一般可按车种和流向来划分。目前我国公路交通部门对交通量调查资料的汇总统计，已有一套较完整的报表，公路交通系统的有关单位均应遵照执行。城市建设和交通管理部门目前尚未有统一的规定，可参照国内外有关资料自行制定。对于城市长期连续观测站的资料，每周的调查结果可以汇总于一张表内。对于交叉口高峰期间的调查结果，还应提交高峰小时各入口引道处分流向分车种的交通量汇总表以及以百分比表示的流向分布和车种分布表。

下面列出部分常用的报表格式供参考：

(1) 交通量观测站小时交通量记录及日交通量统计报表（表2-20）。

(2) 国（省、县、乡）道公路路段平均日交通量统计报表（表2-21）。

(3) 机动车交通量汇总表（表2-22）。

(4) 非机动车交通量汇总表（表2-23）。

(5) 交叉口转弯车辆汇总表（表2-24）。

表2-20　小时交通量记录及日交通量统计报表

201　年　月　日

填表单位：　　　　　　　　　　　　　　　　　　　　表　号：交调交2表
路线编号：　　调查站名称：　　桩号：　　　　　　　制表机关：交通运输部
路线名称：　　调查站编号：　　　　　　　　　　　　备案机关：国家统计局
调查站观测里程：　　（km）　　技术等级：　　　　　备案文号：国统办函〔2014〕264号
路面宽度：　（m）　路基宽度：　（m）　车道数：　　有效期至：2017年10月

| 时序(时) | 汽车 | | | | | | | | 摩托车 | 拖拉机 | 合计 |
|---|---|---|---|---|---|---|---|---|---|---|---|
| | 小型货车 | 中型货车 | 大型货车 | 特大货车 | 集装箱车 | 中小客车 | 大客车 | 汽车小计 | | | |
| 甲 | 1 | 2 | 3 | 4 | 5 | 6 | 7 | 8 | 9 | 10 | 11 |
| 0~1 | | | | | | | | | | | |
| 1~2 | | | | | | | | | | | |
| 2~3 | | | | | | | | | | | |
| 3~4 | | | | | | | | | | | |
| 4~5 | | | | | | | | | | | |
| 5~6 | | | | | | | | | | | |
| 6~7 | | | | | | | | | | | |
| 7~8 | | | | | | | | | | | |
| 8~9 | | | | | | | | | | | |
| 9~10 | | | | | | | | | | | |
| 10~11 | | | | | | | | | | | |
| 11~12 | | | | | | | | | | | |
| 12~13 | | | | | | | | | | | |
| 13~14 | | | | | | | | | | | |
| 14~15 | | | | | | | | | | | |
| 15~16 | | | | | | | | | | | |

续上表

| 时序(时) | 汽车 | | | | | | | | 摩托车 | 拖拉机 | 合计 |
|---|---|---|---|---|---|---|---|---|---|---|---|
| | 小型货车 | 中型货车 | 大型货车 | 特大货车 | 集装箱车 | 中小客车 | 大客车 | 汽车小计 | | | |
| 甲 | 1 | 2 | 3 | 4 | 5 | 6 | 7 | 8 | 9 | 10 | 11 |
| 16~17 | | | | | | | | | | | |
| 17~18 | | | | | | | | | | | |
| 18~19 | | | | | | | | | | | |
| 19~20 | | | | | | | | | | | |
| 20~21 | | | | | | | | | | | |
| 21~22 | | | | | | | | | | | |
| 22~23 | | | | | | | | | | | |
| 23~24 | | | | | | | | | | | |
| 自然数合计 | | | | | | | | | | | |
| 当量数合计 | | | | | | | | | | | |

单位负责人：　　　统计负责人：　　　填表人：　　　联系电话：　　　报出日期：　　年　月

填表说明：1. 统计范围是辖区内所有国家高速公路、普通国道、省道及地方高速公路连续式调查站点日交通量情况。

2. 本表只要求以电子文件上报。

3. 除特殊注明外，本表的交通量单位为自然车辆数(辆)。"当量数"是指将各类型车辆自然数按对应的车辆换算系数换算成标准当量小客车的交通量(辆)。

4. 本表也可以作为连续式或间隙式交通量调查的基层报表。

2) 柱状图

柱状图常用来表示一天中各小时交通量的变化，从中可看出交通量变化的趋势、高峰小时出现的时刻、是否为双峰形或其他形式、白天与夜间交通量的差异等。典型的形式如图2-3所示。一般横坐标为绝对时间，从0点~24点，每隔1h绘制一个柱状矩形。其纵坐标为相应的小时交通量，可以是绝对交通量，更多的是用小时交通量占日交通量的百分比。一般采用双向合计交通量。根据需要可绘制汽车、拖拉机、自行车或其他车辆的交通量。也可采用单向交通量。

3) 曲线图

曲线图常用来表示连续观测站交通量随时序的变化，一般有交通量1日内的小时变化(时变)，1星期内的逐日变化(日变)，1年内的逐月变化(月变)，以及1年内8 760h(闰年为8 784h)交通量由大到小排列的年小时交通量变化等图。其代表性图式见图2-5和图2-6。图2-5a)为时变图，用于表示一天中小时交通量变化。其纵坐标既可用各小时交通量占日交通量的百分比，也可用绝对数值显得直观方便。图2-5b)为日变图，横坐标为各周日，纵坐标为每日的交通量占周平均日交通量的百分比。图2-5c)为月变图，横坐标为各个月份，纵坐标为各月交通量占年平均月交通量的百分比。图2-6为年小时交通量变化图，横坐标为从最大值算起的小时次序，纵坐标为小时交通量与年平均日交通量之比的百分数。由于图幅的限制和资料应用的方便，一般仅需绘出前200位小时交通量即已足够用于分析。

# 路段平均日交通量统计报表

表 号：交调交1表  
制表机关：交通运输部  
备案机关：国家统计局  
备案文号：国统办函[2014]264号  
有效期至：2017年10月

表2-21

填报单位：  
路段编号： 路段名称： 201 年第 季度

| 观测站编号 | 观测站名称 | 观测里程(km) | 机动车合计日交通量(辆/d) | | 技术等级 | 路基宽度(m) | 路面宽度(m) | 汽车(辆/d) | | | | | | | | 摩托车 | 拖拉机 | |
|---|---|---|---|---|---|---|---|---|---|---|---|---|---|---|---|---|---|---|
| | | | 当量数合计 | 自然数合计 | | | | 小型货车 | 中型货车 | 大型货车 | 特大货车 | 集装箱车 | 中小客车 | 大客车 | 汽车小计 | | 小计 | |
| | | | | | | | | | | | | | | | 自然数 | 当量数 | 自然数 | 自然数 当量数 |
| | | 1 | 2 | 3 | 4 | 5 | 6 | 7 | 8 | 9 | 10 | 11 | 12 | 13 | 14 | 15 | 16 | 17 18 |
| 甲 | 乙 | | | | | | | | | | | | | | | | | |
| (站名) | | | | | | | | | | | | | | | | | | |
| ... | | | | | | | | | | | | | | | | | | |
| ... | | | | | | | | | | | | | | | | | | |
| ... | | | | | | | | | | | | | | | | | | |
| (站名) | | | | | | | | | | | | | | | | | | |
| 本段(全线)平均 | | | | | | | | | | | | | | | | | | |

单位负责人： 统计负责人： 填表人： 报出日期：201 年 月 日

填表说明：1．统计范围是辖区内所有国家高速公路、普通国道、省道及地方高速公路交通量情况。  
2．本表只要求以电子文件上报。  
3．除特殊注明外，本表计量的交通量为自然车辆数。"当量数"是指将各类型自然车辆数按对应的车辆换算系数换算成标准当量小客车的交通量。  
4．本表逻辑关系如下：14 列 = 7 列 + 8 列 + 9 列 + 10 列 + 11 列 + 12 列 + 13 列；15 列 = (各类型汽车自然数 × 折算系数) 之和；2 列 = 14 列 + 16 列 + 17 列；3 列 = 15 列 + 16 列 + 18 列。

联系电话：

## 机动车交通量汇总表

表 2-22

地点_____路_____路　路口编号____　进口____　路口形式(十)(T)

日期____年____月____日　星期____　上、下午____　天气(晴)(阴)(雨)　控制方式(手)(自)

| 5min 时间 | 左转 | | | | | 直行 | | | | | 右转 | | | | | 红灯(右转) | | | | | 小计 | 一次停车 | 周期数 |
|---|---|---|---|---|---|---|---|---|---|---|---|---|---|---|---|---|---|---|---|---|---|---|---|
| | 大 | 中 | 小 | 公 | 电 | 大 | 中 | 小 | 公 | 电 | 大 | 中 | 小 | 公 | 电 | 大 | 中 | 小 | 公 | 电 | | | |
| 00～05 | | | | | | | | | | | | | | | | | | | | | | | |
| 05～10 | | | | | | | | | | | | | | | | | | | | | | | |
| 10～15 | | | | | | | | | | | | | | | | | | | | | | | |
| 15～20 | | | | | | | | | | | | | | | | | | | | | | | |
| 20～25 | | | | | | | | | | | | | | | | | | | | | | | |
| 25～30 | | | | | | | | | | | | | | | | | | | | | | | |
| 30～35 | | | | | | | | | | | | | | | | | | | | | | | |
| 35～40 | | | | | | | | | | | | | | | | | | | | | | | |
| 40～45 | | | | | | | | | | | | | | | | | | | | | | | |
| 45～50 | | | | | | | | | | | | | | | | | | | | | | | |
| 50～55 | | | | | | | | | | | | | | | | | | | | | | | |
| 55～60 | | | | | | | | | | | | | | | | | | | | | | | |
| 总计 | | | | | | | | | | | | | | | | | | | | | | | |

汇总人_____　操作编号_____　第_____页

## 非机动车交通量汇总表

表 2-23

地点_____路_____路　路口编号_____　进口_____　路口形式(十)(T)

日期____年____月____日　星期____上、下午____　天气(晴)(阴)(雨)　非机动车车道宽度____(m)

| 5min 时间 | 左转 | 直行 | 右转 | 红灯右转 | 小计 | 红灯时到达数 | 红灯到达数通过时间 | 绿灯时通过数 | 周期数 |
|---|---|---|---|---|---|---|---|---|---|
| 00～05 | | | | | | | | | |
| 05～10 | | | | | | | | | |
| 10～15 | | | | | | | | | |
| 15～20 | | | | | | | | | |
| 20～25 | | | | | | | | | |
| 25～30 | | | | | | | | | |
| 30～35 | | | | | | | | | |
| 35～40 | | | | | | | | | |
| 40～45 | | | | | | | | | |
| 45～50 | | | | | | | | | |
| 50～55 | | | | | | | | | |
| 55～60 | | | | | | | | | |
| 合计 | | | | | | | | | |

汇总人_____　操作编号_____　第_____页

**交叉口转弯车辆汇总表**　　　　　　　　　　表2-24

地点_____路_____路　　交叉口编号_____　　路口形式_____（十）（T）

日期___年___月___日　星期___　上、下午___　天气（晴）（阴）（雨）　控制方式（手）（自）　观测者___

| 5min 时间 | 从北来 | | | | 从南来 | | | | 南北合计 | 从东来 | | | | 从西来 | | | | 东西合计 | 合计 |
|---|---|---|---|---|---|---|---|---|---|---|---|---|---|---|---|---|---|---|---|
| | 右转 | 直行 | 左转 | 合计 | 右转 | 直行 | 左转 | 合计 | | 右转 | 直行 | 左转 | 合计 | 右转 | 直行 | 左转 | 合计 | | |
| 00~05 | | | | | | | | | | | | | | | | | | | |
| 05~10 | | | | | | | | | | | | | | | | | | | |
| 10~15 | | | | | | | | | | | | | | | | | | | |
| 15~20 | | | | | | | | | | | | | | | | | | | |
| 20~25 | | | | | | | | | | | | | | | | | | | |
| 25~30 | | | | | | | | | | | | | | | | | | | |
| 30~35 | | | | | | | | | | | | | | | | | | | |
| 35~40 | | | | | | | | | | | | | | | | | | | |
| 40~45 | | | | | | | | | | | | | | | | | | | |
| 45~50 | | | | | | | | | | | | | | | | | | | |
| 50~55 | | | | | | | | | | | | | | | | | | | |
| 55~60 | | | | | | | | | | | | | | | | | | | |
| 小计 | | | | | | | | | | | | | | | | | | | |

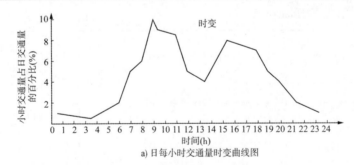

a) 日每小时交通量时变曲线图

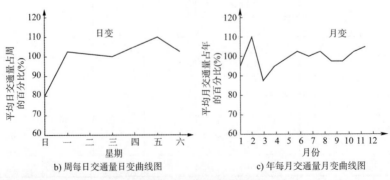

b) 周每日交通量日变曲线图　　　　c) 年每月交通量月变曲线图

图2-5　交通量变化曲线图

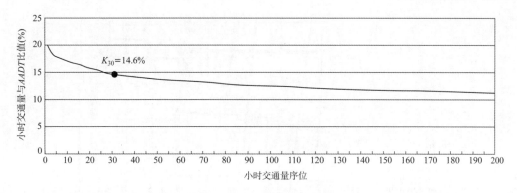

图 2-6　年小时交通量顺序变化图

注：此图根据 2014 年美国佛蒙特州 191 公路 Sheffield 处连续交通量观测站数据（取前 200 位）绘制而成。

4）交叉口流量流向图

经常用来表示十字或 T 字形交叉口各入口引道各向车辆的运行状况。图 2-7 中绘出了典型的十字交叉口的流量流向图，由图可以一目了然地看清交叉口的流量流向分布。通常根据高峰小时的交通量（小汽车、全部汽车）绘制，也可用混合交通量代替。由于机动车交通高峰与非机动车高峰往往不在同一小时内出现，因此应对各个高峰小时的机动车和非机动车交通量分别绘制。

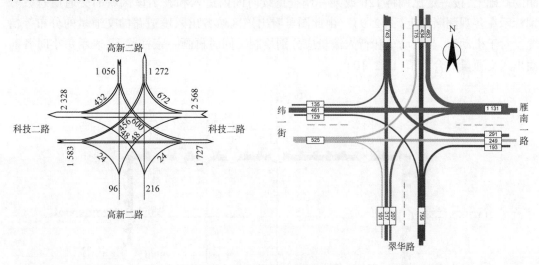

图 2-7　交叉口车辆流量流向图

5）路网流量图

根据路网交通量普查资料或区域内的所有交叉口交通量调查的数据，在道路网平面图上，以各条道路的中心线为基线，用与交通量成一定比例的线条表示出各条道路的交通量，如图 2-8 所示。图中示出某市机动车高峰小时交通流量图的一部分。

当两个方向的交通量差异较大时，最好用两种不同的线条加以区别。对于公路网如有连续观测资料，最好采用年平均日交通量来绘制，一般可以采用平均日交通量或高峰小时交通量以及其他时间段的代表性交通量。这种图除了可用来表示机动车（或汽车）交通量以外，也可以表示非机动车（主要是自行车）的交通流量分布情况。

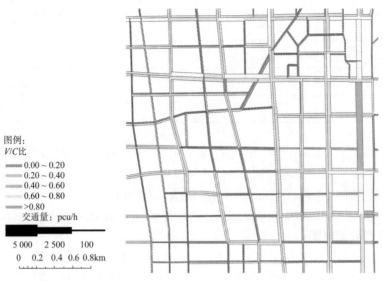

图 2-8　机动车高峰小时路网流量图(局部)

6) 出入交通量示意图

通常用来表示区域境界线或某一交通小区的出入交通量的调查结果。系在道路网平面图的基础上,按一定比例将12h或某一调查持续时间内进入和驶出该区域的交通量总数分别标示在各观测断面上(图2-9)。由此图可看出该区域各出入境道路的交通量的分布等情况。对于机动车、非机动车和行人流量应分别绘制。同时再画一张柱状图,表示每小时各断面出入交通量的合计值(图2-10)。

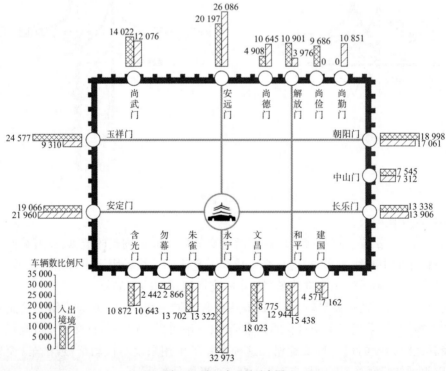

图 2-9　出入交通量示意图

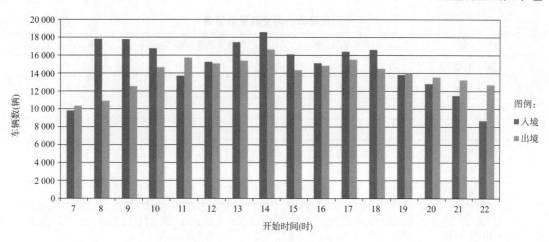

图2-10 出入交通量时间分布图

# 课后习题

1. 交通量调查的目的和意义是什么?
2. 交通量调查都有哪些种类? 各自的调查内容是什么?
3. 应用浮动车法调查交通量与车速适用于何种情况? 调查过程中应注意什么? 其中在测试车由 A 到 B 的过程中所遇到的对向车辆数由哪两部分组成?
4. 讨论:为什么要进行车型的折算? 折算的原则和方法是什么?
5. 某路段长 2.0km,用浮动车法测量交通量和车速。测试车在路段上往返 6 次,测量后数据整理结果如表 2-25 所示,试计算该路段交通量、平均行程时间、平均行程车速。

浮动车法调查记录表　　　　表 2-25

| 序号 | 测试车行驶方向:由 A 驶向 B | | | | 测试车行驶方向:由 B 驶向 A | | | |
|---|---|---|---|---|---|---|---|---|
| | 行程时间(min) | 迎面来车数(辆) | 超越测试车的车数(辆) | 测试车超越车数(辆) | 行程时间(min) | 迎面来车数(辆) | 超越测试车的车数(辆) | 测试车超越车辆数(辆) |
| 1 | 2.44 | 38 | 0 | 0 | 2.48 | 34 | 1 | 0 |
| 2 | 2.48 | 40 | 1 | 0 | 4.37 | 36 | 1 | 1 |
| 3 | 2.31 | 44 | 2 | 1 | 2.73 | 41 | 0 | 0 |
| 4 | 3.03 | 56 | 2 | 0 | 2.42 | 33 | 2 | 0 |
| 5 | 2.39 | 51 | 0 | 1 | 2.80 | 35 | 0 | 1 |
| 6 | 2.50 | 53 | 0 | 1 | 2.48 | 40 | 0 | 1 |

6. 表 2-26 为某观测站交通量调查结果,已知高峰小时在 8:30~9:30,填写完表格并分别求出高峰小时交通量、5min 及 15min 的 $PHF_{(5)}$ 和 $PHF_{(15)}$ 的数值。

分时段高峰小时交通量数值表　　　　　　　表2-26

| 时间 | 向东车辆数(辆) | 向西车辆数(辆) | 双向合计(辆) |
|---|---|---|---|
| 8:30~8:35 | 80 | 65 | |
| 8:35~8:40 | 80 | 65 | |
| 8:40~8:45 | 60 | 70 | |
| 8:45~8:50 | 80 | 70 | |
| 8:50~8:55 | 90 | 70 | |
| 8:55~9:00 | 85 | 70 | |
| 9:00~9:05 | 85 | 75 | |
| 9:05~9:10 | 90 | 75 | |
| 9:10~9:15 | 72 | 80 | |
| 9:15~9:20 | 85 | 70 | |
| 9:20~9:25 | 80 | 60 | |
| 9:25~9:30 | 75 | 60 | |
| 合计 | | | |

7. 测试车在一条东西长2km的路段上往返行驶12次,得出平均数据如表2-27,试分别计算向东行驶和向西行驶的交通量、行程时间和车速。

测试车测试数据　　　　　　　表2-27

| 行驶时间 $t$(min) | 与测试车对向行驶的来车数(辆) | 超越测试车的车辆数减去被测试车超越的车辆数(辆) |
|---|---|---|
| 东行6次,2.00 | 29.0 | 1.5 |
| 西行6次,2.00 | 28.6 | 1.0 |

# 第3章 车速调查

**【教学目标】**

由于道路设计、交通规划、交通控制与管理、交通设计及道路质量评价均以车速作为最基本的数据,因此车速调查成为道路交通工程中最重要的调查项目之一。本章的教学内容主要包括:

(1)基本内容:车速的分类,地点车速调查方法,区间车速和平均车速的调查方法,调查数据的整理和分析;

(2)重点:地点车速的人工测速法,区间车速的汽车牌照法,试验车跟车法;

(3)难点:样本容量计算,时间平均车速和空间平均车速的理解。

通过本章内容学习,希望能够达到以下几个目标:

(1)掌握:人工测速法的调查方法和方案设计,车速抽样设计的原理和方法,区间车速调查的汽车牌照号码登记法、试验车跟车测速法、浮动车法等方法,地点车速和区间车速调查数据的整理和分析方法;

(2)理解:车速的各种定义和相应的应用场合,时间平均车速和空间平均车速的概念、区别和联系;

(3)了解:车速调查的目的和意义,雷达测速法的原理和局限。

## 3.1 概述

### 3.1.1 车速调查的常用术语及定义

车速是单位时间内车辆所行驶的距离,通常用 $l$ 表示运行距离,用 $t$ 表示所需的时间,则速度用式(3-1)表示:

$$v = \frac{l}{t} \tag{3-1}$$

车速单位为 km/h 或者 m/s。车辆行驶过程中,常出现匀速、加速、减速、急速等情况,为此在交通分析中也可用图示的方法,如图3-1所示。

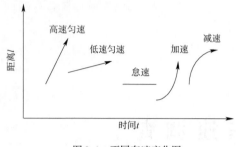

图 3-1　不同车速变化图

斜率大的直线表示高速匀速运行,斜率小的直线表示低速匀速运行;平行于时间轴的水平线为怠速状态;向上弯曲或向下弯曲的曲线表示加速或减速。在交通工程中,随着车速的用途不同,派生出若干有特定用途的车速,常用的有地点车速、行程车速、运行车速、临界车速、设计车速、时间平均车速、空间平均车速等,它们的定义和使用场合简述如下。

1)地点车速

车辆通过道路某一地点(道路某断面)时的车速,也称瞬时车速,是描述道路某地点交通状况的重要参数,常用于研究制定限制车速、设计车速及交通流理论研究。

$$v_{\text{地点}} = \lim_{l \to 0} \frac{l}{t} \tag{3-2}$$

2)行程车速

也称区间速度,是车辆行驶在道路某一区间的距离与行程时间的比值。行程时间包括行驶时间和中途受阻时的停车时间。行程车速是评价道路行车通畅程度与分析车辆发生延误原因的重要数据。

3)行驶车速

也称运行车速,是车辆行驶在道路某一区间的距离与行驶时间(即行程时间中扣除因阻滞而产生的停车时间)的比值。行驶车速是衡量道路服务质量、估算路段通行能力及延误的主要参数。

4)运营车速

车辆在运输路线上的周转速度即车辆行驶距离与运营时间的比值,例如公共汽车的运营时间包括行驶时间、停车延误时间、停靠站等待时间、起终点调头时间和发车间隔时间。运营车速是衡量运输企业管理水平和运输效率的重要指标。

5)临界车速

又称最佳速度,指通行能力最大时的车速。从理论上考虑通行能力时采用。

6)设计车速

在道路几何设计要素具有控制性的特定路段上,具有平均驾驶技术水平的驾驶人在天气良好、低交通密度时所能维持的最高安全速度。设计车速是道路几何设计的基本依据,也是表明道路等级与使用水平的主要指标。

7)时间平均车速

道路某一断面上某一时段内车速分布的平均值,即断面上各车辆通过时其地点车速的算术平均值。

$$\bar{v}_t = \frac{1}{n} \sum_{i=1}^{n} v_i \tag{3-3}$$

式中:$\bar{v}_t$——地点平均车速;

$n$——在某一时间段内通过道路某断面的车辆数;

$v_i$——第 $i$ 辆车在道路某断面的瞬时车速。

8)空间平均车速

在给定的路段上,同一瞬间车速分布的平均值,当观测长度为一定时,其数值为地点车速观测值的调和平均值。

$$\bar{v}_s = \frac{1}{n\Delta t}\sum_{i=1}^{n}\Delta S_i = \frac{1}{\frac{1}{n}\cdot\sum_{i=1}^{n}\frac{1}{v_i}} \quad (3-4)$$

式中:$\bar{v}_s$——空间平均车速;

$\Delta t$——某一瞬时;

$n$——某一瞬时,在路段长度为 $L$ 上分布的车辆数;

$\Delta S_i$——在 $L$ 路段上,第 $i$ 辆车在 $\Delta t$ 时间内的行驶距离。

时间平均车速和空间平均车速均是交通流理论研究中的主要特征参数,其定义也可用图3-2来表示。

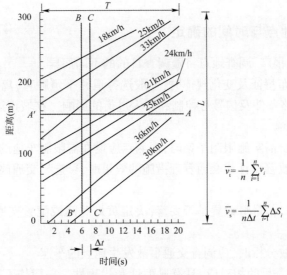

图3-2 不同速度车辆轨迹图

### 3.1.2 车速调查的目的和意义

由于道路设计、交通规划、交通控制与管理、交通设计及道路质量评价均以车速作为最基本的资料,因此车速调查成为道路交通工程中最重要的调查项目之一。常见的调查有地点车速调查和区间车速(行程车速)调查。

1)地点车速调查的目的

(1)掌握某地点车速分布规律及速度变化趋势;

(2)作为交叉口交通设计的重要参数;

(3)用于交通事故分析;

(4)判断交通改善措施的成效;

(5)确定道路限制车速;

(6)设置交通标志的依据;

(7) 局部地点如道路弯道、坡度、瓶颈等处的交通改善设计的依据；
(8) 交通流理论研究中的重要参数。
2) 区间车速调查的目的
(1) 掌握道路交通现状，作为评价道路服务水平的重要指标；
(2) 路线改善设计的依据；
(3) 作为衡量道路上车辆运营经济性(时间和车辆油耗)的重要参数；
(4) 作为交通规划中路网交通流量分配的重要依据；
(5) 确定交通管理措施及联动交通信号配时的依据；
(6) 判断道路工程改善措施前后效果对比的重要指标；
(7) 交通流理论研究中的重要参数。

## 3.2 地点车速调查

### 3.2.1 调查地点与时间的确定

地点车速的用途很广，调查地点将随调查目的的不同而异。

(1) 了解车速分布特征及变化规律时，一般选择道路平坦顺直，离交叉口有一定距离的地点，使车速不受道路条件及信号灯控制和行人过街的影响。在城市道路上，还应注意不受公共汽车停靠站的影响。

(2) 为了交通安全需实施限制车速时，观测点应设在需限制车速的道路或地点。

(3) 为检验交通改善设计或交通管理措施的效果时，可选择交通改善地点作车速的前后对比调查。

(4) 在判断交叉口信号灯设置是否妥善，决定黄灯时间或配置交通标志时，需调查进入交叉口的车速。

(5) 用于交通事故分析时，应调查交通事故发生地点的车速。

调查时间应与调查目的相对应，具有典型性和代表性。一般均不选择休息日及交通有异常的日子和时间，例如星期六、日，由于大部分居民不上班，学生不上学，车流量少，因此车速一般均较平日高；又如大城市中，由于有郊区工业园区及卫星城镇，星期五下午及星期一上午职工回家及去工作地点的时间很集中，交通异常，调查时也应排除这段时间。一般调查最常选用的时间是机动车上午高峰及下午高峰时间，因为这段时间交通量大，矛盾最为突出，如属检验交通改善或交通管理措施等目的时，均应选择这两个时间段；有时为了研究非机动车对机动车车速的影响，常选择机动车和非机动车流量均较大的时段。特别要指出在进行交通改善前后的对比调查时，调查的时间段前后必须一致，否则会导致错误的结论。

### 3.2.2 调查方法

地点车速测定最常用的方法有以下几种。
1) 人工测速法
最常见的是秒表测速法，即在欲调查的地点，量测一小段距离 $L$，在两端做好标记，见图

3-3。观测员用秒表测定各种类型车辆经过前后两标记的时间,记录员在标准记录表上记录距离、车型及通过两标记的时间,经整理计算,得到各类车辆的地点车速,记录表格格式见表3-1。

距离$L$的取值与车速有关,为方便观测者对秒表读数,可按车辆经过$L$路段的时间等于2s左右计算,通常取20~25m。

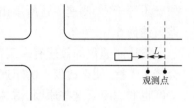

图3-3 秒表测速法示意图

**瞬时车速记录表**　　　　　　　　　　　　　　表3-1

日期＿＿＿＿　星期＿＿＿＿　天气＿＿＿＿　记录者＿＿＿＿

起讫路线＿＿＿＿ 至＿＿＿＿　起讫时间＿＿＿＿ 至＿＿＿＿　时间间隔＿＿＿＿

| 车种 | $t_1$ | $t_2$ | $\Delta t = t_2 - t_1$ | $V = \dfrac{S}{\Delta t}$ | 车种 | $t_1$ | $t_2$ | $\Delta t = t_2 - t_1$ | $V = \dfrac{S}{\Delta t}$ |
|---|---|---|---|---|---|---|---|---|---|
|  |  |  |  |  |  |  |  |  |  |
|  |  |  |  |  |  |  |  |  |  |
|  |  |  |  |  |  |  |  |  |  |

注:$t_1$——车辆到达起始观测点时刻;$t_2$——车辆到达终末观测点时刻。

2)雷达测速法

这种方法是目前交通管理中常使用的一种方法,用以监测道路上的超速违章车辆。最常用的仪器有雷达测速仪和雷达枪。雷达测速方法十分简单,只要用测速雷达瞄准前方被测车辆,即能读出该车辆的瞬时车速。

雷达测速的基本原理是应用多普勒效应。当雷达测速议瞄准测速车辆时,发射出无线电波,遇车辆后再从车辆反射回来,发射波与反射波的频率差与车辆行驶的速度成正比,从而得到车辆的瞬时车速。若雷达所发射的电波频率为$f$,发射电波碰到车辆后反射回来的频率为$f'$,车辆运行的速度为$v$,电波传播速度为$c$,雷达发射的电波方向与车辆运行方向之间的交角为$\varphi$(图3-4),则

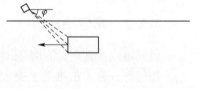

图3-4 雷达波与车辆运行方向间夹角$\varphi$

$$f' = f\left(1 \pm \frac{2v\cos\varphi}{c}\right) \tag{3-5}$$

其中,"+"号表示车辆向接近雷达方向运行,"-"表示车辆远离雷达方向运行。

多普勒频率数为发射电波束频率$f$与反射回来电波频率$f'$之差$\Delta f$:

$$\Delta f = f' - f$$

即

$$\Delta f = \frac{2vf\cos\varphi}{c} \tag{3-6}$$

测速雷达测量这个频差,从仪表上直接读出车速。

从式(3-6)可以看出多普勒频率数$\Delta f$与$\cos\varphi$成正比,当$\varphi = 0°$,$\Delta f = \dfrac{2vf}{c}$,此时测速误差最小,因此测速时应尽可能使雷达装置发射出无线电波束的方向接近车辆运行方向。如

果 $\varphi$ 不等于零,测速雷达所读出的数字比车辆实际行驶车速要小,例如 $\varphi=20°$ 时,产生的误差大约为 6%。

雷达测速仪的效应有一定范围,同向车辆密度过高或对向车辆同时通过道路某断面,均会产生干扰,使雷达仪上的车速数字产生不稳定情况;当道路上车辆行驶速度很低时,测速精度也低。由于这些原因,雷达测速最宜用于交通管理部门监测车辆超速行驶之用,用于科学研究方面,尚感精度不足。

3)自动计数器测速

自动计数器有若干种,通常使用电感式、环状线圈式和超声波式检测器测量地点车速,它们均设置在固定测站上,同时测得流量和流速。

测量方法:在测速地点取一小段距离(如取 5m),两端均埋设检测器,车辆通过前后两检测器时即发出信号,并传送给记录仪,记录下车辆通过前后两个检测器的时间,从而算得车速。当测速精度要求不太高时,也可用一个检测器的办法,即测量车辆前后车轮通过检测器的时间,并用前后轴距除以该时间求得车速。这种方法适用于交通控制区中已埋设检测器的场合,并与交通流量数据同时存放于数据采集系统中。

4)录像法

在拟测车速的地点,量取若干段距离,并做好标记。将录像机设置在视野良好的高处,防止行道树及其他设施的遮挡,将录像机镜头瞄准欲测车速地段,以一定的送片速度进行录像。根据汽车通过测定区间的录像胶卷画面数和画面的间隔时间,即可求得车辆的地点车速。录像时应详细记录开始时间、地点、方向、送片速度、气候、观测员姓名等,以免整理时发生错误。录像法是对测定地点的有形象记录,不但能录到车辆移动位置,而且也能摄到车型及实地交通情况,能长期保存,有利于进行地点车速和影响因素的相关分析。

### 3.2.3 车速抽样

研究地点车速时,常用随机抽样的方法,即抽取有限的样本来推断车速总体特性的方法。如何保证样本的准确性决定于以下两个方面。

1)样本选择

在地点车速的观测中,要取得无偏向的车速样本,必须随机选测车辆,即每一行驶车辆被选取作为样本的机会是均等的。作为代表性的样本必须符合以下要求:

(1)样本的选择必须避免某种偏向。高速车辆、低速车辆和正常车速的车辆均有同等概率被抽作样本。当道路上车辆构成复杂时,车速差别很大,为此要使取得的样本能代表总体,必须与总体的车辆组成一致。

(2)样本的各个单元,相互必须完全独立,如路段上车辆列队行驶时,可以将排头车作为独立行驶车辆。

(3)选取数据的地区间应无根本的差别,构成样本所有项目的条件必须一致。

2)样本容量

样本容量的大小决定于精度要求。根据误差理论,测定值与真值之间永远是近似的,两者之差称为误差。误差按其成因分为系统误差和偶然误差,系统误差是由于测量系统的不合理不完善所造成的,例如测量地点车速中测量工具不准确或测速方法不合理等。这类误差均可通过改善测量工具或改进测速方法来消除。而偶然误差或称随机误差,是测量中不可避免的误差,这种误差时正时负,当测量次数足够多时,它服从正态分布,绝对值相等的正误差与负误差的概率接近于相等,因此测量次数越多,偶然误差的算术平均值越小,精度越高。

要确定样本量的大小,必须讨论两个问题,一是样本量与精度的关系,二是置信水平与精度的关系。

(1) 样本量与精度

地点车速的样本平均数与总体平均数之间总是有差异的,其差别的大小取决于样本平均数的标准差。在概率论中已经证明,母体为正态分布时,子样平均数均为正态分布,其期望值等于母体期望值,样本平均数的方差 $\sigma_{\bar{X}}^2$ 等于母体方差 $\sigma^2$ 除以样本量。即

$$\sigma_{\bar{X}} = \frac{\sigma}{\sqrt{n}} \tag{3-7}$$

在不知 $\sigma$ 的情况下,可用样本标准离差 $S$ 来代替。从上式可知样本量越大,$\sigma_{\bar{X}}$ 越小,亦即精确程度越高。例如:某地点车速标准离差 $S = 12\text{km/h}$ 计算不同样本量时的 $\sigma_{\bar{X}}$,如表 3-2 所示。

$\sigma_{\bar{X}}$ 与样本量 $n$ 的关系     表 3-2

| 样本量大小 | $n = 36$ | $n = 64$ | $n = 144$ | $n = 576$ |
| --- | --- | --- | --- | --- |
| $\sigma_{\bar{X}} = \frac{\sigma}{\sqrt{n}}$ | 2.0 | 1.5 | 1.0 | 0.5 |

从上例中可清楚地看出,样本数从 36 增加到 576,即增长 16 倍,而样本平均数的标准离差 $\sigma_{\bar{X}}$ 只减小 3/4,由此说明,对样本平均数的标准离差应规定一定值,否则,过大的样本量是不经济的。为了解决这个问题,提出了允许精度即样本平均数与总体平均数之差的绝对值 $|\bar{x} - \mu|$ 不超过某定值 $E$,$E$ 称为允许偏差精度。根据统计推断中的参数区间估计:

$$\frac{|\bar{x} - \mu|}{\sigma_{\bar{X}}} < t \tag{3-8}$$

式中:$t$——决定于置信水平和自由度的 $t$ 分布统计量。

若以允许偏差 $E$ 代入上式,则得到

$$E = \sigma_{\bar{X}} \cdot t = \frac{\sigma}{\sqrt{n}} \cdot t \tag{3-9}$$

由此得到最小样本量公式:

$$n = \left(\frac{t\sigma}{E}\right)^2 \tag{3-10}$$

式中各个符号的意义同前。

(2) 置信水平与精度

当样本平均数的标准差一定时,选定的置信水平将决定总体平均数的置信区间。如果置信水平高,则要求较多的预测值落在置信区间中,置信区间必然宽,也就是对预测精度要求高;反之,置信水平低,则预测值落在置信区间内的要求低,置信区间必然窄,也就是预测精度降低,如图 3-5 所示。在地点车速的调查中,一般采用 95% 或 90% 的置信水平,从 $t$ 分

布表可知,当样本量大于120时,与正态分布一致,置信水平为95%的$t$分布统计量$t=1.96$,当置信水平为90%时,$t=1.64$。

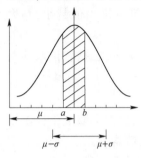

图3-5 置信区间

注:子样落在任意区间$(a,b)$的概率为$P(a,b)$,区间$(\mu-\sigma,\mu+\sigma)$的概率为68.3%,区间$(\mu-2\sigma,\mu+2\sigma)$的概率为95.4%。

美国交通工程调查手册(Manual of Traffic Engineering Studies)中指出,如果地点车速的标准离差不能从以前的车速分析中定出,则可根据交通调查地区及道路类型选择,见表3-3。表3-3所列6组交通调查地区及道路类型平均标准离差的范围为4.2~5.3mile/h(6.8~8.5km/h),由于此范围变化不大,故建议取5.0mile/h(8.0km/h)作为任何交通调查区内任何道路类型地点车速的近似估计值。

车速测定值的允许误差$E$决定于平均车速估计量所要求的精确度,其范围可为±5.0mile/h(±8.0km/h)~±1.0mile/h(±1.6km/h)或更小。

我国城市道路上车辆行驶速度普遍偏低,根据若干地区实测结果,速度平均标准离差较小,故建议允许误差$E$取低值。

不同地区、不同车道数时的平均标准离差值　　　表3-3

| 交通调查地区 | 道路类型 | 平均标准离差 | |
| --- | --- | --- | --- |
| | | mile/h | km/h |
| 郊外 | 双车道 | 5.3 | 8.5 |
| | 四车道 | 4.2 | 6.8 |
| 近郊 | 双车道 | 5.3 | 8.5 |
| | 四车道 | 5.3 | 8.5 |
| 市区 | 双车道 | 4.8 | 7.7 |
| | 四车道 | 4.9 | 7.9 |
| 取整数值 | | 5 | 8.0 |

以上讨论的都是有关符合平均车速有效估计量要求的最小样本量的确定。如果统计量不是平均车速,而是其他特征车速,如85%位车速、15%位车速,则此时最小样本量可由下式确定:

$$n = \frac{t^2 S^2 (2+U^2)}{2E^2} \tag{3-11}$$

式中:$U$——决定于要求统计类型的常数,对于平均车速取零;15%位或85%位车速,取1.04;5%位或95%位车速取1.64;

　　　$t$、$S$、$E$的意义同前。

### 3.2.4 地点车速调查数据的整理与分析

地点车速的观测数据按观测目的进行汇总,然后把数据整理成图表,并用统计的方法对调查结果作统计计算,以保证取得对交通现状的完整认识。

1)数据整理

整理数据精炼而简便的方法是列一张地点车速频率分布表,见表3-4。

**地点车速频率分布表**　　　　　　　　　　　　　　　　　表 3-4

| （1）速度分组 | （2）组中值 $u_i$ | （3）观测频数 $f_i$ | （4）累计频数 $f$ | （5）观测频率(%) | （6）累计频率(%) |
|---|---|---|---|---|---|
|  |  |  |  |  |  |
|  |  |  |  |  |  |
|  |  |  |  |  |  |
|  |  |  |  |  |  |
|  |  |  |  |  |  |

表 3-4 中第 1 列为速度分组，由于地点车速样本一般均很多，如将实测数值自大至小排列，必然十分烦琐，因而用分组的方法使之简化。组距的确定，是以保证原有样本精度为前提，组距过大，必然组数少，难于反映样本中车速分布的实际情况；组距过小则带来统计工作量的烦琐，有时在车速样本量有限的情况下，会出现分布不连续情况。为此分组数应根据车速的分散程度和样本数量而定，一般分组数宜在 8～20 范围内。分组数确定后，可求得组距。从观测值中取出最大车速和最小车速，两者之差称为极差，极差除以分组数减 1 得组距，然后取整。例如某地点车速样本容量为 80，样本的最高车速为 75km/h，最低车速为 20km/h，样本初步分为 10 组，则每组间隔为 $\frac{75-20}{10-1}=6.1$（km/h）。为便于整理，将组间隔取整为 6.0km/h，最后确定实际分组数。

第 2 列为组中值即分组的代表值，就是一个分组的中心数值。

第 3 列为观测频数。把现场观测值归入所属的组，统计得到各组的车速频数。各分组出现频数所组成的数列，称为频数分布，各组频数之和，必等于现场观测的样本量。

第 4 列为累计频数。如果数组车速由小到大排列，则累计频数表示等于和小于该数组的频数之和；反之，若数组自大到小排列，则累计频数则为等于和大于该数组的频数和。最后一行的累计频数必等于总样本量。

第 5 列为观测频率。各组的频数除以样本总数即得各组频率。各组频率之和必等于 1.0。由频率所组成的分布，消除了对于样本总数的依赖，可用来对比不同样本量时频率分布的结果。

第 6 列为累计频率，与累计频数相对应，即累计频数除以样本量。如果车速数组自小到大排列时，则该组的累计频率表示等于及小于该数组速度的频率之和；反之，则累计频率表示等于及大于该组速度的频率之和。最后一行的累计频率必等于 100%。

2）地点车速频率分布直方图

为了更直观地显示出频率分布表所给出的规律，通常把它们画成频率分布直方图，如图 3-6 所示，横坐标是地点车速的速度分组，纵坐标则是相应的频率，即表 3-5 中第 1、5 列的数值。从图中可以形象地看出地点车速分布的范围及在范围内的散布情况。

3）累计频率曲线

地点车速的速度分组为横坐标，累计频率为纵坐标，应用表 3-4 中第 1 列、第 6 列数据，绘制成地点车速的累计频率曲线。如图 3-7 所示。该图的特征点对于分析地点车速具有十分重要的意义,如累计频率为 15%、50%、85% 所对应的地点车速,在交通工程中均有特定的用途。

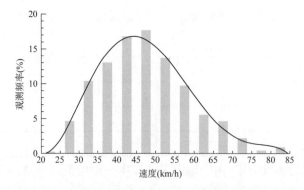

图 3-6　地点车速频率分布直方图

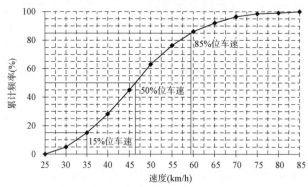

图 3-7　地点车速累计频率曲线

4) 地点车速的频率分布特征值

借助于车速频率分布图,表明最基本的特征数可以分为两大类,即位置特征数和离散特征数。

位置特征数是表示地点车速分布集中趋势的量度。如地点车速的样本平均数、中位车速、众数等。

(1) 地点车速的样本平均数

地点车速的样本平均数是车速统计中最常用的特征值和表示车速分布的最有效的统计量,它的计算公式如下。

当车速未分组时:

$$\bar{v} = \frac{\sum_{i=1}^{n} v_i}{n} \tag{3-12}$$

当车速分组时:

$$\bar{v} = \frac{\sum_{i=1}^{n} f_i v_{i中}}{\sum_{i=1}^{n} f_i} \tag{3-13}$$

式中：$\bar{v}$——平均地点车速；

$\sum v_i$——全部观测车辆车速的总和；

$n$——观测车辆的总数；

$v_{i中}$——各车速分组的组中值；

$f_i$——各分组车速的频数。

（2）中位车速

中位车速是指车速测定值按大小次序排列时中间位置的车速。当观测次数是奇数时，中位数是所排数列中的中间车速，而观测次数是偶数时，中位数规定为两中间数的算术平均数。中位数受两端车速位的影响较平均车速为小，故在分析中是一个十分有用的特征值。

（3）众数

出现频率最高的那个地点车速或组中值，称为样本的车速众数。

样本的离散特征数是表示样本中数字分散程度的一种数据，其中最常用的是极差、标准离差和车速分布中有代表性的几个速度值。

①极差

即观测值中最大车速与最小车速之差，可用下式表示：

$$R = v_{max} - v_{min} \tag{3-14}$$

式中：$R$——极差；

$v_{max}$——观测值中最高的车速值；

$v_{min}$——观测值中最低的车速值。

极差值极易取得，但它决定于样本量的大小，且受异常观测值的影响很大。

②样本标准离差

用地点车速样本中的每一个数据与车速平均值 $\bar{v}$ 的偏差来刻画样本的离散性。由于这些偏差有正有负，为了避免正负相加抵消的情况，可以把各个偏差平方之后再求平均数，作为离散特征数，记为 $S^2$，称为样本方差。

当地点车速未分组时：

$$S^2 = \frac{\sum_{i=1}^{n}(v_i - \bar{v})^2}{n} \tag{3-15}$$

当地点车速分组时：

$$S^2 = \frac{\sum_{i=1}^{n}(v_{i中} - \bar{v})^2 \cdot f_i}{\sum f_i} \tag{3-16}$$

以上公式中的符号意义同前。

样本的标准差：

不分组时：

$$S = \sqrt{\frac{\sum_{i=1}^{n}(v_i - \bar{v})^2}{n}} = \sqrt{\frac{\sum_{i=1}^{n} v_i^2}{n} - \bar{v}^2} \tag{3-17}$$

分组时：

$$S = \sqrt{\frac{\sum_{i=1}^{n}(v_{i中} - \bar{v})^2 f_i}{\sum_{i=1}^{n} f_i}} = \sqrt{\frac{\sum_{i=1}^{n} v_{i中}^2 f_i}{n} - \bar{v}^2} \tag{3-18}$$

③车速分布中有代表性的几个速度值

累计频率分布曲线表明了每组地点车速与累计频率之间的关系,当地点车速为正态分布时,累计频率曲线上有2处突变点,这些点的相应车速常以百分位车速来表示。

85%位车速:在样本中有85%的车辆未达到的车速,即在累计车速分布曲线中,累计频率为85%时的相应车速。此值正是曲线的转折点,转折点以上曲线坡度甚缓,说明样本中高速车辆的频率很少,因此交通管理中常以此车速作为观测路段的最大限制车速。

15%位车速:在样本中有15%的车辆未达到的车速,即在累计车速分布曲线中,累计频率为15%时的相应车速。此值是该曲线的另一个转折点,转折点以下曲线坡度甚缓,说明样本中低于此车速的频率很少,因此交通管理中对某些需限制最低车速的道路,如高速公路及快速路,常以此值作为最低限制车速。

50%位车速:即中位车速,当车速的分布属正态分布时,该车速即平均车速。

5)地点车速正态分布的拟合优度检验

自由行驶状态的车速具有随机性,通常假设它的统计规律为正态分布,简记为$N(\mu,\sigma^2)$。其图形如图3-8a)所示。其概率密度函数式为

$$\varphi(x) = \frac{1}{\sqrt{2\pi}\sigma} \cdot e^{-\frac{(x-\mu)^2}{2\sigma^2}} \quad (-\infty < x < \infty, \sigma > 0) \tag{3-19}$$

$\varphi(x)$是单峰、对称于$x=\mu$轴线的钟形曲线,以$x$轴作为渐近线,$x=\mu\pm\sigma$处有拐点。$\varphi(x)$曲线与$x$轴之间的总面积等于1。

在日常理论分析中,均采用标准化形式,即$\mu=0,\sigma=1$,简记为$N(0,1)$。它的图形如图3-8b)所示,其概率密度函数式为

$$\varphi(x) = \frac{1}{\sqrt{2\pi}} e^{-\frac{x^2}{2}} \tag{3-20}$$

对于标准化正态分布有现成的表可查。

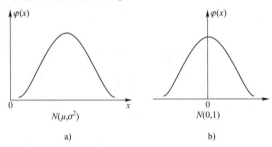

图3-8 正态分布示意图

那么,怎样检验地点车速是否服从正态分布呢?这就需要拟合优度检验,最常用的是$\chi^2$检验,其步骤如下:

(1) 建立原假设 $H_0$

$H_0$：地点车速 $v$ 服从正态概率分布，那么地点车速的频率分布与概率分布应该相差不远，在地点车速的分布直方图中可以初步判断是否服从正态分布。

(2) 选择统计量

如果地点车速分布的原假设 $H_0$ 成立，则地点车速每一分组的实测频数 $f_i$ 与正态分布时的理论频数 $F_i$ 相差不大。若正态分布在 $i$ 区间的概率为 $P_i$，则理论频数 $F_i = P_i \cdot n$，$n$ 为样本数，$K$ 为样本分组数，由此建立的统计量 $\chi^2$ 为

$$\chi^2 = \sum_{i=1}^{K} \frac{(f_i - F_i)^2}{F_i} \tag{3-21}$$

(3) 确定统计量的临界值 $\chi_\alpha^2$

概率论中已经证明在 $n \to \infty$、$K \to \infty$ 时，统计量趋向于自由度为 $K-1$ 的分布。

由 $\chi^2$ 分布表，根据自由度 $\gamma$ 和置信水平 $\alpha$，可查得统计量的临界值 $\chi_\alpha^2$。

确定地点车速样本的自由度：由于拟合正态分布，当正态分布中有两个参数 $\mu$ 和 $\sigma$ 需要估计时，则约束数 $a=2$，自由度 $\gamma = K-a-1 = K-3$。若 $\mu$ 与 $\sigma$ 值完全给定时，则 $a=0$，$\gamma = K-1$。

置信水平 $\alpha$ 的选择：在交通工程中 $\alpha$ 常取 0.10、0.05 或 0.01。

为了便于应用，将 $\chi^2$ 分布的上侧分位数 $\chi_\alpha^2$ 表作了部分摘录，见表 3-5。

$\chi^2$ 分布的上侧分位数 $\chi_\alpha^2$ 表（部分摘录）　　　　表 3-5

| γ\α | 0.01 | 0.05 | 0.01 | γ\α | 0.10 | 0.05 | 0.01 | γ\α | 0.10 | 0.05 | 0.01 |
|---|---|---|---|---|---|---|---|---|---|---|---|
| 1 | 2.706 | 3.841 | 6.635 | 7 | 12.017 | 14.067 | 18.475 | 13 | 19.812 | 22.362 | 27.688 |
| 2 | 4.605 | 5.991 | 9.210 | 8 | 13.362 | 15.507 | 20.090 | 14 | 21.064 | 23.685 | 29.141 |
| 3 | 6.251 | 7.815 | 11.325 | 9 | 14.684 | 16.919 | 21.666 | 15 | 22.307 | 24.996 | 30.578 |
| 4 | 7.779 | 9.448 | 12.277 | 10 | 15.987 | 18.307 | 23.209 | 16 | 23.542 | 26.296 | 32.000 |
| 5 | 9.236 | 11.070 | 15.068 | 11 | 17.275 | 19.675 | 24.725 | 17 | 24.969 | 27.587 | 33.409 |
| 6 | 10.645 | 12.592 | 16.812 | 12 | 18.549 | 21.026 | 26.217 | 18 | 25.989 | 28.869 | 34.805 |

(4) 统计检验结果

比较 $\chi^2$ 的计算值与临界值 $\chi_\alpha^2$，若 $\chi^2 \leq \chi_\alpha^2$，则车速 $v$ 服从假设的正态分布，否则不接受原假设，至此检验结束。

必须使用 $\chi^2$ 统计量时应注意的事项：

①各组的理论频数 $nP_i$ 不得少于 5，如果数组理论频数小于 5 时，可将相邻若干组合并，直至合并后各组的理论频数均大于 5 为止，并将合并后的组数作为计算自由度的依据。

②各组的概率 $P_i$ 值应较小，这意味着分组数 $K$ 应较大，以保持速度分布的基本形式和分布的连续性。

③样本量应较大，分组数宜在 8～20 之间，最小不得少于 5 组。

### 3.2.5 地点车速数据统计分析实例

【例 3-1】 在某道路断面上实测地点车速得到样本如表 3-6 所示，试整理出该车速的频率分布表、频率分布直方图、累计频率曲线，计算速度分布特征值（平均车速、标准离差、85%

位车速、15%位车速),并检验该样本是否拟合正态分布。

地点车速样本(m/s)　　　　　　　　　　　表 3-6

| 3.4 | 4.2 | 6.5 | 6.3 | 5.3 | 7.1 | 7.3 | 9.1 | 8.1 | 9.3 | 5.9 | 7.9 |
| --- | --- | --- | --- | --- | --- | --- | --- | --- | --- | --- | --- |
| 7.5 | 8.2 | 3.7 | 4.8 | 8.9 | 7.9 | 9.2 | 8.5 | 6.1 | 7.2 | 6.6 | 8.2 |
| 8.3 | 7.7 | 8.1 | 6.1 | 8.3 | 3.9 | 7.6 | 8.8 | 9.6 | 5.2 | 4.7 | 7.1 |
| 4.9 | 7.2 | 5.5 | 7.6 | 9.9 | 8.7 | 4.6 | 6.8 | 8.5 | 7.5 | 5.6 | 6.3 |
| 5.1 | 9.7 | 7.3 | 8.3 | 12.1 | 6.8 | 9.1 | 7.2 | 7.7 | 8.9 | 4.2 | 7.6 |
| 8.1 | 7.2 | 5.7 | 7.1 | 8.1 | 7.4 | 6.5 | 8.3 | 9.2 | 10.3 | 7.4 | 6.4 |
| 8.5 | 7.9 | 6.3 | 8.4 | 9.2 | 6.6 | 7.8 | 8.8 | 7.3 | 9.2 | 6.2 | 5.4 |
| 7.1 | 7.2 | 9.4 | 6.1 | 7.4 | 7.9 | 10.5 | 6.9 | 8.5 | 6.7 | 10.1 | 10.2 |
| 10.5 | 9.9 | 12.2 | 10.2 | 11.5 | 11.1 | 10.8 | 11.7 | 11.2 | 10.1 | 9.4 | 9.1 |

**解**:(1)实测车速分组频数如表 3-7 所示。

实测车速分组频数　　　　　　　　　　　表 3-7

| 速度分组(m/s) | 3~4 | 4~5 | 5~6 | 6~7 | 7~8 | 8~9 | 9~10 | 10~11 | 11~12 | 12~13 |
| --- | --- | --- | --- | --- | --- | --- | --- | --- | --- | --- |
| 观测频数 | 3 | 6 | 8 | 16 | 27 | 20 | 14 | 8 | 4 | 2 |

(2)地点车速频率分布见表 3-8。

地点车速频率分布　　　　　　　　　　　表 3-8

| 速度分组(m/s) | 组中值 $u_i$ (m/s) | 观测频数 $f_i$ | 累计频数 $f$ | 观测频率(%) | 累计频率(%) |
| --- | --- | --- | --- | --- | --- |
| 3~4 | 3.5 | 3 | 3 | 2.8 | 2.8 |
| 4~5 | 4.5 | 6 | 9 | 5.5 | 8.3 |
| 5~6 | 5.5 | 8 | 17 | 7.4 | 15.7 |
| 6~7 | 6.5 | 16 | 33 | 14.8 | 30.5 |
| 7~8 | 7.5 | 27 | 60 | 25.0 | 55.5 |
| 8~9 | 8.5 | 20 | 80 | 18.5 | 74.0 |
| 9~10 | 9.5 | 14 | 94 | 13.0 | 87.0 |
| 10~11 | 10.5 | 8 | 102 | 7.4 | 94.4 |
| 11~12 | 11.5 | 4 | 106 | 3.7 | 98.1 |
| 12~13 | 12.5 | 2 | 108 | 1.9 | 100 |
| Σ |  | 108 |  | 100 |  |

(3)绘制地点车速频率分布直方图(图 3-9)。
(4)绘制地点车速累计频率曲线(图 3-10)。
(5)地点车速特征值计算。

车速特征值 $\bar{v}$ 与 $S$ 计算,可用样本变换的方法简化计算。先将组中值变换,变换后的组中值为 $y_i$:

$$y_i = \frac{\mu_i - a}{b} \tag{3-22}$$

式中：$a$——中间一组的组中值；
$b$——组间距；
$\mu_i$——第 $i$ 组的组中值。

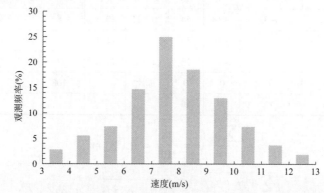

图 3-9　地点车速频率分布直方图

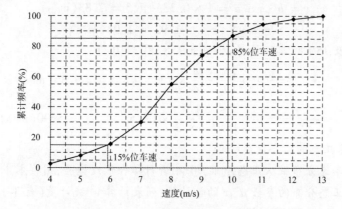

图 3-10　累计频率曲线

计算变换后的平均值 $\bar{y}$：

$$\bar{y} = \frac{\sum_{i=1}^{K} y_i \cdot f_i}{n} \tag{3-23}$$

计算变换后的离差 $S_y$：

$$S_y = \sqrt{\frac{\sum_{i=1}^{K} y_i^2 f_i}{n} - \bar{y}^2} \tag{3-24}$$

最后还原样本的特征值：

$$\bar{v} = b \cdot \bar{y} + a \tag{3-25}$$

$$S = b \cdot S_y \tag{3-26}$$

本例计算列于表 3-9。

本 例 计 算 表　　　　　　表3-9

| 速度分组 (m/s) | 组中值 (m/s) | 观测频数 $f_i$ | 变换后的组中值 $y_i$ | $y_i \cdot f_i$ | $y_i^2 \cdot f_i$ | 速度分组 (m/s) | 组中值 (m/s) | 观测频数 $f_i$ | 变换后的组中值 $y_i$ | $y_i \cdot f_i$ | $y_i^2 \cdot f_i$ |
|---|---|---|---|---|---|---|---|---|---|---|---|
| 3～4 | 3.5 | 3 | -4 | -12 | 48 | 9～10 | 9.5 | 14 | 2 | 28 | 56 |
| 4～5 | 4.5 | 6 | -3 | -18 | 54 | 10～11 | 10.5 | 8 | 3 | 24 | 72 |
| 5～6 | 5.5 | 8 | -2 | -16 | 32 | 11～12 | 11.5 | 4 | 4 | 16 | 64 |
| 6～7 | 6.5 | 16 | -1 | -16 | 16 | 12～13 | 12.5 | 2 | 5 | 10 | 50 |
| 7～8 | 7.5 | 27 | 0 | 0 | 0 | 总计 | | 108 | | 36 | 412 |
| 8～9 | 8.5 | 20 | 1 | 20 | 20 | | | | | | |

$$\bar{y} = \frac{\sum y_i f_i}{n} = \frac{36}{108} = 0.33 \, (\text{m/s})$$

$$S_y = \sqrt{\frac{\sum y_i^2 f_i}{n} - \bar{y}^2} = \sqrt{\frac{412}{108} - 0.33^2} = 1.93 \, (\text{m/s})$$

$$\bar{v} = b \cdot \bar{y} + a = 1 \times 0.33 + 7.5 = 7.83 \, (\text{m/s})$$

$$S = b \cdot S_y = 1 \times 1.93 = 1.93 \, (\text{m/s})$$

85%位车速及15%位车速计算:根据表3-8、图3-10得

$$v_{85\%} = 9.0 + \frac{85 - 74}{87 - 74} \times (9.5 - 8.5) = 9.85 \, (\text{m/s})$$

$$v_{15\%} = 5.0 + \frac{15 - 8.3}{15.7 - 8.3} \times (5.5 - 4.5) = 5.90 \, (\text{m/s})$$

(6)地点车速正态的拟合优度检验。

假设本例的车速分布服从正态分布,用 $\chi^2$ 进行拟合优度检验,用样本中的平均车速 $\bar{v}$ 和标准离差 $S$ 作为正态分布的参数 $\mu$、$\sigma$ 的估计量,列表计算 $\chi^2$ 统计量(表3-10)。

$\chi^2$ 统计量计算表($n = 108, \bar{u} = 7.83 \text{m/s}, \sigma = 1.93 \text{m/s}$)　　表3-10

| (1) 数组上限 $v$ (m/s) | (2) $v - \bar{u}$ (m/s) | (3) 标准化 $\frac{v - \bar{u}}{\sigma}$ | (4) 正态曲线面积 $\Omega$ | (5) 各组概率 $P$ | (6) 理论频数 $F = n \cdot P$ | (7) 观测频数 $f$ | (8) $\chi^2$ 统计量 $\chi^2 = \frac{(F-f)^2}{F}$ |
|---|---|---|---|---|---|---|---|
| 4 | -3.83 | -1.984 | 0.0236 | 0.0236 | 2.55 | 3 | 0.219 |
| 5 | -2.83 | -1.466 | 0.0713 | 0.0477 | 5.15 | 6 | |
| 6 | -1.83 | -0.948 | 0.1715 | 0.1002 | 10.82 | 8 | 0.735 |
| 7 | -0.83 | -0.430 | 0.3336 | 0.1621 | 17.50 | 16 | 0.129 |
| 8 | 0.17 | 0.088 | 0.5351 | 0.2015 | 21.76 | 27 | 1.260 |
| 9 | 1.17 | 0.606 | 0.7278 | 0.1927 | 20.81 | 20 | 0.032 |
| 10 | 2.17 | 1.124 | 0.8696 | 0.1418 | 15.31 | 14 | 0.112 |
| 11 | 3.17 | 1.642 | 0.9498 | 0.0802 | 8.66 | 8 | 0.050 |

续上表

| (1)<br>数组上限<br>$v$ (m/s) | (2)<br>$v - \bar{u}$<br>(m/s) | (3)<br>标准化<br>$\dfrac{v-\bar{u}}{\sigma}$ | (4)<br>正态曲线<br>面积 $\Omega$ | (5)<br>各组概率<br>$P$ | (6)<br>理论频数<br>$F = n \cdot P$ | (7)<br>观测频数<br>$f$ | (8)<br>$\chi^2$ 统计量<br>$\chi^2 = \dfrac{(F-f)^2}{F}$ |
|---|---|---|---|---|---|---|---|
| 12 | 4.17 | 2.161 | 0.984 6 | 0.034 9 | 3.77 | 4 | 0.061 |
| 13 | 5.17 | 2.679 | 0.996 3 | 0.011 7 | 1.26 | 2 |  |
| >14 |  |  |  |  | 0.40 | 0 |  |
| 合计 |  |  |  |  | 108 | 108 | 2.598 |

表中的第 2、3 列主要将正态分布由 $N(\mu, \sigma^2)$ 的形式转换成标准形式 $N(0,1)$，使正态分布对称于 $y$ 轴；第 4 列为标准正态分布时各组相对应于正态曲线与水平轴间所包括的面积，即 $\int_{-\infty}^{\frac{v-\mu}{\sigma}} \varphi(x) dx$；第 5 列为各组间的概率，即相邻两组正态曲线所包含的面积之差；第 6 列为理论频数，它等于样本数乘该组概率。

自由度计算：

把理论频数小于 5 的组合并，合并后组数为 8。

$$\text{自由度} = 8 - 2 - 1 = 5$$

当显著性水平为 0.05，自由度为 5 时，查 $\chi^2$ 分布表 3-5 得到 $\chi^2_{0.05} = 11.07$，而上表计算结果 $\chi^2$ 的总和为 2.598，故 $\chi^2 < \chi^2_{0.05}$，表明样本中的地点车速呈正态分布。

了解有关车速分布的数学模型，对于交通流理论和有关驾驶人行驶时的动态模拟研究相当重要。同时考察某一地点上的车速分布对于估计一条路的交通事故潜在性也会有所帮助，通常车速分布是正态的地点，交通事故的潜在可能性较偏态分布时为小。

## 3.3 区间车速和平均车速调查

### 3.3.1 区间车速和行驶车速调查分析

区间车速是指车辆在道路某一区段内行驶的平均速度，即本章概述中所提到的行程车速和行驶车速。有关它们的定义和用途，前面已有阐述，这里不再介绍。下面主要讨论如何确定调查方案。

车辆在区段内行驶时，往往受到各种因素的影响，如道路线形、横断面组成及车行道宽度、路面状况、车辆性能、交通组成、交通流量、交通管理措施、公交停靠站位置、交叉口交通状况及气候条件等。这些因素对行程车速的影响通常结合在一起，难于分清各因素对车速的单独影响。由于这个原因，增加了区间车速调查的复杂性，因此在进行区间车速调查之前，必须研究调查方案，确定所需的人力、调查工具及经费。

调查方案与调查目的有关，下面分别讨论最常遇到的几种情况：

（1）为了解道路交通现状或交通改善方案的效果而作的车速调查。这种调查比较简单，只要在选定路段内测量车辆行驶于该路段的时间和延误即可，无须同时调查影响因素。

(2)用于研究路段交通改善方案而进行区间车速调查。这种调查需要考虑诸因素对车速的影响,因此第一步必须对路段的交通情况作定性分析,分清影响路段车速的主要因素,然后确定调查内容及方法,组织观测人员并编制经费预算。最常规的是流量、车速同时调查,如果车速降低主要是非机动车或行人影响,则调查方案中应增加自行车流量和行人流量的调查。如果在公共汽车停靠站处受到影响,则应补充在公共汽车停靠站处的车辆延误时间调查。必须注意,这些调查内容应同步进行,以便分析。调查内容确定后,即可编制调查人员及经费计划。

(3)为建立车速模型、进行理论研究而进行车速调查。这类调查一般均希望选择典型地段,如欲建立流量与车速的关系模型,则选择车型较单一,其他干扰因素较少的路段,在同一时段调查流量与车速,以便找出规律。如果希望模型的适应面更大,则可以在原有模型的基础上增加其他因素的调查,进行模型修正,或者将影响车速的诸因素加以分解,分别找出车速与各影响因素的关系式。

一旦调查方案确定后,就可进行现场调查。

### 3.3.2 调查方法

1) 汽车牌照号码登记法

在调查路段的起终点设置观测点,观测人员记录通过观测点的车辆类型、牌照号码(后3位数字或字母)、各辆车的到达时间。测完后,将两处的车型及牌照号码进行对照,选出相同的牌照号码,计算通过起终点断面的时间差即行程时间,路段距离除以行程时间,得到行程车速。调查记录表格见表3-11。

牌照法车速调查表　　　　　　　　　　　　　　　表3-11

道路名称＿＿＿＿＿　　起始时间＿＿＿＿＿　　日期＿＿＿＿＿
起 终 点＿＿＿＿＿　　观 测 者＿＿＿＿＿　　天气＿＿＿＿＿

| 车辆类型 | 牌照号码 | 起点时间 $t_1$ | 终点时间 $t_2$ | 行程时间 $t_2-t_1$ | 区间车速 $v$ |
|---|---|---|---|---|---|
|  |  |  |  |  |  |
|  |  |  |  |  |  |
|  |  |  |  |  |  |
|  |  |  |  |  |  |

关于调查人员及工具的配备:起终点断面各配2名观测员,1名观测车型、牌照号码及经过本断面的时间,另1名记录。观测时只需配备秒表即可。

此法的适用场合:路段上无主要交叉口,单向一车道或流量不很大的单向两车道公路,路段长度不宜超过500m。路段上的交通情况不太复杂时,可与其他调查同时进行。

牌照法的主要优点:取样速度快,室外工作时间短,能较准确地测得不同时段的平均行程车速及各种车辆类型的平均行程车速、通过断面的单向交通量及车头时距,有利于交通工程中的微观分析。

牌照法的主要缺点:所测得的只是起终点间的行程时间,无法知道车辆在行驶过程中的延误及交通阻滞情况。当路段中间有交叉口时,由于路段车辆在交叉口的转向,使起终点的车辆牌照号码不完全一致,增加了内业工作量;在单向两车道或大于两车道的路段,观测时由于靠边车道上车辆的阻挡,无法看清中间车道上车辆的牌照号码,容易漏记车号;此法现场观测的劳动强度大,对于交通繁忙的路段,在一般体力情况下,通常只能连续观测2h左右。

2)试验车跟车测速法

测速前的准备工作:用1/2 000或比例更大的地形图,量测路段全长及各变化点之间的距离,如交叉口、道路断面宽度变化点、小半径弯道的起终点、陡坡的起终点、隧道口、桥梁起终点等,进行路段编号,然后至现场踏勘,按图上各点在实地做好标记,并补充地形图上遗漏的地物特征点。准备好测试车,测试车的性能应能跟踪上道路上行驶的车辆;配备2名观测人员,并携带秒表及记录表格等。记录表格见表3-12。

跟车车速观测表　　　　　　　　表3-12

道路名称_____　　起始时间_____　　日期_____
起 终 点_____　　观 测 者_____　　天气_____

| 路段编号 | 观测时间 | | | 最终断面时间 | 减速次数及原因 | | | | | |
|---|---|---|---|---|---|---|---|---|---|---|
| | 中途停车 | | | | 行人 | 自行车 | 会车 | 转向车 | 公交停靠 | 其他 |
| | 原因 | 停止时间 | 起动时间 | | | | | | | |
| | | | | | | | | | | |
| | | | | | | | | | | |
| | | | | | | | | | | |

测速时,测试车辆应紧跟车队行驶,一般不容许超车,除非道路上遇到有特别慢的车辆,如大型重载货车、即将进入停靠站的公共汽车、环卫扫地车等,此时可超越。车内测试人员必须熟记预先在道路上做的各个标记,并注意观测沿途的交通情况。当车辆从起点出发时,打开秒表,每经过一次标记,立即读出经过标记的时刻。当试验车遇到阻塞或严重减速时,应记录减速次数或停车延误时间及原因。

跟车测速次数一般要求往返6~8次,每次往返时间应尽量小于40min。在道路条件好、交通顺畅的市郊道路,路线长度以不超过15km为宜;市区边缘道路,路线长度以小于10km为宜;市中心区道路,一般交通繁忙,车速低,并受到交叉口信号灯的管制,路线长度应小于5km。

跟车测速法的主要优点是:方法简单,能测到全程及各路段的行程时间、行驶时间、延误时间、沿途交通状况及交通阻塞原因等;所需的观测人员少,劳动强度小。适用于交通量大、交叉口多、路线上交通较复杂的道路。

跟车测速法的主要缺点是:测量次数不可能多,相对于某一时段(如高峰小时)只能得到2次,至多3次,所测车速可以作为宏观控制,但难于用作微观分析。用于建立模型等,此法尚感不足。当路段交通流量少时,车辆难于形成车流,往往发生测试车无车流可跟,测试中经常处于非跟踪状态,最后测得的车速常受到测试车性能及驾驶人习惯的影响,不能完全代表道路上车流的车速。

3)五轮仪测速法

五轮仪是测量车速的专用仪器,与速度分析仪同时使用。测速时将五轮仪装置于试验车之后,成为试验车以外另加的一个轮子,故名五轮仪。当测试车行驶时,五轮仪的轮子也与地面接触,同样转动。在五轮仪的轮轴上设有光电装置,其作用是将车轮转动速度转换成电信号,输入速度分析仪,此时记录仪能自动记下行驶距离、行驶时间、行程车速。例如测试车在路段起点时,观测员打入信号,当车辆行驶到第一个标记时再打入信号,则速度分析仪就能记下从起点到第一个标记时两点间的距离、行程时间和平均行程车速。

五轮仪还可以与另一种速度分析仪一起使用,这种分析仪的功能是可以得到车辆在全线行驶时的速度分布。例如某路线全长15km,测试车在跟车时速度有高有低,通过速度分析仪,可以自动将车速按 $0\sim10$ km/h、$10\sim20$ km/h、$20\sim30$ km/h、…、$100\sim110$ km/h……自动分档,最后得到各速度档的行驶里程和所占的比例。

五轮仪的测速方法与跟车测速法基本相同,其主要优点是自动化程度高,测速精确,能直接将结果打印输出,无须记录。它可以与车辆油耗仪同时使用,测量不同行驶状态、不同车速时的耗油量,作为建立模型的可靠资料。

在使用五轮仪时,对路面平整度有一定要求,平整度很差的路面,行驶时五轮仪跳动厉害,影响测速精度,并有损仪器。在测速时如有车辆倒退或掉头情况,必须将五轮仪的轮子拉起,使其不与地面接触,否则仪器即损坏。

五轮仪和速度分析仪属于精密仪器,成本高、易损坏,在使用前或使用后必须经过严格检查,应注意随时保养。

4)光感测速仪测速

光感测速仪也是一种测量车速的专用仪器,这种仪器是由光电探测器和光谱屏幕两个主要部件所组成。测速时,将光感测速仪贴在试验车车箱外壳,光电探测器对准地面,随着车辆行驶,在光电屏幕上产生不同频率的电信号,频率的高低与车速成正比。如果再配置一台计算机且与之连机,则可以直接打印出速度曲线、行驶时间、行驶距离等。这种仪器的测速范围在 $3\sim200$ km/h 之间。

使用光感测速仪测速,也是试验车跟踪测速的方法之一,其主要优点是测速方便,能方便地安装在各种类型的车辆上,测速精度高,可连续测得各点的瞬时车速和全程平均车速,并直接打印出结果。除此之外,这种仪器还可用于加速试验和制动试验。加速试验测得的数据是加速的最终速度、加速距离、加速时间;制动试验测得的数据是制动时的初速度、制动距离、制动时间。这种仪器对测速时使用和平时保养的要求均较高。

5)浮动车测速法

浮动车测速法是一种使用试验车辆进行测速的方法,可同时测得车速和流量。具体测量和计算方法见第2章相关内容。

6)基于GPS的车速调查法

(1)时间平均车速调查

在某一条待测道路上,将 $n$ 辆试验车装上GPS,然后令试验车在道路上行驶,计算机终端时刻记录着每辆车运行状态,根据记录可以算出每辆车的运行速度,设每辆车的平均速度为 $\bar{v}_i (i=1,2,3,\cdots,n)$,则所有车辆总平均速度为

$$\bar{v}_{i总} = \frac{\sum_{i=1}^{n} \bar{v}_i}{n} \qquad (3-27)$$

对于某一辆试验车的平均速度,为提高计算的准确性,考虑到目前的实际情况,可根据 GPS 读取的多个速度数据,对多个速度数据拟合函数,再对函数积分求解每辆车的平均车速的方法得到 $\bar{v}_i$。将求得的 $\bar{v}_i$ 代入式(3-27)中即可就得时间平均车速 $\bar{v}_{i总}$。

(2)区间平均车速

要求区间平均车速,需要提前知道所测道路的长度、两端路口的经纬度等信息。GIS (Geographical Information System)就是一种先进的信息处理与管理系统,可方便地存储有关的道路信息,而且通过软件 GPS 可以方便地与之相结合。因此,我们可以将道路的经纬度、长度等信息储存在 GIS 中。这样,根据 GPS 显示的经纬度,我们便可方便地知道车辆此时的位置。设所测区间总长度为 $s$,第 $i$ 辆车的行程时间为 $t_i(i=1,2,\cdots,n)$,车辆经过第一端路口的时刻为 $t_{i1}$,经过另一端路口的时刻为 $t_{i2}$,则车辆的区间平均车速为

$$\bar{v}_s = \frac{ns}{\sum_{i=1}^{n} t_i} \tag{3-28}$$

式中: $t_i = t_{i2} - t_{i1}$。

### 3.3.3 样本量确定

调查行程车速的样本量与估计量的允许误差与一组行程车速的平均变动范围有关,美国交通调查手册中制订了置信水平为 95%,各种行程车速变动范围及各种精度要求时的样本量近似值,见表 3-13。

**置信水平为 95% 的最小样本量** 表 3-13

| 行程车速的平均范围(km/h) | 对于所定允许误差的行驶次数 | | | | |
|---|---|---|---|---|---|
| | ±2.0km/h | ±3.5km/h | ±5.0km/h | ±6.5km/h | ±8.0km/h |
| 5.0 | 4 | 3 | 2 | 2 | 2 |
| 10.0 | 8 | 4 | 3 | 3 | 2 |
| 15.0 | 14 | 7 | 5 | 3 | 3 |
| 20.0 | 21 | 9 | 6 | 5 | 4 |
| 25.0 | 28 | 13 | 8 | 6 | 5 |
| 30.0 | 38 | 16 | 10 | 7 | 6 |

平均行程车速估计量的允许误差取值随观测目的而定。

(1)交通运输规划及公路运输所需的观测,允许误差取值范围在 ±5.0 ~ ±8.0km/h 之间。

(2)交通管理、趋向分析和经济评价所需的观测,允许误差取值范围在 ±3.5 ~ ±6.5km/h 之间。

(3)工程"前后"对比观测,允许误差取值范围在 ±2.0 ~ ±5.0km/h 之间。

行程车速的范围与道路的交通条件密切有关,如果道路上车辆组成单一,车流稳定,则行程车速的变化范围小,反之行程车速的变化范围大。

如用"牌照法"调查平均行程车速,则先测一批车辆的行程车速,然后计算第 1 辆与第 2 辆的速度差、第 2 辆与第 3 辆的速度差,直至算到这一批车辆的最后 1 辆,将各速度差的绝对值累加,除以这个差值的个数,就得到行程车速的平均变动范围。这个运算过程可以用下式表示:

$$R = \frac{\sum |S|}{N-1} \tag{3-29}$$

式中:$R$——行程车速的平均变动范围,km/h;

$\sum |S|$——所有速度差值绝对值的总和,km/h;

$N$——所测车辆的行驶次数,次。

根据要求的允许误差和行程车速平均变动范围,查表 3-13,选取近似的最小子样值。如果需要的子样数大于取样的车辆数,则应进行补充观测,直至观测样本量等于或大于最小样本值。

这里值得一提的是,如果行程车速用"试验车"测得,此时必能计算得到行程车速和行驶车速。在确定车速的平均变化范围时,更宜用行驶车速,因为行驶车速计算时不计停车延误时间,致使行驶车速较行程车速稳定。行驶车速的平均变化范围仍用上法计算,最后根据允许误差和行驶车速的平均变化范围,查表 3-13,得到最小样本量。若试验车测速次数已大于最小样本量,则测速样本已够;否则需增加测速次数,直到大于或等于最小样本量。

不论是"牌照法"测速还是"试验车"测速,当第一批样本量不够需增加样本时,必须注意测试的交通条件与原来的测试条件务必相近,否则会使误差增大或得出错误的结论。

### 3.3.4 区间车速调查数据的整理和分析

不同的调查目的采用不同的分析方法,下面介绍常用的几种分析方法,并结合实例进行阐述。

1)"前后"对比分析

这里主要指工程项目实施前后道路行程车速提高是否显著的分析。

借助数理统计的方法,先假设从同一个总体中,选取两批样本数据,这两批样本的平均值可能会有一点差别,这个差别是属偶然性误差。当样本量很大时,偶然误差很小,两个样本平均值之间的差别也不大。

这里讨论的是在不同条件下的两次观测,获得两个样本,两个样本的总体有不同的均值,再加上各自在观测中的偶然误差,形成两次观测值间的总差别。观测的偶然误差符合正态分布。如果两次观测平均值的总差别大于某检验统计临界值则差别显著,否则不显著。

对于两次观测值的均值差别是否显著的检验方法有两种:

(1) $u$ 检验

不同条件的两次抽样都属大样本,即观测值不少于 30 个,此时检验统计量可按下式确定:

$$|u| = \frac{\bar{X}_1 - \bar{X}_2}{\sqrt{\frac{S_1^2}{n_1} + \frac{S_2^2}{n_2}}} \tag{3-30}$$

式中:$u$——大样本量时正态分布统计量;

$\bar{X}_1$——第一个样本(工程实施前)的均值;

$\bar{X}_2$——第二个样本(工程实施后)的均值;

$S_1$——第一个样本的标准离差;

$S_2$——第二个样本的标准离差;

$n_1$——第一个样本的观测数;

$n_2$——第二个样本的观测数。

把算得的 $u$ 值与由表 3-14 上查得的临界值 $u_\alpha$ 作比较,如果算得的 $|u|$ 值大于 $u_\alpha$,应认为两均值间的差别是显著的,不是仅由偶然误差造成的;如果算得的 $|u|$ 小于 $u_\alpha$,则可断定两均值间的差别是不显著的,这种差别由偶然误差形成。几个常用的临界值见表 3-14。

统计量临界值 $u_\alpha$　　　　　　　　　　　表 3-14

| 显著水平 $\alpha$ | 0.01 | 0.05 | 0.10 |
|---|---|---|---|
| $u_\alpha$ | 2.58 | 1.96 | 1.64 |

$u$ 检验适用于用"牌照法"测速、所抽取的样本量大的情况。但是如用"测试车"的方法测速,样本量一般均用 6 次或略大于 6 次,此时应用 $t$ 检验。

(2) $t$ 检验

设两个正态总体,它们的方差未知,但 $\sigma_1 = \sigma_2$,检验两样本的平均值是否有显著差别。检验的统计量计算公式如下:

$$|t| = \frac{\bar{X}_1 - \bar{X}_2}{\sqrt{\dfrac{n_1 S_1^2 + n_2 S_2^2}{n_1 + n_2 - 2}\left(\dfrac{1}{n_1} + \dfrac{1}{n_2}\right)}} \tag{3-31}$$

式中:$t$——分布统计量;

其余的符号意义同前。

把计算的 $t$ 值同由表 3-15 查得的 $t_\alpha$ 作比较,以确定两样本均值间差别的显著性。根据规定的显著性水平 $\alpha$ 及自由度选取。对于大多数交通数据的分析,显著水平 $\alpha$ 的正常范围为 0.01~0.1,但常选用的是 0.05,自由度 $\gamma = n_1 + n_2 - 2$。

$t$ 检验临界值 $t_\alpha$ 表　　　　　　　　　　　表 3-15

| 自由度 | $\alpha$(双侧) 0.10 | 0.05 | 0.01 | 自由度 | $\alpha$(双侧) 0.10 | 0.05 | 0.01 |
|---|---|---|---|---|---|---|---|
| 1 | 6.31 | 12.71 | 63.66 | 11 | 1.80 | 2.20 | 3.11 |
| 2 | 2.92 | 4.30 | 9.92 | 12 | 1.78 | 2.18 | 3.05 |
| 3 | 2.35 | 3.18 | 5.84 | 13 | 1.77 | 2.16 | 3.01 |
| 4 | 2.13 | 2.78 | 4.60 | 14 | 1.76 | 2.14 | 2.98 |
| 5 | 2.02 | 2.57 | 4.03 | 15 | 1.75 | 2.13 | 2.95 |
| 6 | 1.94 | 2.45 | 3.71 | 16 | 1.75 | 2.12 | 2.92 |
| 7 | 1.89 | 2.37 | 3.50 | 17 | 1.74 | 2.11 | 2.90 |
| 8 | 1.86 | 2.31 | 3.36 | 18 | 1.73 | 2.10 | 2.88 |
| 9 | 1.83 | 2.26 | 3.25 | 19 | 1.73 | 2.09 | 2.86 |
| 10 | 1.81 | 2.23 | 3.17 | 20 | 1.72 | 2.09 | 2.85 |

**【例3-2】** 某城市道路上交通流量大,车辆组成混杂,沿线有两处瓶颈,致使交通拥挤。现采用了拓宽瓶颈的工程措施,使全线交通有所改善。经用"试验车"实测拓宽工程前后的行程车速列于表3-16,试判断该道路拓宽措施实施前、后的平均行程车速提高是否显著。

测试车测得"前—后"平均行程车速(km/h)　　　　表3-16

| 次数 | 拓宽前车速 | 拓宽后车速 | 次数 | 拓宽前车速 | 拓宽后车速 |
|---|---|---|---|---|---|
| 1 | 14.5 | 18.5 | 5 | 16.7 | 19.8 |
| 2 | 15.7 | 16.7 | 6 | 18.4 | 17.5 |
| 3 | 18.4 | 24.3 | 7 | 17.5 | 20.0 |
| 4 | 15.4 | 22.0 | 8 | 16.6 | 21.4 |

**解**:设拓宽前后平均行程车速的总体呈正态分布,且 $\sigma_1 = \sigma_2$。

① 计算拓宽前后样本的行程车速的平均值及标准离差。

$$n_1 = 8 \quad \overline{X}_1 = 16.65 \text{km/h} \quad S_1 = 1.411 \quad S_1^2 = 1.991$$
$$n_2 = 8 \quad \overline{X}_2 = 20.03 \text{km/h} \quad S_2 = 2.504 \quad S_2^2 = 6.268$$

② 计算统计量。

$$|t| = \frac{|16.65 - 20.03|}{\sqrt{\frac{8 \times 1.991 + 8 \times 6.268}{8 + 8 - 2} \times \left(\frac{1}{8} + \frac{1}{8}\right)}} = \frac{4.380}{1.18} = 3.71$$

③ $t$ 检验临界值 $t_\alpha$。

自由度:

$$\gamma = n_1 + n_2 - 2 = 8 + 8 - 2 = 14$$
$$\alpha = 0.05$$

查表3-15,得到 $t_{0.05} = 2.14$。

由于 $|t| > 2.14$,可认为显著水平为 0.05 时两个车速样本的总体平均值有显著差异,从而说明该道路采用拓宽瓶颈的措施效果良好。

2) 道路路线及路网的车速特征分析

(1) 整理出路线行程车速、停车延误、行驶车速的图表,如图3-11、表3-17所示。

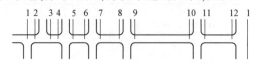

图3-11　试验车测速路段划分

解放路各路段车速表　　　　表3-17

| 路段编号 | 路段长度(m) | 行程时间(s) | 停车延误(s) | 行驶时间(s) | 行程车速(km/h) | 行驶车速(km/h) |
|---|---|---|---|---|---|---|
| 1~2 | 71.5 | 17.8 | 0 | 17.8 | 14.44 | 14.44 |
| 2~3 | 54.5 | 10.1 | 0 | 10.1 | 19.40 | 19.40 |
| 3~4 | 56 | 29.7 | 17.2 | 12.5 | 6.77 | 16.13 |
| 4~5 | 63.5 | 17.3 | 0 | 17.3 | 13.21 | 13.21 |
| 5~6 | 142.5 | 32.9 | 4.3 | 28.6 | 15.59 | 17.93 |

续上表

| 路段编号 | 路段长度(m) | 行程时间(s) | 停车延误(s) | 行驶时间(s) | 行程车速(km/h) | 行驶车速(km/h) |
|---|---|---|---|---|---|---|
| 6~7 | 62.2 | 16.2 | 0 | 16.2 | 13.79 | 13.79 |
| 7~8 | 325.8 | 60.1 | 6.8 | 53.3 | 19.51 | 22.00 |
| 8~9 | 57.5 | 8.9 | 0 | 8.9 | 23.26 | 23.26 |
| 9~10 | 867.7 | 136.8 | 0 | 136.8 | 22.82 | 22.82 |
| 10~11 | 51.5 | 13.5 | 0 | 13.5 | 13.72 | 13.72 |
| 11~12 | 445.0 | 66.4 | 3.8 | 62.6 | 24.12 | 25.59 |
| Σ | 2 197.7 | 409.7 | 22.1 | 377.6 | | |

$$全程平均行程车速 = \frac{2\,197.7}{409.7} \times 3.6 = 19.30(km/h)$$

$$全程平均行驶车速 = \frac{2\,197.7}{377.6} \times 3.6 = 20.95(km/h)$$

表 3-17 仅是行驶一次时各路段的行程车速和行驶车速,解放路共观测 9 个来回,9 次各路段车速的平均值见表 3-18。

行程车速和行驶车速平均值(km/h)　　　　　表 3-18

| 路段编号 | 往→<br>行程车速 | ←返<br>行程车速 | 往返平均<br>行程车速 | 往→<br>行驶车速 | ←返<br>行驶车速 | 往返平均<br>行驶车速 |
|---|---|---|---|---|---|---|
| 1~2 | 11.77 | 17.84 | 14.81 | 11.93 | 17.84 | 14.89 |
| 2~3 | 13.67 | 14.85 | 14.26 | 13.67 | 15.91 | 14.79 |
| 3~4 | 8.77 | 15.17 | 11.97 | 12.33 | 16.70 | 14.52 |
| 4~5 | 13.80 | 13.08 | 13.44 | 13.08 | 13.08 | 13.44 |
| 5~6 | 12.79 | 12.95 | 12.87 | 16.06 | 16.33 | 16.20 |
| 6~7 | 16.97 | 17.12 | 17.05 | 16.97 | 17.12 | 17.05 |
| 7~8 | 16.91 | 19.84 | 18.38 | 19.00 | 20.62 | 19.81 |
| 8~9 | 15.51 | 17.79 | 16.65 | 15.72 | 17.79 | 16.86 |
| 9~10 | 17.71 | 18.15 | 17.93 | 18.72 | 19.01 | 18.87 |
| 10~11 | 15.90 | 17.01 | 16.46 | 15.90 | 17.01 | 16.48 |
| 11~12 | 25.68 | 20.22 | 22.95 | 25.68 | 21.60 | 23.64 |

各路段的行程车速,还可以用时间—距离图来表示,如图 3-12 所示。

(2)道路行程车速的时间分布特性

随着道路上全天交通量的变化,车速也随之变化,一般最重要的是 3 个时段的行程车速:

①非机动车高峰小时(也是公共汽车高峰期)车辆的行程车速,这对自行车多的城市,尤其显得重要;

②上午机动车高峰小时车辆的行程车速;

③下午机动车高峰小时车辆的行程车速。

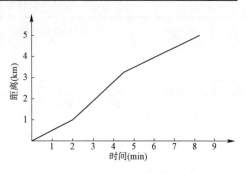

图 3-12　时间—距离图

第一个高峰时段由于机动车流量低,车速降低不显著或不降低,后两个时段的行程车速一般较全天平均行程车速低,可以用速差比来表示:

$$\gamma = \frac{\bar{v} - \bar{v}_t}{\bar{v}} \tag{3-32}$$

式中:$\gamma$——速差比;
  $\bar{v}$——全天平均行程车速,km/h;
  $\bar{v}_t$——$t$时段平均行程车速,km/h。

$\gamma$值为正时,全天平均行程车速较$t$时段的平均行程车速高;$\gamma$值为负时,全天平均行程车速较$t$时段的平均行程车速低。

道路上不同时间的速差比可绘制成曲线,表示全天行程车速的分布情况。

除了速差比外,还可以用行程车速的标准离差表示全天车速变动的波动程度。计算公式如下:

$$S = \sqrt{\frac{1}{n-1}\left[\sum v_t^2 - \frac{1}{n}\left(\sum v_t\right)^2\right]} \tag{3-33}$$

式中:$S$——行程车速的标准离差;
  $n$——观测次数;
  $v_t$——行程车速,km/h。

仍以解放路为例,按上式计算得到$S = 2.16$km/h,说明该道路全天行程车速的变动程度不算太大。

(3)路线上车辆行驶延误分析

车辆在道路上行驶的过程中,因受阻所造成的时间损失称为延误。产生延误的原因可以是红灯受阻、车辆和行人的干扰、公交车停靠站使路段形成瓶颈或其他原因而造成的车辆停车延误。延误的严重程度常用延误百分率$D$来表示。

$$D = \frac{停车延误时间}{总行程时间} \tag{3-34}$$

仍以杭州市各路线试验车测速资料为例,各路线的延误百分率如表3-19所示,表中总的延误分为两类:一类是红灯所引起的车辆延误;另一类是其他原因产生的车辆延误。从表中数字可以分析,在城市道路上,红灯延误占总延误的比例一般在70%以上,即使在人、车干扰十分严重的中山路、庆春路上,尽管无主要交叉口,红灯延误也占总延误的60%以上。

**各条路线停车延误占总行程时间的比例**　　　　　　　　　　表3-19

| 路　名 | $\frac{总延误时间}{总行程时间}$(%) | $\frac{红灯延误时间}{总行程时间}$(%) | $\frac{其他延误时间}{总行程时间}$(%) |
| --- | --- | --- | --- |
| 解放路 | 9.3 | 7.6 | 1.7 |
| 湖滨路、环城西路、莫干山路 | 6.1 | 4.1 | 2.0 |
| 中山路 | 8.0 | 5.1 | 2.9 |
| 庆春路 | 4.0 | 2.5 | 1.5 |
| 环城北路 | 15.6 | 13.7 | 1.8 |
| 环城东路、江城路 | 5.3 | 3.9 | 1.4 |

(4)道路网上行程车速分布

道路网上行程车速分布是指在某一时段(例如高峰小时、全天)道路网上各路段的车速分布。将各路线的行程车速汇总于一张图上,就可以得到路网的行程车速分布图,图中清楚地揭示了道路上交通的通畅程度。图3-13为杭州市干路网车速分布图。

(5)道路网上车速综合分析

全面评价路网上各道路的交通通畅情况,需要从路线和交叉口两个方面来考察。

路线情况:全天平均行程车速、全天平均行驶车速、高峰小时行程车速、延误率(延误/总行程时间)、全线各路段平均车速及占路线总长度的比例,沿线交叉口数。

交叉口情况:交叉口平均车速、交叉口平均受阻时间,交叉口分级车速所占比例。

路网车速综合分析见表3-20。

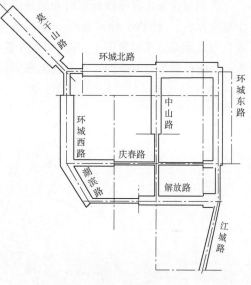

图3-13 杭州市干路网车速分布图

路网车速综合分析 表3-20

| 路 名 | 全天平均行程车速(km/h) | 全天平均行驶车速(km/h) | 高峰小时行程车速(km/h) | 延误时间行程时间(%) | 路段各级车速所占比例(%) | | | |
|---|---|---|---|---|---|---|---|---|
| | | | | | >30 km/h | 20~30 km/h | 15~20 km/h | <15 km/h |
| 解放路 | 16.7 | 18.3 | 16.2 | 9.3 | | | 24.2 | 65.0 | 10.8 |
| 湖滨路、环城西路、莫干山路 | 26.6 | 28.2 | 23.3 | 6.1 | 77.5 | 19.1 | 3.4 | |
| 中山路 | 13.0 | 14.2 | 12.2 | 8.0 | | | 39.2 | 60.8 |
| 庆春路 | 15.5 | 16.0 | 16.1 | 4.0 | | 20.5 | 40.4 | 39.1 |
| 环城北路 | 16.9 | 20.1 | 15.9 | 15.6 | | 62.6 | 30.4 | 7.0 |
| 环城东路、江城路 | 21.5 | 22.6 | 17.6 | 5.3 | | 64.5 | 35.5 | |

| 路 名 | 相交的交叉口(个) | 交叉口平均行程车速(km/h) | 全线交叉口平均受阻时间(s/交叉口) | 交叉口各级车速所占比例(%) | | | |
|---|---|---|---|---|---|---|---|
| | | | | >24 | 16~24 | 12~16 | <12 |
| 解放路 | 5 | 515.6 | 7.2 | | 60 | 40 | |
| 湖滨路、环城西路、莫干山路 | 9 | 20.3 | 0.33 | 22 | 67 | 11 | |
| 中山路 | 6 | 13.2 | 8.2 | | | 67 | 33 |
| 庆春路 | 3 | 11.8 | 5.6 | | | 33 | 67 |
| 环城北路 | 4 | 14.4 | 21.9 | | 25 | 50 | 25 |
| 环城东路、江城路 | 5 | 16.1 | 6.5 | | 40 | 40 | 20 |

(6) 车辆行驶等时线

在测量路网上各路段行程时间的基础上,绘制成等时线图。以某交通枢纽点为中心,沿各干路向外放射,计算出相同时间间隔在各干路上行驶的距离(如以 5min 或 10min 为时间间隔),按此距离点于地形图上,将这些点相连,即为等时线。图 3-14 为杭州市路网上以湖滨路为中心的机动车等时线图。等时线越密,车速越低,从而便可了解到交通拥挤的具体路线。

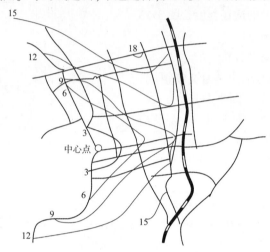

图 3-14 道路网等时线图

(7) 车速、流量、道路条件综合分析图

车辆行驶速度的高低是道路条件、交通条件综合影响的结果,因此常用车速、流量、道路综合分析图来表示相互关系。以杭州市为例:

路网车速分成四级:Ⅰ级 >30km/h;Ⅱ级 25~30km/h;Ⅲ级 15~25km/h;Ⅳ级 <15km/h。

道路条件分为三类:单幅路,双幅路,三幅路。

交叉口节点流量分为若干等级:

①高峰小时机动车流量:>1 000 辆/h;500~1 000 辆/h。

②高峰小时非机动车流量:>15 000 辆/h;10 000~15 000 辆/h。

将以上情况绘制成图,如图 3-15 所示。

3) 交通流理论分析(包括车速与流量及其他因素分析)

(1) 空间平均车速与地点平均车速之间的关系

交通流理论中有关流量、密度、速度间的关系式中均使用空间平均车速,但在实际交通观测中,地点车速的资料最易获得,而空间车速的观测比较麻烦。因此在道路条件良好、交通组成单一、车流稳定的道路上,可以把时间平均车速近似地换算成空间平均车速,换算的近似公式为

$$\bar{v}_s = \bar{v}_t - \frac{\sigma_t^2}{\bar{v}_t} \tag{3-35}$$

式中 $\bar{v}_s$——空间平均车速;

$\sigma_t$——地点车速分布的均方差;

$\bar{v}_t$——时间平均车速。

【例3-3】 某道路测得地点车速如下(单位:km/h):35,39,32,28,30,37,29,27,31,33,29,32,34,35,31,30,29,36,34,30,34。

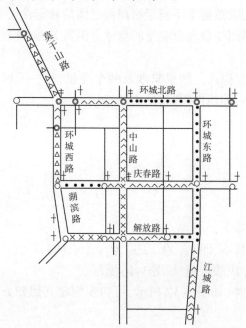

图3-15 道路网交通综合分析图

◎ 机动车高峰小时流量>1 000辆
○ 机动车高峰小时流量>500辆
╬ 非机动车高峰小时流量>15 000辆
╪ 非机动车高峰小时流量10 000~15 000辆
△ 路段车速>30km/h
● 路段车速20~30km/h
∧ 路段车速15~20km/h
× 路段车速<15km/h

试求出该样本的时间平均车速、空间平均车速,并比较它们的大小。

**解**:时间平均车速:

$$\bar{v}_t = \frac{\sum_{i=1}^{n} v_i}{n} = 32.14 (\text{km/h})$$

$$\sigma_t^2 = 9.65$$

空间平均车速:

$$\bar{v}_s = \bar{v}_t - \frac{\sigma_t^2}{\bar{v}_t} = 32.14 - 0.30 = 31.84 (\text{km/h})$$

空间平均车速略小于时间平均车速。

(2)车速与流量之间的关系

很多交通工程学者从理论和实践的探索中,得到了不同形式的速度—流量模型,常见的有:

格林希尔茨提出的速度—流量之间为抛物线的模型。

英国道路研究试验室提出的折线模型,即速度与流量之间的关系。当流量少时,车辆可保持稳定高速行驶状态,此时速度为常数;当流量到达某一值时,车速随流量的增加而降低。

美国公路局所采用的速度—流量关系分为两部分:当交通量小于通行能力时,车速随着流量增大而降低,此时的车速称为畅行车速;但当超过通行能力时,车辆拥挤车速降低,阻塞越严重,车速越低,流量也降低,此时的车速称为拥挤车速。

事实上,我国交通情况与上述模型中的交通状况并不相同,因此流量—速度模型还难以直接使用,必须进行研究。最常采用的方法是回归分析法,下面对此方法作简要介绍。

车速与流量均是随机变量,它们之间的关系通常不同于物理量之间的确定性关系,而是变量之间的相关关系。所谓相关关系,就是因变量与自变量的总体呈函数关系,处理变量间相关关系的方法称回归分析。

在进行回归分析时,首先要建立回归方程式。如果只涉及两个变量,称一元回归方程式,方程式中因变量与自变量为一次幂关系,称线性回归,见式(3-36)。

$$y = \alpha + \beta x \tag{3-36}$$

式中:$y$——因变量;
$\alpha$——系数;
$\beta$——回归系数;
$x$——自变量。

求车速与流量之间回归方程式的步骤如下:

①通过观测获得 $n$ 对车速、流量的数据样本,即 $(v_1, Q_1), (v_2, Q_2), (v_3, Q_3), \cdots, (v_n, Q_n)$。

②将这些数据在平面直角坐标系上,作成散点图,如图 3-16 所示。

③从图中初步观察一下是否成直线趋势,如图 3-17 所示,可初步判定其回归方程是线性的,因此可设

$$\bar{v} = \alpha + \beta Q \tag{3-37}$$

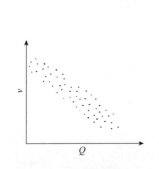
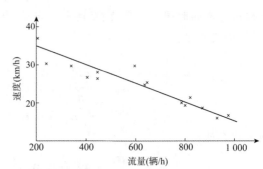

图 3-16 流量—车速散点图    图 3-17 流量—车速散点图趋势

④用最小二乘法来确定 $\alpha$、$\beta$ 的值。

⑤求 $\bar{v}$ 与 $Q$ 间的相关关系,并作统计假设检验。

⑥在显著水平 $\alpha$ 下,检验 $v$ 与 $Q$ 间的回归方程呈线性的假设,与此同时还必须指出自变量 $Q$ 的有效区间。在这个区间外,所得方程不宜采用。

假若经检验后,不能确认 $v$ 与 $Q$ 呈线性关系,则可配置一个非线性的方程式。

关于配置非线性方程式,只需要经过简单的变量置换,得到新的变量成直线,然后作线性回归方程处理,进而求得各系数。

例如对非线性方程 $y = ax^b$ (其中 $a$ 与 $b$ 待定,$a > 0$),只要对等式两边各取对数,得:

$$\lg y = \lg a + b \lg x \tag{3-38}$$

令 $Y = \lg y$,$X = \lg x$,$A = \lg a$,则直线方程

$$Y = A + bX \tag{3-39}$$

用上述方法求得 $A$ 与 $b$,进而求得 $a$,最后得到所需的非线性回归方程式。

**【例 3-4】** 某道路的断面形式为三幅路,机动车与自行车及行人在路段上均无干扰,道路上的车型较单一,欲建立行程车速与流量之间的关系。

通过现场实测,路段车速与相应的流量数据整理如表 3-21 所示。

实测流量、车速数据整理表　　　　　　　　　表 3-21

| 序号 | 车速 $y$(km/h) | 流量 $x$(辆/h) | 序号 | 车速 $y$(km/h) | 流量 $x$(辆/h) |
|---|---|---|---|---|---|
| 1 | 35.4 | 200 | 8 | 21.5 | 776 |
| 2 | 30.0 | 222 | 9 | 23.0 | 712 |
| 3 | 28.3 | 356 | 10 | 23.3 | 723 |
| 4 | 25.0 | 508 | 11 | 27.7 | 669 |
| 5 | 15.6 | 928 | 12 | 19.9 | 808 |
| 6 | 20.2 | 815 | 13 | 18.8 | 894 |
| 7 | 25.7 | 454 | 14 | 28.8 | 333 |

**解**:首先把 14 对 $(x,y)$ 点在图上,如图 3-17 所示,由图可知,$x,y$ 呈直线趋势,因此可以设:

$$\bar{y} = a + bx \tag{3-40}$$

作为车速与流量之间的一元线性回归方程式。

计算回归方程式中的常量 $a$ 和回归系数 $b$。

用最小二乘法原理得到 $b$ 的计算式:

$$b = \frac{\sum(x_i - \bar{x})(y_i - \bar{y})}{\sum(x_i - \bar{x})^2} = \frac{n\sum x_i y_i - \sum x \cdot \sum y}{n\sum x_i^2 - (\sum x_i)^2} \tag{3-41}$$

$\sum x_i = 8\,393 \quad \sum x_i^2 = 5\,848\,008 \quad \bar{x} = 599.86$

$\sum y_i = 343.2 \quad \sum y_i^2 = 8\,771.26 \quad \bar{y} = 24.514$

$\sum x_i y_i = 190\,036.4 \quad (\sum x_i)^2 = 70\,526\,404$

$$b = \frac{14 \times 190\,036.4 - 8\,393 \times 343.2}{14 \times 5\,848\,008 - 70\,526\,404} = -0.019\,5$$

$$a = \bar{y} - b \cdot \bar{x} = 24.514 + 0.019\,5 \times 599.86 = 36.235$$

所以,回归方程式 $y = 36.235 - 0.019\,5x(200 < x < 928)$。

样本的相关系数 $\gamma$:

$$\gamma = \frac{n \cdot \sum x_i \cdot y_i - \sum x_i \cdot \sum y_i}{\sqrt{[n\sum x_i^2 - (\sum x_i)^2][n\sum y_i^2 - (\sum y_i)^2]}}$$

$$\gamma = -0.929\,7 \tag{3-42}$$

$\gamma \to -1$,说明样本车速与流量密切相关,且为负相关,即当流量增大时,车速随之减少的统计规律。

统计假设检验：

检验相关系数 $\beta$，$\beta$ 是总体的相关系数，$\beta=0$ 表示不呈线性相关。

建立原假设 $H_0$，即 $H_0:\beta=0$，用样本相关系数 $\gamma$ 为统计量，在显著水平 $\alpha$ 下，有：

$$\left.\begin{array}{l}|\gamma|\leq\gamma_a\quad 接受\ H_0\\ |\gamma|>\gamma_a\quad 拒绝\ H_0\end{array}\right\} \qquad (3-43)$$

这里 $\gamma_\alpha$ 可查相关系数临界值表 3-22。

**相关系数临界值表**（部分）（$H_0:\rho=0$） 表 3-22

| $\gamma$ \ $\alpha$ | 0.05 | 0.01 | $\gamma$ \ $\alpha$ | 0.05 | 0.01 |
|---|---|---|---|---|---|
| 1 | 0.996 9 | 0.999 9 | 11 | 0.552 9 | 0.683 5 |
| 2 | 0.950 0 | 0.990 0 | 12 | 0.532 4 | 0.661 4 |
| 3 | 0.878 3 | 0.958 7 | 13 | 0.513 9 | 0.641 1 |
| 4 | 0.811 4 | 0.917 2 | 14 | 0.497 3 | 0.622 6 |
| 5 | 0.754 5 | 0.874 5 | 15 | 0.482 1 | 0.605 5 |
| 6 | 0.706 7 | 0.834 3 | 16 | 0.468 3 | 0.589 7 |
| 7 | 0.666 4 | 0.797 7 | 17 | 0.455 5 | 0.575 1 |
| 8 | 0.631 9 | 0.764 6 | 18 | 0.443 8 | 0.561 4 |
| 9 | 0.602 1 | 0.734 8 | 19 | 0.432 9 | 0.548 7 |
| 10 | 0.576 0 | 0.707 9 | 20 | 0.422 7 | 0.536 8 |

自由度 $v=n-2=12$，$\alpha=0.05$。

查得 $\gamma_\alpha=0.5324$，本例中 $\gamma=0.9297>\gamma_\alpha$，故在显著水平 $\alpha=0.05$ 时，认为 $\beta\neq 0$，表示车速与流量呈线性关系。

(3) 车速与多种因素的关系

在城市道路上，车速的高低除了与交通流量密切相关外，还受到道路条件、交通组成、交通管理、驾驶人的习惯等因素影响。由于多种因素的综合影响，使车速研究复杂化，仅靠理论推导的数学模型，难以完整地反映行车速度的实际状况，为此国内外常用实测的方法，在测量车速的同时，同步测量若干因素，分析并建立数学模型。有关实测方法在第二章中已作了详细介绍，这里着重介绍一种用多元回归的方法建立车速与若干影响因素之间的关系式。具体来说是以车速作为因变量 $y$，以影响因素作为自变量 $x_i$，建立回归方程式：

$$y=b_0+b_1x_1+b_2x_2+b_3x_3+\cdots \qquad (3-44)$$

式中：$b_0$——系数；

$b_1$、$b_2$、$b_3$——回归系数。

下面从实例出发，进行多元回归分析。

【例 3-5】 中型空载车辆上坡行驶时常受到坡度、交通流量及大、中型重载车辆的影响。为分析空载车辆的受阻情况，要求建立车速与坡度、流量、大、中型重载车所占比率的关系式，实测数据见表 3-23，道路宽度为双向两车道。

车速、坡度、交通流量、重车百分率的实测样本　　　　表3-23

| 车速 $y$(km/h) | 坡度 $x_1$(%) | 交通流量 $x_2$(百辆/h) | 重车百分率 $x_3$(%) |
|---|---|---|---|
| 18.3 | 5.90 | 1.98 | 39.6 |
| 17.6 | 5.90 | 2.40 | 35.5 |
| 24.1 | 5.90 | 1.58 | 29.7 |
| 21.0 | 5.90 | 1.44 | 30.0 |
| 17.8 | 7.30 | 2.94 | 20.1 |
| 18.0 | 7.30 | 3.24 | 20.4 |
| 17.4 | 7.30 | 2.94 | 29.7 |
| 17.9 | 7.30 | 2.00 | 32 |
| 15.4 | 7.30 | 3.24 | 31.5 |
| 22.0 | 7.30 | 1.72 | 30.3 |
| 26.7 | 3.00 | 2.84 | 53.8 |
| 24.4 | 3.00 | 2.84 | 44.3 |
| 23.7 | 3.00 | 3.42 | 35.1 |
| 23.6 | 3.00 | 2.88 | 39.6 |
| 24.0 | 3.00 | 2.78 | 29.4 |
| 23.8 | 3.00 | 2.65 | 39.6 |
| 22.9 | 3.17 | 1.94 | 36.4 |
| 22.6 | 3.17 | 2.01 | 28.1 |
| 28.6 | 3.17 | 1.72 | 27.9 |
| 27.6 | 3.17 | 1.89 | 31.9 |
| 22.6 | 3.17 | 2.89 | 23.0 |
| 21.4 | 3.17 | 2.40 | 36.6 |

**解**：实测数组 $n = 22$。

(1) 建立回归方程式：

$$y = b_0 + b_1 x_1 + b_2 x_2 + b_3 x_3 \tag{3-45}$$

式中：$y$——车速，km/h；

$x_1$——道路坡度，%；

$x_2$——交通流量，百辆/h；

$x_3$——重车百分率，%。

(2) 求系数 $b_0$ 及回归系数 $b_1$、$b_2$、$b_3$。

各变量平均值：

$$\bar{y} = \frac{\sum_{i=1}^{n} y_i}{n} = 21.882$$

$$\bar{x}_1 = \frac{\sum_{i=1}^{n} x_{1i}}{n} = 4.746$$

$$\bar{x}_2 = \frac{\sum_{i=1}^{n} x_{2i}}{n} = 2.443$$

$$\bar{x}_3 = \frac{\sum_{i=1}^{n} x_{3i}}{n} = 32.932$$

$$\begin{cases} l_{00} = \sum_{i=1}^{n}(y_i - \bar{y})^2 = 270.673 \\ l_{11} = \sum_{i=1}^{n}(x_{1i} - \bar{x}_1)^2 = 77.658 \\ l_{22} = \sum_{i=1}^{n}(x_{2i} - \bar{x}_2)^2 = 7.538 \\ l_{33} = \sum_{i=1}^{n}(x_{3i} - \bar{x}_3)^2 = 1\,256.768 \end{cases}$$

$$\begin{cases} l_{10} = \sum_{i=1}^{n}(x_{1i} - \bar{x}_1)(y_i - \bar{y}) = -114.480 \\ l_{20} = \sum_{i=1}^{n}(x_{2i} - \bar{x}_2)(y_i - \bar{y}) = -11.975 \\ l_{30} = \sum_{i=1}^{n}(x_{3i} - \bar{x}_3)(y_i - \bar{y}) = 190.063 \end{cases}$$

$$\begin{cases} l_{12} = \sum_{i=1}^{n}(x_{1i} - \bar{x}_1)(x_{2i} - \bar{x}_2) = -1.061 \\ l_{13} = \sum_{i=1}^{n}(x_{1i} - \bar{x}_1)(x_{3i} - \bar{x}_3) = -137.857 \\ l_{23} = \sum_{i=1}^{n}(x_{2i} - \bar{x}_2)(x_{3i} - \bar{x}_2) = 3.714 \end{cases}$$

$$l_{21} = l_{12}, l_{31} = l_{13}, l_{32} = l_{23}$$

$$\begin{cases} l_{11}b_1 + l_{12}b_2 + l_{13}b_3 = l_{10} \\ l_{21}b_1 + l_{22}b_2 + l_{23}b_3 = l_{20} \\ l_{31}b_1 + l_{32}b_2 + l_{33}b_3 = l_{30} \end{cases}$$

解以上联立方程式得：

$$b_1 = -1.516\,0$$
$$b_2 = -1.797\,1$$
$$b_3 = -0.009\,8$$
$$b_0 = \bar{y} - b_1\bar{x}_1 - b_2\bar{x}_2 - b_3\bar{x}_3 = 33.789$$

回归方程式：

$$y = 33.789 - 1.516\,0x_1 - 1.797\,1x_2 - 0.009\,8x_3$$

(3) 复相关系数及其统计检验。

如同一元回归的情况一样,应有一个指标来表达所配的方程与样本数据的拟合程度,以表示所配方程的质量。这个指标就是样本复相关系数 $R$:

$$R = \sqrt{\frac{b_1 l_{10} + b_2 l_{20} + b_3 l_{30}}{l_{00}}} = \sqrt{\frac{193.209}{270.673}} = 0.8449$$

复相关系数 $R$ 比较接近于 1。

下面讨论 $R$ 值至少应多大时,所配的回归公式才有使用价值,这需对统计量 $R$ 进行统计检验。

对统计量 $R$ 的统计检验使用统计量 $F$:

$$F = \frac{R^2/K}{(1-R^2)/(n-K-1)}$$

$$\gamma_1 = K(自变量个数)$$

$$\gamma_2 = n - K - 1$$

如 $F \leq F_\alpha$,则在置信水平 $\alpha$ 意义下,认为总体复相关系数为 0,因而所配方程没有使用价值。反之 $F > F_\alpha$,则有使用价值。

在本例中:

$$R = 0.8449, R^2 = 0.71381, K = 3, n = 22$$

$$F = \frac{0.71381/3}{(1-0.71381)/(22-3-1)} = 14.965$$

查 $F$ 检验临界值表在 $\gamma_1 = 3$、$\gamma_2 = 18$ 的条件下,得 $F_{0.01} = 5.09$。

因为 $F > F_{0.01}$,所以复相关系数显著异于 0,因而所配公式是有使用价值的。

在样本量很大的情况下,进行多元回归分析,计算工作量很大,通常使用计算机计算。有关回归分析程序,在一些计算机程序专著中均有相关描述,这里不再赘述。

# 课后习题

1. 常用的车速定义有哪些?如何定义的?分别有何用途?
2. 简述地点车速调查和区间车速调查的目的。
3. 在进行地点车速调查时,如何选择调查地点?
4. 在进行地点车速调查和区间车速调查时,如何分别确定其最小样本容量?
5. 试分析时间平均车速和空间平均车速之间的异同及相互之间的联系。
6. 某路段断面实测地点车速样本如表 3-24 所示。

**某路段断面实测地点车速样本(km/h)** 表 3-24

| | | | | | | | | | | | | |
|---|---|---|---|---|---|---|---|---|---|---|---|---|
| 57.8 | 41.7 | 37.8 | 46.6 | 39.8 | 50.0 | 69.0 | 51.9 | 62.46 | 44.8 | 32.3 | 54.3 | 48.93 |
| 59.2 | 45.9 | 54.9 | 65.7 | 50.3 | 54.2 | 38.4 | 71.3 | 48.24 | 44.93 | 60.9 | 46.51 | 48.56 |
| 65.6 | 69.4 | 41.9 | 38.3 | 63.0 | 37.8 | 46.0 | 54.4 | 52.4 | 45.39 | 58.18 | 34.57 | 35.49 |
| 66.2 | 54.6 | 55.2 | 46.4 | 51.1 | 36.7 | 35.7 | 71.1 | 64.83 | 57.65 | 74.08 | 74.03 | 36.02 |
| 50.8 | 49.8 | 51.4 | 52.8 | 46.5 | 39.1 | 38.6 | 74.8 | 53.56 | 37.08 | 67.12 | 43.81 | 48.79 |
| 50.2 | 46.9 | 41.3 | 52.7 | 43.3 | 63.3 | 30.5 | 63.8 | 34.46 | 62.11 | 36.92 | 43.88 | 46.95 |

续上表

| 50.4 | 59.6 | 51.5 | 47.0 | 55.6 | 51.4 | 34.5 | 46.5 | 70.88 | 53.14 | 39.88 | 60.52 | 67.17 |
| 43.5 | 47.0 | 49.7 | 65.3 | 45.7 | 44.5 | 65.8 | 35.0 | 33.61 | 48.1 | 55.78 | 46.12 | 43.84 |
| 42.2 | 62.8 | 51.7 | 47.9 | 55.5 | 49.6 | 58.3 | 41.9 | 37.88 | 40.96 | 83.25 | 37.44 | 29.3 |

试绘制出速度频率分布表,频率分布直方图,累积频率分布曲线及对应调查地点15%、50%、85%位车速。

# 第4章 密度调查

【教学目标】

交通密度是研究交通流理论和交通控制的重要基础数据,也是划分服务水平的依据之一。交通密度调查是交通调查的重要组成部分,它对于了解交通状况具有十分重要的作用。本章的教学内容主要包括:

(1)基本内容:交通密度的概念,密度调查的方法;

(2)重点:出入量法;

(3)难点:用出入量法调查交通密度时初始密度值的确定。

通过本章内容学习希望能够达到以下几个目标:

(1)掌握:出入量调查方法及其数据处理方法;

(2)理解:交通密度的相关概念;

(3)了解:地面高处摄影观测法、航空摄影观测法、道路占用率的检测等调查方法和注意事项。

## 4.1 概述

### 4.1.1 交通密度的定义和有关术语

交通密度是指在单位长度车道上,某一瞬时所存在的车辆数,其单位一般为辆/(km·车道)。

根据定义,密度基本上是在一段道路上测得的瞬时值,它不仅随时间的变化而变动,也随测定区间的长度而变化。为此,常将瞬时密度用某总计时间的平均值表示。此外,必须选择适当的区间长度,因为它与总计的时间有关。在选定的区间长度内,视不同的需要按不同的方向或不同的车道取值。

在实际应用中,往往还采用较易测量的车辆的道路占用率来间接表征交通密度,车辆占用率越高,车流密度越大。它包括空间占用率和时间占用率。

空间占用率是指在单位长度车道上,汽车投影面积总和占车道面积的百分率。在实际测定中,一般用汽车所占的总长度与车道长度的百分比表示,见式(4-1):

$$R_s = \frac{1}{L}\sum_{i=1}^{n} l_i \times 100\% \tag{4-1}$$

式中：$R_s$——空间占用率，%；

$L$——观测路段总长度，m；

$l_i$——第$i$辆车的长度，m；

$n$——观测路段内的车辆数，辆。

车辆的空间占用率不仅与交通量有关，还与车辆的大小及空间平均车速有关。

道路的空间占用率与密度的差别在于密度不能直接反映车队的长度，而车辆的空间占用率则在测定时，就已预见到车队的长度。

时间占用率是指在单位测定时间内，车辆通过某一断面的累计时间占测定时间的百分率，见式(4-2)。

$$R_t = \frac{1}{t}\sum_{i=1}^{n} t_i \times 100\% \tag{4-2}$$

式中：$R_t$——时间占用率，%；

$t$——单位测定时间，s；

$t_i$——第$i$辆车通过观测断面所占的时间，s；

$n$——测定时间内通过观测断面的车辆数，辆。

车辆的时间占用率不仅与交通量有关，还与车辆的长短及地点车速有关。

车辆的时间占用率与密度的差别在于密度是在一个区间段内测定的，而道路的时间占用率是在一点测得的，交通量也在一点测得，两者之间可建立直接的联系。

阿索尔(Athal)把时间占用率与其他交通参数进行了比较，图4-1为密度和时间占用率的关系图。

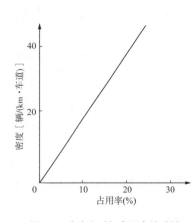

图4-1 密度和时间占用率关系图

### 4.1.2 密度特性与调查的必要性

1) 密度特性

密度与交通量及车速之间，有如下关系式：

$$K = \frac{Q}{v} \tag{4-3}$$

式中：$K$——密度，辆/km；

$Q$——交通量，辆/km；

$v$——空间平均车速，km/h。

式(4-3)通常采用二维的图形表示，与密度有关的有流量—密度及车速—密度曲线，见图4-2。

图4-2表明，随着交通量的增长，车辆行驶时的相互干扰及相互制约增加，以致平均车速降低，密度增高。当跟随在慢车后面的车辆继续不断增加，使车辆近乎停止状态时，则流量趋近于零，而密度最大(阻塞密度)。

2）密度调查的必要性

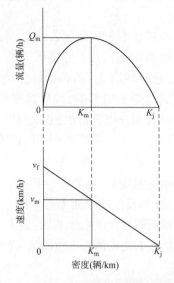

$Q_m$——最大流量，辆/h；
$K_j$——阻塞密度，辆/km；
$v_f$——自由行驶车速，km/h；
$K_m$——最大流量时的密度，辆/km；
$v_m$——最大流量时的车速，km/h。

图 4-2　流量—密度及车速—密度关系图

仅用交通量等参数难以全面描述交通流的实际状态。例如交通量趋近于零，既可以是描述车辆数极少时的道路交通，也可以表示交通严重拥挤，车流处于停滞状态。而根据密度的大小，则可直接判定拥挤程度，从而决定采用何种交通管理和控制措施。

3）密度调查所需的时间和区间长度

测定密度的首要问题是确定测定的总时间及测定的区间长度。下面通过日本东京高速环路上的观测试验来分析这两个要素的取值范围。

图 4-3 为不同总时间时密度与时间的关系曲线，测定总时间分别取 1min 及 5min，虚线为 1min 测定值，实线为 5min 测定值，测定区间均为 830m。图 4-4 为不同区间长时密度与时间的关系曲线，测定区间长分别取虚线为 208m、实线为 830m 的测定值，测定总时间均为 1min。总时间为 1min 的密度用 1min 内的平均密度表示；而总时间为 5min 的密度，则依次每隔 1min 以 5min 前后各 2.5min 的密度平均值表示。

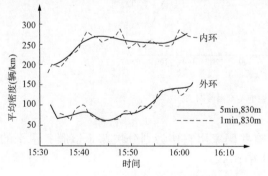

图 4-3　不同总时间的平均密度与时间关系图

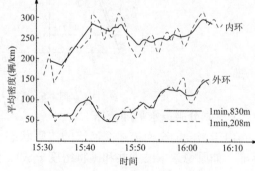

图 4-4　不同区间长度的平均密度与时间关系图

由图 4-3、图 4-4 可以看出，为了得到平顺的密度曲线，如果总时间长，区间则宜短。反之，如果总时间短，区间则顺长，两者密切相关。

图 4-5 为不同总时间及不同区间长时的密度标准偏差曲线。由图 4-5 可知,当总时间用 3～5min 时,区间长对观测值的影响比较小。

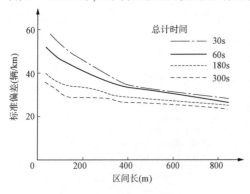

图 4-5　不同总时间与不同区间长度的密度标准偏差曲线图

在日本东京高速公路上,用 16mm 的动态录像机测定的密度(测定区间约 100m)的结果表明,总时间取 2～4min 所得的密度曲线,不受密度周期变动的影响,而保持平顺光滑。此外,美国也有调查报告指出,如果总时间用 3～5min,那么偶然性或者受周期变动的影响就变小。

根据上述分析,总时间定在 5min 以上能得到平顺的密度值,但尚需分析能否检查密度的急剧变化(如发生交通阻塞等),通过东京高速公路车辆检测器得到的密度表明,最大为 5min 的延误有可能检查出检测器地点的阻塞(不连续波)时刻。

4)密度资料的应用

(1)研究交通流理论的重要基础数据

《交通流理论》一书中谈到,早期研究道路通行能力遵照两个主要途径:一是探讨交通密度低时的速度—流量关系式;另一是探讨交通密度高时的车头时距现象。而流量—密度曲线能把两者统一起来(图4-6),除表明流量、密度外,还作为表明车头时距和车速的手段,有人称流量—密度曲线为"交通基本图表"。

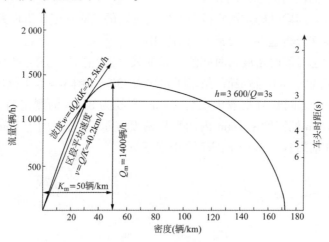

图 4-6　流量—密度关系曲线图

(2)划分服务水平的依据

由于密度能全面描述交通流的实际状态,有些国家用它作为划分快速干道服务水平的标准。如原德意志民主共和国将密度分成以下五个区。

Ⅰ区:$K = 0 \sim 10$ 辆/km;

Ⅱ区:$K = 10 \sim 20$ 辆/km;

Ⅲ区:$K = 20 \sim 30$ 辆/km;

Ⅳ区:$K = 30 \sim 40$ 辆/km;

Ⅴ区:$K > 40$ 辆/km。

交通密度在Ⅰ、Ⅱ、Ⅲ区范围内,车流是稳定的,超出这个范围车流不稳定。密度在Ⅲ区,无论对行车条件、驾驶人的精神状态,还是经济效益都比较好,故把Ⅲ区密度作为设计快速干道的推荐范围。密度在Ⅳ区,通行能力最大,但交通流不稳定,服务质量差。

通过流量—密度曲线可确定道路的通行能力。如上海某过江隧道经调查,一个车道的流量与密度有以下关系,见式(4-4)及图4-7。

$$Q = -104.3K^2 + 7.95K \tag{4-4}$$

式中:$Q$——流量,辆/s;

$K$——密度,辆/km。

从图4-7可以得知$Q_{\max} = 0.152$ 辆/s $= 547$ 辆/h,即该隧道的通行能力。

(3) 分析瓶颈交通

瓶颈的通行能力小于道路的通行能力,图4-8为道路和瓶颈路段的流量—密度曲线,据前所述,道路通行能力可取曲线上的最大流量点;瓶颈的通行能力用点1表示。当道路的流量接近瓶颈的通行能力(点3)时,转向道路通行能力曲线的右边(点2)。到达流量稍有超过瓶颈的通行能力时,就会发生排队现象,且形成反射波向后传递,反射波波速为$\Delta Q/\Delta K$。

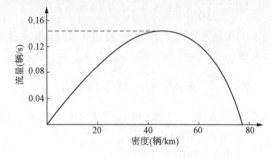

图4-7 上海某过江隧道流量—密度关系图　　图4-8 道路和瓶颈路段的流量—密度关系图

【例4-1】 在一般双车道公路上,由于修路形成瓶颈路段。原路每个车道最大流量为2 500辆/h,而瓶颈路段每个车道最大流量为2 000辆/h。静止时,车辆的平均车头间距为8m。假设速度和密度呈线性关系,如接近瓶颈的流量达4 500辆/h,试计算:

①在瓶颈前相当远处的车流速度;

②接近瓶颈段进口处的车流速度;

③由瓶颈形成的反射波速度。

**解**:当速度和密度之间有线性关系时,则

$$Q_m = \frac{1}{4}K_j v_f \tag{4-5}$$

$$Q = v_j K - \frac{v_f}{K_j}K^2 \tag{4-6}$$

$$v = v_f - \frac{v_f}{K_j}K \tag{4-7}$$

式中:$Q_m$——最大流量,辆/h;

$Q$——流量,辆/h;

$K$——密度,辆/km;

$K_j$——阻塞密度,辆/km;

$v$——空间平均车速,km/h;

$v_f$——自由行驶车速,km/h。

$$K_j = \frac{1\,000 \times 2}{8} = 250(\text{辆/km})$$

根据式(4-5)得:

$$v_f = \frac{4 \times (2\,500 \times 2)}{250} = 80(\text{km/h})$$

当 $Q = 4\,500$ 辆/h,根据式(4-6)得:$K_A = 85.5$ 辆/km,如图4-9中 $A$ 点所示。

当 $Q = 2\,000 \times 2 = 4\,000$(辆/h),根据式(4-6)得:$K = 69.1$ 辆/km。

$K_B = \frac{250}{2} + \left(\frac{250}{2} - 69.1\right) = 180.9$(辆/km),如图4-9中 $B$ 点所示。

① 当 $Q = 4\,500$ 辆/h 时,在瓶颈前相当远处的车流速度可由式(4-7)求得:

$$v = 80 - \frac{80}{250} \times 85.5 = 52.7 \text{ (km/h)}$$

② 当 $Q = 4\,000$ 辆/h 时,在接近瓶颈进口处的车流速度可由式(4-7)求得:

$$v = 80 - \frac{80}{250} \times 180.9 = 22.1 \text{ (km/h)}$$

③ 由瓶颈形成的反射波速度,根据直线 $AB$ 的斜率求得:

$$w = \frac{4\,500 - 4\,000}{85.5 - 180.9} = -5.2(\text{km/h})$$

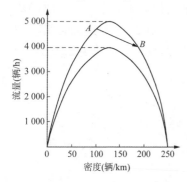

图4-9 例4-1的流量—密度关系图

【例4-2】 某瓶颈使道路的通行能力减少到1 000 辆/h,高峰期间流量增加到1 500 辆/h,这一流量持续20min后即恢复到小于1 000 辆/h的水平,试计算高峰期间瓶颈前的车辆排队长度。假设车辆排队前的密度为25 辆/km,20min后密度增加到200 辆/km。

**解**:排队长度可由公式(4-8)求得:

$$L = \frac{Q_1 - Q_2}{K_2 - K_1} t \tag{4-8}$$

式中:$Q_1$、$Q_2$——分别为车辆排队之前和之后的流量,辆/h;

$K_1$、$K_2$——分别为车辆排队之前和之后的密度,辆/km;

$t$——高峰期的时间,h。

则

$$L = \frac{1\,500 - 1\,000}{200 - 25} \times \frac{20}{60} = 0.95(\text{km})$$

(4)高速公路管制

当高速公路的流量接近通行能力时,须限制匝道的车辆驶入率。而密度是流量/通行能力比率的最佳评价指标。这是因为流量增大期间,密度单调升高,即在高峰期结束之前,密度并不降低。

在美国底特律实施控制时,把高速公路分为若干分系统,每个分系统包括一个驶入匝道,相互间以检测点为界。把匝道上游测得的交通量与下游通行能力作比较,由此算出调节率,据此放行驶入车辆。作为基本交通参数的占用率,可用作估算下游剩余的通行能力 $A_n$。如果匝道下游检测器处的占用率比最大交通流的占用率小,$A_n$ 为正值,反之 $A_n$ 为负值。对于包含一个驶入匝道的独立分系统,$A_n$ 为负值说明该段高速公路的交通量超过了通行能力应采用最小调节率,如图4-10所示。否则采用美国公路安全研究所提供的式(4-9),把匝道调节率调到与剩余通行能力相等。

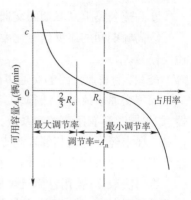

图4-10 底特律采用的匝道调节政策

$$A_n = \pm c \left[ 1 - 2\left(\frac{R}{R_c}\right) + \left(\frac{R}{R_c}\right)^2 \right] \quad (4-9)$$

$$\begin{cases} R < R_c \text{ 时,取正值} \\ R > R_c \text{ 时,取负值} \end{cases}$$

式中:$c$——高速公路某分系统通行能力,辆/h;
$R$——前1min 的占用率,%;
$R_c$——最大交通流量时的占用率,%。

调节率的调定方法有:

①当 $R \leq \frac{2}{3}R_c$ 时,采用最大调节率,约每分钟放行 10 辆或稍大于 10 辆;

②当 $\frac{2}{3}R_c < R \leq R_c$ 时,采用 $A_n$;

③当 $R > R_c$ 时,采用最小调节率,约每分钟放行 4 辆以下。

采用系统调节的效能:

①使高速公路行程时间有所缩短;

②使高速公路行驶里程达到最大可能值;

③平均车速由 43km/h 提高到 58km/h。

在美国芝加哥控制高速公路驶入匝道,是采用交通需求量—通行能力差额和占用率相结合的控制逻辑。每一匝道的调节以上行向检测器 1min 的平均占用率为基础,从 5 种调节率中选用一种来控制匝道交通,每 20s 修正一次占用率,并显示在控制中心的显示器上,调节率的范围从每分钟 13 辆、10 辆、8 辆、6 辆到最小 4 辆。每分钟 13 辆是最大调节率,每分钟 4 辆是最小调节率,使车辆不致过分等候。在确定调节率时,应考虑交通量和占用率之间的关系:

①当占用率增加,交通量也增加时,采用最大调节率;

②当占用率增加,交通量停止增加时,逐渐减少调节率,其典型占用率值为 21%;

③当占用率增加,交通量减少时,采用最小调节率,其典型占用率值为 31%。

采用这种匝道控制的效能:

①在 16km 长的交通拥挤段,行驶时间从 26min 降到 14min;

②高速公路上高峰期间交通事故减少了17%；

③高峰期间的违反信号比率小于3%，每次在激励了检测器而得不到绿灯相位时，记作违反信号。

(5) 探测高速公路的交通事故

探测交通事故的方法很多，其中有一种为电子监视，要求在高速公路上安装大型检测器，如果同时建有匝道控制系统，则很多检测器可共用。检测器提供交通量和占用率等交通信息。要求经常比较相邻检测点上行向和下行向的占用率。当某路段发生交通事故时，则该处下行向的占用率下降，而上行向的占用率上升。

在每次取样后，用计算机算出同相邻上行向检测点占用率百分率之差，当此值超过某一确定数时，例如55%，就认为存在瓶颈。在正常瓶颈情况下，下行向占用率可以认为一直保持常量。如果出现交通事故，下行向的占用率将迅速减少。

## 4.2 密度调查方法

观测密度主要有出入量法和照相法，后者又可分为地面（高处）与航空观测。现在将各种方法介绍如下。

### 4.2.1 出入量法

1) 出入量法的原理

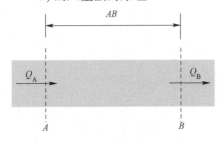

图4-11 AB区间示意图

出入量法是一种通过观测取得中途无出入交通的区段内现有车辆数和行驶时间的方法。其中又分为试验车法及车牌照法等。

现讨论图4-11中AB区间的密度。

某一时刻上游地点A处的交通量是同一时刻AB区间内新增加的车辆数；反之，这时在下游地点B处的交通量等于从AB区间内减少的车辆数。AB区间内车辆数的变化应等于入量与出量之差。因此，只要知道最初AB区间的原始车辆数，就能求得每单位时间内实有车辆数。则在$t$时刻的密度可由式(4-10)表示：

$$E_{(t)} = E_{(t_0)} + Q_{A(t)} - Q_{B(t)} \qquad (4\text{-}10)$$

式中：$E_{(t)}$——在$t$时刻AB区间内的车辆数辆；

$E_{(t_0)}$——在观测开始时刻$(t_0)$，AB区间内的原始车辆数，辆；

$Q_{A(t)}$——从观测开始时刻$(t_0)$到$t$时刻期间从A处驶入的累计车辆数，辆；

$Q_{B(t)}$——从观测开始时刻$(t_0)$到$t$时刻期间从B处驶出的累计车辆数，辆。

2) 试验车法

(1) 测定方法

从基准时刻开始在测定区间的两端用流量观测仪或动态录像机测定通过的车辆数。为了记取试验车通过区间两端的时刻，必须在试验车上标以特殊的记号。此时，若用流量仪进行测定，当试验车通过两端时，要输入信号在记录纸上做记号；若用动态录像机，有对准试验车的特殊记号摄影,以便记取那个时刻。

(2)原始车辆数的测定

如图4-12所示,设试验车跟随车流通过 $A$ 处的时刻为 $t_0$,经过 $B$ 处的时刻为 $t_1$,则从 $t_0$ 到 $t_1$ 这段时间内通过 $B$ 处的车辆数 $q_B$ 即 $t_0$ 时刻 $AB$ 区间内的原始车辆数 $E_{(t_0)}$。然而这一关系只有在试验车既不超车又不被超车的情况下才成立。

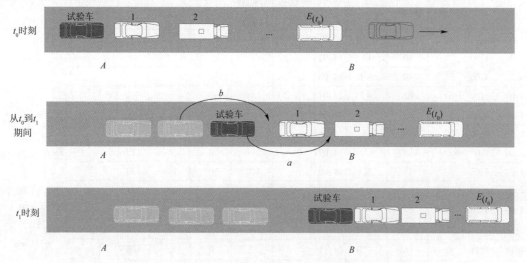

图4-12 试验车法原始车辆数计算示意图

否则,应按式(4-11)计算:

$$E_{(t_0)} = q_B + a - b \tag{4-11}$$

式中:$E_{(t_0)}$——在 $t_1$ 时刻 $AB$ 区间内的原始车辆数,辆;

$q_B$——从 $t_0$ 到 $t_1$ 这一时间内通过 $B$ 处的累计车辆数,辆;

$a$——从 $t_0$ 到 $t_1$ 这一时间内试验车超车数,辆;

$b$——从 $t_0$ 到 $t_1$ 这一时间内试验车被超车数,辆。

$t_1$ 时刻 $AB$ 区间内的原始车辆数可按式(4-12)计算:

$$E_{(t_1)} = q_A + a - b \tag{4-12}$$

式中:$E_{(t_1)}$——在 $t_1$ 时刻 $AB$ 区间内的原始车辆数,辆;

$q_A$——从 $t_0$ 到 $t_1$ 这一时间内通过 $A$ 处的累计车辆数,辆;

$a$、$b$ 意义同上。

(3)减少误差的途径

本方法的缺点是随着观测时间的推移,车辆数的误差也累加。为减少误差的积累,除增加试验车的观测次数,还要把试验车每次经过 $A$ 点的时刻作为基准时刻($t_0$)。该时刻的现有车辆数都作为每次的原始车辆数。

本方法适用于较长的规定区间,以提高量测的精度。

(4)整理分析

根据上述观测资料,按以下步骤计算密度。

①将调查日期、时间、地点、天气及测定区间长度填入密度计算汇总表,详见表4-1。

试验车法测定密度汇总表  表4-1

日期 ××××年××月××日　时间 14:00~14:30　区间及方向 A匝道→B匝道
天气　晴　　区间长 810m

| 时间 | ① A交通量(辆) | ② B交通量(辆) | ③ 变化量(辆) ①-② | 时刻 | ④ 原始车辆数(辆) | ⑤ 现有车辆数(辆) | ⑥ 调查值(辆) | ⑦ 修正值(辆) | ⑧ 瞬时密度(辆/km) | ⑨ 平均密度(辆/km) | 试验车 |
|---|---|---|---|---|---|---|---|---|---|---|---|
| 14:00~14:01 | 40 | 54 | -14 | 14:01 | | | | | | | |
| 14:01~14:02 | 74 | 60 | 14 | 14:02 | | | | | | | |
| 14:02~14:03 | 39 | 40 | -1 | 14:03 | | | | | | | |
| 14:03~14:04 | 61 | 68 | -7 | 14:04 | | | | | | | |
| 14:04~14:05 | 37 | 60 | -23 | 14:05 | | | | | | | |
| 14:05~14:06 | 72 | 59 | 13 | 14:06 | | | | | | | |
| 14:06~14:07 | 52/9 | 48/7 | 4/2 | 14:07 | 94/ | /96 | 0 | 96 | 119 | | 驶入 14:06:50 |
| 14:07~14:08 | 67 | 58 | 9 | 14:08 | | 105 | 0 | 105 | 130 | | |
| 14:08~14:09 | 19/24 | 21/26 | -2/-2 | 14:09 | 103/ | 103/101 | 0 | 101 | 125 | | 驶出 14:08:20 |
| 14:09~14:10 | 69 | 65 | 4 | 14:10 | | 105 | 0 | 105 | 130 | | $a=10$ |
| 小计 | 563 | 566 | -3 | | | | | | | | $b=2$ $a-b=8$ |
| 14:10~14:11 | 46 | 66 | -20 | 14:11 | | 85 | 0 | 85 | 105 | | |
| 14:11~14:12 | 69 | 56 | 13 | 14:12 | | 98 | 0 | 98 | 121 | | |
| 14:12~14:13 | 57 | 65 | -8 | 14:13 | | 90 | 1 | 91 | 112 | 115 | |
| 14:13~14:14 | 57 | 59 | -2 | 14:14 | | 88 | 1 | 89 | 110 | | |
| 14:14~14:15 | 58 | 46 | 12 | 14:15 | | 100 | 1 | 101 | 125 | | |
| 14:15~14:16 | 52 | 48 | 4 | 14:16 | | 104 | 1 | 105 | 130 | | |
| 14:16~14:17 | 40 | 58 | -18 | 14:17 | | 86 | 1 | 87 | 107 | | |
| 14:17~14:18 | 59 | 59 | 0 | 14:18 | | 86 | 1 | 87 | 107 | 128 | |
| 14:18~14:19 | 47/20 | 29/15 | 18/5 | 14:19 | 105/ | 104/110 | 0 | 110 | 136 | | 驶入 14:18:43 |
| 14:19~14:20 | 49 | 31 | 18 | 14:20 | | 128 | 0 | 128 | 158 | | |
| 小计 | 554 | 532 | 22 | | | | | | | | |
| 14:20~14:21 | 37 | 48 | -11 | 14:21 | 117 | 117 | 0 | 117 | 114 | | 驶出 14:21:00 |
| 14:21~14:22 | 39 | 40 | -1 | 14:22 | | 116 | 0 | 116 | 143 | | $a=14$ |
| 14:22~14:23 | 48 | 59 | -11 | 14:23 | | 105 | 0 | 105 | 130 | 125 | $b=3$ |
| 14:23~14:24 | 41 | 65 | -24 | 14:24 | | 81 | -1 | 80 | 99 | | $a-b=11$ |
| 14:24~14:25 | 72 | 65 | 7 | 14:25 | | 88 | -1 | 87 | 107 | | |
| 14:25~14:26 | 65 | 76 | -11 | 14:26 | | 77 | -1 | 76 | 94 | | |
| 14:26~14:27 | 53 | 63 | -10 | 14:27 | | 67 | -2 | 65 | 80 | 75 | |
| 14:27~14:28 | 56 | 63 | -7 | 14:28 | | 60 | -2 | 58 | 72 | | |
| 14:28~14:29 | 46 | 50 | -4 | 14:29 | | 56 | -2 | 54 | 67 | | |
| 14:29~14:30 | 42 | 43 | -1 | 14:30 | | 55 | -3 | 52 | 64 | | |
| 小计 | 499 | 572 | -73 | | | | | | | | |

②表中①、②栏应分别记入 A 处及 B 处的各测定时间范围内的交通量。试验车通过 A、B 两处的时刻,通常不是测定时间范围的起终点,故此时记录 A、B 两处单位时间内的交通量时,要将表中相应的格子一分为二,分别记下在单位时间内试验车通过前和通过后的交通量。

③在"试验车"一栏中,除记录试验车通过时刻外,还要记录试验车的超车数($a$)及被超车数($b$),并计算($a-b$)。

④计算 A、B 两处交通量之差,并记入第③栏中,即表示 AB 区间内现有车辆数的变化。

⑤第④栏填写试验车自 A 点到 B 点这段时间范围内 AB 区间的原始车辆数,计算方法如下:

14:06:50 时的原始车辆数,按式(4-11)等于在 B 处通过车辆数再增加($a-b$),即

$$7+58+21+8=94(辆)$$

14:08:20 时的原始车辆数,按式(4-12)等于在 A 处通过车辆数再增加($a-b$),即

$$9+67+19+8=103(辆)$$

⑥第⑤栏为任一时刻 AB 区间的车辆数。由上一行求得的车辆数再加上经过单位时间后的车辆变化量,即得相应时刻 AB 区间的车辆数。如:

在 14:07 为 $94+2=96$(辆);

在 14:08 为 $96+9=105$(辆);

在 14:09 为 $105+(-4)=101$(辆)。

⑦按理下一次试验车通过时刻的原始车辆数为 105 辆,但根据上列数据推算结果为 104 辆,这是由观测误差引起的,可将此误差适当地分配在两次试验车经过观测区间的时间内现有车辆数上。见第⑥栏的调整值。

⑧现有车辆数加上调整值后即得第⑦栏修正值。

⑨瞬时密度⑧按下式计算:

$$瞬时密度 = \frac{修正值(辆)}{测定区间长(km)}$$

⑩每一总计时间的平均密度填入第⑨栏内,总计时间通常取 5min 或 10min。

3) 车辆牌照法

(1) 测定方法

从基准时刻开始在测定区间的两端,用同步的秒表或动态录像机,测定每一辆车的到达时刻,并相应地记下每辆车的牌照,如记整个牌照号码有困难,可以只记最后 3 位数字或字母。此时,若用动态录像机,须摄下每辆车的牌照。

(2) 原始车辆数的测定

基本原理同测试车法,原始车辆数也可按式(4-10)及式(4-11)计算。不同之处是车流中的每一辆车都可作为"测试车"。

(3) 减少误差的注意事项

两端的秒表或动态录像机必须同步。观测时不能遗漏车辆,如同时观测车辆到达时刻及牌照有困难时,允许少记个别车辆的牌照,但每一辆车的到达时刻绝对不能少。

本方法也须选用较长的测定区间,以提高量测的精度。

(4) 整理分析

根据上述观测资料,按以下步骤计算密度:

①将现场观测资料填入表4-2,其中第①栏为车辆牌照号,第②、第③栏分别为车辆到达 A 处及 B 处的时刻。

车辆牌照法现场观测记录表　　　　　　　　表4-2

| 车序 | ①车牌照号 | ②A处时刻 | ③B处时刻 | 车序 | ①车牌照号 | ②A处时刻 | ③B处时刻 |
|---|---|---|---|---|---|---|---|
| 1 | (略) | | 30min02s | 20 | (略) | | 31min55s |
| 2 | | | 07s | 21 | | | 59s |
| 3 | | | 11s | 22 | | | 32min04s |
| 4 | | | 17s | 23 | | | 09s |
| 5 | | | 21s | 24 | | | 17s |
| 6 | | | 27s | 25 | | | 22s |
| 7 | | | 34s | 26 | | | 28s |
| 8 | | | 40s | 27 | | | 32s |
| 9 | | | 48s | 28 | | | 37s |
| 10 | | | 54s | 29 | | | 43s |
| 11 | | | 59s | 30 | | | 47s |
| 12 | | | 31min04s | 31 | | | 52s |
| 13 | | | 08s | 32 | | | 59s |
| 14 | | | 12s | 33 | | 30min01s | 33min07s |
| 15 | | | 18s | 34 | | 06s | 14s |
| 16 | | | 24s | 35 | | 12s | 20s |
| 17 | | | 30s | 36 | | 18s | 27s |
| 18 | | | 37s | 37 | | 22s | 31s |
| 19 | | | 45s | 38 | | 28s | 36s |

②将调查日期、时间、地点、天气及测定区间长度填入密度计算汇总表,见表4-3。

③表4-3第①栏为时刻,第②栏为B处流量值$q_B$,第③栏为试验车超车数 $a$,第④栏为试验车被超车数 $b$。

如 $t_0 = 30$min 时,33 号车刚好到达 A 处,此时该车可视作试验车,到达 B 处为 $t_1 = 33$min07s,则 $q_B$ 为 1 号车至 33 号车共 33 辆。

又如 $t_0 = 31$min 时,43 号车刚好到达 A 处,该车到 B 处为 $t_1 = 34$min14s,则 $q_B$ 为 12 号车至 43 号车(不包括 41 号及 42 号车,但包括 44 号车)。41 号及 42 号车到达 A 处时间小于 43 号车,而在 B 处却大于 43 号车,说明两车在 AB 段被 43 号车超越,即 $a = 2$。44 号车到达 A 处时间大于 43 号车,而在 B 处却小于 43 号车,说明该车在 AB 段超越 43 号车,即 $b = 1$。

④第⑤栏为某时刻在测定区间内的车辆数 $E_{(t_0)}$,可按式(4-11)算得。

⑤第⑥栏为瞬时密度 $= E_{(t_0)}$(辆)/测定区间长度(km)。

⑥第⑦栏为平均密度,一般以5min的密度平均。

**车辆牌照法测定密度汇总表**　　　　　　　　　　　表4-3

日期×××年××月××日　　　时间10:30~11:00　　区间及方向隧道东口→隧道西口
天气　　阴　　　　　　　　　区间长　　800m

| ① | ② | ③ | ④ | ⑤ | ⑥ | ⑦ |
|---|---|---|---|---|---|---|
| 时刻 | B处流量<br>(辆) | 超车数<br>(辆) | 被超车数<br>(辆) | 现有车辆数<br>(辆) | 瞬时密度<br>(辆/km) | 平均密度<br>(辆/km) |
| 10:30 | 33 | 0 | 0 | 33 | 41 | 40 |
| 10:31 | 31 | 2 | 1 | 32 | 40 |  |
| 10:32 |  | (从略) |  | 31 | 39 |  |
| 10:33 |  | (从略) |  | 35 | 44 |  |
| 10:34 |  | (从略) |  | 30 | 38 |  |

### 4.2.2 地面高处摄影观测法

1) 测定方法

用动态录像仪在高处进行摄影。测定区间的长度视地区内的状况和周围条件而变化,一般取50~100m。

摄影的时间间隔依测定区间长度而异。当区间长为50~100m时,摄影间隔可用每5~10秒1画面。遇到详细分析交通流的场合,如需同时观测交通量,为了取得正确的观测值,须缩短摄影间隔,一般取每秒1画面。在高速公路上,由于车速高,这时可取每秒2画面。

在测定密度时,在道路上要标明每台录像机所摄范围内的道路区间长,一般有两处作标记即可。当容许精度稍低时,可利用车道分隔线的段数、护栏支柱数或电杆数等参照物代替。

2) 整理分析

整理现场观测结果,按下面介绍的顺序计算密度。在各条录像带的每一画面中,读取摄影观测区间内存在的车辆数,计算总观测时间内区间的平均车辆数,用区间长度求算单位公里长度内存在的车辆数,即密度值,见式(4-13):

$$K = \frac{\sum_{i=1}^{n} K_i}{n} \times \frac{1}{L} \tag{4-13}$$

式中:$n$——在总计时间内,在胶卷上读取存在车辆数时的画面数,$n = \frac{t}{\Delta t}$;

$t$——总计时间,s;

$\Delta t$——读取存在车辆数的时间间隔,s;

$K_i$——第$i$个画面上测定区间内存在的车辆数,辆;

$L$——观测区间长度,km。

如总计观测时间大于5min,则交通的偶然性变化或周期性变化就能消除。这种方法可以很方便地看出密度随时间的变化情况,同时,又因为它包含短时间的变化,也可以描绘出密度的倾向性变化。

3)减少误差的注意事项

如测定区间过长,测定精度将受到影响,所以不能过长,以不超过100m为宜。

### 4.2.3 航空摄影观测法

测定密度,使用航空摄影最佳,它是能取得准确数值的唯一方法。

1)测定方法

航空摄影观测是利用普通飞机、无人机或直升机从空中向下摄影,后者具有低速且在某种程度上能停在空中的性能,因此被广泛采用。

航测时,一般采用测量用航空照相机,这种照相机的拍摄精度已能满足交通调查的需要。通常用的照相机有表4-4所列的几种。

主要几种航空测量照相机　　表4-4

| 名称 | 厂家 | 胶片尺寸(cm) | 焦距 | 视角(公制) | 快门速度(s) | 光圈 | 动作周期(s) | 胶卷长(m) | 宽度(cm) | 张数 |
|---|---|---|---|---|---|---|---|---|---|---|
| RC-8 | 瑞士维尔德 | 23×23 | 153 | 100 | 1/200~1/1 000 | 1:5.6~1:32 | 3.5~4 | 60 | — | 230 |
| RC-8 | 瑞士维尔德 | 18×18 | 210 | 67 | 1/200~1/300 | 1:4~1:16 | 3.5~4 | 60 | 19 | 280 |
| RC-8 | 瑞士维尔德 | 18×18 | 115 | 100 | 1/200~1/300 | 1:5.6~1:32 | 3.5~4 | 60 | 19 | 280 |
| RMK21/18 | 西德蔡司 | 18×18 | 210 | 70 | 1/100~1/1 000 | 1:4~1:8 | 2~3 | 120 | 19 | 570 |
| RMK15/23 | 西德蔡司 | 23×23 | 153 | 104 | 1/100~1/1 000 | 1:5.6~1:11 | 2~3 | 120 | 24 | 470 |

注:视角用公制表示,公制是百分之一直角的角度单位,67公制=60°,67公制以下称为狭角,67公制以上称为广角。

航空摄影的缩小比例尺,一般可按式(4-14)求得:

$$\text{摄影缩小比例尺} = \frac{\text{透镜的焦距}}{\text{摄影高度}} \qquad (4\text{-}14)$$

航测所使用的缩小比例尺,考虑到放大照片的限制一般取1/12 000~1/1 000。由于航摄法采用在固定长的路段航片上直接数出行驶的车辆数,与常规方法不同之处在于观测点(摄影镜头)是在空中沿路线纵断面方向移动的。需指出的是:在某一时刻摄影到的全路段影像中,与飞机同向的车辆将有一部分驶出影像范围,故车流量密度应分同向与反向来考虑(图4-13、图4-14)。

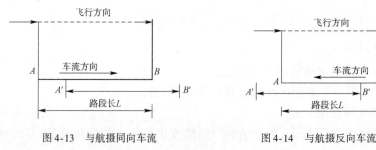

图4-13 与航摄同向车流　　　　图4-14 与航摄反向车流

$A$-$B$ 为首片曝光时车流位置;$A'$-$B'$ 为末片曝光时车流位置;$B$-$B'$ 为末片曝光时车流溢出航段长度;$A'$-$B$ 为与航向同向车流在航片上留有影像的长度。

因此,应用普通飞机进行调查时,对道路车流密度必须分流向求解,设 $K_1$、$K_2$ 分别为相片立体模型中某路段顺、逆航向车流密度(辆/km),则:

$$K_1 = \frac{N_1}{L - v_{s1} \cdot t_L} \tag{4-15}$$

$$K_2 = \frac{N_2}{L + v_{s2} \cdot t_L} \tag{4-16}$$

以上式中:$N_1$、$N_2$——相片立体模型中某路段顺、逆航向车道上的车辆数,辆;

$v_{s1}$、$v_{s2}$——相片立体模型中某路段顺、逆航向车流空间平均车速,km/h;

$L$——路段长,km;

$t_L$——首、尾航片曝光间隔时间,h。

航摄法车流密度 $K$ 值可采用下式计算:

$$K = K_1 + K_2 \tag{4-17}$$

2)分析

在摄影后的胶卷或照片上读取观测区间内存在的车辆数,据此计算出平均密度。

3)减少误差的注意事项

航测法不宜长时间地观测,因为不仅费用大,而且飞机在空中飞行时间有限,飞机在 1 000～1 500m 高空最多能停留 30min,航空照相机 1 次摄影的胶卷张数也受到限制。

调查的精度与摄影间隔有关,间隔越短精度越高。

在绿树成荫的道路可见度受到影响的情况下,本方法受到限制。

### 4.2.4 道路占用率的检测与密度调查

1)原理

在道路上设置车辆检测器,其中大多采用环形线圈,即在 1 条车道设置 1 个或 1 条车道设置 2 个,以检测车流在车道上的时间占用率,并据此计算密度。检测器设置方式可参见图 4-15。

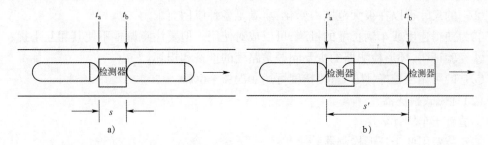

图 4-15 检测器布置示意图

(1)设置 1 个环形检测器[图 4-15a)]

车流在道路上的时间占用率可按式(4-18)计算:

$$R_t = \frac{1}{t}\sum_{i=1}^{n} t_i \qquad (4\text{-}18)$$

这时的空间平均车速为：

$$v_s = (\bar{l} + s) \times Q(R_t \times t) = (\bar{l} + s) \times \frac{Q}{\sum t_i} \qquad (4\text{-}19)$$

则 $t$ 时间内的密度为：

$$K = \frac{Q}{v_s} = \frac{1}{\bar{l}+s} R_t \times t = \frac{1}{\bar{l}+s}\sum t_i \qquad (4\text{-}20)$$

式中：$Q$——交通量，辆/s；

$\quad\quad t$——总计时间，s；

$\quad\quad t_i$——第 $i$ 辆车通过检测器的时间，$t_i = t_a - t_b$，s；

$\quad\quad \bar{l}$——平均车长，m；

$\quad\quad s$——检测器的检测幅度，m。

(2) 设置 2 个环形检测器[(图 4-15b)]

空间平均车速为：

$$v_s = s' \times \frac{Q}{\sum t_i'} \qquad (4\text{-}21)$$

则 $t$ 时间内的密度：

$$K = \frac{Q}{v_s} = \frac{1}{s'}\sum t_i' \qquad (4\text{-}22)$$

以上式中：$Q$——交通量，辆/s；

$\quad\quad t_i'$——第 $i$ 辆车车头通过 $s'$ 所需的时间，$t_i' = t_a' - t_b'$，s；

$\quad\quad s'$——两个检测器之间的距离，m。

2) 检测器的类型及其特点

检测器的种类很多，下面着重介绍 3 种。

(1) 环形检测器

①环形检测器是量测车辆出现及队列长度的最好形式，目前被广泛采用。

②它的尺寸可以在很大范围内变化，易满足各种应用要求。

③为获得速度或车辆长度的量测，可以成对使用。但要注意调整不使其相互干扰。

④经验证明，环形检测器的主要问题是路面的推挤和损坏。

⑤它的可靠性较好，队列量测精度可达 ±(4% ~6%)。

(2) 地磁式检测器

①适合于车辆计数用。

②安装费用低于环形检测器。

③其探头和放大器之间可用很长的电缆连接，适用于孤立的地点。

④检测域不够大。

(3) 超声波检测器

①适合安装在上跨立交桥下面及标志柱支架上。

②对环境和气候条件的灵敏度大。

③由于存在圆锥形检测域问题,致使精度受到影响。

3)检测器的安装

环形检测器可按需要的尺寸,在道路表面用路面开缝机锯成正方形或长方形的槽,槽宽约 0.8cm,深约 4.5cm。在槽内敷设绝缘线圈。套管尽量安放在路面的纵缝或伸缩缝中,以避免由于路面相对移动而使导线断裂。连接导线引至路边。导线安放后,通常用沥青或环氧树脂混合料封闭。

安装地磁式检测器,可在路面打一孔,把磁力计放入,且与路面齐平;或在路面下钻孔,敷设直径为 7.5~10cm 的非金属套管,再在套管内置检测器。连接导线也要引至路边。特别要注意车道分界不明时的正确安装位置,保证其处于车辆行驶轨迹的中央。

超声波检测器宜安装在跨线桥的底面,或在立柱上伸出一悬臂,离地面高 3.7~5.5m,通常不影响交通。如采用专用立柱,会提高费用。

4)分析

假如在 60s 内,车流中每辆车占用单个环形线圈的时间如下:0.39s、0.46s、0.43s、0.47s、0.50s、0.51s、0.48s、0.46s、0.32s、0.44s、0.50s、0.45s、0.44s,车辆平均长 7m,检测器检测长度 1m,试计算密度值。

$\sum t_i = 5.85\text{s}, t = 60\text{s}$,按式(4-18)得:

$$R_t = \frac{1}{t}\sum t_i = \frac{5.85}{60} = 9.75\%$$

按式(4-20)计算 60s 内的密度值:

$$K = \frac{1}{l+s}\sum t_i = \frac{1}{7+1} \times 5.85 \times 1\,000 = 731\,(辆/\text{km})$$

1s 内的密度值:

$$K = \frac{1}{l+s}R_t = \frac{1}{7+1} \times 9.75\% \times 1\,000 = 12\,(辆/\text{km})$$

5)减少误差的注意事项

环形导线及连接导线尽可能采用套管,以防止由于路面表面的移动而损坏检测器,同时要防止渗水及腐蚀造成的损坏。安装时位置要正确,避免漏检。采用两个检测器时要避免相互干扰。

# 课后习题

1. 应用出入量法(采用试验车法)调查密度其优缺点有哪些?实测过程中如何弥补其不足?

2. 某路段长度为 450m,有 5 辆小汽车(平均车长 4m),9 辆大汽车(平均车长 10m),求空间占有率。

3. 已知某断面 40s 内有 9 辆车通过,其中有小汽车 4 辆,通过时间平均为 0.6s,大汽车 5 辆,通过时间平均为 1.1s,求时间占有率。

4. 采用出入量法测密度,某次记录结果如表 4-5 所示,已知测量区间长 800m,试验车驶入时间为 08:02:40,驶出时间为 08:05:10,调查过程中试验车超越 8 辆车,并有 2 辆车超越试验车,分别求下列时刻的瞬时密度:驶入时刻、驶出时刻、08:04、08:06、08:07。

出入量法调查记录表　　　　　　　　　　　表 4-5

| 时 间 | 驶入交通量 | 驶出交通量 |
| --- | --- | --- |
| 08:01~08:02 | 70 | 60 |
| 08:02~08:03 | 28/14 | 36/18 |
| 08:03~08:04 | 56 | 63 |
| 08:04~08:05 | 49 | 63 |
| 08:05~08:06 | 13/78 | 11/66 |
| 08:06~08:07 | 61 | 55 |

# 第5章 通行能力调查

【教学目标】

通行能力反映了道路设施在保持规定的运行质量前提下所能疏导交通流的能力,是道路规划、设计和运营、管理的重要参数。影响通行能力的因素众多,要想准确地计算某个交通设施的通行能力变得较为困难。因此,通过采用交通调查的方法研究通行能力已成为通行能力研究最基本的方法。本章的教学内容主要包括：

(1)基本内容:通行能力调查必要性及注意事项,连续通行路段、信号交叉口、环形交叉口和合流区间的通行能力调查方法,数据资料整理与分析;

(2)重点:连续通行路段与信号交叉口的通行能力调查方法;

(3)难点:停车线法调查交叉口通行能力。

通过本章内容学习,希望能够达到以下几个目标：

(1)掌握:通行能力的相关概念,停车线法,阻车试验;

(2)理解:通行能力分类,连续通行路段各交通参数之间的关系;

(3)了解:通行能力调查必要性及注意事项,冲突点法。

## 5.1 概述

### 5.1.1 通行能力及相关概念

道路通行能力是指在一定的道路、交通、环境条件下,道路上某一断面在单位时间内能通过的最大车辆数,其单位通常为辆/h或pcu/h。

根据道路设施和交通体的不同,通行能力可分为机动车道通行能力、非机动车道通行能力和人行道(横道)通行能力等;根据车辆运行位置的不同,通行能力可分为路段通行能力、交叉口通行能力、匝道与匝道连接点通行能力及交织路段通行能力等;根据通行能力的性质和使用要求的不同,通行能力可分为理想通行能力(基本通行能力)、实际通行能力(可能通行能力)和设计通行能力。

理想通行能力指在理想的道路、交通、控制和环境条件下,一条车道的均匀路段或典型横断面上,道路在特定时段内(通常为15min)所能通过的最大标准车辆小时流率,也称基本通行能力。

实际通行能力指已知的公路设施在实际或预计的道路、交通及控制条件下,该组成部分的某车道或条件基本一致的横断面上,道路在特定时段内(通常为15min)所能通过的最大车辆小时流率。

设计通行能力指在预计的道路、交通和管制条件下,有代表性的一条车道均匀路段或典型横断面上,在所选用的设计服务水平下,设计道路在特定时段内(通常为15min)所能通过的最大车辆小时流率。

服务水平是衡量交通设施提供的运行质量好坏的定性指标。服务水平定义为衡量交通流内的运行条件及其为驾驶人和乘客提供服务质量的一种衡量指标,通常与行车速度、行驶时间、驾驶自由度、交通阻塞程度以及舒适和方便程度等因素有关。服务水平建立起实际通行能力与设计通行能力之间的联系。服务水平等级各国划分不一,一般均根据本国的道路交通的具体条件划分为3~6个服务等级,例如日本分为3个等级,美国定为6个等级。我国按照公路设施提供服务程度的不同,将服务水平划分为4个等级。

### 5.1.2 调查目的和意义

在下述情况都必须进行通行能力调查:

(1)要了解目前发生拥挤和阻塞的道路、交叉口,研究发生阻塞的原因并分析各种不同条件对阻塞所产生的影响时。

(2)对特定的道路或交叉口拟进行交通设施或交通运营管理的改造、完善和建立信号标志以及对所做的工作进行前后效果对比时。

(3)对现有道路网交通状况进行综合评价时。

(4)为拟建的交通设施和拟定的交通管理提供基础资料,检验新建和改建道路及交通设施与目前交通需求是否适应时。

由此可见,道路工作者会经常遇到诸如通行能力、阻塞的原因之类的问题。可是用实测方法求得通行能力的场所是有限的,所以通常须先设法通过对现有交通设施下通行能力的调查,再尽可能依据正确的理论推算通行能力。

### 5.1.3 调查注意事项

调查时应注意:

(1)调查的地点一般应选在交通量大、易于发生拥挤阻塞的地方。例如道路上的瓶颈、爬坡路段、城市道路的主要交叉口、道路合流区间等。

(2)调查的时间应选在可能发生拥挤阻塞的日期和时刻。通常调查应在晴天时进行,观测的时间一般要持续1h。

(3)当交通条件发生变化时,还应延长观测时间。例如对那些阻塞持续时间较长、处于饱和状态的车流,在阻塞持续时间内要连续观测。同时还要根据交通变化条件分别予以分析,才能达到观测的目的。如果阻塞持续的时间较短,可以任意选择调查日期,但累计调查时间应大于1h,还要注意每次调查发生阻塞时的交通条件应基本相同。

(4)为了解阻塞的动态情况或分析阻塞前后交通流的各种特性,需要把观测时间分为若干时段加以处理。

## 5.2 调查方法

### 5.2.1 连续通行路段的调查

通行能力调查是要观测被调查设施上最大的交通实体通过数,即最大交通量,而这种所谓的"最大"往往很难观测到,所以往往需要调查多种参数,从统计的角度确定或者推算这个最大值。连续通行路段的通行能力调查,除道路条件以外还要对交通条件及交通流进行综合观测,通常要调查的参数包括:

(1)交通量;
(2)车速;
(3)车流密度;
(4)车头时距;
(5)车头间距;
(6)车道利用率;
(7)超车次数。

观测方法通常采用交通数据采集仪,或者视频检测的方法来获得多种数据。为使这些参数能够有足够的精度,必须保证一定的实测样本量。如果以实测速度作为必须保证精度的参数,理想条件下的最小观测样本量可以按照式(5-1)计算。

$$N \geq \left(\frac{SK}{E}\right)^2 \tag{5-1}$$

式中:$N$——样本量;
$S$——样本标准差,假设速度标准差为 5~10km/h;
$K$——常数,当置信度 =95% 时,$K$ = 1.96;
$E$——容许误差,假设速度容许误差为 2km/h。

常见的路段数据观测方法可分为以下两种:

1)单断面观测法

单断面观测法适用于线形平直、路侧干扰少的平原区段。通过交通量自动采集仪和录像机可以连续收集到以下基础数据:超车率、速度、交通量、车头时距、道路横断面。设备布置方法如图 5-1 所示。

除了自动记录数据和连续录像外,还应收集每个观测点的道路几何尺寸和环境数据,包括:

(1)地形条件、视距、公路等级、观测点位置;
(2)道路横断面尺寸,包括路面宽度、路肩宽度、路缘带宽度等;
(3)路面、路肩类型和使用状况;

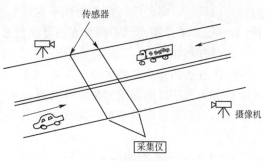

图 5-1 单断面观测法设备布置

(4)路肩的作用,如用于车辆行驶、停靠车辆等;

(5)观测点200m范围内的路侧干扰状况,包括停靠车辆、慢车和非机动车、支路进出车辆、行人、牲畜等以及在观测期间发生的可能影响速度、流量的意外事件。

2)区间观测法

区间观测法可以看成是两个单断面观测法的合成,所选路段长度一般在2km左右,多用于在丘陵、重丘陵区或沿线路侧干扰变化大的路段,调查平纵曲线和街道化程度对通行能力的影响。可收集路段进出口双向交通量;车辆行程时间和区间速度;路侧干扰;调查路段进出口横断面形式;路段平、纵线形及超车数及超车率等数据。如图5-2所示。

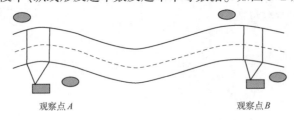

图5-2 区间观测法现场布置示意

此外,为了保证数据能正确反映道路在正常条件下的交通状况,野外数据调查应避免恶劣天气,同时对突发事件,如:交通事故或人为障碍等作详细记录,为数据分析提供翔实可靠的第一手资料。

### 5.2.2 信号交叉口的调查

在信号交叉口处,由于入口引道的待行车队在每次绿灯信号放行时通过停车线进入交叉口的车辆数往往有限,因此易形成阻塞并在此处不断积累。通过停车线进入交叉口的车辆数与待行车队的长短无关,而与交叉口处的道路、交通条件以及入口的信号显示情况有关。通行能力一般由各入口引道决定,在交叉口的几何构造、交通条件一定的前提下,有时也可以认为是一个绿灯小时可能通过的车辆数。但应区别于通常说的每绿灯小时通行能力。因为当使用每绿灯小时通行能力时,信号的周期和绿信比将按交通控制的需要而改变,在确定适宜的绿信比时常常要用到通行能力这一概念,亦即每绿灯小时通行能力是确定绿信比的基本资料。所以根据实际要求,最好不要把绿信比包含在入口引道的固有通行能力上,也就是说,信号交叉口某一入口的通行能力应等于每绿灯小时通行能力乘以绿信比。

信号交叉口通行能力的计算方法有很多种,国内常用的有停车线法、冲突点法,此外还有时差放行法。时差放行法主要用于左转车流量大的信号交叉口各向停车线位置的协调设计,本节仅着重介绍使用前两种方法计算信号交叉口通行能力时应调查的内容和观测方法。

1)停车线法调查

停车线法的基本思路是以车辆通过停车线作为通过路口,将饱和流率经修正后得到设计通行能力。所以调查主要集中在对通过某一信号交叉口入口道的饱和流率进行观测和分析上。所谓饱和流率是指在一次绿灯时间内,入口引道上车队能连续不断通过停车线的最大流量。

观测地点:选择有两条或两条以上入口车道、交通流量大、右转、直行、左转有明确分工的交叉口进口引道。

观测的内容与方法：

(1)调查交叉口的几何组成，各入口引道车道数、停车线位置及各车道功能划分情况。

(2)观测信号灯周期时长及各相位时长。

将(1)、(2)项内容填入交叉口状况调查记录表，参见表5-1。

**交叉口状况调查记录表** 表5-1

日期 ____年____月____日____午  时间____时____分  天气_____

| 序号 | 调查项目 | 调查记录 | | | |
|---|---|---|---|---|---|
| 1 | 街道名称 | 南北：_____街道 东西：_____街道 | | | |
| | | 北侧 | 南侧 | 东侧 | 西侧 |
| 2 | 街道宽度(m)<br>中间段的缘石至缘石<br>中央分隔带宽<br>入口引道路面宽<br>人行横道的缘石至缘石<br>中央分隔带或安全岛<br>出口引道路面宽 | _____<br>_____<br>_____<br>_____<br>_____<br>_____ | _____<br>_____<br>_____<br>_____<br>_____<br>_____ | _____<br>_____<br>_____<br>_____<br>_____<br>_____ | _____<br>_____<br>_____<br>_____<br>_____<br>_____ |
| 3 | 加宽：<br>　右转弯车道<br>　直行<br>　左转弯<br>　右转弯<br>　左转弯车道到分隔带宽<br>　中心线移动<br>　出口引道路面加宽 | _____<br>_____<br>_____<br>_____<br>_____<br>_____<br>_____ | _____<br>_____<br>_____<br>_____<br>_____<br>_____<br>_____ | _____<br>_____<br>_____<br>_____<br>_____<br>_____<br>_____ | _____<br>_____<br>_____<br>_____<br>_____<br>_____<br>_____ |
| 4 | 交通动向(对各连接部分核对)：<br>　单向通行<br>　双向通行<br>　分隔开的双向通行 | | | | |
| 5 | 信号时间(s)：<br>　干路道路<br>　次干路道路<br>　生活区道路 | 绿灯<br>_____<br>_____<br>_____ | 黄灯<br>_____<br>_____<br>_____ | 红灯<br>_____<br>_____<br>_____ | 周期长<br>_____<br>_____<br>_____ |
| 6 | 交叉口所在地(核对)：<br>　繁华路中心<br>　繁华路周围<br>　繁华路之外<br>　街坊内<br>　街坊外<br>　郊区 | | | | |

续上表

| 序号 | 调查项目 | 调查记录 |
|---|---|---|
| 7 | 邻近建筑物类型(核对):<br>　　办公楼<br>　　小商店<br>　　工　厂<br>　　住　宅<br>　　公　园<br>　　荒　地 | |
| 8 | 交通类型(核对):<br>　　大部分为旅游<br>　　上下班<br>　　大部分为城市间<br>　　过境 | |
| 9 | 信号控制方式:<br>　　固定周期一段式_____<br>　　固定周期多段式_____<br>　　全感应_____<br>　　半感应_____ | 独立_____<br><br><br>系统_____ |
| 10 | 控制行人的方式:<br>　　与车相同　_____<br>　　按行人信号灯按钮　_____<br>　　步行时间(s)　南北_____　东西_____<br>　　交通警察　有_____　无_____ | |
| 11 | 停车(许可停车的核对):<br>　　从人行横道算起的禁止停车距离<br>　　允许停车时间<br>　　正调查时的停车数 | 南　　　北　　　东　　　西 |
| 12 | 公共汽车停靠站(包括电车) | |
| 13 | 轨道数 | |
| 14 | 车道数<br>有无行人横道线及标志<br>有无中心线标志<br>有无车道标志 | |

(3)观测交叉口高峰小时交通流量流向分布,记录表格参见表5-2。

(4)饱和流量的测定。

**方法一**:统计定周期交叉口入口引道的饱和流量。

在绿灯和黄灯期间,以每6s为一观测单元,记录这些间隔时间内饱和车流通过的车型、车辆数和方向,最后一个间隔一般都小于6s,因此要列出最后间隔的时长、通过的车辆数和车型。

**方法二**:非定周期饱和流量的观测。

将每周期分为三个时间间隔,第一间隔为绿灯最初的10s,第二间隔为10s以后余下的绿灯时间,第三间隔为黄灯时间。测量各个间隔饱和连续车流通过停车线的车辆数,然后计算饱和流量。

**方法三**:用测量车头时距的方法计算饱和流量。

观测饱和车流各车辆经过入口引道停车线的时间、车型、色灯变换时间。用以上方法观测时,要看准车队最前面的第3~5辆车,待它们通过停车线时再开始统计经过的时间与车辆数。在黄灯即将显示前的适当时刻(车队最后一辆车通过停车线的时刻前后),要盯住车队最后一辆车,在其通过停车线的时刻即结束观测。之所以采用这种观测方法,是因为假定饱和流按一定流率(单位时间内分流的车辆数)行驶,从第3~5辆车开始计算是为了消除由于起动延误带来的时间和统计车辆数的误差,参见图5-3。对右转车则以连续运行车流不少于5辆作为统计对象为宜。

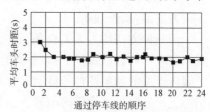

图5-3 通过停车线的顺序与平均车头时距的关系

**交叉口调查统计表** 表5-2

| 项 目 | 北去 | | | 南去 | | | 东去 | | | 西去 | | |
|---|---|---|---|---|---|---|---|---|---|---|---|---|
| | S | R | L | S | R | L | S | R | L | S | R | L |
| 1.高峰小时交通量 | | | | | | | | | | | | |
| 小型车 | | | | | | | | | | | | |
| 中型车 | | | | | | | | | | | | |
| 大型车 | | | | | | | | | | | | |
| 摩托车 | | | | | | | | | | | | |
| 小计 | | | | | | | | | | | | |
| 2.高峰15min交通量 | | | | | | | | | | | | |
| 小型车 | | | | | | | | | | | | |
| 中型车 | | | | | | | | | | | | |
| 大型车 | | | | | | | | | | | | |
| 摩托车 | | | | | | | | | | | | |
| 小计 | | | | | | | | | | | | |
| 3.阻塞情况 | | | | | | | | | | | | |
| 驶入口处于饱和状态时间(min) | | | | | | | | | | | | |
| 饱和流在驶入口出现的次数 | | | | | | | | | | | | |
| 高峰一小时内 | | | | | | | | | | | | |
| 短时间内 | | | | | | | | | | | | |

续上表

| 项　　目 | 北去 | | | 南去 | | | 东去 | | | 西去 | | |
|---|---|---|---|---|---|---|---|---|---|---|---|---|
| | S | R | L | S | R | L | S | R | L | S | R | L |
| 4.行人数 | 南北路人行横道 | | | | | | 东西路人行横道 | | | | | |
| 高峰一小时内 | | | | | | | | | | | | |
| 短时间内 | | | | | | | | | | | | |
| 表中所填数字的条件(核对) | 实际值＿＿＿＿ | | | | | | 核算值＿＿＿＿ | | | | | |

注:S-直行；R-右转；L-左转。

**方法四**:摄影观测。

前三种方法均为人工观测,还可以用摄影方法观测饱和流的分流车辆数和车头时距。观测者应于高处以每秒1~4画面的速度拍摄自交叉口入口引道停车线前10m到出口这一区间内车流的动向及信号显示。为便于分析,要把观测的时间、地点、天气、画面速度等详细填写记录并摄入录像带的前端。信号显示时,可直接拍摄信号灯并配以明显的标志。分析照片要判明距离,拷贝上交通调查用的过滤核对线即为决定距离的基准线。

交叉口入口引道上的待行车队见绿灯信号后即以饱和流状态开始分流,用录像机可以按不同车道和行进顺序将通过停车线的车头间隔时间记录下来。

2)冲突点法调查

冲突点法的基本思想是以车辆通过"冲突点"作为通过路口。所谓冲突点是指本向直行车(右转车)和对向左转车在同一绿灯时间内交错通过,此两向车流轨线的交会点。该算法所得的饱和流量是以车辆通过冲突点的各平均饱和车头时距为基础的,因而此时的调查内容除与前述有不少相似之处以外,还要着重观测在冲突点车辆穿插流动的规律。研究表明,若直行车流车辆到达服从泊松分布时,直行车流中出现的可供左转车穿越的空档分布服从负指数分布。

观测地点:同停车线法调查。

观测的内容与方法:

(1)~(3)项同停车线法调查。

(4)调查冲突点的位置。

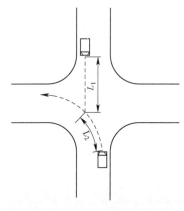

图5-4　冲突点示意图

观测本向直行车与对向左转车的行驶轨线,定出冲突点位置并在实地做好标记。量取本向直行车及对向左转车自停车线至冲突点的行驶轨线长度,见图5-4。图中$L_1$为直行车自停车线到冲突点直线长,$L_2$为对向左转车自停车线到冲突点轨线长。

(5)观测绿灯启亮后,对向左转头车到冲突点的时间或本向直行头车到冲突点的时间(比较哪一方向先到冲突点,就测先到方向的时间);

(6)观测绿灯初期与绿灯中期对向左转车各自的流量数;

(7)观测黄灯亮后,对向左转车通过交叉口的车辆数;

(8)观测本向直行车道(或合用车道)的周期流量；

(9) 观测各类车辆连续通过冲突点的临界车头时距;

(10) 观测车辆中可穿越空档及不饱和周期中出现的可穿越空档的次数。

下面主要介绍第(10)项观测。可穿越空档是指交叉口上对向左转车辆穿越直行车流中的最小空档或直行车辆穿越对向左转车流中的最小空档。由于左转车辆通常所占比例较少,所以我们只讨论穿越直行车流的最小空档。

观测可分解为三个步骤,见图 5-5。

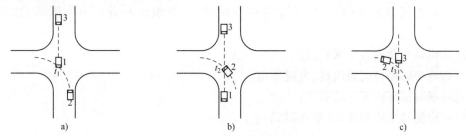

图 5-5 车辆穿越空档分解图

(1) 测量直行车 1 到达冲突点的时间 $t_1$ 及车型;

(2) 测量对向左转车 2 紧接着到冲突点的时间 $t_2$ 及车型;

(3) 测量左转车后的直行车 3 紧接着到冲突点的时间 $t_3$ 及车型。

穿越空档的前半部分简称前档,以 $\tau_f$ 表示,$\tau_f = t_2 - t_1$;后半部分则称后档,以 $\tau_r$ 表示,$\tau_r = t_3 - t_2$,则空档的总时长 $\tau = \tau_f + \tau_r = t_3 - t_1$。

可是在实测中很难得到直行车—左转穿越车—直行车紧接着经过冲突点的样本,因此可分别测得 $\tau_f$ 与 $\tau_r$,然后叠加得到 $\tau$ 值。

### 5.2.3 环形交叉口的调查

环形交叉口是自行调节交通的交叉口。进入交叉口的所有车辆都以同一方向绕中心岛行进,变车流的交叉为合流、交织、分流。它的功能介于平面交叉与立体交叉之间。国内城市中有一定数量的这类交叉口,研究它的通行能力有现实意义。但是迄今尚未有成熟的理论计算公式可循,往往凭经验估计或参考国外类似情况处理。环形交叉口的通行能力受多种因素影响,既与它的各要素的几何尺寸、相交道路的交角有关,又与交通组成流量流向的分布有关。国外的公式多半也是经验性的,对于同一环形交叉口的通行能力,采用不同国家的公式计算所得的结果有较大的差异,而不能准确反映我国交通的实际情况。

因此,仅仅从理论方面计算,探讨国内环形交叉口的通行能力显然是不够的,必须进行实地观测以取得环形交叉口饱和通行能力的可靠数据。

通常有两种实测方式:第一种是专门组织一批汽车按一定速度、一定流向进出交叉口使其达到饱和,同时进行观测。这一方式的主要缺点在于需要调动大量汽车、大量人力,耗用许多汽油且难于组织实施,此外,行驶路线和运行状况也不同于原交叉口的实际情况,存在着一定程度的失真,所以用得不多。

第二种方式是阻车观测,它利用原有线路上的车辆,使其在一段较短时间内暂停通行,当各进口引道上积累了一定数量的车辆之后再开始放行,于是便可使环形交叉口在一个短时间内处于饱和状态。这种方式的实施也有一定困难,尤其是如果准备不充分又缺乏经验时,可能会造成短时间的阻塞,影响正常交通。国内几个城市的阻车试验表明:事先做好充分的准备,选择适当的阻车时间,适当缩短阻车持续时间,仔细分析可能发生的阻塞情况,并准备好相应的疏导方案,那么采用阻车观测较为方便,而且观测结果的真实性也较强。

1)调查项目

(1)环形交叉口的几何尺寸,确定它的交织段长、交织角及进口道宽度等,如图 5-6 所示;

(2)非机动车及行人交通状况;

(3)高峰小时路口交通流量、流向分布;

(4)高峰时段环内车速的观测;

(5)环道饱和车流的观测(阻车试验)。

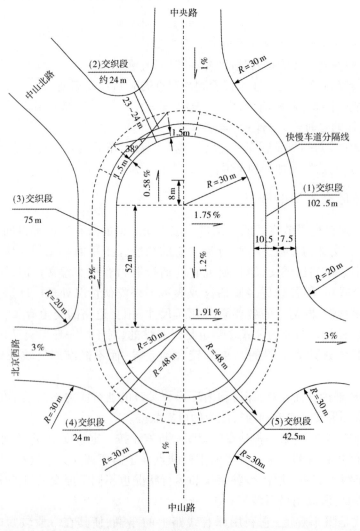

图 5-6　南京市鼓楼环形交叉口几何构造图

2) 阻车试验

(1) 阻车试验的准备工作

阻车观测的准备工作包括人员组织、仪器仪表及技术工作准备。此项工作一般应由城市交通管理部门、市政管理(研究)单位会同有关院校、研究所共同组织人员进行。对所有参加人员要进行关于观测的意义、方法、注意事项和应急措施的讲解,甚至进行必要的培训,要求分工明确,各司其职。对观测用仪器、仪表和工具也要认真检查,保证使用可靠、有一定的精度。对技术方案要反复推敲,应预计可能发生的各种情况,并准备相应的处理办法。各种记录表格事先备好,要求观测人员认真填写。总之,阻车试验牵涉人员多,影响面大,应充分准备,做到万无一失。

(2) 阻车时间和阻车持续时间的选择

阻车的目的旨在形成通过交叉口的饱和车流。一般来说,选在高峰时间易于实现,但高峰时间对交通影响大,应尽量避开。最好选在机动车高峰过后仍有较大交通量时,阻车持续时间应适当缩短,视累积车辆达到需要车辆数即可放行(例如武汉市 1985 年 11 月 16 日对武圣路环形交叉口的阻车试验,阻车开始时间为上午 10 时 25 分,持续时间西进口 5min,东、南、北三进口仅 3min。南京市 1981 年 12 月 17 日对鼓楼环形交叉口的阻车试验,阻车开始时间为上午 9 时整,持续时间 10min)。各进口引道阻车时间可以相同,也可以不同,但放行时间应一致。

(3) 观测记录

① 以 5min 为统计单位记录机动车流量见表 5-3,记录非机动车流量见表 5-4。

武汉市武圣路路口阻车观测统计表(辆)　　　　表 5-3

| 序号与时间 | 路口街名 车型及车辆数 | 硚　口 | | 航空路 | | 六渡桥 | | 江汉桥 | | 总计 |
|---|---|---|---|---|---|---|---|---|---|---|
| | | 车辆数 | 小计 | 车辆数 | 小计 | 车辆数 | 小计 | 车辆数 | 小计 | |
| 1　2:30~2:35 | A | 24 | | 23 | | 5 | | 14 | | |
| | B | 19 | 47 | 47 | 75 | 33 | 45 | 92 | 114 | 281 |
| | C | 4 | | 5 | | 7 | | 8 | | |
| 2　2:35~2:40 | A | 18 | | 21 | | 37 | | 25 | | |
| | B | 12 | 32 | 41 | 67 | 7 | 46 | 51 | 80 | 225 |
| | C | 2 | | 5 | | 2 | | 4 | | |
| 3　2:40~2:45 | A | 16 | | 31 | | 2 | | 32 | | |
| | B | 7 | 24 | 31 | 66 | 33 | 41 | 103 | 148 | 279 |
| | C | 1 | | 4 | | 6 | | 13 | | |
| 4　2:45~2:50 | A | 21 | | 29 | | 4 | | 26 | | |
| | B | 12 | 37 | 49 | 84 | 29 | 39 | 94 | 131 | 291 |
| | C | 4 | | 6 | | 6 | | 11 | | |
| 5　2:50~2:55 | A | 23 | | 20 | | 2 | | 28 | | |
| | B | 18 | 42 | 36 | 58 | 19 | 30 | 79 | 117 | 247 |
| | C | 1 | | 2 | | 9 | | 10 | | |

续上表

| 路口街名<br>车型及<br>车辆数<br>序号与时间 | | 硚口 | | 航空路 | | 六渡桥 | | 江汉桥 | | 总计 |
|---|---|---|---|---|---|---|---|---|---|---|
| | | 车辆数 | 小计 | 车辆数 | 小计 | 车辆数 | 小计 | 车辆数 | 小计 | |
| 6  2:55~3:00 | A | 12 | 41 | 13 | 66 | 3 | 30 | 27 | 142 | 279 |
| | B | 23 | | 48 | | 20 | | 103 | | |
| | C | 6 | | 5 | | 7 | | 12 | | |
| 合计 | | 223 | | 416 | | 231 | | 732 | | 1 602 |
| 各入口所占比率(%) | | 13.9 | | 26 | | 14.4 | | 45.7 | | 100 |

注:1. A 为大卡车;B 为小汽车及小型客货车;C 为公共汽车。
  2. 本表所列交通量为 0.5h 的观测统计,折合 1h 为 3 204 辆/h,以高峰 5min 计,则为 291×12 = 3 492(辆/h)。
  3. 阻车过程中,由于采用交通管制,无非机动车行驶及行人过街干扰,故通行能力测试值有所偏高。

**非机动车阻车观测 5min 一组统计表**(辆)　　　　　　表 5-4

| 路口<br>序号及时间 | 北京东路 | 中山路 | 北京西路 | 中山北路 | 中央路 | 总计 |
|---|---|---|---|---|---|---|
| 1  9:10~9:15 | 52 | 186 | 16 | 159 | 65 | 478 |
| 2  9:15~9:20 | 74 | 128 | 17 | 167 | 54 | 440 |
| 3  9:20~9:25 | 78 | 178 | 23 | 156 | 79 | 514 |
| 4  9:25~9:30 | 88 | 127 | 20 | 163 | 67 | 465 |
| 5  9:30~9:35 | 44 | 155 | 24 | 155 | 72 | 450 |
| 6  9:35~9:40 | 85 | 172 | 24 | 132 | 9 | 507 |
| 总计 | 421 | 946 | 124 | 932 | 431 | 2 854 |
| 所占比率(%) | 14.8 | 33.1 | 4.3 | 32.7 | 15.1 | 100 |

注:1. 此表为 1981 年 12 月 17 日南京鼓楼环形交叉口机动车阻车时,对非机动车的观测统计结果。
  2. 此表资料为 0.5h 的统计结果,如以 1h 计算可折算为 5 708 辆/h,以高峰 5min 计则得 514×12 = 6 168(辆/h)。

② 记录机动车通过环行交叉口的平均速度见表 5-5。

**武汉市武圣路口阻车试验时各车型平均车速**　　　　　　表 5-5

| 车型 | 大卡车 | 公交车 | 小汽车 | 平　均 |
|---|---|---|---|---|
| 车速(km/h) | 9.73 | 11.77 | 11.09 | 11.05 |

### 5.2.4　合流区间的调查

　　合流区间的通行能力,特别是高速道路上合流区间的通行能力是一个十分重要的问题。合流区间通行能力的调查一般是通过对阻塞时的交通情况进行多方面的观测、分析来探讨阻塞发生的原因和推算通行能力,而对于复杂的合流现象也常有用模拟演示来研究的,此时的交通调查的主要工作是获取建立模拟模型的基本资料,为分析和计算提供数据。

　　用摄影方法观测合流区间的交通现象比较方便,可以同时测定多个交通因素。整个合流区间(自合流区喇叭口向前或自交通岛端部向前约 50m)应能处于同一幅画面上,为此可以利用附近高大建筑物、电杆或自搭拍摄架从高处进行拍摄。

为了分析的需要,有时要把合流区间全部车辆的运行情况拍摄下来,往往要使用2~3台摄像机且各自的摄像区要互相搭接。有时也采取同时拍摄整个合流区间的办法,要求对行驶车辆逐个追踪并能绘制时间-距离曲线图。画面速度可根据分析项目、时间及经费设备来决定,通常取每秒1~8画面。对于加、减速等特殊项目,画面速度可进一步加快。

## 5.3 数据资料整理与分析

由前述内容可知,通行能力调查主要是:

一是试图获得在不同调查地点不同交通情况下的各类车型的车头时距以直接推算通行能力。二是在交通流较稳定时,交通量与其他交通参数关系比较密切,可以反映某些重要的规律,此时也易于得到它们之间的关系。往往可借助这些关系综合分析达到通行能力时的交通流的特征,以此来推算通行能力。对于后者,重点在于交通量与其他参数之间的相关分析。对前者,在资料整理上有两项共同的工作:

1)计算各种车型的平均车头时距

将同类车辆的车头时距整理在一起,按统计方法剔除异常数据——车头时距的最大和最小值。如置信水平为95%,则车头时距 $h$ 的取值可参见式(5-2)。

$$h \in \left[ \bar{h} - t_{0.025}\frac{S}{\sqrt{N}}, \bar{h} + t_{0.025}\frac{S}{\sqrt{N}} \right] \tag{5-2}$$

式中:$t_{0.025}$——自由度为($N-1$),置信水平为95%时的 $t$ 分布的统计量;

$S$——样本标准差;

$N$——观测总次数。

然后算出各类车型的平均车头时距。

2)计算车辆换算系数

实际车流大都是混合车流,大致可分为大型车(通道、拖挂车)、中型车(普通汽车)和小型车(小汽车)三类。若以小汽车为标准车,则须将大、中型车换算为当量小汽车,车辆换算系数的计算公式为:

$$\alpha_{大} = \frac{\bar{h}_{大}}{\bar{h}_{小}} \tag{5-3}$$

$$\alpha_{中} = \frac{\bar{h}_{中}}{\bar{h}_{小}} \tag{5-4}$$

式中:$\alpha_{大}$、$\alpha_{中}$——大、中型车换算成当量小型车的换算系数;

$\bar{h}_{大}$、$\bar{h}_{中}$、$\bar{h}_{小}$——大、中、小型车的平均车头时距,s。

下面将就不同的情况作进一步的说明。

### 5.3.1 连续通行路段

这里,将主要介绍交通量与其他交通参数之间的相关分析。作为与交通量对比的参数有平均车速、平均密度、车头时距和超车次数等,从它们的相关关系可以定量地求得它们之间的变化关系。

在实际分析时,最好不要仅仅根据上述某一个参数,而应根据多个参数的变化趋势综合地推断通行能力。为了从录像上得到所需的交通参数,分析的基本工作是绘制时距图(时间—距离曲线图)。

绘制时距图和各交通参数的读取、计算可按下述方法进行:

按照每幅画面(即每个读取时间),确定路上纵方向各车的位置并将它们表示在时间—距离坐标系上。本法也可用于详细分析交叉口、合流区间等的交通情况。

【例5-1】 图5-7表示一段城市街道干线两个信号交叉口之间的车流轨线。图上各曲线与水平线交点的间隔表示相应位置的车头时距;各曲线与各垂线的交点数即表示相应时间的交通量;而各曲线与各垂线交点的间隔表示相应时间的车头间距;距离间的交点数即表示该时刻的车辆数;曲线的斜率则表示车速。以这种分析为目的的录像范围,一台摄像机最多可能摄150m左右。

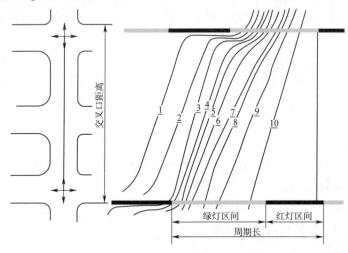

图5-7 街道干线上一条车道车流的时距图

**解**:利用时距图及下列各式即可求得交通量、车流的平均密度和速度。

$$Q = \frac{3\,600 \sum S_i}{TL} \tag{5-5}$$

$$\bar{K} = \frac{1\,000 \sum t_i}{TL} \tag{5-6}$$

$$\bar{v} = \frac{3.6 \sum S_i}{\sum t_i} \tag{5-7}$$

式中:$\sum S_i$——整个观测时间内通过观测区间全部车辆行驶距离之和,m;

$\sum t_i$——整个观测时间内在观测区间中出现车辆存在的时间之和,s;

$T$——整个观测时间,s;

$L$——观测区间距离,m。

图5-8为计算示例图,由图可知:

$$L = 150\text{m}; T = 20\text{s}; \sum S_i = 730\text{m}; \sum t_i = 98.4\text{s}$$

则

$$Q = \frac{730 \times 3600}{150 \times 20} = 876(\text{辆/h})$$

$$\bar{K} = \frac{98.4 \times 1000}{150 \times 20} = 33(\text{辆/km})$$

$$\bar{v} = \frac{730 \times 3.6}{98.4} = 26.7(\text{km/h})$$

整个观测时间通取 $1\sim10\min$,当观测区间较短时,交通量可以取用观测区间内一个断面的直接测定值(如图 5-8 中断面 $AA'$,$n_{AA'}=5$ 辆/20s = 900 辆/h);当观测区间较长,也可取用几个断面交通量的平均值。

1)车头时距与速度差的关系

根据不同车型测得某断面前后两车的速度差即可绘制速度差—车头时距关系曲线,见图 5-9。由图可以把车流分为自由流与约束流两类,还可确定受前车影响的车头时距临界值。在求得临界值以内的车头时距占所有车头时距的比例后,就可以评价交通流受约束的程度,并以此作为推算通行能力的资料。

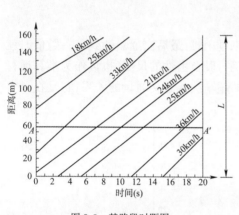

图 5-8 某路段时距图

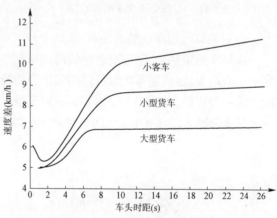

图 5-9 速度差与车头时距的关系

2)空间平均车速与交通量、交通密度的关系

连续通行路段某一断面上单位时间内的交通量与空间平均车速的关系,当交通量较小时呈直线关系;当交通量增大致使所有车辆呈尾随行驶状态,这时的交通流开始紊乱,车速急剧下降,对应于这种状态下的交通流可视为通行能力,见图 5-10。

平均车速与交通密度的关系见图 5-11。如图 5-11 所示,随着密度的增加平均车速不断下降,通常认为在通行能力附近,曲线将成为不连续形状。

3)车头时距分布与交通量的关系

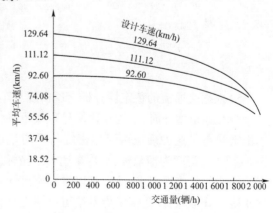

图 5-10 交通量与平均车速的关系

如图 5-12 所示,车头时距分布随交通量的不同有明显差异,因而根据不同交通量时的车头时距分布便可推算通行能力。当交通量较小时,各种车辆形成能够自由行驶的交通流,因而车头时距是随机的,并接近负指数分布曲线;随着交通量的增加,车辆之间相互干扰,车头时距的分散程度逐渐变小;当交通量进一步增加,车头时距变得几乎相等,全部车辆形成尾随行驶状态,由此特性,也可推算通行能力。

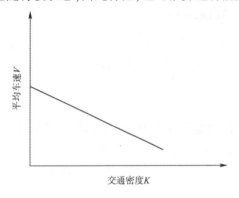

图 5-11　平均车速与交通密度的关系

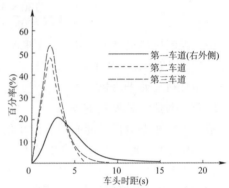

图 5-12　交通量与车头时距分布

4）交通量与超车次数的关系

在双车道道路上,随着交通量的增加超车会越来越困难,最后交通量达到某一数值时就完全无法超车,因此超车次数可以用来作为衡量车辆行驶自由性的尺度,也可作为推算通行能力的一种资料。图 5-13 分别表示不同车型车辆的超车次数与交通量的关系,它是在日本东名高速公路某段 2.41km 区间观测记录的散点图。

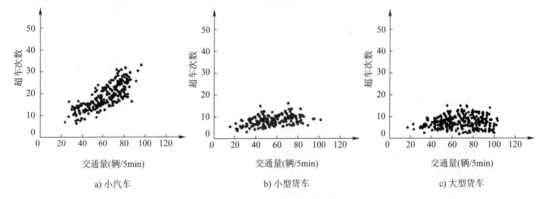

图 5-13　超车次数与交通量

5）根据交通流的稳定性分析交通密度与车速的关系

当交通量增加时,平均车速便呈直线下降,越接近通行能力下降越厉害,此时交通流呈不稳定状态。这种现象可以用密度与平均车速的时间系列关系图表示,如图 5-14 所示。图 5-14 中,密度为横坐标,平均车速为纵坐标。按时间顺序把每隔 1min 的密度与相应平均车速形成的点连接起来,从中可以看到密度大于某一数值时,车速就失去稳定性,车速的变化变得十分剧烈,以此密度为界线可以清楚地区分稳定流和不稳定流。它对应的交通量即为通行能力。

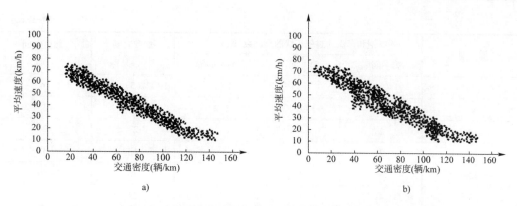

图 5-14 交通密度与平均速度的变化

### 5.3.2 平面交叉口

1）人工观测饱和流分流车辆数的情况

在信号显示周期内分流的车辆始终饱和时，可根据各周期的观测资料按下式计算入口引道每绿灯小时的通行能力 $N$：

$$N = \frac{\sum 各周期的分流车辆数(辆)}{\sum 各周期的绿灯时间(s)} \times 3\,600 \quad (辆／绿灯小时) \tag{5-8}$$

此值即为饱和流中分流车辆 1h 的换算值，它常用来表示入口引道 1 个车道每绿灯小时的通行能力。此外，在因车辆饱和而使用的绿灯信号显示周期中，也包括因行人、车辆左右转弯干扰造成的交通损失时间在内。

2）饱和流率

饱和时间系指绿灯启亮后，饱和车流通过停车线的总时间。若它等于绿灯时间，则称为全饱和周期；饱和时间小于绿灯时间为非全饱和周期。当饱和时间少于 10s 时，在计算饱和流量时应予排除。例如，表 5-6 为饱和流量观测表，在表 5-6 中标 * 者表示饱和时间少于 10s；饱和时间这一列标有 "—" 者表示其小于绿灯时间，此时第(3)列为零。

饱和流量观测表　　　　　　　　　　　　　　表 5-6

| 周期 | 饱和车流通过停车线的车辆数(辆) | | | 饱和时间(s) | 绿灯时间(s) |
| --- | --- | --- | --- | --- | --- |
| | 第一间隔 | 第二间隔 | 最后间隔 | | |
| (1) | (2) | (3) | (4) | (5) | (6) |
| 1 | 3 | 12 | 1 | 35 | 35 |
| 2 | 4 | 3 | 0 | 20 | 20 |
| 3 | 3 | 6 | — | 14 | 29 |
| 4 | 3 | — | — | 10 | 14 |
| 5* | 1 | — | — | — | 12 |
| 6 | 4 | 10 | — | 34 | 46 |
| 7 | 3 | 23 | 1 | 52 | 52 |
| 8 | 3 | 14 | — | 44 | 53 |

续上表

| 周期 | 饱和车流通过停车线的车辆数(辆) | | | 饱和时间(s) | 绿灯时间(s) |
|---|---|---|---|---|---|
| | 第一间隔 | 第二间隔 | 最后间隔 | | |
| (1) | (2) | (3) | (4) | (5) | (6) |
| 9 | 3 | 10 | 2 | 34 | 34 |
| 10 | 2 | 8 | 1 | 27 | 27 |
| 11 | 2 | 4 | — | 18 | 33 |
| 12 | 3 | 8 | — | 25 | 30 |
| 13 | 4 | 6 | — | 22 | 27 |
| 14 | 3 | 4 | — | 21 | 34 |
| 15 | 3 | 15 | 0 | 45 | 45 |
| 16 | 2 | 17 | 3 | 52 | 52 |
| 17 | 3 | 18 | 1 | 52 | 52 |
| 18 | 3 | 10 | — | 25 | 26 |
| 19 | 4 | 12 | 2 | 38 | 38 |
| 20 | 3 | 9 | 1 | 37 | 37 |
| 21 | 4 | 6 | — | 23 | 28 |
| 22* | 2 | — | — | — | 10 |
| 23 | 3 | 9 | 1 | 20 | 20 |
| 24 | 3 | 18 | 0 | 46 | 46 |
| 25 | 3 | 19 | — | 45 | 48 |
| 26 | 2 | 10 | 1 | 32 | 32 |
| 27 | 4 | — | — | 10 | 13 |
| 28 | 4 | 7 | — | 24 | 29 |
| 29 | 2 | 15 | 1 | 50 | 50 |
| 30 | 3 | 17 | 1 | 52 | 62 |
| 总计 | $x_1 = 86$ | $x_2 = 290$ | $x_3 = 16$ | $x_4 = 907$ | $x_5 = 1\ 024$ |
| 样本数 | $n_1 = 28$ | $n_2 = 26$ | $n_3 = 15$ | $n_4 = 28$ | $N_5 = 30$ |

饱和流率：

$$S^* = \frac{x_2}{x_4 - 10 \cdot n_4} \tag{5-9}$$

式中：$x_2$——中间间隔的饱和车辆数，辆；

$x_4$——饱和时间，s；

$n_4$——记录饱和时间的周期数。

如表 5-6 中数据则有：

$$S^* = \frac{290}{907 - 10 \times 28} = 0.462 \text{（辆/s）} \tag{5-10}$$

饱和流量：
$$S = 3\,600 \times 0.462 = 1\,665(辆/h)$$
若所记录车流为混合车流，则须按其组成，折算为当量小汽车(PCU)计算饱和流量。

3）观测饱和流中车头时距的情况

绿灯信号时，饱和流开始分流，各车道由最前面的第 1 辆车开始顺次经过停车线，测记各车头时距，并计算各周期各类型车的平均值。须注意在整理中以每周期第 4 辆车以后计算各饱和车流中车辆间的车头时距及车头时距平均值，用 3 600s 除以平均车头时距即得饱和流量。

【例 5-2】 某交叉口入口引道饱和车流观测数据如表 5-7 所示。

饱和车流的车辆构成及车头时距　　　　表 5-7

| 车辆类型 | 大 | 中 | 小 |
|---|---|---|---|
| 平均车头时距(s) | 5.5 | 3.6 | 2.7 |
| 饱和车流中的车辆比重(%) | 20 | 23 | 57 |

根据上表计算加权平均车头时距 $\bar{h}$：
$$\bar{h} = 5.5 \times 0.2 + 3.6 \times 0.23 + 2.7 \times 0.57 = 3.467(s)$$
$$S = \frac{3\,600}{3.47} = 1\,038(辆/h)$$

4）阻车观察结果

详见表 5-3～表 5-5。绘制交通量—平均车速关系曲线如图 5-15 所示。

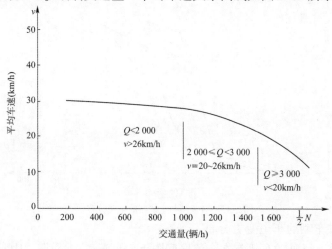

图 5-15　交通量—平均车速曲线

### 5.3.3　合流区间

合流区间通行能力推算过程的主要工作是先绘制时距图，在图上找出各交通因素，然后再按本节提出的几项内容进行分析。

1）合流区前后各车道的利用率

这里所指的车道利用率是指合流前（匝道口）与合流后（车道宽度渐变路段的终点）两个断面上各车道单位时间内通行的车辆数与主线交通量之比。借助于车道利用率可以判断主线行驶车辆受合流车影响的程度，可以探索究竟在合流区间的哪个位置上交通流受到约束。

一般绘图时,纵坐标为相对于主线交通量的车道利用率(%),横坐标为匝道口前(或合流后)5min内的交通量(辆/5min),在图上可分别绘制合流车与连续通行路段的关系曲线进行比较。详见图5-16。

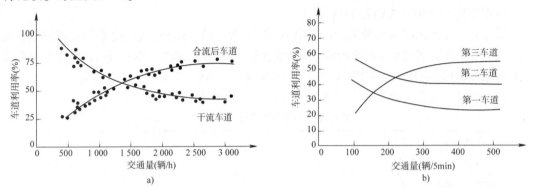

图5-16 交通量与车道利用率的关系

2) 合流前及合流处合流车与主线车的车速分布

这一分析类似于绘制各种(主线内侧、外侧车道、交通岛端部合流车、合流区间的合流车等)车流的车速累计分布图,如图5-17所示。由此进行比较,分析合流车与主线行驶车的相互影响。当主线上各车道的车速与来自匝道上的合流车车速相近时,可以认为此时的交通状况与通行能力相一致,也可以此推算通行能力。

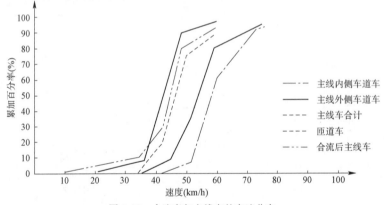

图5-17 合流车与主线车的车速分布

3) 主线上行驶车辆的车道变更分布

主线外侧车道上行驶的车辆有在合流区间附近变更车道的情况。因此可以以合流处交通岛的端部为基准,纵坐标为变更的百分率,横坐标为至端部的距离,绘出车道变更起点和终点的柱状图,如图5-18所示。图中显示出车道变更起讫点的分布情况。由此分析,同样可以探索在合流区间的哪个位置上主线交通受到约束。

4) 合流点处合流车前后车头时距与合流位置的关系

有时也需要研究合流车与前后主线上行驶的车头时距与合流位置的关系。这时除分别绘制合流前与合流后的车头时距与合流位置的分布图,还要绘制合流位置的累计分布图,并找出85%、50%、15%位的合流位置,由此可求得不同合流位置处的不同临界车头时距特征值,以此推算合流处的通行能力。详见图5-19。

5) 合流点处合流车与其前后主线上行驶车辆的速度差与车头时距的关系

当合流车在主线行驶车辆的间隔(空档)中汇流时,相应于前、后车和合流车车头时距的合流车速以及合流车车头时距与其前后车速度差的关系,也可作为模拟合流条件以求合流处的通行能力。

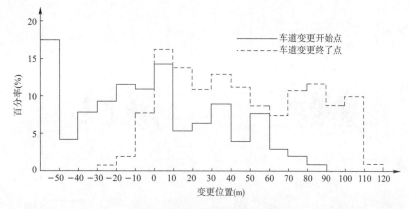

图 5-18 主线车的车道变更位置

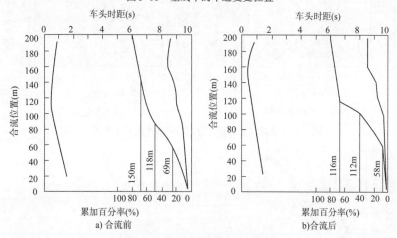

图 5-19 车头时距与合流位置分布

在分析时,可分别绘制速度差—车头时距的分布图以及车头时距的分布曲线和累计曲线图,并找出其出现最大百分数的车头时距和第 85%、50%、15% 位的车头时距。绘制和分析时应将合流车与其前、后主线车的分布图分别绘出。详见图 5-20。

6) 车头间隔利用图

主线车辆的车头时距长短不一,足够长者可被合流车所利用,并汇入车队随同行驶;短者则不能被利用。能否被利用的时距分布情况,可借助于主线车头间隔利用图判别,如图 5-21 所示。由图中可找到最易被合流车利用的时距、最不易被利用的时距以及能或不能被利用的临界车头时距。

7) 一个车头时距内合流车辆数与该车头时距大小的关系

一个车头时距内允许连续插入的可能车辆数,随车头时距的增大而增大。为具体分析应绘制主线上车辆的车头时距(在合流处)与连续插入的合流车辆数的分布曲线,并求出其方程以便定量地确定两者之间的关系。详见图 5-22。

8) 交通量与密度的关系

求得合流区间单位时间存在的车辆数(密度)和交通量(驶出交通量),并进一步计算运行时间及研究其间的关系,对宏观地推算合流区间的通行能力起着重要的作用。

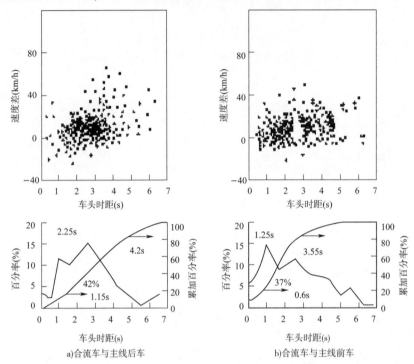

a) 合流车与主线后车　　　　b) 合流车与主线前车

图 5-20　合流车头时距与合流后主线车速度差的关系

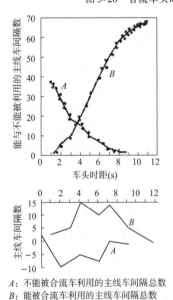

$A$:不能被合流车利用的主线车间隔总数
$B$:能被合流车利用的主线车间隔总数

图 5-21　主线车头间隔利用率

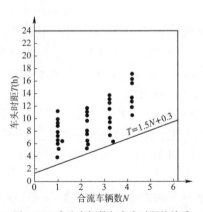

图 5-22　合流车辆数与车头时距的关系

通常可绘制交通量(辆/5min)—平均存在车辆数关系图以及平均运行时间—平均存在车辆数关系图,然后分析其间相互关系,并注意观察与通行能力相当的交通状况。详见图 5-23。

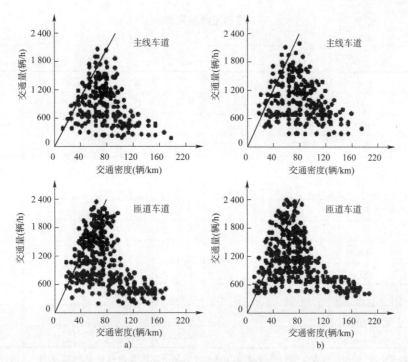

图 5-23　交通量与交通密度的关系

以上介绍了合流区间内交通情况随交通量增加而改变的规律，同时还讨论了当交通量达到通行能力时的交通现象，这些对于推算和判断合流区间的通行能力都是非常有用的。

连续通行路段路况调查和饱和流测定记录格式参见表 5-8 和表 5-9。

**连续通行路段路况调查记录表**　　表 5-8

日期＿＿＿＿年＿＿＿＿月＿＿＿＿日　星期＿＿＿＿时间＿＿＿＿午＿＿＿＿时＿＿＿＿分

天气＿＿＿＿　　调查人员＿＿＿＿＿＿＿＿＿＿＿＿＿＿

1. 路名　＿＿＿＿＿＿＿＿＿＿
2. 路宽(m)
   - 缘石~缘石　＿＿＿＿＿＿＿＿
   - 中央分隔带　＿＿＿＿＿＿＿＿
   - 路侧分隔段　＿＿＿＿＿＿＿＿
   - 中心线~缘石　＿＿＿＿＿＿＿＿
   - 中心线移动距离　＿＿＿＿＿＿
3. 交通流向(核对)
   - 单向通行　＿＿＿＿＿＿＿＿
   - 双向通行　＿＿＿＿＿＿＿＿
   - 分隔双向通行　＿＿＿＿＿＿
4. 道路所处位置(核对)
   - 繁华路中心　＿＿＿＿＿＿＿＿
   - 繁华路周围　＿＿＿＿＿＿＿＿
   - 繁华路之外　＿＿＿＿＿＿＿＿
   - 街坊内　＿＿＿＿＿＿＿＿＿＿
   - 市外区　＿＿＿＿＿＿＿＿＿＿

5. 道路类型
   - 高速公路　＿＿＿＿＿＿＿＿
   - 干线公路　＿＿＿＿＿＿＿＿
   - 次干线公路　＿＿＿＿＿＿＿
   - 生活道路　＿＿＿＿＿＿＿＿
6. 附近建筑物类型
   - 办公楼　＿＿＿＿＿＿＿＿＿
   - 小商店　＿＿＿＿＿＿＿＿＿
   - 工　厂　＿＿＿＿＿＿＿＿＿
   - 住　宅　＿＿＿＿＿＿＿＿＿
   - 公　园　＿＿＿＿＿＿＿＿＿
   - 荒　地　＿＿＿＿＿＿＿＿＿
7. 交通类型
   - 大部分为旅游　＿＿＿＿＿＿
   - 上下班　＿＿＿＿＿＿＿＿＿
   - 大多为城市间　＿＿＿＿＿＿
   - 过　境　＿＿＿＿＿＿＿＿＿

饱和流测定用表　　　　　　　　　　　表5-9

日期_____年_____月_____日_____午　　时间_____　天气_____
地点_____　交叉路口名_____　　驶入口位置_____侧

| 周期序号 | 绿灯时间 s | 是否中断 | 小汽车 R | L | S | 大型车 R | L | S | 普通汽车 R | L | S | 备注 |
|---|---|---|---|---|---|---|---|---|---|---|---|---|
| 1 | 40 | 是 | | | | | | | | | | 待行车辆不多 |
| 2 | 50 | | | | | | | | | | | |
| 3 | 40 | 是 | | | | | | | | | | |
| 4 | 50 | | | | | | | | | | | |
| 5 | 50 | | | | | | | | | | | |
| 6 | 50 | | | | | | | | | | | |
| 7 | 16 | 是 | | | | | | | | | | |
| 8 | 50 | | | | | | | | | | | |
| … | | | | | | | | | | | | |
| … | | | | | | | | | | | | |
| … | | | | | | | | | | | | |

注：表中"是否中断"列用以检查在绿灯信号时间内驶入口的各个车道是否都是饱和流，若驶入口各车道不是饱和流，或仅在个别车道上呈饱和流，则在该栏注"是"，同时将实际情况记入备注中。

S——直行；R——右转；L——左转。

## 课后习题

1. 什么是通行能力？根据通行能力的性质和使用要求的不同分为哪几类？他们之间有什么联系？
2. 简述交通量与通行能力的区别和联系。
3. 连续路段通行能力调查通常调查哪些道路条件参数和交通流参数？
4. 如何确定路段和交叉口通行能力调查的地点？
5. 在信号交叉口如何观测饱和车流的车头时距？
6. 在信号交叉口如何调查测定饱和流率？

# 第6章 行车延误调查

【教学目标】

延误是评价交通流运行状态的重要指标之一,通过延误调查可以确定产生交通阻塞的位置、程度和原因,可以评价道路服务质量,为制定交通改善措施提供依据。本章的教学内容主要包括:

(1)基本内容:行车时间与延误的含义及延误产生的原因,区间行车时间和延误的调查方法,交叉口延误的调查方法,调查资料的应用;

(2)重点:区间行车时间和延误的调查方法,交叉口延误的调查方法;

(3)难点:交叉口延误的调查方法。

通过本章内容学习希望能够达到以下几个目标:

(1)掌握:区间行车时间和延误的调查方法、交叉口延误的调查方法、调查资料的应用;

(2)理解:行车时间与延误的含义及行车延误产生的原因;

(3)了解:延误调查的目的、意义和必要性。

## 6.1 概述

行车延误调查包括路段行车延误调查和交叉口延误调查两部分。下面先介绍行车延误调查的一些基本概念。

### 6.1.1 行车延误调查常用术语和定义

1)延误

由于道路与环境条件、交通干扰以及交通管理与控制设施等驾驶人无法控制的因素所引起的行程时间损失,一般以 s/辆或 min/辆计。

2)固定延误

由交通控制装置引起的延误,与交通量大小及交通干扰无关,主要发生在交叉口处。交通信号、停车标志、让路标志和铁路道口等都会引起固定延误。

3)运行延误

由各种交通组成部分之间相互干扰而引起的延误。运行延误可分为两种,一种是由其他交通组成部分对车流的干扰(称为侧向干扰)而引起的延误,例如行人、受阻车辆、路侧停车以及横穿交通等因素引起的延误;另一种运行延误是由交通流内各车辆之间的干扰(称为内部干扰)而引起的延误,产生这种运行延误的主要原因是交通拥挤、汇流、超车与交织运行等因素的影响。

4)停车延误

车辆由于某种原因而处于静止状态所产生的延误。停车延误等于停车时间,其中包括车辆由停止到再次起动时驾驶人的反应时间。

5)行程时间延误

实际行驶的总行程时间与完全排除干扰后以平均速度通过调查路段的自由行驶时间之差。这一延误除包括停车延误外,还包括因加减速而产生的加速延误和减速延误。

6)延误率

车辆通过单位长度路段的实际运行时间与车辆在理想条件下通过该路段所需时间(标准运行时间)的差值。因此,延误率可以反映出单位长度路段上延误的大小。据国外观测,高峰时间内车辆通过单位长度路段的标准运行时间:高速道路为1.06min/km,主要城市干路为1.49min/km,集散道路为1.86min/km。

7)车流延误率

车流中各辆车的延误率的总和,即车流在单位长度路段上的总的损失时间。因此,车流延误率就等于单向交通量乘以延误率。

8)排队延误

车辆排队时间与车辆按自由行驶车速驶过排队路段的时间(自由行驶时间)之差。排队时间是指车辆从第一次停车到越过停车线所用的时间。排队路段是指车辆的第一次停车断面与停车线之间的道路。

当仅发生一次停车时:

$$排队延误 = 停车延误 + 加速延误$$
$$= 排队时间 - 自由行驶时间$$

当发生 $n$ 次停车时:

$$排队延误 = \sum_{i=1}^{n} 第i次停车延误 + \sum_{i=1}^{n} 第i次减速延误 + \sum_{i=1}^{n} 第i次加速延误$$
$$= 排队时间 - 自由行驶时间$$

9)引道延误

引道延误为引道实际耗时与引道自由行驶时间之差。其中引道实际耗时为车辆通过引道延误段实际所用的时间;引道自由行驶时间为不受干扰车辆通过引道延误段所用的时间。引道延误段指的是引起全部或大部分引道延误的引道路段,其长度随引道上的排队车辆数而变化。排队车辆越多引道延误段就越长。实际选用时,通常将可能出现的最大排队长度作为引道延误段。

图 6-1 是车辆在交叉口入口引道上的时间—空间关系图。该图可以说明引道延误、排队延误和停车延误三者之间的关系。图中纵坐标是车辆通过引道延误段所用的时间,横坐标是车辆在交叉口引道上行驶的距离。由图中可以看出车辆的各种延误受阻情况。受到延

误的车辆的引道实际耗时为 $E$ 点的纵坐标值(s)。引道自由行驶时间为 $F$ 点的纵坐标值。引道延误为 $E$、$F$ 两点纵坐标值之差。排队时间为 $E$、$C$ 两点纵坐标值之差。停车延误为 $D$、$C$ 两点纵坐标值之差。排队延误为排队时间减去 $F$、$B$ 两点纵坐标值之差。由于后者相对于前者一般都很小,所以在实际应用时,通常对排队时间与排队延误不加区分。

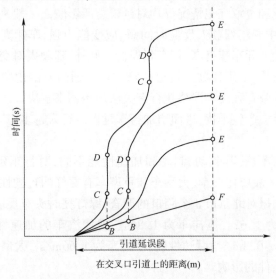

图 6-1　交叉口入口引道上受延误车辆的时间—空间关系图

据对大量交叉口的调查和分析,停车延误通常约占引道延误的 76%,排队延误约占引道延误的 97%。

### 6.1.2　延误调查的目的、意义和必要性

随着社会和经济的发展,人们对节约时间越来越重视。所谓延误就是时间损失,就是浪费道路使用者的时间,其影响几乎涉及社会和经济生活的各个方面。

进行延误调查就是为了确定产生延误的地点、类型和大小,评价道路上交通流的运行效率,在交通阻塞路段找出延误的原因,为制定道路交通设施的改善方案、减少延误提供依据。

通过延误调查可以直接得到车辆行程时间和损失时间的准确资料,这对于评价道路交通设施的服务质量、进行道路交通项目的工程经济分析以及研究交通拥挤程度等方面都具有十分重要的意义。

在交通规划和经济调查工作中,一般都需要两地之间的行程时间资料。由于行程时间包括行驶时间和延误两部分,因此,要获得行程时间数据,就必须通过延误调查得到延误数据。此外,在交通流受阻状况评价和其他有关问题的研究中,延误调查都是必须进行的工作。

### 6.1.3　延误的影响因素

行车延误受许多因素影响,这些因素主要有人(包括驾驶人、行人等)、车(车辆类型及车龄,车辆起动、制动和加速性能等)、道路与交叉口条件、交通条件(交通组成、转向车比例和路侧停车等)、交通负荷、服务水平、交通控制与管理(交通信号、交通标志和交通控制方式

等)以及道路环境等。目前对这些影响因素与延误之间的定量关系研究得不够,尚需进行大量的调查研究工作。

1)驾驶人和行人的影响

行车延误与驾驶人的驾驶技术水平有关,还与驾驶人的心理和生理特点有关,像驾驶人的性别、年龄、婚姻状况和遵章守纪情况等均对延误有所影响。一般来说,男性驾驶人、青年驾驶人比女性驾驶人、中老年驾驶人反应时间短、应变能力强、车速高,因而行车延误较低。单身驾驶人较已婚驾驶人开车速度高、行车延误低。此外,驾驶人对交通规则的遵守程度对其他车辆延误有很大影响,个别驾驶人抢道违章致使交通阻塞的现象在国内一些城市时常见。这要靠提高驾驶人教育程度和严格执行有关法规条例来解决。

行人过街对交通流会产生干扰,进而增加行车延误。行人越多,其干扰也就越大。

2)车辆的影响

不同车型和车龄的车辆,其起动、制动和加速性能不同,对行车延误的影响也不相同。新车、小型车和轻型车一般要比旧车、大型车和重型车有更好的行驶性能、更易操纵,因此其行车延误比后者要低。据对北京市8个路口的调查,绿灯亮时头车反应时间加起动时间,小型车为1.30s,大型车为1.62s,拖挂车为1.84s。现代汽车的加速性能,小型车为0.8~3.6m/s$^2$,大型车为0.6~0.8m/s$^2$;减速性能,小型车为1.66m/s$^2$,大型车为1.33m/s$^2$。

3)道路与交叉口条件的影响

快慢车分离的道路比快慢车混行的道路行车延误低。据在广州至佛山公路上的调查,无分隔带道路上的行车延误约为有分隔带道路的1.3倍。同样,两幅路分向行驶的道路比单幅路道路上的延误要小。用隔离墩分隔的道路上比用标线分隔的道路上的延误要小。车道数较多、单车道宽度较宽的道路比车道数少、单车道宽度较窄的道路的延误要低。入口引道上有左转专用车道的交叉口,其行车延误比没有左转专用车道的入口引道低。

4)交通条件的影响

在交叉口处,左转车(包括机动车和非机动车)对行车延误的影响极大。左转车比例越大则平均每辆车的延误越大,因为左转车比直行车延误高;同时左转车在两相位信号时,还增加了对向直行车的延误。左转自行车较多时,也会严重影响对向直行车的延误。

当交通流中大型车和载重车所占比例较大时,平均延误也会增加。此外,公交车等的路侧停车,由于干扰了正常的车流,也会使平均延误增加。

5)交通负荷的影响

交通负荷常以$V/C$比,即实际交通量与通行能力的比值来表示。行车延误与$V/C$比成正比。根据模拟研究,当$V/C$比≤0.3时,每辆车平均延误≤19s,而当$V/C$比≤0.7时,每辆车平均延误最高可达32~55s。

6)服务水平的影响

行车延误的程度将影响道路和交叉口服务水平的高低,行车延误越大,服务水平越低。在美国,将延误作为划分信号交叉口服务水平等级的标准,见表6-1。在我国,许多学者都主张采用延误作为评价道路交通服务水平的主要指标和划分城市交叉口服务水平的依据。表6-1所规定的延误标准在我国较难达到,欧洲、日本的标准也较之为低,因此有必要进行有关调查研究以便确定适合我国国情的延误标准。

美国信号交叉口服务水平　　　　　　　　　　　　　表 6-1

| 服务水平等级 | 平均每辆车的延误(s) | 服务水平等级 | 平均每辆车的延误(s) |
|---|---|---|---|
| A | ≤5.0 | D | 25.1~40.0 |
| B | 5.1~15.0 | E | 40.1~60.0 |
| C | 15.1~25.0 | F | >60.0 |

7) 交通控制与管理的影响

信号周期、绿信比等对行车延误影响很大，不适当的信号灯配时会造成人为的不应有的行车延误。一般来说，绿信比越大，延误越小。信号周期过长或过短都会增大延误，在信号灯配时设计时，应寻求使延误为最小的信号周期长。

停车标志、让路标志和铁路道口等也会影响行车延误。

交通控制方式对行车延误的影响也很显著。感应式信号机比单点周期信号机控制的交叉口行车延误低。如武汉市大东门和三阳路交叉口由定周期控制改为感应式信号机后，车辆排队时间分别缩短了 26% 和 47%。线控信号系统能减少干路交通的行车延误，如北京市前三门大街实行线控以后，主干路车辆的平均延误降低了 45%，支路车辆的平均延误降低了 22%。

8) 道路环境的影响

由于行人和路侧干扰的不同，城市道路比公路的行车延误高；商业中心区道路又比一般城市道路的行车延误高。在美国，市区道路因延误所引起的总损失时间占行程时间的 15%~16%，而在商业中心区达 35%~50%。

### 6.1.4　延误资料的应用

1) 评价道路交通阻塞程度

行车延误十分直观地反映了道路交通的阻塞情况。借助于延误资料可以确定产生交通阻塞的位置、程度和原因，进而对交通阻塞程度做出评价。延误越大，说明阻塞越严重。在某些交叉口或某些交叉口的入口引道上，平均每辆车的延误数值很大，车辆排队很长，在引道延误段上车速严重下降时，说明交叉口的阻塞十分严重。若某条路线的行车延误很低，则说明该路线的交通阻塞程度低。

2) 评价道路服务质量

道路的服务质量通常用服务水平来衡量。对于道路使用者，最关心的是时间或延误。因此，许多学者建议采用延误作为划分我国道路服务水平等级的主要指标之一。利用延误资料更可以确定路段和交叉口的服务水平等级，也就是对道路服务质量做出评价。

3) 前后对比研究

对道路交通设施改善前后的行车延误分别进行调查并加以对比，可以对所采取措施的效果做出评价，或分析尚存在的问题以便进一步改善。例如北京市崇文门交叉口，通过采取改善措施一项，平均每辆车的排队时间，在机动车高峰时减少 36.5s，在非机动车高峰时减少 21.4s，仅此一年获得的经济效益就达 28.4 万元，相当于改善工程的全部投资。

4）经济分析

在计算运输成本、进行道路交通改善工程的方案论证和可行性研究中，都要计算道路使用者费用，包括时间价值、燃料消耗及轮胎磨损等。这些费用的计算都与延误资料有关。

5）作为采取交通控制措施的依据

根据延误资料，确定无信号交叉口是否需要设置交通信号，设计交通信号控制参数，从而减少交叉口的延误或某一入口引道的延误。另外也可根据延误资料确定是否需要采取某些管理与控制措施，比如禁止左转、限制停车、单向行驶和禁止某一方向通行等。

6）改建道路和交叉口的依据

根据延误资料，对交通阻塞严重的路段或交叉口，提出改建计划。例如拓宽道路以改造瓶颈路段、实施快慢车分隔、拓宽交叉口引道或增设转弯专用车道等。

7）掌握行车延误的发展趋势

在选定的地点，定期进行延误调查，获得延误随时间的变化规律，进而掌握延误的发展趋势，做出交通状况是好转还是日益恶化的判断，预测未来的延误状况，以便尽早采取对策。

8）运输规划

交通运输部门在运营调度时，通常从经济效益出发，选择行程时间最短的路线。有了延误资料，运输部门便可进行路线选择。此外，交通运输部门在制定行车时刻表和调整路线运行时，也需要延误资料。

9）交通规划

有了延误资料，才能确定道路网上各路段和交叉口的行程时间。由于行程时间直接影响人们对交通方式的选择和交通量在路网中的分配，因此，交通方式划分模型和交通量分配模型中都采用行程时间作为主要参数，所以说行车延误是进行交通规划的基础资料。

## 6.2 路段行车延误的调查方法

路段行车延误通常与行程时间一起调查，这样可同时获得行驶时间、行驶车速、行程时间、行程车速和延误等一系列资料。有关的调查方法很多，在第三章车速调查中已介绍了试验车跟车测速法、浮动车测速法、汽车牌照号码登记法等调查方法，本节主要介绍路段行车延误调查的跟车法和驶入驶出法。

### 6.2.1 跟车法

观测人员乘坐沿待测路段行驶的测试车，观测并记录有关行车延误资料的方法称为跟车法。适用于路段行车延误调查。

1）调查方法

(1) 人员和设备

调查时有人工和自动记录两种收集资料的方式。若采用人工记录法，则需要2名观测员和两块秒表,其中1人两手各持1块秒表,另1人记录。若采用自动记录装置,则只需要1名观测员,操纵自动记录装置上标明行程时间和延误信息的各种控制按钮,自动记录装置通过一套编码系统便将行程距离、行程时间和延误及其发生地点等记录并打印出来。

(2) 样本容量

为了保证调查结果可靠,必须达到样本容量要求。表6-2给出的是美国采用的样本容量推荐值,可供参考。根据待测路段的道路交通条件,可参照该表的推荐值选择样本数。

行程时间和延误调查的样本容量(置信度为95%)　　　表6-2

| 道路类型 | 达到下述精度所需的样本容量 | | 道路类型 | 达到下述精度所需的样本容量 | |
|---|---|---|---|---|---|
| | 5% | 10% | | 5% | 10% |
| 有信号区道路 | | | 多车道,阻塞 | 50 | 13 |
| 双车道,不阻塞 | 30 | 8 | 公路 | | |
| 双车道,阻塞 | 40 | 10 | 双车道 1 130pcu/h | 25 | 6 |
| 多车道,不阻塞 | 18 | 5 | 双车道 1 440pcu/h | 42 | 11 |

摘自:伯瑞[美]道路研究委员会"市区行程车速观测方法评价"。

(3) 观测方法

测试车按下述方法之一行驶:

①浮动速度法。测试车在交通流中浮动,尽量使它超越的车数和超越它的车数相同。

②平均速度法。测试车按照驾驶人估计的交通流平均速度行驶。

③最大速度法。如果没有交通干扰,则测试车按照限制速度(最大速度)行驶。

通常优先采用最大速度法。在正式观测开始之前,应确定待测路段的起点和终点。还要沿调查路线选择交叉口等控制点,并在路缘石或交叉口中心线处标示出这些控制点。

测试车驶过调查路段起点时,用人工方法记录的观测员立即启动1块秒表。如果车上装有自动记录装置,则启动该设备指示测试开始。在测试车驶过事先确定的控制点的同时,记录秒表的时间读数或指示自动记录装置记录通过这些点的时间。

当测试车停车或被迫减速缓行时,观测员使用第2块秒表观测每次延误的持续时间,并记录每次延误的地点、持续时间和原因。如果采用自动记录装置,观测员操纵相应的按钮,便可记录每次延误的起止时间,并用编码或其他识别方式表示延误的类型。

测试车通过调查路段的终点时,观测员停止第1块秒表,记下该次测试行程的总时间。

若采用录音记录方法,观测员要报出车辆通过调查路段起止点的时间、每个控制点的位置和通过时间,以及每次延误的地点、持续时间和原因。这种方法的资料整理工作量较大。

重复上述观测过程,直到满足样本容量要求为止。

跟车法路段延误调查现场记录表见表6-3。

**跟车法行程时间和延误调查现场记录** 表6-3

日　　　期_____　　　天气_____　　　行程编号_____
路　　　线_____　　　方向_____
行程开始时间_____　　地点_____　　　里　　程_____
行程结束时间_____　　地点_____　　　里　　程_____

| 控制点 | | 停车或被迫缓行 | | |
|---|---|---|---|---|
| 地点 | 时间 | 地点 | 延误(s) | 原因 |
|  |  |  |  |  |
|  |  |  |  |  |
|  |  |  |  |  |
|  |  |  |  |  |
|  |  |  |  |  |
|  |  |  |  |  |

行程长度_____　　　行驶时间_____　　　行驶车速_____
停驶时间_____　　　行程时间_____　　　行程车速_____
　　　　　　　　　　　　观测员_____　　　　记录员_____

备注：

2) 调查注意事项

(1) 为了使记录方便迅速，对车辆停止或缓行原因可事先规定一些缩写符号，如S代表交通信号，L代表左转车干扰，C代表路侧停车，P代表行人干扰，B代表自行车干扰，E代表公交车辆上下客，T代表一般性阻塞，K代表故意消磨时间等。

(2) 路段总长及各控制点间的分段长度，可通过直接丈量或利用比例尺可靠的地图确定，也可以从测试车里程表上读出，调查路段总长一般不应小于1.5km。

(3) 路段行车延误调查，根据调查目的选择高峰小时或非高峰小时进行，有时还需要进行对比。对于主要工业区和商业区，其高峰时间和非高峰时间与普通市区不同，应注意调整相应的调查时间。

(4) 延误调查通常是在良好的天气条件下进行的。进行前后对比调查时，应选择相似的天气条件以便使调查结果具有可比性，同样在调查时间和其他条件的选择上也应注意可比性。

3) 调查结果的表达与分析

(1) 路线延误调查结果的表达

整个路线的运行时间和延误调查结果可用图6-2的方式来表达，由图中可以看出整个干路的车速、累计行程时间及各交叉口的平均延误。

下面介绍公交车的车速和延误调查图表的绘制。图6-3是公交车行驶的时间—空间图。图中绘出了指定公交线路两个行驶方向上的单程总行程时间。累计行程时间是从公交线路起点到终点的行驶时间，加上每个停车地点的延误时间。图中纵坐标表示时间，横坐标表示公交车行驶距离。公交线路所在街道系统按比例相应地绘制在图的下面,实际工作中应注明各街道及交叉口的名称。图中纵向位移代表公交车在每个停车地点的延误,每条斜线的平均斜率即为该行驶方向上公交车的平均行驶速度。

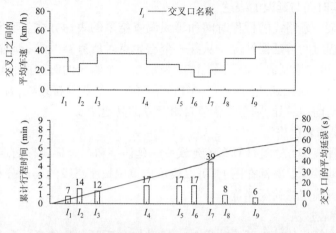

图 6-2　某城市干路行程时间、平均车速及延误示意图

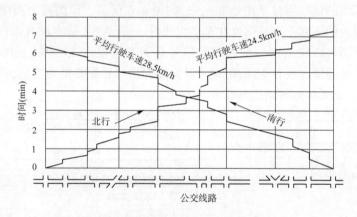

图 6-3　公交车行驶的时间—空间图

图 6-4 是公交车的延误类型及其分布示意图,由该图可以看出公交车延误的详细情况。每种延误的大小可由各停车点上相应柱状图的长度来表示。图 6-4 中绘出了两个行驶方向的调查结果。

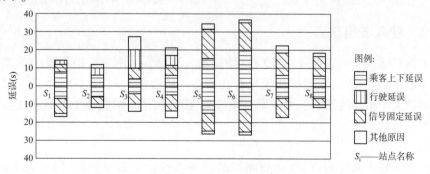

图 6-4　公交车的延误类型及分布示意图

整个公交线路的速度和延误调查结果,可用图6-5的形式来表达。图中,最上边的柱形的长度代表总行程时间,它包括行驶时间和延误。其余柱形给出了在不同地点和不同类型的延误所占的百分比。

(2)区域行程时间与延误的表达

前面介绍了某一条路线的行程时间和延误调查结果的表达方式。实际工作中,通常需要整个市区的行程时间与延误情况。从某一个起始点对所有路线进行调查,得到行程时间和延误资料,进而可以绘制成等时线图,该图表示在一个给定的时间内,从一个共同的起点(通常是中心商业区)所能到达的距离。在相邻两条等时线相互接近处,就是交通阻塞路段。在等时线呈峰状向前伸展处,则是车辆能自由行驶的高速路段。

(3)车流延误率表达法

延误的另一种表达方法是计算车流延误率。延误率和车流延误率的定义参见本章第一节。将整个道路网的延误率标在图上,可以表示出单位长度路段的延误分布情况,根据相应路段的交通量即可确定总的延误量。

(4)延误比率表达法

各项延误占总延误的比率可反映出各项延误与总延误以及各项延误之间的数量关系。各项延误占总延误的比率用柱状图绘制出来,如图6-6所示。该图标出高峰小时中心商业区的各项延误所占的比率。这是国外在车辆组成单一、行人少、基本没有自行车的情况下统计得出的。由此图可以看出信号交叉口的信号灯阻车延误占53.4%,总的交叉口延误占76.4%。我国的交通情况虽有不同,但交叉口交通拥挤与延误亦极为突出,特别是行人和自行车的影响很大,交叉口的延误通常在80%以上。

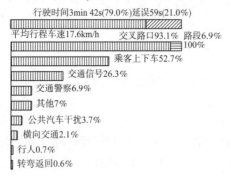

图6-5 公交车速度和延误调查示意图

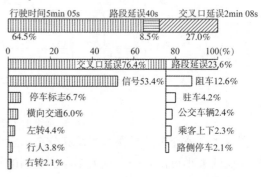

图6-6 高峰小时中心商业区各项延误所占比率

## 6.2.2 驶入驶出法

这种方法只适用于调查瓶颈(或窄桥)路段的行车延误。本方法的假设前提是:车辆的到达和离去服从均匀分布;车辆排队现象存在于某一持续的时间内,在其中某一时段中,若到达的车辆数大于道路的通行能力时则开始排队,而当到达车辆数小于道路的通行能力时,则排队将开始消散。

1)调查方法

调查在两个断面同时进行,在调查路段的起终点各设1名观测员,用调查交通量的办法,以5min或15min为间隔时间累计交通量。要求两断面的起始时间相同,因此调查开始之前，两断面观测员应对准表以统一时间。当车辆受阻排队有可能超过瓶颈路段起点断面时，应根据实际情况及早将起点断面位置后移。如果该路段的通行能力为已知，则瓶颈路段终点断面可不予调查，这时，终点断面每一时段离开的车辆数取同一时段待驶出车辆数和通行能力两者中的低值。

2）调查结果的计算和分析

现结合一个具体例子来说明。

**【例6-1】** 表6-4为某公路上一瓶颈路段发生阻塞时的调查结果。已知该路段通行能力为360辆/h，即平均每15min通过90辆车。

**解**：由表6-4可见，在9:00开始的第1个15min内，到达车辆数小于路段通行能力，路段上并无阻塞。第2个15min内，累计离去车辆数小于累计到达车辆数，有10辆车被阻，于是开始阻塞。9:30~9:45是高峰，到达车辆数最大，阻塞继续发展。9:45~10:00到达车辆已开始减少，但累计待驶车辆数仍超过能离去的车辆数，通行能力仍不满足要求。以上这45min是排队开始形成、排队长度不断增加直至出现最大排队长度的一段时间。10:00以后，到达车辆数小于路段通行能力，累计到达车辆数与累计离去车辆数开始接近，排队长度缩短，阻塞车队开始消散。到10:30累计到达车辆数等于累计离去车辆数，于是阻塞结束。

**瓶颈路段阻塞调查结果** 表6-4

| 时间 | 到达车数(辆) | | 离去车辆(辆) | | 阻塞情况 |
|---|---|---|---|---|---|
| | 到达 | 累计 | 离去 | 累计 | |
| 9:00~9:15 | 80 | 80 | 80 | 80 | 无阻塞 |
| 9:15~9:30 | 100 | 180 | 90 | 170 | 阻塞开始 |
| 9:30~9:45 | 120 | 300 | 90 | 260 | 阻塞 |
| 9:45~10:00 | 90 | 390 | 90 | 350 | 阻塞 |
| 10:00~10:15 | 70 | 460 | 80 | 440 | 阻塞开始消散 |
| 10:15~10:30 | 70 | 530 | 90 | 530 | 阻塞结束 |

现在来求每辆车通过瓶颈路段的延误时间。例如，求第300辆车的延误时间。第300辆车是在9:45到达的，此时仅离开了260辆车，因此它排队的位置为300-260=40(辆)，即排队中的第40辆车。由于瓶颈路段的通行能力为360辆/h，即90辆/15min，因此每辆车通过瓶颈路段的平均所需时间为15/90(min)。故第300辆车通过瓶颈路段所需时间为：

$$\frac{15}{90} \times 40 = 6\frac{2}{3}(\min)$$

由此得知第300辆车是在9:45(它的到达时刻)之后$6\frac{2}{3}$min，即9:51:40时驶离瓶颈路段的。

第300辆车通过瓶颈路段的延误时间，应为实际行程时间与无阻碍时的自由行驶时间之差，即

$$6\frac{2}{3} - \frac{15}{90} = 6.5(\min)$$

将表6-4的数据绘成图6-7所示的到达—离去曲线。当通行能力预先不能确定时,图中离去曲线(实线)应以终点断面处的实测资料绘制。图中虚线为累计到达车辆数曲线。两曲线间的水平间隔为某辆车通过瓶颈路段所需要的时间,垂直间隔为某一时刻的受阻车辆数(排队车数)。两曲线围成的面积即为受阻车辆通过瓶颈路段的总车分钟数,记为 $D_a$ (辆·min)。当车辆不受阻塞通过瓶颈路段所需时间与受阻后所需时间相比很小时[如第300辆车,不受阻塞通过瓶颈路段所需时间与受阻后所需时间分别为15/90min(即10s)和 $6\frac{2}{3}$ min(即400s),比值很小],可以将 $D_a$ 直接当作总延误车时数。

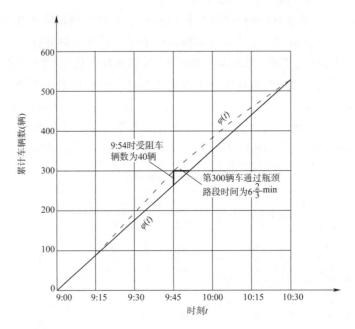

图6-7 到达—离去曲线图

由数学分析可得:

$$D_a = \int_a^b [\varphi_2(t) - \varphi_1(t)] dt \qquad (6-1)$$

式中: $\varphi_1(t)$、$\varphi_2(t)$——累计离去车辆数,累计到达车辆数随时间变化的函数曲线。

然而,在实际问题中,$\varphi_1(t)$、$\varphi_2(t)$ 的解析式往往不易求得,无法直接应用式(6-1)计算 $D_a$ 值。这时可利用近似公式,将 $\varphi_1(t)$、$\varphi_2(t)$ 按折线来计算 $D_a$,一般能满足精度要求。由图6-7求得:

$$D_a = 1\ 351\ 辆 \cdot min$$

有了 $D_a$,就可求得每辆车通过瓶颈路段所需的平均行程时间 $t_s$(min):

$$t_s = \frac{D_a}{总通过量} \qquad (6-2)$$

无阻塞时,每辆车所需行驶时间 $t_n$(min)为:

$$t_n = \frac{60}{通行能力} \qquad (6-3)$$

于是,每辆车的平均延误时间 $d_s$(min)为:
$$d_s = t_s - t_n \tag{6-4}$$
当 $t_n$ 较小时可以忽略不计,则 $d_s = t_s$。

在本例中,由表6-4可查得总通过量(9:00~10:30间一个半小时的累计离去车数)为530辆。于是由式(6-2)~式(6-4)得:
$$d_s = \frac{1\,351}{530} - \frac{60}{360} = 2.38(\min)$$

3)注意事项

(1)驶入驶出法调查延误很难得到平均每辆受阻车的延误和受阻车辆占总数的百分比,也无法确定产生延误的准确地点和原因,而且还无法识别延误的类型。在这些方面此法都不如跟车法。

(2)驶入驶出法的理论前提为假设来车率与离去率是均一的。这往往与实际交通状况不相符合。事实上,来车率与离去率往往是随机的而并非均一的。因此,统计交通量的时间间隔取得越小,瓶颈路段的长度越短,精度将越高。

(3)尽管驶入驶出法存在上述缺点,但由于简便,调查结果又能整理成十分直观的图表,因此,作为分析瓶颈路段的行车延误方法,仍具有一定的实用价值。

### 6.2.3 基于GPS的行程时间和延误的调查

对于行程时间与延误的调查,只需一辆装有 GPS 的试验车即可,令试验车在待测的道路上行驶,计算机终端实时记录下车辆的行驶状态,根据 GPS 反馈的信息,测得速度不为 0 时的时间总和就是行驶时间;车辆通过整个路段的时间就是行程时间;在路口或有交通标志的地点,速度为 0 的总时间就是固定延误时间;在整个路段车速为 0 的时间总和就是停车延误时间;在无路口或交通标志的地点,速度为 0 的总时间就是运行延误时间。可见,利用 GPS 可以方便快捷地得到相关的时间信息。

## 6.3 交叉口延误的调查方法

在道路或路网的总行车延误中,交叉口延误所占比例一般都在80%以上,可见交叉口的延误调查十分重要。

交叉口延误主要受三方面因素的影响。首先是道路条件,如入口引道的车道数、宽度、坡度、入口控制方式、渠化情况、有无停车站点等;其次是交通条件,如每个入口引道的高峰小时通量及其流向分配、车辆类型及组成、驶近交叉口的车速、行人及非机动车情况;另外是交通管制方式,如交叉类型、信号管理方式、周期长、绿信比、停车或让路标志、转向与停车控制等。

本节着重讨论交叉口延误的调查方法,首先介绍调查的地点和时间。

### 6.3.1 调查地点和调查时间

1)调查地点

调查地点应根据调查目的的确定,通常有下面三种情况:

(1) 指定交叉口

如果需要了解某条道路或整个路网延误的全面情况，就应该对有关的交叉口进行延误调查。

(2) 交通阻塞交叉口

为了提高经常阻塞交叉口的整体服务水平，提出改善措施，就应对该交叉口进行延误调查。

(3) 某个交叉口的一个或几个入口引道

如需要了解交叉口经常阻塞的某个引道的延误情况，则可对该引道进行延误调查。为了评价整个交叉口的运行效率，一般应对该交叉口的各个入口引道同时进行调查。

2) 调查时间

延误调查一般应在天气良好、交通条件正常的情况下进行。根据需要，有时也在不利的气候条件或特殊的交通条件下进行调查。调查时间的选择通常有以下几种情况：

(1) 高峰时段延误调查

高峰时段的延误最严重。选早高峰还是晚高峰、机动车高峰还是非机动车高峰则要根据调查目的确定。

(2) 高峰与非高峰时段延误对比调查

分别在高峰时段和非高峰时段进行延误调查，这时应注意除交通条件之外的其他条件的可比性。

(3) 延误的前后对比调查

在交通控制与管理设施改善前后评价改善效果。这时要注意其他条件应相似，时间也要相对应。

### 6.3.2 调查方法

交叉口延误的调查方法可分为两类。第一类是停车时间法。根据停车时间测定方法的不同，停车时间法可分为间断航空摄影法、延误仪测记停车时间法和点样本法等。这类调查方法得到的交叉口延误只包括停车时间，没有计入加速延误和减速延误。交叉口延误调查的第二类方法是行程时间法。根据行程时间测定方法的不同，行程时间法可分为试验车法、牌照法、间断航空摄影法、车辆感应器与人工结合法、人工追踪法和抽样法等。这类方法是测定从交叉口前的某一点至交叉口内或交叉口之后的某一点的行程时间。各车辆的平均行程时间减去这段行程的自由行驶时间就是交叉口的延误。这类方法得到的交叉口延误，不但包括停车延误，还包括加速延误和减速延误。

下面分别介绍用点样本法和牌照法调查交叉口延误的方法和算例。

### 6.3.3 点样本法

这个方法最早是由美国加利福尼亚大学伯克利分校（University of California, Berkeley）于1954年提出的，方法简便，不需要专门仪器，因此各国一直都在广泛使用。该法属于停车时间法。

1) 人员和设备

每个交叉口入口引道需要3~4人和1块秒表，观测人员和所需秒表的总数根据需调查的引道数量确定。

2) 样本容量

用点样本法调查交叉口延误,必须有足够的样本数,以保证所要求的调查精度。当所关心的是停驶车辆的百分率时,应用概率统计中的二项分布来确定需要调查的最小样本数。

$$N = \frac{(1-p)\chi^2}{pd^2} \quad (6-5)$$

式中:$N$——最小样本数;

$p$——在交叉口入口引道上的停驶车辆百分率,%;

$\chi^2$——在所要求的置信度下的 $\chi^2$ 值,按表 6-5 取用,一般情况下,置信度可选用 95%,相应的 $\chi^2 = 3.84$;

$d$——停驶车辆百分率估计值的容许误差,$d$ 值取决于调查目的,其范围一般为 0.01 到 0.10,通常采用 0.05 或 0.06。

一定置信度下的 $\chi^2$ 值　　　　表 6-5

| $\chi^2$ | 置信度(%) | $\chi^2$ | 置信度(%) |
| --- | --- | --- | --- |
| 2.71 | 90.0 | 6.63 | 99.0 |
| 3.84 | 95.0 | 7.88 | 99.5 |
| 5.02 | 97.5 | | |

这里,样本容量指的是包括停驶车辆和不停驶车辆在内的入口引道车辆总和。在正式观测之前,为确定适当的样本容量 $N$ 需要初步估计停驶车辆百分率。为此,最好进行一次现场试验调查。一般在交叉口入口引道上观测 100 辆车便可以估计出适当的 $p$ 值。

若假定 $p = 50\%$,解式(6-5)可得出在所要求的统计精度下的最小样本容量,见表 6-6。在任何情况下,所取样本数不应小于 50 辆。调查工作结束后,要根据实际的样本数 $N$,计算出停驶车辆百分数 $p$,然后按所要求的置信度用式(6-5)反算出停驶车辆百分率的估计误差 $d$,若不能满足要求,则需要增加样本数,重新调查。

最小样本容量($p = 50\%$)　　　　表 6-6

| 容许误差 $d$ | 置信度 | | |
| --- | --- | --- | --- |
| | 90% | 95% | 99% |
| 5% | 1 084 | 1 536 | 2 652 |
| 10% | 271 | 384 | 663 |

3) 观测方法

点样本法就是观测在连续的时间间隔内交叉口入口引道上停车的车辆数,进而得到车辆在交叉口入口引道上的排队时间。交叉口每一引道需要 3~4 名观测员,其中 1 名为报时员,1 名(或 2 名)为观察员,另 1 名为记录员。点样本法的现场记录表见表 6-7。在调查开始之前记录员应将调查日期、地点等填入表内。观测时间间隔一般取 15s(根据情况也可选其他值),这样,每分钟有 0~15s、15~30s、30~45s 和 45~60s 4 个时间间隔。

点样本法调查交叉口延误现场记录表　　　　　表 6-7

交叉口＿＿＿＿＿　　　引　道＿＿＿＿＿　　　车　道＿＿＿＿＿
日　期＿＿＿＿＿　　　天　气＿＿＿＿＿　　　观测员＿＿＿＿＿

| 开始时间 | 在下列时间内停在引道内的车辆数(辆) | | | | 引道交通量(辆) | |
|---|---|---|---|---|---|---|
| | +0s | +15s | +30s | +45s | 停驶车数 | 不停驶车数 |
|  |  |  |  |  |  |  |
|  |  |  |  |  |  |  |
|  |  |  |  |  |  |  |
|  |  |  |  |  |  |  |
|  |  |  |  |  |  |  |
| 小　计 |  |  |  |  |  |  |
| 合　计 |  |  |  |  |  |  |

观测开始之后，报时员手持秒表，每 15s 报时一次，观察员在报时后即统计停留在入口引道停车线之后的车辆数，并通知记录员逐项记录。同时，记录员(或第二名观察员)还要统计在相应每 1min 内的引道交通量，并按停驶车辆和不停驶车辆分别统计和记录。停驶车辆是指经过停车后通过停车线的车辆，不停驶车辆是指不经停车而直接通过停车线的车辆。

上述观测工作连续进行，直至达到样本容量要求或规定的时间(10min 或 15min)为止。

4) 注意事项

(1) 如果观测人员较多，则对于一个十字交叉口可同时投入 12~16 人对四个入口引道进行观测，这样时间较节省，且各引道的调查结果具有可比性。如人员不足，则可对各入口引道轮流进行观测，但时间耗费较多，各引道的调查结果可比性也不强。

(2) 对于定周期信号交叉口，选择观测的时间间隔时应避免信号周期长能被观测时间间隔整除的情况出现，否则，统计停车数的时间将是信号周期的某个相同部分，这会使观测资料失去随机性。此外，还应将观测的起始时间与信号周期的始点错开。

(3) 观察地点应在事先做好调查的基础上确定，要保证观察方便，特别要注意车辆排队很长时对视线的影响。观察地点一般选在停车线旁、排队长度的中间或可通视排队的其他有利位置。

(4) 对于入口引道是多车道的交叉口，若不要求区分某一具体车道上的延误，可不分车道调查，否则要按车道分别安排观测人员。

(5) 如果某辆车的停车时间超过一个观测时间间隔，则在下个时间间隔将再次把该车统计在引道停车数内，而在统计停驶车数时，该车却只被统计一次。因此，对于一个指定的时间间隔，停驶车数总是小于或等于停在引道上的车辆总数。这可以帮助判断观测与记录的正确与否。

(6) 点样本法也可用来调查交叉口或其他地点的行人交通的延误，这时只要用统计车辆的方法来统计行人即可。

5) 调查结果分析

交叉口延误调查结果，通常来用下述指标来表达：

$$\left.\begin{array}{l}\text{总延误} = \text{总停车数} \times \text{观测时间间隔} \quad (\text{辆} \cdot \text{s}) \\ \text{每一停驶车辆的平均延误} = \dfrac{\text{总延误}}{\text{停驶车辆总数}} \quad (\text{s}) \\ \text{交叉口入口引道上每辆车的平均延误} = \dfrac{\text{总延误}}{\text{引道总交通量}} \quad (\text{s}) \\ \text{停驶车辆百分率} = \dfrac{\text{停驶车辆总数}}{\text{引道总交通量}} \times 100\% \quad (\%) \\ \text{停驶车辆百分率的估计误差} = \sqrt{\dfrac{(1-p)\chi^2}{pN}} \end{array}\right\} \quad (6\text{-}6)$$

6)算例

【例6-2】 对交叉口某一入口引道进行延误调查。观测时间间隔为15s。对引道上100辆车的初步调查,知停驶车辆百分率约为49%,实际调查资料见表6-8。试求:

(1)确定最小样本容量;
(2)按所给调查资料计算延误指标。

交叉口延误记录表　　　　　　　　　　表6-8

交叉口　×××　　　　引　道　北　　　　车　道　全　部
日　期　×××　　　　天　气　晴　　　　观测员　××

| 开始时间 | 在下列时间内停在引道内的车辆数(辆) | | | | 引道交通量(辆) | |
|---|---|---|---|---|---|---|
| | +0s | +15s | +30s | +45s | 停驶车数 | 不停驶车数 |
| 8:00 | 0 | 2 | 4 | 10 | 16 | 20 |
| 8:01 | 4 | 0 | 8 | 8 | 19 | 18 |
| 8:02 | 6 | 6 | 12 | 0 | 23 | 24 |
| 8:03 | 2 | 8 | 0 | 10 | 18 | 15 |
| 8:04 | 0 | 10 | 0 | 2 | 10 | 20 |
| 8:05 | 18 | 2 | 4 | 12 | 28 | 21 |
| 8:06 | 6 | 0 | 14 | 0 | 18 | 12 |
| 8:07 | 2 | 4 | 12 | 4 | 16 | 14 |
| 8:08 | 10 | 14 | 10 | 0 | 28 | 22 |
| 8:09 | 2 | 6 | 0 | 8 | 14 | 30 |
| 8:10 | 6 | 0 | 12 | 10 | 16 | 18 |
| 小　计 | 56 | 52 | 76 | 64 | 206 | 214 |
| 合　计 | 248 | | | | 420 | |

**解**:(1)最小样本容量按式(6-5)计算,由表6-5按置信度查得$\chi^2 = 3.84$,取$d = 0.10$,代入公式得:

$$N = \dfrac{(1-p)\chi^2}{pd^2} = \dfrac{(1-0.49) \times 3.48}{0.49 \times 0.10^2} = 400(\text{辆})$$

即要求调查的引道交通量至少为400辆。

(2)计算交叉口延误指标,按式(6-6)得:

总延误 = $248 \times 15 = 3\,720$(辆·s)

$$\text{每一停驶车辆的平均延误} = \frac{3\,720}{206} = 18.1\,(s)$$

$$\text{交叉口入口引道上每辆车的平均延误} = \frac{3\,720}{420} = 8.9\,(s)$$

$$\text{停驶车辆百分率} = \frac{206}{420} = 49\%$$

$$\text{停驶车辆百分率的误差} = \sqrt{\frac{(1-0.49)\times 3.84}{0.49 \times 420}} = 9.8\%$$

由最后一项指标可知,停驶车辆百分率的误差为9.8%,容许误差0.10即10%,说明本次调查满足精度要求,结果有效。

7)点样本法的评价

(1)点样本法中的各个样本是相互独立的,因此,某个样本的错误或遗漏对总的结果几乎没有影响。

(2)由于点样本法在选择观测时间间隔时,避免了与信号周期的同步现象,因此在整个信号周期内观测的一系列数据,为信号周期内的各种交通条件都提供了有代表性的随机样本。

(3)点样本法提供的一组数据和指标,能够比较完整地描述交叉口的延误情况。

(4)当停驶车辆百分率很高(例如达到90%以上)时,点样本法是很难适用的。因为这时排队车辆很多,要在15s的观测时间间隔内统计出入口引道上的全部停车数几乎是不可能的。当入口引道为多车道且有左、右转专用车道时,若想应用点样本法获得各车道的延误,则需要增加许多观测人员。对于这种多车道引道,无论是否分车道观测,在统计停驶车数与不停驶车数时都是比较困难的。当引道为单车道时,用点样本法无法区分不同流向车辆的延误。此外点样本法只能得到平均延误时间,而无法获得延误时间的分布特征,而这种特征对理论研究和计算机模拟都是十分有用的。

### 6.3.4 牌照法

牌照法是行程时间法的一种,它是通过测记一定车辆的牌照号码、特征和通过引道延误调查段两端的时刻,进而获得引道实际耗时的方法。引道实际耗时减去引道自由行驶时间,即为引道延误。引道自由行驶时间通常也采用牌照法调查,但如果根据以往资料,已知入口引道自由行驶车速,则利用引道延误段长度便可计算出引道自由行驶时间。特别是在做前后对比调查时,若假定引道自由行驶时间不变,则前后两次调查都可不必测定引道自由行驶时间,只要用交通设施改善前的平均引道时间减去改善后的平均引道时间即可得到交通设施改善所降低的引道延误值。

1)人员和设备

每个小组需要5~6名观测员、2台无线电对讲机和4块秒表。每组观测一个入口引道,整个交叉口延误调查所需人员和设备按引道个数累加。

2)样本容量

牌照法调查引道时间所需的最小样本数可按下式确定:

$$N = \left(\frac{S_t K}{E_t}\right)^2 \tag{6-7}$$

式中：$S_t$——引道时间的样本标准差，s，通常取 $S_t = 10 \sim 20s$；

$K$——所要求的置信度下的 $K$ 值，按表6-9查用，通常采用置信度为95%的 $K$ 值，即 $K=1.96$；

$E_t$——引道时间的容许误差，s，通常取 $E_t = 2 \sim 5s$。

一定置信度下的 $K$ 值　　　　表6-9

| $K$ 值 | 置信度(%) | $K$ 值 | 置信度(%) |
|---|---|---|---|
| 1.00 | 68.3 | 2.00 | 95.5 |
| 1.50 | 86.6 | 2.50 | 98.8 |
| 1.64 | 90.0 | 2.85 | 99.0 |
| 1.96 | 95.0 | 3.00 | 99.7 |

3）观测方法

观测时，一般将交叉口入口引道停车线作为出口断面，记为断面Ⅱ，断面Ⅰ为入口断面，位于引道上游，断面Ⅰ与断面Ⅱ之间的距离应大于引道延误段长度。实际观测之前，引道延误段的长度不易准确确定，应参照以往的入口引道最大排队长度来确定断面Ⅰ的位置。断面Ⅰ、Ⅱ之间的距离尽量选长些，一般在80～200m范围内。若一旦在调查过程中发现车辆排队超过了断面Ⅰ的位置，应及时予以调整，并将调整前后的调查资料分开整理。

现以一个入口引道的延误调查为例来说明具体观测过程。调查时，设1人持对讲机站在断面Ⅰ的路侧，负责抽样。当拟抽取的车辆到达断面Ⅰ时，便将其车型、特征和车牌号末三位数字用对讲机通知断面Ⅱ的观测人员。调查小组的其余4～5人均站在断面Ⅱ的路侧，其中1人持对讲机与Ⅰ断面观测人员联络，其余3～4人记录。持对讲机者（接收者）负责接收Ⅰ断面观测人员发来的信息，将接收到的各车的信息分别告诉各位记录人员。记录人员一听到接收者传送的关于某辆车的信息，立即记下当时的时刻，然后按表记录下该车的特征、车型及车号，随后专心在来车群中寻找自己负责记录的车辆。当该车通过断面Ⅱ时，马上记录下其通过时刻。当引道实际耗时较短（小于1min）时，记录人员通常只能等上一次报来的车辆通过停车线后才能向接收者申请记录下一辆车。当引道实际耗时较长（大于1min）时，记录人员有可能同时记录几辆车的信息，并依次在来车群中寻找，这样可节省时间，提高效率。如果需要分流向研究引道延误，记录人员还应记下自己所负责的车辆通过停车线后的去向。典型的现场记录表如表6-10所示。

**牌照法引道时间调查现场记录表**　　　　表6-10

交叉口名称_____　　引　道_____　　调查段长度_____

日　期_____　　时　间_____　　天　气_____　　记　录_____

| 序号 | 特征 | 车型 | 车号 | 通过断面Ⅰ的时刻（min　s） | 通过断面Ⅱ的时刻（min　s） | 流向 | 通过调查段时间(s) |
|---|---|---|---|---|---|---|---|
| 1 | 黑/上海 | 小 | 008 | 36　27 | 36　59 | 左 | 32 |
|  |  |  |  |  |  |  |  |
|  |  |  |  |  |  |  |  |

续上表

| 序 号 | 特 征 | 车 型 | 车 号 | 通过断面Ⅰ的时刻（min s） | 通过断面Ⅱ的时刻（min s） | 流 向 | 通过调查段时间(s) |
|---|---|---|---|---|---|---|---|
|  |  |  |  |  |  |  |  |
|  |  |  |  |  |  |  |  |
|  |  |  |  |  |  |  |  |
|  |  |  |  |  |  |  |  |

现举一个调查与记录的实例。当观测人员布置结束后，按预定时间开始观测。断面Ⅰ观测员见某车时报告："黑色上海小轿车008"。断面Ⅱ接收者在听到"黑"字时，马上对记录员A讲"记"。记录员A立即看表，如时间为8:36:27，则在表6-10"通过断面Ⅰ时刻"栏内记下"36 27"。随后接收者将断面Ⅰ观测员传来的其余有关信息告诉记录员A，记录员A在相应栏内分别记入"黑/上海"、"小"、"008"等信息。之后专心在来车群中寻找该车。当该车通过断面Ⅱ时，记录员A看表，如时间为8:36:59，则在"通过断面Ⅱ时刻"栏内记下"36 59"。如为左转车，则同时在"流向"栏内记下"左"（或"L"）。如果时间允许，可在现场算出通过断面Ⅰ、Ⅱ的时差（本例取为36min59s–36min27s=32s），并填入相应的"通过调查段时间"栏内。其完整的记录见表6-10。

通常一名记录员每小时可记下20~30辆车的完整资料。引道时间越长，则能记下的车辆数越少。

4) 注意事项

(1) 抽样时应注意对一般随机取样的有关规定外，还要慎重对待在引道延误段有停靠站的公交车辆。如果不抽取这些车辆也能获取足够的样本数时，最好不调查这些车辆，只有在需要调查这类车辆时才抽取它们。如不抽取公交车辆，在预定的调查时间内就不能获得足够的样本数时，可以适当抽取，但这时应扣除其平均停靠站时间，这将会增加额外的调查工作量。

(2) 当需要调查某一流向（例如左转）车辆的引道时间时，应注意抽取的样本总数要比通常所要求的样本数大某一倍数，即

$$N_t = \frac{N}{R} \qquad (6\text{-}8)$$

式中：$N_t$——调查某一流向车辆引道时间时应抽取的样本总数；

$N$——所需某一流向最小样本数；

$R$——某一流向的车辆在车流中的比例，一般用小数表示。

这是因为引道延误段一般都较长，车辆行至断面Ⅰ时，驾驶人尚未打开方向指示灯，断面Ⅰ观测员通常无法判定车辆的流向。如果在专用转弯车道上调查，由于此时能判断出车辆的流向，因此可直接确定所需样本数。

(3) 用牌照法调查引道自由行驶时间，方法完全一样，但必须选择在引道交通量很低时进行调查，并注意与引道时间调查时的其他条件尽可能相同。

(4) 用牌照法调查,由于车辆通过断面Ⅰ的时刻是由远在断面Ⅱ的观测人员记录的,因此有一定误差,但一般小于2s,并且均形成负误差,即观测的引道实际耗时均小于车辆的实际引道时间。如果引道自由行驶时间与引道实际耗时均采用牌照法观测,则在计算延误时可以抵消这项误差。

(5) 如果没有对讲机,也可采用对照牌照法。采用这种方法观测时,两断面上的观测员分别观测各车辆的通过时刻,然后将两断面的观测结果加以对比,求出时间。如事先约定牌照尾数,则效果更好。

5) 调查结果的整理与分析

(1) 引道延误调查资料的整理与地点车速资料整理相似,通常是将引道实际耗时和引道自由行驶时间的资料分组整理,分别求得平均值,两平均值之差即为平均每辆车的引道延误。若引道实际耗时的容许误差范围为 $\pm E_t$,引道自由行驶时间的容许误差范围为 $\pm e$,则平均每辆车的引道延误的误差范围就是 $\pm \max\{E_t, e\}$,其区间估计为平均每辆车的引道延误 $\pm \max\{E_t, e\}$。

(2) 将引道实际耗时的观测资料依次减去引道自由行驶时间的平均值,然后再分组整理,则可以获得引道延误的分布规律。

(3) 由于车辆通过断面Ⅰ、Ⅱ时所记录的是绝对时间,经过适当的整理,可以得到引道延误随时间变化的规律。当然,这要求进行大量的调查,采用连续式或定时间断式调查均可。

6) 算例

【例 6-3】 表 6-11 给出某交叉口引道时间调查资料的整理结果。已知引道段长度为 265m,引道自由行驶车速为 $(27.5 \pm 2.0)$ km/h。试计算置信度为 95% 时的平均每辆车引道延误及其区间估计。

某交叉口引道实际耗时调查结果整理分析表    表 6-11

| 组别 | 组区间(s) | 组中值 $t_i$(s) | 观测数 $f_i^*$(辆) | 频数 $f_i$(%) | $f_i^* t_i$(辆·s) | $f_i^* t_i^2$(辆·s²) |
|---|---|---|---|---|---|---|
| 1 | 20~30 | 25 | 8 | 7.69 | 200 | 5 000 |
| 2 | 30~40 | 35 | 7 | 6.73 | 245 | 8 575 |
| 3 | 40~50 | 45 | 7 | 6.73 | 315 | 14 175 |
| 4 | 50~60 | 55 | 4 | 3.85 | 220 | 12 100 |
| 5 | 60~70 | 65 | 11 | 10.58 | 715 | 46 475 |
| 6 | 70~80 | 75 | 15 | 14.42 | 1 125 | 84 375 |
| 7 | 80~90 | 85 | 22 | 21.15 | 1 870 | 158 950 |
| 8 | 90~100 | 95 | 10 | 9.62 | 950 | 90 250 |
| 9 | 100~110 | 105 | 3 | 2.89 | 315 | 33 075 |
| 10 | 110~120 | 115 | 3 | 2.89 | 345 | 39 675 |
| 11 | 120~130 | 125 | 3 | 2.88 | 375 | 46 875 |
| 12 | 130~140 | 135 | 7 | 6.73 | 945 | 127 575 |
| 13 | 140~150 | 145 | 1 | 0.96 | 145 | 21 025 |
| 14 | 150~160 | 155 | 3 | 2.88 | 465 | 72 075 |
| 合计 | | | 104 | 100 | 8 230 | 760 200 |

**解**：平均引道实际耗时：

$$\bar{T} = \frac{\sum f_i^* t_i}{N} = \frac{8\,230}{104} = 79.1(\text{s})$$

样本标准差：

$$S_t = \sqrt{\frac{\sum f_i^* t_i^2}{N-1} - \frac{(\sum f_i^* t_i)^2}{N(N-1)}} = \sqrt{\frac{760\,200}{103} - \frac{8\,230^2}{104 \times 103}} = 32.5(\text{s})$$

引道实际耗时的容许误差：

$$E_t = \frac{S_t K}{\sqrt{N}} = \frac{32.5 \times 1.96}{\sqrt{104}} = \pm 6.2(\text{s})$$

引道自由行驶时间：

$$T_t = \left(\frac{265}{27.5 - 2.0} \times 3.6\right) \sim \left(\frac{265}{27.5 + 2.0} \times 3.6\right) = 37.5 \sim 32.3(\text{s})$$

其平均值为：

$$\bar{T}_t = \frac{37.5 + 32.3}{2} = 34.8(\text{s})$$

引道自由行驶时间的容许误差：

$$e = \pm \frac{37.4 - 32.3}{2} = \pm 2.6(\text{s})$$

于是，每辆车引道延误：

$$\bar{D} = 79.1 - 34.8 = 44.3(\text{s})$$

总体区间估计为：

$$\bar{D} \pm \max\{E_t, e\} = \bar{D} \pm E_t(\text{s})$$

即为$(44.3 - 6.2)\text{s} \sim (44.3 + 6.2)\text{s}$，置信度为95%。

7) 牌照法的评价

(1) 牌照法调查引道延误，方法简便，记录员的数量可根据需要与可能适当调整，机动灵活，可以得到引道延误的分布规律、各流向车辆的延误等。这种方法的精度也较高。

(2) 牌照法观测员分处两个断面，会带来计时误差、观测误差以及两断面的工作不便协调等一系列问题，而且此法还需要有专门的无线电对讲机。

(3) 这种方法无法获得每一停驶车辆的平均延误和停驶车辆百分率等统计量。

(4) 采用牌照法调查引道延误，一般要分别调查引道实际耗时和引道自由行驶时间，这就要增加调查工作量。但如果用它进行前后对比调查，则可不做引道自由行驶时间调查，比较方便。

## 课后习题

1. 应用点样本法调查交叉口延误有哪些局限性？
2. 延误按引起的原因不同分为哪几种？对应原因是什么？
3. 对交叉口某一引道进行车辆延误调查，观测时间间隔为15s，观测时间为5min。对引

道上 100 辆车进行初步调查,得知停驶车辆的百分率为 70%,实际调查数据如表 6-12 所示。计算:

(1) 确定最小样本容量,容许误差 $d=0.10$,取置信度为 90%;

(2) 计算延误指标。

某交叉口延误调查现场记录表　　　　表 6-12

| 观测时间 | 在下列时间内停在引道内的车辆数(辆) | | | | 引道交通量(辆) | |
|---|---|---|---|---|---|---|
| | +0s | +15s | +30s | +45s | 停驶车数 | 非停驶车数 |
| 8:00 | 0 | 2 | 7 | 9 | 16 | 6 |
| 8:01 | 4 | 0 | 0 | 3 | 6 | 14 |
| 8:02 | 9 | 16 | 14 | 6 | 39 | 0 |
| 8:03 | 1 | 4 | 9 | 13 | 22 | 0 |
| 8:04 | 5 | 0 | 0 | 2 | 4 | 17 |

# 第7章 起讫点(OD)调查

【教学目标】

起讫点调查即OD调查,其目的是弄清交通流和交通源之间的关系,获取人、车、货的交通特性和出行规律,从而推求未来的交通需求,为交通规划、交通预测模型构建等工作提供基础数据。本章的教学内容主要包括:

(1)基本内容:OD调查的基本术语与定义,OD调查的目的及意义,居民出行调查,机动车OD调查,货流OD调查;

(2)重点:居民出行调查方法;

(3)难点:居民出行调查的方案设计、数据校核和扩样处理。

通过本章内容学习希望能够达到以下几个目标:

(1)掌握:居民出行调查的内容及方法,重点掌握家庭访问调查法;居民出行调查方案设计的内容,包括调查范围和交通小区划分的原则和方法、抽样方法的选择、抽样率的计算、调查表格的设计等;机动车OD调查方法,重点掌握路边询问调查法;

(2)理解:OD调查常用术语的定义,居民出行调查的精度检验方法;

(3)了解:居民出行调查的实施步骤,OD调查资料统计分析的基本内容及要求,货流OD调查。

## 7.1 概述

起讫点调查,也称OD调查(Origin Destination Survey),其目的是为了弄清所研究区域内人、车和货的交通特性,主要包括人的出行OD调查、车辆OD调查和货流OD调查等,这些调查的内容和方法基本类似,统称起讫点(OD)调查。OD调查的最大特点是将人、车、货的出行活动视作交通形成的细胞,据此研究交通的产生与分布。

### 7.1.1 基本术语与定义

1)出行

指人、车、货从出发点到目的地移动的全过程。出行"起点",指一次出行的出发地点;"讫点",指一次出行的目的地。

出行作为交通行为的计测单位,它须具有三个基本属性:
(1)每次出行有起、讫两个端点;
(2)每次出行有一定目的;
(3)每次出行采用一种或几种交通方式。

根据出行调查的目标和具体要求,在计测中可以附加一些更为详细的规定。例如:必须利用有路名的街道或公路;步行单程时间必须在 5min 以上,使用交通工具距离超过 500m;凡是步行(或自行车)方式完成购物为目的的连续出行,以其出发点为始点,最远到达地点为终点计为一次出行。

2)出行端点

出行起点、讫点的总称。每一次出行必须有且只有两个端点,出行端点的总数为出行次数的两倍,参见图7-1。

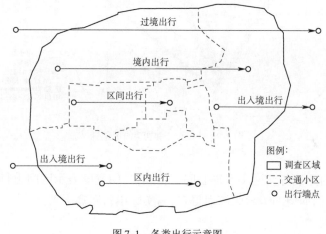

图7-1　各类出行示意图

3)交通小区

交通小区是结合交通分析和交通需求预测模型的需要将研究区域划分成的若干地理单元,是分析居民、车辆出行及分布的最小空间单元,参见图7-1。交通小区在交通模型中作为交通的发生源和吸引源。交通小区的总数决定了出行矩阵的大小,交通小区的面积大小和形状都会影响交通模型的精度和结果。

4)境内出行

起讫点都在调查区域范围内的出行,参见图7-1。

5)过境出行

起讫点都在调查区域范围外的出行,参见图7-1。

6)出入境出行

出行端点有一个在调查区域范围内、另一个在调查区域范围外的出行。其中,起点在调查区域范围内、讫点在调查区域范围外的出行称为出境出行,起点在调查区域范围外、讫点在调查区域范围内的出行称为入境出行,参见图7-1。

7)区内出行

调查区域分成若干交通小区后,起讫点都在同一个小区内的出行,参见图7-1。

8)区间出行

调查区域分成若干交通小区后,起讫点分别位于不同小区内的出行,参见图7-1。

9)小区形心

指交通小区内出行端点(发生或吸引)密度分布的重心位置,即交通小区内交通出行的中心点,不一定是该交通小区的几何面积重心,参见图7-2。

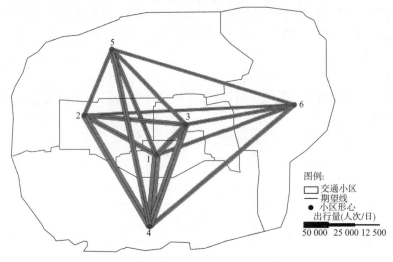

图7-2 小区形心和期望线示意图

10)期望线

又称愿望线,为连接各交通小区形心间的直线,它的宽度表示区间出行的次数,如图7-2所示。因其反映人们期望的最短距离而得名,与实际出行距离无关。

11)主流倾向线

又称综合期望线,是将若干条流向相近的期望线合并汇总而成,目的是简化期望线图,突出交通的主要流向。

12)OD 表

即表示起讫小区之间出行交换数量的表格,见表7-1。

OD 表　　　　　　　　　　　　　　　表7-1

| $i$ \ $j$ | 1 | 2 | 3 | … | $n$ | $P_i = \sum_j t_{ij}$ |
|---|---|---|---|---|---|---|
| 1 | $t_{11}$ | $t_{12}$ | $t_{13}$ | … | $t_{1n}$ | $P_1$ |
| 2 | $t_{21}$ | $t_{22}$ | $t_{23}$ | … | $t_{2n}$ | $P_2$ |
| 3 | $t_{31}$ | $t_{32}$ | $t_{33}$ | … | $t_{3n}$ | $P_3$ |
| … | … | … | … | … | … | … |
| $n$ | $t_{n1}$ | $t_{n2}$ | $t_{n3}$ | … | $t_{nn}$ | $P_n$ |
| $A_j = \sum_i t_{ij}$ | $A_1$ | $A_2$ | $A_3$ | … | $A_n$ | $T = \sum_i \sum_j t_{ij}$ |

13) 调查区域境界线

包围全部调查区域的一条假想线(图7-3),有时还分设内线和外线,内线常为城市中心商业区(CBD)的包围线。

14) 分隔查核线

为校核OD调查成果精度而在调查区域内按天然、人工障碍设定的调查线(图7-3),可设一条或多条。它们将调查区域划成几个部分,用以实测穿越该线的各道路断面的交通量。

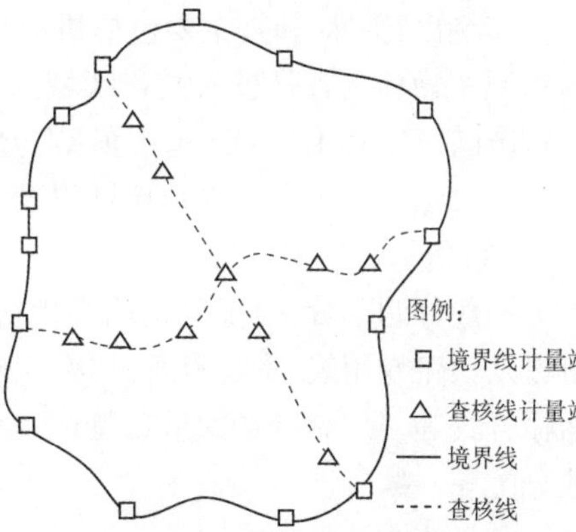

15) 出行产生

包括交通分区内下述出行端点:家庭出行中的家庭一端端点,不论其为出发点或到达点;非家庭出行的出发点。

16) 出行吸引

相对于出行产生,包括交通分区内下述出行端

图例:
□ 境界线计量站
△ 查核线计量站
— 境界线
--- 查核线

图7-3 外围境界线和分割查核线示意图

点:家庭出行中的非家庭一端的端点,不论其为出发点或到达点;非家庭出行中的到达点。整个调查区域的出行吸引数应等于出行产生数。

17) 出行分布

又称OD交通量。调查区域内各交通小区之间的车、人出行次数(即OD表中的$t_{ij}$),当限为车辆出行时,也称交通分布。

### 7.1.2 起讫点调查的目的和意义

起讫点调查的实质是把出行(人、车、货)从技术与社会综合的角度进行研究。这种方法改变了传统的单靠断面交通量的调查与增长率估计来研究交通需求与交通运输能力的关系,是交通研究进程中的一个重大进步。世界上一些交通现代化水平较高的城市和地区,诸如美区的芝加哥、纽约,英国伦敦,日本的京阪神都市圈以及中国香港特区等,过去都曾是车患成灾、交通堵塞,事故惊人,如今百万辆以上的汽车和各种现代化交通体系(地铁、轻轨、高速公路和自控系统)能够协调、高效地运行,这与坚持作好OD调查工作,作好科学交通规划是分不开的。

起讫点调查的具体目的如下:

(1) 通过搜集出行类别与数量资料,在计算机上模拟现状的出行,为发现主要交通症结,调整与改善道路系统功能,从系统上和政策上对近远期工程项目排序提供依据;

(2) 由OD调查资料、土地使用资料建立各类交通预测模型,为远期交通规划提供依据;

(3) 客观地分析评价各类交通出行的特征,特别是公共交通服务水平,为提高公共交通系统运行效率,制定近期、远期交通政策提供有效信息。

### 7.1.3 起讫点调查类别与方法

1) 起讫点调查类别

(1) 居民出行OD调查

居民出行OD调查主要包括城市居民和流动人口的出行调查,调查重点包括出行目的、

出行方式、出行时间、出行距离、出行起讫点以及土地利用等,是世界各国开展交通调查最常用的方式之一。

(2) 车辆出行 OD 调查

车辆出行 OD 调查主要包括机动车和非机动车出行。其中机动车出行调查包括所有本地牌照车辆和调查日进入调查区域的外地车辆。摩托车、出租车和公共汽车应包含在客车调查范畴。车辆出行 OD 包括车型、营业特点、装载客(货)、出行目的、出行次数、出发和到达时间、地点、经过主要江河桥址以及主要路口等。

(3) 货物流通 OD 调查

一般分两部分:一部分是调查货物流通集散点、运输设施能力(岸线、码头、泊位、年吞吐量以及铁路专用线、货运汽车)、停车场地、仓储情况;另一部分是货物种类、运入量、运出量、运输方式等。货流调查的重点是调查货源点和吸引点的分布,货流分类数量和比重,货运方式分配等。

2) 调查方法

OD 调查方法很多,主要包括:家访调查、发(放)表调查、路边询问调查、明信片法、车辆牌照调查等。各种方法特点简述如下:

(1) 家访调查(个人出行)

对居住在调查区内的住户,进行抽样家访。由调查员当面了解该户中包括学龄儿童在内的全体成员一天出行情况。家访调查一般还应包括在城市活动的流动人口出行调查。我国许多大城市居民出行调查采用这种方法,内容比较可靠,表格回收率高。在工作中辅以大量的宣传,特别是依靠城市街道、社区各级组织,可以获得事半功倍之效。

(2) 发(放)表调查(车辆出行)

将调查表格发给机动车驾驶人,由车辆管理系统落实到每个人,由他们填写后回收,填写前做好动员与解释工作。对调查日未出车的应注明原因。

(3) 路边询问调查

在主要道路或城市出入口设调查站,让车辆停下,询问该车的出行起讫点以及其他出行资料。访问地点的选择,如果调查只涉及一条孤立路线上的数据,取一个中间点位置进行驾驶人访问即可;如果要取得一个城市全部出入交通资料,应在该城市辐射出去的所有路线上选择访问点。在调查人员有限情况下,这方法很有用,每天调查可限于一个站点,调查周期可以延至一周以上。路边询问一般要让驾驶人停车,一要交警协助;二要注意问答简练、准确、不致引起对方反感,应避免交通堵塞和注意交通安全。

(4) 明信片法

当交通繁忙不能长时间停下车来做路边询问时,就采用在访问站对驾驶人发明信片办法。要求驾驶人填写后投递寄回。访问站尽量设在交通减速地段,如通行收费处、交通信号或有停车标志处。明信片法的回收率一般只有 25% ~ 35%。

(5) 工作出行调查

对调查区内的职工抽样进行居住点(O 点)和工作地点(D 点)的调查,由于这项资料可以从工作单位的现成档案中抄得,能大大减轻调查工作量。虽然只是工作出行,但都是城市客流的主体,很适于公共交通规划,自行车专题调查也可以采用此方法进行。

(6) 车辆牌照调查

由各调查站分时段记下通过测点的全部车辆牌照末几位数字,然后汇总各调查站记录进行汇总校对。凡第一次记牌照的地点即为该车的起点,凡最后一次记录牌照的地点便是该车的讫点。这种方法得到的信息往往太粗,且投入人力很大。因此,仅在研究一个枢纽地区的流量流向分布时采用。

(7) 公交站点调查

为了了解公交客流分布,派人去车上或站上对乘客进行询问调查,了解乘客起、讫点与换乘情况。主要内容有:①乘车路线,哪站下车;②下车后是否转车;③终点。

(8) 境界线出入调查

在调查区的境界上设调查站,对所有穿越该路线的车辆作统计,在路边作询问调查,此法可作为家访调查的补充。小城市的 OD 通常不作家访,而直接采用本方法。

(9) 货物流通调查(货流 OD)

在货源点和吸引点调查货源种类、数量、调查日的货流流向与流量、采用的运输工具等。

## 7.2 居民出行调查

### 7.2.1 居民出行调查概况

居民出行调查是指对某一区域内居住的居民(通常也包括流动人口)在城市空间内某一天的出行目的、出行路径、出行时间、出行方式等内容进行调查,了解出行活动的全过程,以达到掌握城市居民因多种不同出行目的的活动在时间和空间上的变化规律。由于调查区域内人口众多,居民出行调查仅按一定比例进行抽样调查,通过对样本数据的扩样反映城市居民的总体出行特征和规律,为城市综合交通规划和其他有关规划提供十分重要的基础资料,同时也是制定城市交通政策的有效数据。

美国居民出行调查 NHTS( the National Household Travel Survey) 主要是对居民日常和长距离出行的调查,调查信息包括家庭属性中的人口、收入和车辆拥有情况,个人属性中的性别、年龄、职业情况,日常出行特征中的出行目的、出行次数、出行方式等信息和长距离出行的详细信息,并于 1969 年、1977 年、1983 年、1990 年、1995 年和 2001 年开展了日常出行的调查,其中在 1977 年、1995 年和 2001 年同时还进行了较长距离出行的调查。NHTS 应用计算机辅助的电话访问技术进行调查。每个中选家庭记录家庭成员在特定出行日 24h 的出行信息;长距离出行调查,记录 28 天内出行的情况。另外,美国 10 年一度的人口普查工作中也包含关于出行的调查,主要包括工作地点、家到工作单位的距离、上班使用的交通工具等信息。调查机构建立起 CTPP( the Census Transportation Planning Package) 人口普查交通规划包,将这些调查数据整理起来以供交通规划工作使用。

英国全国范围的居民出行调查工作 NTS( National Travel Survey) 始于 1965 年,内容包括所有出行方式的调查,主要的调查方法为家访调查。英国在 1965～1966 年实施了第一次 NTS,之后分别在 1972～1973 年、1975～1976 年、1985～1986 年也进行了 NTS。随着对调查数据精确性、及时性、连续性的要求的提高,从 1986 年开始,NTS 改为每月进行的连续调查。

因此,NTS可以为英国的交通规划提供最新的连续的、规律的居民出行信息。

日本的居民出行调查都是在都市圈进行的,这是由其城市布局决定的。1966年由九州地区建设部门进行的福冈市PT(个人出行)调查,是最早的试验性调查;真正的居民出行调查开始于1967年广岛都市圈,到目前为止大约有40个人口在30万以上的都市圈进行了居民出行调查。大概每隔10年进行一次。日本居民出行调查体系包含家访调查、大运量交通工具调查、营业用车调查(出租车、货车等)、核查线调查、封闭曲线调查等。

国内城市居民出行调查开展的比较晚,但是发展很快。自20世纪80年代左右,仅在一些特大城市做过全市范围的居民出行调查,时至今日很多大中城市都进行了居民出行调查,为城市交通规划与运营管理工作提供了基础支持。近年来,国内城市居民出行调查发展中呈现出来的几个特点总结如下:

(1)国内城市居民出行调查主要采用家访调查。如北京(2010年)、上海(2009年)、广州(2005年)、西安(2008年)、佛山(2007年)等均采用家访调查法开展了居民出行调查。

(2)一些城市逐步建立形成了每5~10年开展一次居民出行调查的长效机制。如,北京在1986年、2000年、2005年、2010年、2014年分别开展过五次居民出行调查;上海曾于1986年、1995年、2004年、2009年、2014年先后组织开展了居民出行调查。

(3)为了全面获取城市交通信息,在开展居民出行调查的同时多进行相关配套专项调查,从而形成以居民出行调查为核心的综合性交通调查。北京2000年以来的4次交通调查都是以居民出行调查为核心的综合性交通调查,其中2014年开展的第五次北京城市交通综合调查,包含居民出行调查、公共交通调查、道路流量调查、专项辅助调查以及数据收集5个方面共16项调查项目,如表7-2所示。2014年开展的上海市第五次综合交通调查其覆盖也非常广,共24项分项调查涉及人员出行和货物流通两个方面,涵盖市内交通和对外交通等两大系统。

北京市第五次交通综合调查项目(2014年)　　　　表7-2

| 调查大项名称 | 序号 | 调查项目名称 | 调查大项名称 | 序号 | 调查项目名称 |
| --- | --- | --- | --- | --- | --- |
| 居民出行调查 | 1 | 传统入户调查 | 道路流量调查 | 9 | 核查线调查 |
| | 2 | GPS辅助调查 | | 10 | 境界线调查 |
| | 3 | 流动人口出行调查 | 专项辅助调查 | 11 | 就学出行调查 |
| | 4 | 居民出行意愿调查 | | 12 | 客流吸引点调查 |
| 公共交通调查 | 5 | 轨道交通调查 | 数据收集 | 13 | 土地使用状况数据 |
| | 6 | 地面公交调查 | | 14 | 人口与就业状况数据 |
| | 7 | 出租车调查 | | 15 | 就医分布状况数据 |
| | 8 | 自行车调查 | | 16 | 机动车保有量分布状况数据 |

(4)在调查中,注重新技术、新方法在调查实施领域和数据挖掘、分析阶段的应用,将交通检测数据与人工调查数据有效结合,充分利用IC卡数据、GPS定位、视频检测等信息化科技手段。

### 7.2.2 居民出行调查的流程与步骤

采用的调查方法不同,居民出行调查的流程与步骤有较大差异,这里主要针对家访调查法并结合国内多个城市居民出行调查实施情况介绍居民出行调查的一般流程与步骤。

1）成立专门机构统一负责

居民出行调查规模大、专业性强，工作量大、耗资大、耗时长，是一项涉及面十分广泛的社会性调查工作，既需要政府各相关部门的共同努力和参与，也需要得到市民的理解和配合。根据国内一些大城市开展居民出行调查的组织经验，完成该项工作必须以政府为主导，政府有关部门通力合作，组成横向和纵向的组织构架，做好周密的组织与调查设计，充分利用各种宣传工具，建立严格的监督机制，才能确保调查的成功实施与完成的质量。

为了更好地实施调查工作，建议可成立专门机构统一负责，具体分为三个小组：

（1）居民出行调查领导小组。一般由市政府主持，其成员可由市政府指定。领导小组的主要职能是：对调查工作进行领导、协调和督促，保障调查工作的有序开展；协调各个成员单位及时提供围绕开展调查工作所需的相关资料和帮助。

（2）居民出行调查专家指导小组。专家指导小组的主要职能是：以技术咨询和专家评审等形式对工作大纲、调查实施方案、数据整理与分析等关键环节进行技术把关，并对调查过程中遇到的技术问题给予技术支持，最终评定调查成果。

（3）居民出行调查工作小组。由居民出行调查参与单位相关人员组成，具体负责调查方案的设计、人员培训以及组织实施等工作。

2）基础资料准备

在调查之前，首先应掌握调查区域相关的社会经济资料，主要包括调查区域内的居民点、人口分布造册、土地利用现状、各级行政组织（行政区、街道、派出所、社区和居委会）道路、车辆资料等。

3）编制调查设计方案和组织实施大纲

制定调查设计方案，主要包括审定调查内容、审定调查规模、确定调查方法、调查表格设计和调查人员配备等。

4）试调查

试调查工作包括试调查的人员培训、试调查以及试调查总结三个过程。其目的在于：培训调查骨干、了解调查员在规定时间内可访问的户数、了解调查员及居民对出行的认识和理解、了解居民对调查的配合情况、检验调查数据分析软件运行状况、检查调查表格的后处理（编码、代码转换、校核、数据录入）速度、发现与全面调查相关的其他问题。

5）调查人员培训

通过培训使得全体调查人员熟练掌握调查登记的项目、内容、填表要求，熟悉调查工作的程序和方法。培训内容主要有：本次居民出行调查的重要性、现场访问流程、与被访者的交流技巧、调查工作的严肃性与真实性要求、调查表每项内容的含义与填表要求等。

6）调查工作宣传

居民出行调查涉及范围广，出动人员多，规模庞大，需得到社会各界的支持和广大市民的配合。为保证调查工作的顺利实施，需要新闻媒体对调查工作进行宣传和报道，使市民明白居民出行调查的目的、意义、内容及调查方式。具体可根据根据调查工作不同阶段的特征，将宣传工作划分以下几个阶段：

（1）普及宣传阶段。主要介绍居民出行调查的目的、意义、整个调查的工作流程。

（2）居民出行调查准备阶段。主要让市民了解居民出行调查的范围、内容以及调查的方式，消除市民对调查的顾虑。

（3）入户调查前一周阶段。主要让市民了解居民出行调查的相关知识，做好心理准备积极配合调查。可在报纸上刊登调查表，介绍相关小知识和填写说明，并报道具体调查时间，请市民做好准备。

（4）入户调查阶段。主要让居民知道如何配合调查，让调查员及居民知道本次调查内容的重点、难点和易错点，做好有针对性的宣传解释工作，把宣传和调查登记紧密地结合起来。

7) 全面实施调查

居民出行调查实施流程可参见图7-4，关键在于如何争取居民的配合以及调查过程中各类工作人员的协调配合。

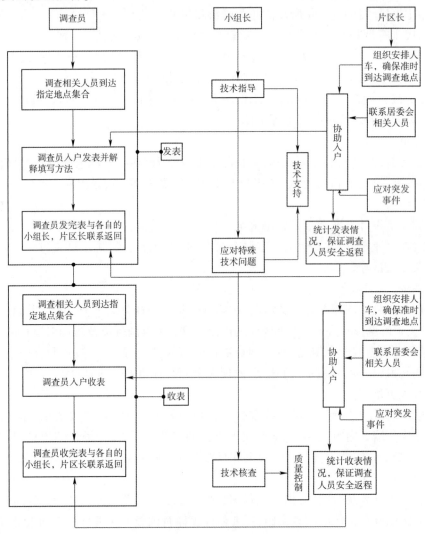

图7-4 居民出行调查实施流程图

8) 后期数据处理

居民出行调查的数据处理是一项庞大的工程，应事先开发相应的数据处理软件。后期数据处理主要包括以下几项工作：
(1)审核调查表格是否合格，剔除不适合作为样本的表格。
(2)进行代码转换，给调查表格编标识号。
(3)数据录入人员进行数据录入。
(4)审核人员对所录入的数据进行校核、检验。
(5)对调查样本的数据进行统计分析，得到调查样本的统计结果。
(6)对样本进行综合评判，初步判断调查结果的可靠性。
(7)利用各项调查数据的交叉性，对居民出行调查样本进行扩样和调校，使其反映全市总体的特征。

9)调查成果汇总、调查报告撰写

最后，应对调查成果进行汇总，并撰写调查报告，具体工作包括：
(1)对调查结果进行分析，寻找交通规律，分析交通问题。
(2)撰写调查报告，交代调查过程、调查数据、得到结论等。
(3)总结调查工作中的经验教训，便于为日后类似交通调查工作组织和实施提供参考。

### 7.2.3 交通小区的划分

1)划定调查区域范围

划定调查区域范围实际上就是确定境界线，区域的大小与交通规划的目标是密切相关的。一定时期开展调查的区域应该适应城市规划在一定发展阶段的规模。我国一些城市在开展出行调查时，以往较多迁就人力、物力和市中心区当前的交通问题，调查大多局限于市区，从城市交通规划的目标上看这是不够的。一个城市的吸引力及影响范围是很大的，交通规划一定要和城市总体规划实施协调一致。

因此，调查区域范围划定应遵循以下几点原则：
(1)考虑社会经济规划以及经济活动地域分布情况，调查范围应足够大。
(2)考虑调查区域出入境交通情况，尽量配合天然地形界限。
(3)考虑适合路边调查站点设立。
(4)考虑利用现有行政区域的统计数据。

近年来，我国城市在改革开放的新形势下，城市布局面临着人口一再突破规划指标、用地不断扩大的发展趋势，为了适应城市空间由单中心团状布局向敞开式分散布局的合理演变，调查范围应包括建成区和城市发展可望达到的郊区，在开展调查时可从以下几点作具体分析：

(1)城镇化水平(城镇人口占总地域人口比例)。截至2013年年底，中国的城镇化率为53.73%，已达到世界平均水平，进入从增速到减速的过渡阶段，其中上海的城镇化率达到88.02%，排名第一，北京以86.30%紧随其后，天津以78.28%排名第三。城镇化水平的增长预示着城市空间地域增大。

(2)城市的区域规模与人的出行活动半径有密切的联系。根据我国近年调查，不同交通方式的平均单程出行时耗大致是：步行小于20min，自行车小于30min，乘公交小于45min。如果将各种交通方式的实际行程时间取30min为限值，并定义某种交通方式行程30min的距离为当量活动半径,则可粗略算得相应的单中心同心圆模式的城市建成区的用地规模如表 7-3 所示。

不同交通方式出行近期活动半径与城市用地规模　　　　　　　表 7-3

| 交通方式 | 步行 | 自行车 | 公交车 | 地铁 | 轻轨 | 小汽车 |
| --- | --- | --- | --- | --- | --- | --- |
| 行驶速度(km/h) | 4~5 | 8~14 | 15~22 | 25~35 | 35~40 | 35~45 |
| 计算速度(km/h) | 5 | 12 | 20 | 30 | 35 | 40 |
| 活动半径(km) | 2.5 | 6 | 10 | 15 | 17.5 | 20 |
| 城市建成区用地规模计算值 $s(km^2)$ | 20 | 110 | 315 | 700 | 960 | 1250 |

2)确定交通分区
(1)交通分区的分层处理

交通分区是结合调查和规划后续阶段的研究通盘考虑的。分区太细、太多,会使分析难度加大;分区太粗、太少则会影响抽样精度和后期交通分析的精度。对于交通分区,一般城市都是采用分级处理的(图 7-5)以满足不同层次交通分析的要求。第一级为片区(Sector),包括市中心商业区和其他几个楔形状区。自然屏障、河流、铁路、快速路,是片区之间理想的分界线;第二级是大区(District),是每个片区的主要划分,使之土地利用特征相似或行政区划相同;第三级是交通小区(Zone),以道路分界或住宅群分界(例如我国的街道办事处、社区和居委会)。交通小区是开展出行调查、搜集数据的基本单元。在交通小区的基础上,根据需要可以进一步划出子小区(Subzone)和更小的街坊(Block)。伦敦(1950 年)划分为 11 片区、186 大区、933 小区;旧金山(1965 年)划分为 30 大区、98 分区、742 小区;上海(1986 年)居民出行调查时划出 30 片区、172 大区、503 小区;西安(2008 年)居民出行调查时划分为 13 片区、70 大区、519 小区。

图 7-5　交通分区的分层处理示意图

**(2) 交通小区规模和数量**

划分交通小区的直接目的是为了描述不同性质出行的流向、流量状况,但是区内出行不能反映交通源的流向性质,因此需通过确定合理的交通小区面积大小将区内出行的比例控制在一个适当范围之内,以满足交通预测分析的精度要求。随着交通小区面积增大,一些中短距离出行无法跨越交通小区,出现区内出行的概率随之增大。事实上,除非交通小区的面积非常小,否则很难避免区内出行的出现。但是如果将交通小区划分得过小过细,交通分析的工作量将大幅度增加而分析精度却未必有明显的改善。

交通小区大小依据调查区域面积、人口密度、调查目的和数据项目决定。一般市中心区和交通密集地,小区面积小;郊区或交通稀疏地小区面积大。国外认为小区范围应以驾驶时间在 3~5min 为界。据美国 1983 年 229 个城市统计,小区面积平均在 1.38~7.83km$^2$,小区人口平均为 0.87 万~7.34 万,如表 7-4 所示。苏联则以城市人口为依据提出了交通小区数量的推荐值(表 7-5),其交通小区的面积一般为 2.00~2.50km$^2$。据我国天津、上海、广州等城市调查,一般市内交通小区面积为 1~3km$^2$,人口为 2 万~4 万,近郊区小区面积 5~15km$^2$,人口 3 万~5 万不等。

**美国城市交通小区面积与人口** 表 7-4

| 区域人口(万人) | 交通小区面积(km$^2$) | | 交通小区人口(人) | |
|---|---|---|---|---|
| | 上下限 | 平均值 | 上下限 | 平均值 |
| <7.5 | 0.28~5.25 | 1.38 | 120~2 700 | 872 |
| 7.5~15 | 0.60~8.48 | 2.77 | 357~1 692 | 954 |
| 15~30 | 0.60~10.03 | 3.30 | 545~2 400 | 1 296 |
| 30~100 | 2.03~25.68 | 5.55 | 1 316~7 175 | 2 828 |
| >100 | 1.45~33.32 | 7.83 | 2 214~24 659 | 7 339 |

**苏联城市交通小区数量与人口** 表 7-5

| 城市人口(万人) | 交通小区数量(个) | 城市人口(万人) | 交通小区数量(个) |
|---|---|---|---|
| 100~200 | >50 | 25~50 | 8~20 |
| 50~100 | 15~50 | 10~25 | 5~10 |

由国内外交通小区的划分情况可以看出,国内外在进行城市交通小区划分的时候,一般通过对用地性质、人口分布、行政区划、自然地貌、路网布局等因素的定性分析来确定交通小区。对于交通小区面积大小和数量也只是参照一些经验数值,尚无统一的标准和相关的理论支持。因此交通小区的规模应结合不同城市具体情况确定,并没有统一的标准。

图 7-6、图 7-7 分别为国外城市交通分区和西安市交通分区划分的示意图。

**(3) 交通小区划分原则**

交通小区划分的目的在于定义出行起讫点的空间位置,并且是分析交通特性的基础单元。理论上分区应是一个相同土地使用活动且使用强度均匀的用地。但事实上此条件并不容易符合,因为土地使用在各区均呈某种程度的混合发展,且其各类用地使用强度也不均匀。故交通区小的划分,虽有若干可遵循的原则,但实际划分仍需要依靠经验与判断。总结国内外经验,交通小区划分应注意以下几点:

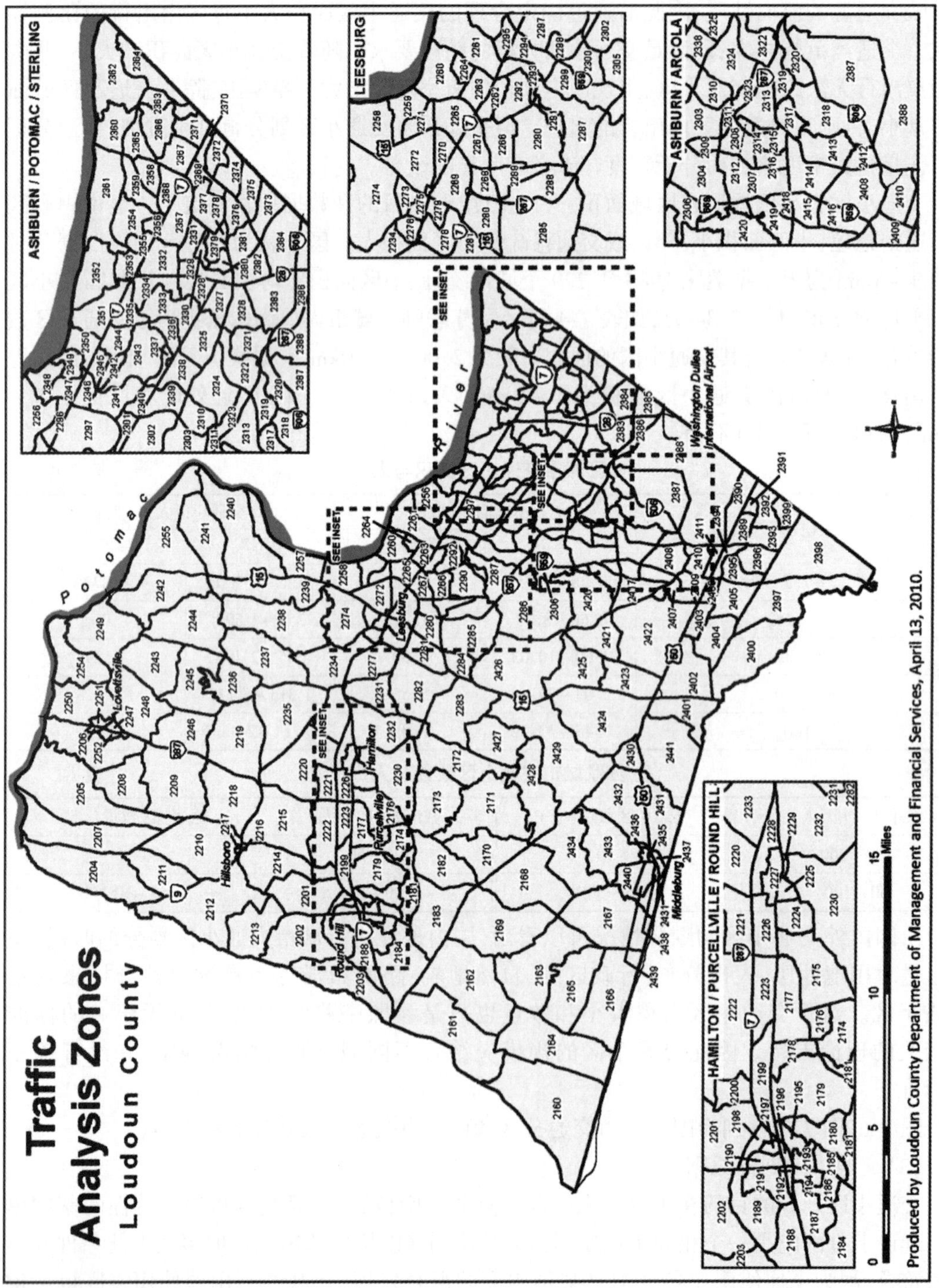

图7-6 国外某城市交通分区

①对于已作过 OD 调查的城市,为了保证数据资料的延续性,尽可能地利用历史积累的宝贵资料和交通数据,交通小区划分应尽量保持与原已划分的小区的一致性;

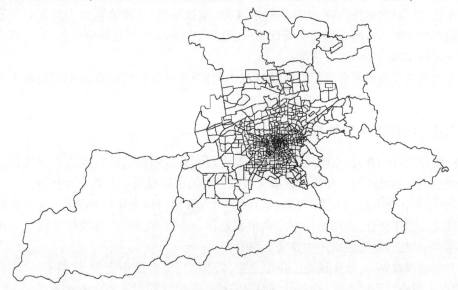

图 7-7　西安市交通分区划分的示意图

②尽可能以用地性质作为划分小区单元的依据,保持小区的同质性,区内土地利用、经济、社会等特性尽量使其一致;

③尽量以铁路、河川等天然屏障作为分区的界限;

④分区的过程应考虑道路网的构成,应使交通小区划分与道路网协调一致,尽可能使交通小区出行形心位于路网节点(交叉口和干路)上,越近越好;

⑤为便于交通小区内人口数字统计和调查组织,最好使交通小区与行政管辖范围(街道、居委、社区等)一致起来;

⑥在工作量允许的条件下,尽可能地将交通区划分得细一些;

⑦根据分析研究工作的需要,可将交通区按不同层次界面进行划分;

⑧靠市中心分区面积小些,靠市郊的面积大些;

⑨均匀性和由中心向外逐渐增大的原则:对于对象区域内部的交通小区,一般应该在面积、人口和发生与吸引交通量等方面保持适当的均匀性;对于对象区域外部的交通小区,因为要求精度的变低,应该随着距对象区域的距离的变远,逐渐增大交通小区的面积;

⑩对于含有高速公路和轨道交通等的对象区域,高速公路匝道、车站和枢纽应该完全包含于交通小区内部,以利于对利用这些交通设施的流动进一步分析,避免匝道被交通小区一分为二的分法。

(4)交通小区划分的一般步骤

交通小区划分的总体思路是自上而下控制、自下而上合并,利用适当的小区大小和数量作为约束条件,合理遵循小区的划分原则。具体步骤如下:

①考虑分层面、分区域、分时期的问题,对研究区域划分界限,保证划分后的交通小区处于控制线内,不会出现交通小区被不同层面、不同区域、不同时期分割的可能;

②确立合理的交通小区大小和数量,特别注意因研究区域的重要程度不同对交通小区大小和数量的影响;

③在研究区域内标注河流、山川、铁路、车站、地铁站点、高速公路匝道口等对交通小区划分可能产生影响的自然地理和交通设施,在遵照交通小区的划分原则的前提下,考虑交通小区划分过程中如何处理这些情况;

④背景资料采集通常会将规划区域分成不同部分,对这些区域在基本满足前3个步骤的前提下进行合并或分割,最终形成交通小区。

### 7.2.4 抽样方法和抽样率

进行居民出行调查时,在绝大多数情况下要对调查区域内的所有调查对象进行全面调查是很困难或是不可能的。如果对调查区域内所有的家庭成员——几十万甚至上千万的人口进行调查,将花费大量的人力、财力和时间。因此在进行居民出行调查时,有必要根据统计学原理进行抽样调查,采用抽样方法来推断总体。由样本获得的各项特征值与总体真值之间总存在一定误差,这种误差主要来自两个方面:

一方面是调查误差,是在调查工作中发生,如调查方法考虑不完善、口径不一、项目含糊不清、调查表的资料不可靠等,这部分误差靠正确表格设计和实施调查去解决。

另一方面是抽样误差,它取决于采用的抽样方法和选择抽样率大小。OD调查可视作不重复抽样调查方法。下面介绍OD调查抽样方法和抽样率的确定。

1) OD调查抽样的方法

抽样方法有很多种,按照是否遵循随机原则可以分为非概率抽样和概率抽样。非概率抽样是按照调查者的主观判断(即非随机方法)从总体中抽取单元构成样本,是一种便捷、简单、经济的抽样方法。但是,其样本对总体的代表性难以判断,因此,无法根据其样本信息对总体情况进行推断。概率抽样方法则是根据随机原则(排除调查者的主观因素)从总体中抽选单元,构成样本。样本对总体的代表性有可靠保证,因此,可以根据样本信息对总体进行推断。但是与非概率抽样相比,概率抽样比较复杂、耗资大、耗时长、操作起来不够便捷。根据交通调查的需要,为了能够得到有概率保证的样本,能够对总体进行推断,通常采用概率抽样法。

在进行OD调查时常用的概率抽样法有以下几种:

(1) 简单随机抽样法

这是一种最简单的一步抽样法,它是从总体中选择出抽样单位,从总体中抽取的每个可能样本均有同等被抽中的概率。抽样时,处于抽样总体中的抽样单位被编排成 $1 \sim n$ 编码,然后利用随机数码表或专用的计算机程序确定处于 $1 \sim n$ 间的随机数码,那些在总体中与随机数码吻合的单位便成为随机抽样的样本。

这种抽样方法简单,误差分析较容易,但是需要样本容量较多,适用于各个体之间差异较小的情况。

(2) 系统抽样法

这种方法又称顺序抽样法,是从随机点开始在总体中按照一定的间隔(即"每隔第几"的方式)抽取样本。此法的优点是抽样样本分布比较好,总体估计值容易计算。

(3) 分层抽样法

它是根据某些特定的特征,将总体分为同质、不相互重叠的若干层,再从各层中独立抽取样本,是一种不等概率抽样。分层抽样利用辅助信息分层,各层内应该同质,各层间差异尽可能大。这样的分层抽样能够提高样本的代表性、总体估计值的精度和抽样方案的效率,抽样的操作、管理比较方便。但是抽样框较复杂,费用较高,误差分析也较为复杂。此法适用于母体复杂、个体之间差异较大、数量较多的情况。

(4) 整群抽样法

整群抽样是先将总体单元分群,可以按照自然分群或按照需要分群,在交通调查中可以按照地理特征进行分群,随机选择群体作为抽样样本,调查样本群中的所有单元。整群抽样样本比较集中,可以降低调查费用。例如,在进行居民出行调查中,可以采用这种方法,以住宅区的不同将住户分群,然后随机选择群体为抽取的样本。此法优点是组织简单,缺点是样本代表性差。

(5) 多阶段抽样法

多阶段抽样是采取两个或多个连续阶段抽取样本的一种不等概率抽样。对阶段抽样的单元是分级的,每个阶段的抽样单元在结构上也不同,多阶段抽样的样本分布集中,能够节省时间和经费。调查的组织复杂,总体估计值的计算也复杂。

2) OD 调查抽样率

为了提高调查精度,一方面可以采取完善抽样调查方案、合理选择抽样方法、提高抽样调查数据的准确性、减少编辑误差和调查误差等手段,即减少系统误差;另一方面要合理确定样本量的大小,即减少随机误差。

当调查区域、城市居民总体数(户数或人数)确定之后,抽样率大小就是最重要的问题了。

根据抽样理论,一般总是拟定一个容许的相对误差,在选定抽样方法(使调查误差控制较小)的原则下,计算出一个最小的抽样率(或样本容量)。由数理统计参数估计原理,可以获得分层抽样的基本公式为:

$$n = \frac{t^2 \sigma^2 N}{\Delta^2 N + t^2 \sigma^2} \tag{7-1}$$

式中:$n$——样本容量;

$\sigma^2$——对于某个控制特征值(如人均出行次数)的总体方差;

$N$——总体容量;

$\Delta$——对于某个控制特征值估计的容许误差(绝对误差);

$t$——对于一定置信度的百分位限值。(当置信度为 90% 时,$t = 1.65$;当置信度为 95% 时,$t = 1.96$)。

$\sigma^2$ 是总体方差,可以用样本的方差 $S^2$ 来代替估计,参照已有的调查资料或进行试调查拟定;$\Delta$ 值与置信度要求有关。国内外都认为用相对误差 $E = \Delta/\bar{X} < 10\% \sim 20\%$ 来控制较为合适。这里 $\bar{X}$ 控制指标的样本均值,例如人均出行次数,我国一般为 2.0 ~ 7.0 次/(人·日)。

抽样率为:

$$\gamma = \frac{n}{N} \tag{7-2}$$

当用出行分布量 $t_{ij}$ 作为控制特征来检验抽样率 $\gamma$ 的合理性时,可采用二项分布原理的成数抽样误差公式。

令 $p$ 为从 $i$ 区与 $j$ 区出行交换的比重真值,则:

$$p = p_1 \pm t\sqrt{\frac{p_1 p_2}{Q}\left(1 - \frac{Q}{T}\right)} \tag{7-3}$$

式中:$p_1$——$i$ 区与 $j$ 区之间抽样出行量 $t_{ij}$ 占总的抽样出行量比重;

$p_2$——不在 $i$ 区与 $j$ 区之间抽样出行量占总的抽样出行总比重;

$Q$——总的抽样出行量,人次;

$T$——全部出行量总体,人次。

由式(7-3)计算出 $p$ 在控制条件下的相对误差 $E_1$,以判别抽样率 $\gamma$ 是否合理。这里 $E_1$ 也取 10% ~ 20%。

【例7-1】 在某次居民出行调查中,要求调查结果的绝对误差不超过 10 次,置信水平取 95%,假设已知总体标准差 $S$ 的估计值为 80,调查总体为 4 330 人,求必要的调查抽样率。

**解:**由题意知,$t = 1.96, \sigma = S = 80, \Delta = 10, N = 4\ 330$。

$$\gamma = \frac{n}{N} = \frac{t^2 \sigma^2}{\Delta^2 N + t^2 \sigma^2} = \frac{1.96^2 \times 80^2}{10^2 \times 4\ 330 + 1.96^2 \times 80^2} = 5.37\%$$

则调查的必要抽样率为 5.37%,才能满足要求。

样本量大小的确定是一个平衡问题,抽样率太高,容易造成人力、物力浪费,外业调查时间延长;抽样率太低又易产生过大的抽样误差。在居民出行调查中,样本量的大小取决于城市规模和要求统计的精度两个方面。北京市 1986 年进行的第一次居民出行调查,调查区域内总户数为 150 万,人口约为 582 万人,调查抽样以户为单位,抽样率为 5%,共抽得样本为 7.5 万、26 万人;北京市 2005 年居民出行调查,覆盖人口 1538 万人,抽样率为 1.5%,共抽得样本 8.2 万户;佛山市 2007 年居民出行调查,覆盖人口 628 万人,抽样率为 2%,共抽得样本 4.8 万户、14.6 万人;西安市 2008 年居民出行调查,覆盖人口 533 万人,抽样率为 3%,共抽得样本 4.3 万户、15.7 万人。英国专家认为,百万人口以上的大城市的抽样率为 0.5% ~ 1% 即可找出城市交通的规律和特性。美国交通部规定在不同人口的城市进行家庭访问的推荐样本率和最小样本率如表 7-6 所示。

美国交通部推荐交通调查抽样率   表7-6

| 调查范围的人口 | 抽样率 | | 调查范围的人口 | 抽样率 | |
| --- | --- | --- | --- | --- | --- |
| | 推荐值 | 最小值 | | 推荐值 | 最小值 |
| 5 万以下 | 1/5 | 1/10 | 30 万 ~ 50 万 | 1/15 | 1/50 |
| 5 万 ~ 15 万 | 1/8 | 1/20 | 50 万 ~ 100 万 | 1/20 | 1/70 |
| 15 万 ~ 30 万 | 1/10 | 1/35 | 100 万以上 | 1/25 | 1/100 |

### 7.2.5 调查表格设计

居民出行调查表是调查方案设计和调查目标的真实反映,这是一项很仔细的工作。根据国内外开展家访调查的情况,一般家访表应具有三方面内容:

(1)个人与家庭属性:人口、地址、出行人数、年龄、职业等。
(2)社会经济属性:家庭人均收入、个人收入、居住条件、拥有交通工具的类型与数量等。
(3)出行属性:调查日出行次数、每次出行的起讫点、用地设施、出行目的、交通方式、中转、时间、路线、停车等。

每张表是组成交通的细胞单元,如何避免无用信息过多和有用信息不足,对后期交通规划工作有很大的影响。比较国内外许多城市开展OD调查的用表,发现出行调查表格设计还有几点值得注意:

①出行起讫点地用地设施是城市交通生成的基本要素,每次出行的目的均与它有密切联系,此项内容以往重视不够,而国外(如日本)是十分重视的。

②由于我国城市交通结构具有自己的特点。表格设计应注意联系各城市的实际拟定调查项目,在自行车出行、公交转换和个体机动车使用等表格中还应包括人们对时间、精力、费用方面选择交通方式的调查,所有设计要为以后建立模型提供研究信息做好储备。

③与出行家访调查同步进行的还应包括流动人口(旅馆外来人员、住家的临时户口、各建筑工程承包队以及外来打工者等)的出行调查和调查日的境界线调查。

④所有询问的问题应该概念清楚、准确。项目编码顺序也都一一对应,为数据处理的高效、准确与减少系统误差做好准备。

居民出行调查表所采用的调查表格可参见本章最后的附表Ⅶ-1~附表Ⅶ-3。

### 7.2.6 居民出行调查的数据处理与分析

1)数据处理系统开发

居民出行调查所得到的交通数据是非常庞大的,若通过人力的分析计算将是极为费时、费力的事情。因此,必须将这些调查数据输入计算机,通过计算机进行分析、计算来得到一些相关分析结果和图表。同时为了数据保存和查询的方便,建立居民出行调查数据库是最有效的办法。数据处理系统的设计原则应遵循:

(1)在不改变调查表数据顺序的基础上,尽可能地减少数据录入工作量,尽可能地提高数据录入速度。

(2)各类表中的相关数据保持高度一致,以便于后续进行的各种分类和统计。

(3)保持各数据表中记录的唯一性,以保证统计数据的准确性。

(4)要能满足编程的需要,尽量降低编程的难度和工作量。

2)数据编码与录入工作

大规模的居民出行调查将产生数百万条数据,必须对这些数据进行对比、分类、统计、分析等一系列繁复的处理,才能得到有用的信息,为决策提供依据。为确保调查所录入数据的真实性、准确性和安全性,在数据录入过程中,可采取以下措施和步骤:

(1)调查表的检查与审核

人员组成:检查与审核人员主要由调查项目组参加人员组成。应具有交通工程专业知识,对本次调查的内容、交通小区、道路、地理环境等熟悉,并且具有极强的责任心,能最大限度地减少数据的错误。

工作内容:对于回收的调查表,由于被调查对象职业、文化程度、填表态度等原因的影响,所填写的单位名称、地名、道路、场所等数据项,可能不明确、不规范,甚至会出现错误现象,检查和审核人员必须予以纠正。对个别无法纠正的出行信息予以剔除,以免影响分析结果。

(2)数据编码

分区县、分社区安排编码员专人进行编码,以保证整体工作有序。由调查工作小组成员提供交通小区代码、社区代码,编码员按要求完成户籍编码、家庭信息栏编码、个人信息栏编码和出行特征栏编码。

(3)录入员的教育和培训

录入人员要求能熟练操作计算机,工作认真,态度端正。对应聘人员进行必要的职业教育,使之明确本项工作的意义及重大责任。同时进行工作培训,对不能熟练操作数据录入软件者将予以淘汰。

(4)录入环境和设备的准备

具备标准的、相对独立的计算机机房,要求设备完好,网络畅通,系统干净无病毒。在数据录入期间能独享机房,不受其他因素的干扰,并进行严格管理,非专用U盘不得带入,以防染毒和泄密。对机房和录入人员严格管理,制定出管理制度,并张贴到墙上。

(5)数据管理与保密

机房每天都要有一名有较强责任心的调查小组成员值班,监督检查录入员的工作,并对调查表进行日常管理。每名录入员录完后,经审查后,调查小组成员将其录入的数据拷入专供录入数据储存的硬盘。一天的录入工作完成后,调查小组成员将储存在硬盘的数据刻录成光盘,以防数据丢失。

3)数据的扩样与校核

调查样本数据在较高抽样率和严密的样本质量控制情况下,可以代表总体的部分特征,但由于调查工作本身的复杂性、样本抽样的伪随机性、居民填表的失真性,样本数据会与总体情况产生一定程度的偏差。需要先将样本数据放大到总体数据,然后针对扩样后的总体数据结合其他辅助调查数据进行综合的调整与校核,进而在一定程度上消除偏差。

(1)直接扩样

由于抽样调查是通过抽取有限的样本来推断总体特性的方法,因此有必要对其结果进行校正和拓展,使其代表实际情况。各项样本数据处理与分析工作结束后,首先按照各项调查的总体数据进行样本数据扩样。居民出行调查以人口和机动车分布总体数据进行控制,按照有无小汽车家庭分类,将样本数据中的分小区的各类家庭、人员出行扩样到总体水平。每个小区分别进行,将抽样调查结果乘以拓展系数,即得到代表整个调查区的出行数据。其中:拓展系数 = 母群总数/样本数(即抽样率倒数)。对于每一个分区而言计算公式如下:

$$\alpha = \frac{A - \dfrac{A(C+D)}{B}}{B - C - D} \tag{7-4}$$

式中:$\alpha$——拓展系数;

$A$——初始人口表上家庭的总数;

$B$——初始选定的样本数;

$C$——实际调查中不合格的样本数;
$D$——样本中无回收的数。

(2)综合校核

可以用以下几种方法进行误差检验:

①分隔查核线检验。选择城市区域内天然屏障(如河流、铁路等),在 OD 调查的同时,实测跨越查核线上一些断面(桥梁、道口和交叉口)的流量与 OD 调查表统计扩算的不同交通方式(自行车、客车、货车、公交车)。通过查核线的出行量进行比较,一般相对误差在 15% 内符合要求可进行必要调整,如果误差大于 15%,则应返工调查。

②区域境界线检验。可以用与分隔查核线检验原理一样的方式进行,特别对机动车出入境界线站、点可以将 OD 分布量与调查日的实际统计量进行比较。

③在调查区域内,拟定众所周知的交通枢纽、公共活动集散中心作为校核点,将起讫点调查获得的交通量按抽样率扩算后与该点上实际观测的交通量相比,作为控制市内 OD 调查精度的重要依据。

④由 OD 调查表推断出来的各类人口、社会、交通特征值与现有的统计资料进行比较,检验其误差程度。

扩样工作完成后,需要对比样本数据分析结果,对扩样后的数据进行分析,验证扩样工作的合理性,保障扩样工作的质量。综合校核工作是在扩样数据的基础上,将居民出行调查数据与其他各项辅助调查数据以及其他独立统计数据进行综合调校和交叉分析。首先对各项数据进行整合,使数据在区域范围、时间段、方式划分的方面具有一致性。然后,将整合好的数据分时间段、分方式进行校核,具体流程可参见图7-8。

4)数据处理成果

数据处理后形成调查成果包括调查数据库和调查统计分析报告。

(1)调查数据库

居民出行调查数据库应包括:

①原始调查数据库,可分为住户信息、个人信息(车辆信息关联至个人信息)、出行信息三部分内容;

②调查交通小区划分图、地址信息库、交通网络图等;

③关于数据的说明文件,包括抽样步骤、加权过程、数据清洗过程等;

④修正数据库及相应的修正说明文件。

(2)调查统计分析报告

居民出行调查统计分析报告通过分析居民出行起止点、出行目的、出行方式、出行时刻、出行距离和出行次数及其空间分布等信息,认识居民出行的基本交通特征和流动规律,进而掌握城市交通需求与供给的相互关系,为建立交通模型以及交通规划设计和政府决策等提供基础性支撑。

居民出行调查统计分析报告主要包括调查过程情况介绍和调查统计成果。调查过程情况包括调查目的、调查方法、调查内容、调查组织实施、调查规模与样本质量、调查居民基本情况等。调查统计成果主要包括:

①出行次数:人均出行次数、有出行者人均出行次数、按家庭人口规模及小汽车拥有量

交叉分类的家庭平均出行次数等;

②出行量:出行总量水平、分方式出行总量等;

③出行方式:总体、分目的、分职业、分年龄段、分出行时耗段的出行方式构成;

④出行目的:总体、分方式、分职业、分年龄段的出行目的构成;

⑤出行时耗:总体、分方式、分目的、分年龄段的平均出行时耗;

⑥出行距离:总体、分方式、分目的、分年龄段的平均出行距离;

⑦出行时间分布:总体、分方式、分目的出行时间分布、高峰小时系数等;

⑧出行空间分布:总体、分方式、分目的、高峰小时出行空间分布等。

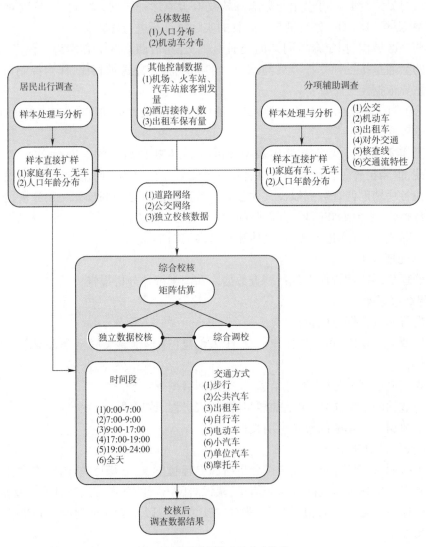

图 7-8 扩样和校核总体技术路线

## 7.2.7 居民出行调查的质量控制

在居民出行调查工作的各个阶段,均应采取严格的质量控制措施,并且落实责任制,层层把关,责任到人,确保调查数据的真实可靠。

1) 前期策划阶段

前期策划阶段质量监控的主要目的是确保调查方案的科学性和合理性。主要措施是在项目运作流程上设置试调查和专家评审两个环节,修正方案中存在的问题,优化实施方案。

试调查阶段包括试调查的人员培训、试调查以及试调查总结三个过程。其目的在于:

(1) 培训调查骨干;

(2) 了解调查员在规定时间内可访问的户数;

(3) 了解调查员及居民对出行的认识和理解;

(4) 了解居民对调查的配合情况;

(5) 检验调查数据分析软件运行状况;

(6) 检查调查表格的后处理(编码、代码转换、校核、数据录入)速度;

(7) 发现与全面调查相关的其他问题。

2) 实施准备阶段

实施准备阶段的质量监控主要体现在对调查人员的严格选拔和精心培训上。选拔素质较高、责任心强的作为调查人员,对其进行有组织的培训和考核,考核通过后颁发居民出行调查上岗证。

3) 调查正式实施阶段

居民家庭户的入户调查可采用自检、互检、统检、抽检等五级问卷质量监控程序。高校、工厂、施工场地、旅店、机场车站等调查的质量监控与居民家庭户调查类似。

4) 数据处理阶段

首先需要对调查收回的表格进行审核,删去回收表格中作为样本不适用的表格。

居民出行调查所得到交通数据较为庞大,故需要召集数据录入人员进行数据的计算机输入工作。数据录入人员的素质在一定程度上决定数据输入的质量,数据录入人员应需具备耐心、细致的品质,这样才能保证在将庞大枯燥的数据录入计算机时,尽可能的准确,遇到错误时能及时地核对、校验。从而保证录入的电子数据和调查表上的数据尽可能的匹配、对应。

同时,通过软件系统对所录入的数据进行自动校核、检验和查错,以保证数据的正确性。

5) 查核线检验

通过实测跨越查核线上一些断面的流量与 OD 调查表统计扩算的不同交通方式(自行车、客车、货车、公交车)通过查核线的出行量进行比较。通过查核线的出行量进行比较,一般相对误差在 15% 内符合要求可进行必要调整,如果误差大于 15%,则应返工调查。

## 7.3 机动车 OD 调查

### 7.3.1 机动车 OD 调查的目的和意义

机动车 OD 调查实质是把车辆出行从技术与社会综合的角度进行研究。这种方法改变了传统的单靠断面交通量的调查与增长率估计来研究交通需求与交通运输能力的关系，是交通研究进程中的一个重大进步。

机动车OD调查的具体目的：

（1）通过搜集机动车出行类别与数量资料，在计算机上模拟现状的出行，为发现主要交通症结、调整与改善道路系统功能、从系统上和政策上对近远期工程项目排序提供依据。

（2）由机动车OD调查资料、土地使用资料建立各类交通预测模型，为远期交通规划提供依据。

（3）客观地分析评价机动车出行的特征，为提高交通体系运行效率，制定近期、远期交通政策提供有效信息。

### 7.3.2 机动车OD调查的主要内容与方法

根据研究问题关注点的不同，城市机动车OD调查和公路机动车OD调查在调查内容上略有差别。

城市机动车OD调查主要内容包括：

(1) 车辆基本信息：车辆所属权，车辆类型，额载，车牌照。

(2) 一日出行信息：出发时间，出发地点，出行目的，到达时间，到达地点，途径主要路段（交叉口），停车地点，停车费用，所载货类，实际载客（货）量，每次出行行驶里程，无出行原因。

公路机动车OD调查主要内容包括：车型、营业特点、装载客（货）、出行目的、出行次数、出发和到达时间、地点、经过主要江河桥址以及主要路口等。

机动车OD调查方法很多，包括发（放）表调查、路边询问调查、明信片法、车辆牌照调查等方法，具体可参见本章7.1.3节相关内容。

由于市区内道路交通繁忙，采用路边询问调查法容易引起交通拥堵，因此，该方法多用于交通量相对较少的公路机动车OD调查。对于公路网规划及公路工程可行性研究、后评价等研究中的OD调查，我国目前多采用路边询问调查，这是由于：

(1) 访问者和回答者之间的个人接触，可以获得最完全、最准确的资料；

(2) 回答率较高（相对于自愿回答方法而言），因此，可使调查偏差减到最小；

(3) 样本可以从交通流中选取，以满足预定的统计要求。

在公路上采用路边询问调查时，OD调查点的选择是调查工作的关键之一，对调查数据和今后的分析预测都将产生重大影响。OD调查点的选择，通常考虑以下几点：

(1) 选定的地点，应以能够全面掌握项目直接影响区与间接影响区之间、直接影响区内个交通小区之间以及交通小区内部等各主要线路交通流情况为基本原则；

(2) 与规划公路平行或竞争的线路，应是主要考虑设点的路线；

(3) 与规划公路交叉的主要路线，应考虑设点；

(4) 应尽量避免对市内交通的影响，设点应稍远离城镇；

(5) 应选择路基较宽、线形较直（视距250m以上）的路段设点。上行与下行调查处（指同一调查点）之间应留有不少于150m的距离；

(6) 在不影响调查目的的前提下，应适当结合调查经费和调查人员的数量而考虑设点的

多少,以避免设置作用重复的点;

(7)为核实日常交通量观测值和掌握昼夜交通量的比率,在有典型代表性的路段上,可同时设置几个 12h 和 24h 交通量的观测点。

总之,对 OD 调查点的选点必须慎重。设点太多,会使调查费用增加;设点太少,会导致调查结果失真。因此,选点工作应有当地熟悉交通线路情况的人员参加。在正式进行 OD 调查之前,调查组织人员应亲赴现场查看,落实具体调查地点,以确保调查资料不失真。

### 7.3.3 机动车 OD 调查表设计

对于一个已经确立的机动车 OD 调查项目,应对调查区域(范围)选择、调查小区(或站点)的布局划分、抽样大小拟定、调查表格进行周密仔细地考虑。这四个方面就构成了调查方案设计的内容。

机动车 OD 调查是为了获取道路上交通流的构成、流量、流向、车辆起讫点、货物类别、车辆实载率、车型等数据,这些数据通过机动车 OD 调查表来具体反映。OD 调查表的设计应根据项目侧重点的不同而略有差异,设计的基本指导思想是力求简单、适用。

城市机动车出行 OD 调查所采用的调查表格可参见附表Ⅶ-4。

公路路边询问法机动车 OD 调查所采用的调查表格可参考表 7-7。

**某拟建高速公路工可研究机动车 OD 调查表**    表 7-7

日　期:＿＿＿＿＿　　　星　期:＿＿＿＿＿　　　天　气:＿＿＿＿＿

地　点:＿＿＿＿＿　　　方　向:＿＿＿＿＿　　　调查员:＿＿＿＿＿

| 时 间 | 车 型 | 出发地(O) | 目的地(D) | 额定载荷 | 实载 | 货类 | 备注 |
|---|---|---|---|---|---|---|---|
|  |  |  |  |  |  |  |  |
|  |  |  |  |  |  |  |  |
|  |  |  |  |  |  |  |  |
|  |  |  |  |  |  |  |  |
|  |  |  |  |  |  |  |  |
|  |  |  |  |  |  |  |  |
|  |  |  |  |  |  |  |  |
|  |  |  |  |  |  |  |  |
|  |  |  |  |  |  |  |  |
|  |  |  |  |  |  |  |  |

填表说明:1. 车型编号:1-小型客车(<12 座);2-大中型客车(≥12 座);3-小型货车(<3t);4-中型货车(3~7t);5-大型货车(>7t);6-拖挂车;7-集装箱车。

2. 货类编号:1-空车;2-煤炭;3-石油;4-农副产品;5-日用工业品;6-化肥农药;7-矿建材料;8-钢铁;9-水泥;10-木材;11-金属矿石;12-非金属矿石;13-机械设备;14-其他。

3. 对于从事营运客车,在调查时应询问其起讫点间日往返次数,并在表中"备注"栏予以注明。

### 7.3.4 数据整理与分析

调查资料的整理与计算机处理大致有以下几步:

(1) 对所有的 OD 调查表格进行内业校核、验收；

(2) 按编码要求，对每张表格内容进行编码；

(3) 进行计算机输入，按一定程序格式建立起原始数据库；

(4) 根据统计分析要求建立分析程序库，做出多项基础统计并绘制图表。

计算机的数据处理与分析直到建模、预测、规划、评价过程都在专门的计算机软件支持下工作。

如 12h OD 调查所取得的数据，可应用样本扩大系数、昼夜率、月交通不均匀系数、日交通量不均匀系数来扩大修正，如式(7-5)所示。

$$Q_{ij} = q_{ij} \cdot \alpha \cdot \beta \cdot M \cdot W \tag{7-5}$$

式中：$Q_{ij}$——$i$ 区到 $j$ 区的年平均日交通量；

$q_{ij}$——12h OD 调查所得的 $i$ 区到 $j$ 区的样本交通量；

$\alpha$——12h 调查的样本扩大系数，$\alpha = \dfrac{12\text{h 观测交通量}}{q_{ij}}$ 或 $\alpha = \dfrac{1}{\text{抽样率}}$（若车辆被全部作 OD 调查访问，则 $\alpha = 1$）；

$\beta$——昼夜率，$\beta = \dfrac{\text{全日 24h 观测交通量}}{\text{白天 12h 观测交通量}}$；

$M$——月交通量不均匀系数；

$W$——日交通量不均匀系数。

通过对所采集的 OD 数据进行分析，可得到许多有用的结果，包括：

(1) 各 OD 调查点各种车辆 OD 表；

(2) 各 OD 调查点车辆汇总 OD 表；

(3) 整个研究区域各种车辆 OD 表；

(4) 整个研究区域车辆汇总 OD 表；

(5) 各 OD 调查点货运车辆（或货运量）OD 表；

(6) 各 OD 调查点客运车辆（或旅客人数）OD 表；

(7) 整个研究区域货运车辆（或货运量）OD 表；

(8) 整个研究区域客运车辆（或旅客人数）OD 表。

除上述提到数据外，还可得到反映交通流特征的数据，如

(1) 24h 各断面交通量；

(2) 各种车型的比例；

(3) 大型车混入率；

(4) 高峰小时交通量及高峰小时流量比；

(5) 重交通方向系数；

(6) 昼夜率；

(7) 货车平均吨位、客车平均座位；

(8) 货、客车载运系数；

(9) 货车的载货品种构成等。

## 7.4 货流 OD 调查

### 7.4.1 基本概念

货源(Freight Traffic Source):在一定时期内,能够产生一定品类和数量的货运需求的源点。

货流(Freight Flow):一定时间内沿一定方向的货物的流动。货流是一个经济范畴的概念,它本身包括五大要素,即货物的类别、数量、方向、距离和时间。

货源货流调查就是运用一定的调查方法和调查形式,针对某些问题的现状及其发展趋势而展开的有计划、有目的、有系统地搜集、整理和分析有关货运信息,最终形成调查报告的过程。

货源货流调查的结果可以为货运市场预测和某些决策提供依据。从微观角度,它有利于运输企业发现经营机会、改进运输组织工作、增强市场竞争力等。

### 7.4.2 调查形式和方法

货源货流调查常用的调查形式及其特点有:

(1)询访调查。指深入到运输需求者(机构、公司或个人)中间进行的调查。其特点是灵活性强、内容全面、可信度高、答案回收率高,效果较好。但其缺点是投入调查的人员多、费用高、时间长、速度慢。因而这种调查一般适宜于单项调查或个案调查。

(2)路旁调查。指调查人员站在调查路段旁,拦截来往车辆的调查。其优点是直接性强,调查速度较快,有时有利于提高调查质量。但其缺点是不易得到被调查者的配合,常需要得到交通警察或监理人员的协助,且调查人员工作条件差,较辛苦。

(3)巡视调查。指调查人员驱车前往调查区域,沿途查看、察访的调查。其优点是调查速度快、费用低、投入人力少。但其缺点是不够深入,资料可信度较低。

由此可见,各种调查形式各有利弊,调查者应视调查需要而选择相应的调查形式。选择好调查形式固然重要,但选择好调查方法也是保证调查工作能否顺利展开和保证调查质量的重要因素。

### 7.4.3 货源货流调查方案设计

以下用一个北京公路货运调查的实际案例来对调查方案设计的过程进行说明和参考。

1)调查范围及对象

公路货物运输调查范围为所有在公路上产生运输量的民用载货汽车和农用运输车。

调查对象:营业性货运车辆和非营业性货运车辆。

营业性货运车辆是指由北京市运输管理局(以下简称市运输局)颁发道路运输经营许可证、从事货物运输的车辆。非营业性货运车辆是指未办理道路运输证、从事货物运输的车辆。由于北京市的农用运输车已纳入公安部门管理,并在车辆类型上以"低速载货汽车"进行区分,因此调查中针对非营业性载货汽车的调查中划分出低速货车。

另外,由于北京市拥有3万辆拖拉机,且都作为农业收割使用,不作为运输设备使用,因此方案中剔除对于非营业性运输拖拉机的调查。

公路货物运输调查对象中不包括以下车辆:

(1)公路养护、车辆修理、城市环卫、公安消防、地质勘探、输配电线路建设和维护等专用车辆。

(2)在机场、港口作业区、车站内部为装卸而进行搬运的各种运输车辆。

(3)在驾校、试验场内供教学或实验使用的各种车辆。

2)调查内容

本次专项调查的主要指标为公路货运量、货物周转量、运价、燃油消耗和运输结构。运输结构指标主要包括分营业性质运输量、分车辆类型运输量、营业性分区域运输量及营业性分货类运输量。

3)调查方法

本方案中针对货运车辆调查采用抽样调查方法,抽样单元为单台车辆。根据车辆运输的特点,首先将全市纳入调查范围的货运车辆划分为营业性货运车辆与非营业性货运车辆两层分别进行抽样。

由于营业性车辆与非营业性车辆的运输特点不同,专项调查中采用不同的抽样方法:

(1)营业性货运车辆

以市运输局全程办事代理服务大厅(以下简称全程办)电子政务网上审批服务系统(以下简称审批系统)中的货物运输数据为基础,建立营业性货运车辆抽样框,专业技术单位按照部级方案要求整理抽样框,并采用抽样框的分层抽样调查方法。

(2)非营业性货运车辆

利用交通运输部(以下简称交通部)提供的公安部权威分类数据和总量数据,在不建立抽样框的前提下,依托机动车检测场、大型停车场、加油站、厂区(矿区)等车辆聚集地开展现场抽样调查。

货源货流调查所采用的调查表格可参见附表Ⅶ-5。

### 7.4.4　货源货流调查数据整理

1)货流的特征

货流五大要素在一定程度上反映了社会生产与运输配置的关系。掌握货流及其变化的规律性,对于交通运输主管部门规划运输体系,运输信息服务部门提供高质量的信息服务,运输企业合理组织货运工作均具有重要意义。

货流的基本表示方法包括路段货物流量和流向。其中路段货物流量是指在一定时间内沿该路段的一个方向通过的货物数量(t/h),流向是指货物流沿该路段的流动方向,通常因货物种类不同,货流流向在某一路段均是双向的,即沿路段上下两个方向均有货流。

2)货流图及其功能

用于表示一定时期内沿某运输线路货流特征的图像,叫作货流图。它表明了货流的五种要素构成。

货流图的绘制过程是:从货物起运点开始,以道路轴线为横坐标,按比例绘出各货运点间的距离,再将不同种别构成的货物数量按一定比例,用不同符号(或颜色)标在纵坐标上。同时,将同一方向的货流表示在横坐标的一侧(如上方),而将相反方向的货流表示在另一侧(如下方)。这样便得出一个表明不同货物种别和流量的货流图(图7-9)。货流图上每一矩形的面积表示了每种货物的周转量。

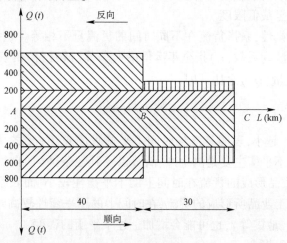

图7-9 货流图

为便于绘制货流图和研究货流情况,可先编制货流表(表7-8)。该表反映了各货运点间的货运量及交替情况,据之可以很容易绘制货流图。

货 运 量 (t)　　　　　　　　　　　　　　　表7-8

| 发货点 \ 收货点 | A | B | C | 共计发送 |
|---|---|---|---|---|
| A | — | 400 | 400 | 800 |
| B | 400 | — | 200 | 600 |
| C | 200 | 100 | — | 300 |
| 共计到达 | 600 | 500 | 600 | 1700 |

货流图的主要功能在于,可以帮助运输企业更好地组织汽车货运和安排生产计划,如确定各路段或整个运输线路上的总的和按货物种别构成的货运量、货物周转量;确定所需车辆类型和数量;按货流方向组织车辆的运行线路;确定装卸站的工作能力等。

3) 货流的分布规律

(1) 货流的不平衡性

这种不平衡性包括货流沿流动方向和随时间流动的不平衡性。货流的方向不平衡性,系指货流在运输线路上下两个方向的货流量不相等。这种不平衡的程度可用回运系数进行度量。回运系数($r_d$)指运量较小方向的货流量($Q_{min}$)与运量较大方向的货流量($Q_{max}$)之间。即:

$$r_d = \frac{Q_{min}}{Q_{max}} \times 100\% \tag{7-6}$$

显然,回运系数 $r_d$ 越小,表明货流的方向不平衡程度越大;反之,则表明方向不平衡程度越小。造成货流在方向上不平衡的主要原因,是社会物质生产部门在地理位置上的差异以及生产力水平的参差不齐等。由此可见,货流的方向不平衡性一般不可能完全消除,其结果必然导致部分运载工具的空载运行,造成部分运力浪费。但这种浪费可以通过合理组织汽车运输工作将其减少至最低限度。

货流的时间不平衡性,系指货流在不同时间的货流量不相等。这种不平衡的程度可用波动系数进行度量。波动系数($r_t$)指全年运量最大季节(或月份)的货流量($Q_{ma}$)与全年平均季度(或月份)货流量($\bar{Q}_m$)之比。即:

$$r_t = \frac{Q_{ma}}{\bar{Q}_m} \times 100\% \tag{7-7}$$

显然,波动系数 $r_t$ 越小,表明货流的时间不平衡程度越小;反之,则表明不平衡程度越大。货流在时间上的不平衡主要是由生产、消费以及其他条件(如自然条件)造成的。一般而言,大部分工业制成品形成的货流在时间上的不平衡性较小,而农副产品、支农工业品以及以农产品为原料的工业品所形成的货流,在时间上的不平衡性较高。此外,因某些自然因素作用(如台风、水灾、地震等),也可能会增加上述不平衡的程度。

(2)货流的分布规律

系指货流在其起、终点的发运量或运达量沿某段时间内的分布特征。通常选择货物流量(如以货物批量计)作为随机变量,则货流按运输时间的分布规律大体包括以下三种类型:

①离散型分布。如果货流量是离散型的随机数,则对同类货流来说,基本可按泊分布处理。实践证明,大多数情况下计算简单货流发生的概率时,均可按泊松分布处理。

②连续型分布。如果货流量是连续型随机变量,则它多服从或近似服从正态分布。此外,在某些情况下货流量还可能服从其他形式的分布,如威布尔分布、指数分布等。

③混合型分布。如果货流量兼有连续和离散两种特性,则其服从混合型分布。

现实生活中,汽车运输工程师应对其工作地区的货流及其变化做深入细致地研究,不断地调查积累资料,才能准确把握货流的分布规律。而正确掌握货流的分布规律,是合理选择运输车辆与组织运输所必需的一项重要准备工作。

## 课后习题

1. 何谓出行?一次出行的基本属性是什么?
2. 简述 OD 调查的目的和意义。
3. 简述交通小区划分应注意的原则。
4. 根据出行端点的位置关系可以将出行划分为哪几类?
5. 简述居民出行调查的内容与步骤。
6. 以学校某栋宿舍楼居住学生为调查对象,设计 OD 调查方案,以达到了解周末学生出行情况的目的。

附表Ⅷ-1

# 2008年西安市居民出行调查表
（常住居民专用）

表　号：西统调01表
制表机关：市调查办
批准机关：西安市统计局
批准文号：市统函[2008]27号
有效日期：2009年12月31日

户编号 □□□-□□-□□

调查员_____　审核员_____　编码员_____　录入员_____

尊敬的市民朋友：

您好！按照西安市人民政府开展全市居民出行调查工作的要求，将于2008年12月对我市常、暂住人口和流动人口进行出行调查，其目的是为我市地铁建设和城市其它交通规划与建设提供基本数据。

西安是闻名古城人自己的家园，城市交通建设与百姓生活休戚相关，也离不开您的关心和支持！请您以主人翁的态度积极支持和配合出行调查，认真翔实地填写调查表格，为改善西安城市交通贡献自己的一份力量！我们将对您提供的资料严格保密，衷心感谢您对本次调查工作的大力支持和密切配合！

西安市居民出行调查领导小组办公室

2008年12月

## A栏　家庭信息栏（表中"___"处用文字填写，"□"处打√选择）

| | 家庭月平均收入 | 家庭车辆拥有情况 | 近五年内有无购买小汽车的意愿 |
|---|---|---|---|
| 家庭人数<br>_____人 | 1. 五百元以下　□<br>2. 五百元~一千元　□<br>3. 一千元~两千元　□<br>4. 两千元~五千元　□ | 1. 私人小汽车 ___辆<br>2. 摩托车 ___辆<br>3. 电动车 ___辆<br>4. 自行车 ___辆 | 1. 有　□<br>2. 无　□ |
| 其中6岁以下儿童<br>_____人 | 5. 五千~一万元　□<br>6. 一万元以上　□ | 5. 其他 ___辆 | 家庭月交通费用<br>_____元 |

## 填表说明（请您仔细阅读下列说明后按要求填写）

一、A栏（家庭信息栏）：每户填写一份。

二、B栏（个人信息栏）：本户6岁以上家庭成员每人独立填写一份。

三、C栏（个人出行特征栏）：本户6岁以上家庭成员每人独立填写一份。

1. 分别填写两个调查日（周六和周二）0:00到24:00符合出行定义的全天出行情况。

2. 一次出行定义：具有某种目的，在住宅区或单位院子以外的道路上步行时间超过5min或使用交通工具出行定义的距离超过500m。

3. 每次出行的出发地点、到达地点：请填写具体路名、地名/单位名称，地物或大型交叉口等。

4. 交通方式：表示一次出行较长采用的方式。例如步行至公交车站并乘坐公交车，下车后步行至单位上班，则第一个框选公交填代码1，第二个框选公交填代码2，第三个框选步行填代码1。

5. 回程：完成一次出行后的返回程，且返回地不是家。

四、关于表中阴影部分：仅供编码用，不需要填写。

五、本页背面有表格填写实例，可供参考。

六、如有疑问，请致电 029-86190139、029-82334743垂询。

## 2008年西安市居民出行调查表
（常住居民专用）

**填写实例**

续上表

**A栏** 家庭成员编号：□□□□-□□-□□

**B栏** 个人信息栏（表中"□"处打√选择；"□"处用文字填写）

| 性别 | 1.男 ☑ 2.女 □ | 年龄 | 37 岁 | 单位/学校地址 | 雁塔（区/县）高新路 52 号（街/路）陕西恒通工程咨询公司（单位/学校） |
|---|---|---|---|---|---|
| 职业 | 1.企业单位人员 ☑ 2.机关/事业单位人员 □ 3.学生 □ 4.农民 □ 5.离退休人员 □ 6.待业人员 □ 7.其他 □ | | | 有无公交卡 | 1.有 ☑ 2.无 □ |

**C栏** 个人出行特征栏（此栏每人填写一份）

出行目的选项（请在表中填写如下代码）：
1.上班 2.上学 3.公务 4.单位业务 5.生活购物 6.就医 7.文化娱乐、旅游 8.探亲访友 9.回程 10.回家 11.其他

交通方式选项（请在表中填写如下代码）：
1.步行 2.公共汽车 3.出租车 4.自行车 5.电动车 6.私人小汽车 7.单位小汽车 8.单位通勤车 9.摩托车 10.其他

| 出行次序 | 出行目的 | 出发时间 (24h制) | 出发地点（请填写路名、地名/单位名称） | 交通方式 I | II | III | IV | 到达时间 (24h制) | 到达地点（请填写路名、地名/单位名称） | 出行费用（元） | 停车费用（元） |
|---|---|---|---|---|---|---|---|---|---|---|---|
| 第1次 | 1 | 7:30 | 家 | 1 | 2 | 1 | | 7:55 | 单位 | 0.5 | |
| 第2次 | 3 | 9:00 | 单位 | 3 | | | | 9:15 | 含光北路省公路局 | 9.8 | |
| 第3次 | 9 | 10:45 | 含光北路省公路局 | 3 | | | | 11:00 | 单位 | 9.8 | |
| 第4次 | 5 | 12:00 | 单位 | 1 | | | | 12:30 | 高新路科技二路十字 | 0 | |
| 第5次 | 9 | 13:30 | 高新路-科技二路十字 | 1 | | | | 14:00 | 单位 | 0 | |
| 第6次 | 10 | 18:00 | 单位 | 1 | 2 | | | 18:30 | 家 | 0.5 | |
| 第7次 | 7 | 19:30 | 家 | 1 | 2 | 1 | | 20:00 | 大雁塔北广场 | 0.5 | |
| 第8次 | 1 | 21:30 | 大雁塔北广场 | 1 | 2 | 1 | | 22:00 | 家 | 0.5 | |
| 第9次 | | | | | | | | | | | |

本日若无出行，请在此注明原因

出行特征栏（周二）

## 起讫点（OD）调查 第7章

续上表

### 2008年西安市居民出行调查表
（常住居民专用）

表 号：西地调01表
制表机关：市调查办
批准机关：西安市统计局
批准文号：市统函[2008]27号
有效日期：2009年12月31日

**家庭成员编号**：□□□-□□-□□-□  （表中"□"处用文字填写；"□"处打√选择）

**B栏 个人信息栏**

| 性别 | 1.男 □ 2.女 □ | 年龄 | □□岁 | 单位/学校地址 | （区/县）（街/路）（单位/学校） |
|---|---|---|---|---|---|
| 职业 | 1.企业单位人员 □ 2.机关/事业单位人员 □ 3.学生 □ 4.农民 □ 5.离退休人员 □ 6.待业人员 □ 7.其他 □ | | | 有无公交卡 | 1.有 □ 2.无 □ |

**C栏 个人出行特征栏**（此栏每人填写一份）

出行目的选项（请在表中填写如下代码）：
1.上班 2.上学 3.公务 4.单位业务 5.生活购物 6.就医
7.文化娱乐、旅游 8.探亲访友 9.回程 10.回家 11.其他

交通方式选项（请在表中填写如下代码）：
1.步行 2.公共汽车 3.出租车 4.自行车 5.电动车 6.私人小汽车
7.单位小汽车 8.单位通勤车 9.摩托车 10.其他

| 出行次序 | 出行目的 | 出发时间(24h制) | 出发地点（请填写路名、地名/单位名称） | 交通方式 Ⅰ | Ⅱ | Ⅲ | Ⅳ | 到达时间(24h制) | 到达地点（请填写路名、地名/单位名称） | 出行费用(元) | 停车费用(元) |
|---|---|---|---|---|---|---|---|---|---|---|---|
| 第1次 | | | | □□□ | | | | | | □□ | □□ |
| 第2次 | | | | □□□ | | | | | | □□ | □□ |
| 第3次 | | | | □□□ | | | | | | □□ | □□ |
| 第4次 | | | | □□□ | | | | | | □□ | □□ |
| 第5次 | | | | □□□ | | | | | | □□ | □□ |
| 第6次 | | | | □□□ | | | | | | □□ | □□ |
| 第7次 | | | | □□□ | | | | | | □□ | □□ |
| 第8次 | | | | □□□ | | | | | | □□ | □□ |
| 第9次 | | | | □□□ | | | | | | □□ | □□ |

出行特征栏（**周六**）

本日若无出行，请在此注明原因

本次调查的是您本周六和下周二两天的出行情况！请您留意并及时记录于表中！

续上表

**出行目的选项（请在表中填写如下代码）：**
1.上班  2.上学  3.公务  4.单位业务  5.生活购物  6.就医
7.文化娱乐  8.探亲访友  9.回程  10.回家  11.其他

**交通方式选项（请在表中填写如下代码）：**
1.步行  2.公共汽车  3.出租车  4.自行车  5.电动车  6.私人小汽车
7.单位小汽车  8.单位通勤车  9.摩托车  10.其他

| 出行特征栏（周二） | 出行次序 | 出行目的 | 出发时间(24h制) | 出发地点（请填写路名、地名/单位名称） | 交通方式 I | II | III | IV | 出发时间(24h制) | 到达地点（请填写路名、地名/单位名称） | 出行费用（元） | 停车费用（元） |
|---|---|---|---|---|---|---|---|---|---|---|---|---|
| | 第1次 | | | | | | | | | | | |
| | 第2次 | | | | | | | | | | | |
| | 第3次 | | | | | | | | | | | |
| | 第4次 | | | | | | | | | | | |
| | 第5次 | | | | | | | | | | | |
| | 第6次 | | | | | | | | | | | |
| | 第7次 | | | | | | | | | | | |
| | 第8次 | | | | | | | | | | | |
| | 第9次 | | | | | | | | | | | |

本日若无出行，请在此注明原因

D栏  个人意愿栏

您对我市城市交通建设与管理的意见和建议：

## 2008年西安市居民出行调查表
（住店人口专用）

附表Ⅶ-2

| 表　　号： | 西旅调01表 |
|---|---|
| 制表机关： | 市调查办 |
| 批准机关： | 西安市统计局 |
| 批准文号： | 市统函[2008]27号 |
| 有效日期： | 2009年12月31日 |

旅客编号 □□□□－□□－□　调查员_____　审核员_____　编码员_____　录入员_____

调查日期___月___日　星期___

尊敬的朋友：

您好！按照西安市人民政府开展全市居民出行调查工作的要求，将于2008年12月对我市常住人口和流动人口进行出行调查，其目的是为我市地铁建设和其他交通规划与建设提供基本数据。

西安是一座著名的旅游城市，为了把西安城市交通建设的更好，请您支持和配合填写本调查表格，欢迎您再次来到西安！届时将为您提供更为舒适、方便的交通服务！衷心感谢您对调查工作的大力支持和密切配合！

西安市居民出行调查领导小组办公室

2008年12月

### A栏 个人信息栏（表中"○"处用文字填写；"□"处打√选择）

| 性别 | 1. 男□　2. 女□ | 年龄 ___岁 | 拟在西安停留天数 ___天 | 同行人数 ___人 |
|---|---|---|---|---|
| 从何处来西安 | ___（省/直辖市）___（市/地）___（区） | | | |
| 来西安的目的 | 1. 旅游□　2. 出差□　3. 探亲访友□　4. 就医□　5. 其他□ | | | |
| 来西安的交通方式 | 1. 公路客运车□　2. 火车□　3. 飞机□　4. 单位车□　5. 自驾车□　6. 其他□ | | | |
| 在西安期间的主要交通方式（可多选） | 1. 步行□　2. 公共汽车□　3. 出租车□　4. 自行车□　5. 电动车□　6. 私人小汽车□　7. 单位小汽车□　8. 单位通勤车□　9. 摩托车□　10. 其他□ | | | |

### B栏 个人出行特征栏

填表说明（请您仔细阅读下列说明后按要求填写）：

一、A栏（个人信息栏）：请根据个人情况填写。

二、B栏（个人出行特征栏）：

1. 填写调查日 0:00 到 24:00 符合出行定义的全天出行情况。

2. 一次出行定义：具有某种目的，在可通行机动车的道路上步行时间超过5min或使用交通工具出行距离超过500m。

3. 每次出行的出发地点、到达地点：请填写具体路名、地名/单位名称，若不清楚可填写该地点附近的标志性建筑物或大型交叉口等。

4. 交通方式：表示一次出行依次采用的方式。例如步行至公交车站并乘坐公交车，下车后步行至未办事，则第一个框选步行代码1，第二个框选公交填代码2，第三个框选步行代码1。

5. 回程：完成一次出行后返回过程，且返回地不是住地。

三、关于表中阴影部分：仅供编码用，不需要填写。

四、如有疑问，请致电 029-86190139，029-82334743 垂询。

续上表

## B栏 个人出行特征栏

出行目的选项（请在表中填写如下代码）：
1.上班 2.上学 3.公务 4.单位业务 5.生活购物 6.就医
7.文化娱乐、旅游 8.探亲访友 9.回程 10.回在地 11.其他

交通方式选项（请在表中填写如下代码）：
1.步行 2.公共汽车 3.出租车 4.自行车 5.电动车 6.私人小汽车
7.单位小汽车 8.单位通勤车 9.摩托车 10.其他

| 出行次序 | 出行目的 | 出发时间(24 h制) | 出发地点(请填写路名、地名/单位名称) | 交通方式 I | II | III | IV | 到达时间(24 h制) | 到达地点(请填写路名、地名/单位名称) | 出行费用(元) | 停车费用(元) |
|---|---|---|---|---|---|---|---|---|---|---|---|
| 第1次 | | | □□□□ | | | | | | □□□□ | | |
| 第2次 | | | □□□□ | | | | | | □□□□ | | |
| 第3次 | | | □□□□ | | | | | | □□□□ | | |
| 第4次 | | | □□□□ | | | | | | □□□□ | | |
| 第5次 | | | □□□□ | | | | | | □□□□ | | |
| 第6次 | | | □□□□ | | | | | | □□□□ | | |
| 第7次 | | | □□□□ | | | | | | □□□□ | | |
| 第8次 | | | □□□□ | | | | | | □□□□ | | |
| 第9次 | | | □□□□ | | | | | | □□□□ | | |
| 第10次 | | | □□□□ | | | | | | □□□□ | | |
| 第11次 | | | □□□□ | | | | | | □□□□ | | |
| 第12次 | | | □□□□ | | | | | | □□□□ | | |

您对西安市城市交通有什么意见和建议：

起讫点（OD）调查 第7章

附表Ⅶ-3

港站编号□□□-□□　港站名称_____

| 表　　号：西地调01表 |
|---|
| 制表机关：市调查办 |
| 批准机关：西安市统计局 |
| 批准文号：市统函[2008]27号 |
| 有效日期：2009年12月31日 |

记录出港（到达西安）旅客！

## 2008年西安市交通港流动人口出行调查表

调查员_____　审核员_____　编码员_____　录入员_____　调查日期___月___日　星期___

出行目的选项（请在表中填写如下代码）：
3.公务　4.单位业务　5.生活购物　6.就医
7.文化娱乐、旅游　8.探亲访友　10.回家
11.其他

市内交通方式选项（请在表中填写如下代码）：
1.步行　2.公共汽车　3.出租车　4.自行车　5.电动车
6.私人小汽车　7.单位小汽车　8.单位通勤车　9.摩托车
10.其他

| 序号 | 调查时间 | 出行目的 | 从何处来<br>(请填省/直辖市、市/地区名称) | 到何处去<br>(请填西安市内路名、地名/单位名称) | 市内拟采用的交通方式 |
|---|---|---|---|---|---|
| 1 | | | | | |
| 2 | | | | | |
| 3 | | | | | |
| 4 | | | | | |
| 5 | | | | | |
| 6 | | | | | |
| 7 | | | | | |
| 8 | | | | | |
| 9 | | | | | |
| 10 | | | | | |
| 11 | | | | | |
| 12 | | | | | |
| 13 | | | | | |
| 14 | | | | | |
| 15 | | | | | |

## 2008年西安市机动车出行调查表

附表Ⅷ—4

表　　号：西地调01表
制表机关：市调查办
批准机关：西安市统计局
批准文号：市统函[2008]27号
有效日期：2009年12月31日

机动车编号 □□□□—□□—□□

调查员　　　　　　审核员　　　　　　调查地点　　　　　　编码员　　　　　　录入员

尊敬的朋友：

您好！按照西安市人民政府开展全市居民出行调查工作的要求，将于2008年12月对我市机动车进行一日出行调查，其目的是为我市地铁建设和城市其它交通规划与建设提供基本数据。

西安是咱们古城人自己的家园，城市交通建设与百姓生活休戚相关，也离不开您的关心和支持！请您以主人翁的态度积极支持和配合出行调查，认真详实地填写调查表格，为改善西安交通贡献自己的一份力量！我们将对您提供的资料严格保密，表示感谢！对本次调查工作的大力支持和密切配合！

西安市居民出行调查领导小组办公室
2008年12月

填表说明（请您仔细阅读下列说明后按要求填写）：

一、A 栏（车辆基本信息栏）：每辆车独立填写一份。
二、B 栏（机动车出行特征栏）：

1. 请本车驾驶员填写调查日当天0：00到24：00本车的全天出车情况。
2. 若有交接班，请接班驾驶员继续填写B栏。
3. 一次出行定义：具有某种目的，在可通行机动车的道路上步行时间超过5 min或使用交通工具的出行距离超过500 m。
4. 每次出行的出发地点、到达地点：请填写具体路名、地名/单位名称，若不清楚可填写该地点附近的标志性建筑物或大型交叉口等。
5. 回程：完成一次出行后的返回过程。

三、车辆划分标准：

| 车辆类型 | 小型客车 | 中型客车 | 大型客车 |
|---|---|---|---|
| 额载 | <9座 | 9~20座 | >20座 |
| 车辆类型 | 小型货车 | 中型货车 | 大型货车 |
| 额载 | <2.5t | 2.5~7t | >7t |

四、关于表中阴影部分：仅供编码用，不需要填写。
五、本页背面有表格填写实例，可供参考。
六、如有疑问，请致电 029-86510139，029-82334743 垂询。

### A 栏 车辆基本信息栏（表中"□"处用文字填写；"□"处打√选择）

| 本车车牌照号 | | |
|---|---|---|
| 车辆所属权 | 1. 单位车辆 □　　2. 私人车辆 □ | |
| 车辆类型 | 1. 小型客车 □　2. 中型客车 □　3. 大型客车 □<br>4. 小型货车 □　5. 中型货车 □　6. 大型货车 □　7. 客货两用车 □ | |

起讫点（OD）调查 第7章

续上表

B栏 机动车出行特征栏

出行目的选项（请在表中填写如下代码）：
1.上班 9.回家 10.就医 12.接送他人 13.送货 14.公务/单位业务
15.生活出行（购物、文化娱乐、旅游、探亲访友） 11.其他

停车情况选项（请在表中填写如下代码）：
1.路边停车 2.路外停车场

| 出行次序 | 出行目的 | 出发时间 (24 h制) | 出发地点 (请填写地名/单位名称) | 到达时间 (24 h制) | 到达地点 (请填写地名/单位名称) | 途经主要道路/交叉口 I | 途经主要道路/交叉口 II | 停车情况 | 实载人数 (人) | 行驶里程 (km) |
|---|---|---|---|---|---|---|---|---|---|---|
| 1 | | | ☐☐ | | ☐☐ | | | | | |
| 2 | | | ☐☐ | | ☐☐ | | | | | |
| 3 | | | ☐☐ | | ☐☐ | | | | | |
| 4 | | | ☐☐ | | ☐☐ | | | | | |
| 5 | | | ☐☐ | | ☐☐ | | | | | |
| 6 | | | ☐☐ | | ☐☐ | | | | | |
| 7 | | | ☐☐ | | ☐☐ | | | | | |
| 8 | | | ☐☐ | | ☐☐ | | | | | |
| 9 | | | ☐☐ | | ☐☐ | | | | | |
| 10 | | | ☐☐ | | ☐☐ | | | | | |
| 11 | | | ☐☐ | | ☐☐ | | | | | |
| 12 | | | ☐☐ | | ☐☐ | | | | | |
| 13 | | | ☐☐ | | ☐☐ | | | | | |
| 14 | | | ☐☐ | | ☐☐ | | | | | |

出行特征栏

若交接班，请接班司机继续填写本栏！

××市货源调查表　　　　　　　　　附表Ⅶ-5(A)

_____单位

　　为了更好地制定本市交通规划,改善我市交通状况,经市政府决定进行货物源流调查。为此请按填表需求,认真填写本表。

　　表填好后,请立即寄回交通规划货物源流调查小组。

　　地址_____联系人_____电话_____

　　谢谢你们的支持。

××市经济委员会

××市规划局

××市交通局

××××年××月

## 填　表　说　明

一、填表对象:××市下辖各区的机关团体、部队及企、事业单位。

本市辖区内所有车站、港口码头、铁路专用线。

一个单位分别在几个不同地址办公、营业、生产的以及另有建筑工地的(投资单位填报),请按不同地址分别填报。一个单位依附在另一个单位内或几个单位在一个地址营业、办公(如联合商场、机关大院)请这个地方的牵头或管理部门填报。

二、隶属关系变更、单位名称变更、经营方式变更等一律按现行隶属关系及名称填报1986年全年运量。

三、附近地物名称:一般指单位所在地的最近公交停靠站(写明几路车)或附近明显标志,如:宾馆、商场、影剧院、路口名称等。

四、运量:填①在本单位内装(卸)机动车的运量;②单位内铁路专用线运量;③在本单位自备码头装卸船的运量;④管道输入或输出运量。

火车站、公用码头填本车站、码头装卸、车船运量。

人力车、兽力车、搬运以及厂(场)内运输免填。

五、货物分类如下。粮食(稻谷、什粮、谷粉、豆粉、薯粉等)。农副产品(禽、蛋、活牲畜、油、麻作物、瓜果、蔬菜、中药材、花草、竹藤柳及其制品等)。日用工业品(日用百货、针棉制品、家用电器、家具、轻工业品等)。食用工业品(烟、酒、糖、罐头、糕点、冷饮、肉类、奶制品、副食品等)。煤炭(媒、焦炭)。石油(原油、汽油、煤油、柴油、燃料油、润滑油、液体石化气、煤气等)。矿建材料中其他(石灰、建筑用填料、土方、水泥预制品等)。化工原料及其制品(油漆、染料、西药制品等)。其他工业品(机械设备等)。其他(垃圾、渣土等)。

六、建筑面积,按本年内实际工程进度计算。

七、方框空格留做编码用,请勿填号。

## ×××市货物源流调查表　　　附表Ⅶ-5（B）

制表单位：×××市规划局
批准单位：×××市统计局
批准文号：_____号
批准日期：___年___月___月

| 主管部门 | | | 单位名称 | | 联系人 | |
|---|---|---|---|---|---|---|
| | | | | | 电　话 | |
| 单位详细地址 | | ___区___路(街、巷)___号 | 附近地物名称 | | | |
| 货物分类 | | ___年输入运量(t) | | ___年输出运量(t) | | |
| 甲 | | 1 | | 2 | | |
| 合计 | 0 | | | | | |
| 粮食 | 1 | | | | | |
| 棉花 | 2 | | | | | |
| 农副产品 | 3 | | | | | |
| 食盐 | 4 | | | | | |
| 实用工业品 | 5 | | | | | |
| 日用工业品 | 6 | | | | | |
| 煤炭 | 7 | | | | | |
| 石油 | 8 | | | | | |
| 金属矿物 | 9 | | | | | |
| 钢铁 | 10 | | | | | |
| 矿建材料　小计 | 11 | | | | | |
| 　　　　　砖瓦 | 12 | | | | | |
| 　　　　　石料 | 13 | | | | | |
| 　　　　　黄沙 | 14 | | | | | |
| 　　　　　其他 | 15 | | | | | |
| 水泥 | 16 | | | | | |
| 木材 | 17 | | | | | |
| 非金属矿石 | 18 | | | | | |
| 化肥农药 | 19 | | | | | |
| 化工原料及其他制品 | 20 | | | | | |
| 其他工业品 | 21 | | | | | |
| 其他 | 22 | | | | | |
| 建筑面积 | 23 | 生产性建设　　m² | | 非生产性建设　　m² | | |

填表日期：___年___月___日　　　填表人：　　　审核人：　　　编码人：

# 第8章 车辆停放调查

【教学目标】

随着我国经济的迅速发展，城市化进程的加快，城市车辆的保有量迅速增长，许多大城市的市区出现了"停车难"的问题：停车位不足、违章占路，管理混乱，停车导致车速下降、堵塞严重。为了缓解"停车难"这一交通问题，首先要了解当前的停车状况，就需做详细的车辆停放调查。本章的教学内容主要包括：

(1) 基本内容：车辆停放调查常用术语定义，车辆停放调查的目的和意义，车辆停放调查方法，车辆停放资料应用，停车设施供应调查，路内车辆停放实况调查与路外车辆停放实况调查；

(2) 重点：路内车辆停放实况调查与路外车辆停放实况调查；

(3) 难点：路内车辆停放实况调查与路外车辆停放实况调查方法。

通过本章内容学习希望能够达到以下几个目标：

(1) 掌握：车辆停放调查常用术语定义，车辆停放调查方法，路内车辆停放实况调查与路外车辆停放实况调查方法；

(2) 理解：停车设施供应调查，车辆停放资料应用；

(3) 了解：车辆停放调查的目的和意义。

## 8.1 概述

### 8.1.1 基本概念和术语

为了描述车辆停放的各种数量特征，停车调查的基本概念和术语参数定义如下：

1) 停放车吸引

停放车是指车主(驾驶人、骑车人)在出行活动中有目的的路内(或路外)停放。

停放(parking)不同于停车(stopping)。一般路段的路口上因受阻延滞、信号灯、沿途上下临时停车等不作"停放吸引"的定义；而公交车、出租车、单位通勤车、长途客车，当停靠时间大于5min以上时，宜作"停放吸引"处理；停放车分为路内停放和路外停放。

2) 法定停放、容许停放和违章占路停放

法定停放是指公安交通管理部门用停车标志、标线等物理、法制隔离设施指示容许停

的设施;

容许停放则是道路内(路边)的法定容许停放部分和因历史沿袭的可以停车部分设施之和,后者包括在市区内一些支路、街巷尚未安排警力或标志标线潜在可停的地点。

违章占路停放:即在凡有禁停标志、标线指示的地点停放车辆。

3)停车供应

又称停车设施容量,指路内、路外停放场地可能提供的最大停放车位数(或面积)。停放供应的计量在调查中用实际可停数表示。

4)停放吸引量

在指定小区或停放点(段)上一定时间内(一天、高峰、小时等)的停车数量。

停放量吸引可以用两个指标来表征:

(1)实际停放量:即在一定时间段内(或某一时刻)的实际停放车辆数,单位为辆;

(2)延停车数:表示各个间隔观测时段获得的延停车辆数之和,它与采用间隔观测方法有关,其单位为辆·次。

5)停放车指数(停放饱和度)

停放车指数(停放饱和度):指某一时刻实际停放量与停车供应设施容量之比,它反映了停放场地的拥挤(饱和)程度;

高峰饱和度:指停车高峰时刻的实际停放量与停车供应设施容量之比;

平均饱和度:指某一个相当大的时段(如一日或若干小时)内各个时刻停放饱和度的平均值。

6)平均延停时间

表示全部实际停放车辆的平均停放时间。对于间断观测调查,平均延停时间即为总延停时间(总延停数乘以间隔时间)除以实际停放车辆数。

7)停放周转率

表示一定时间段内(一日、几小时等)每个停车车位平均停放车辆次数,即停车设施容量除以实际停放数求得。

8)高峰停放比率

指停车数量在时间分布上的相对变化特征。用某小区或点段上高峰实际停放量与平均停放量的比值来表示。

9)停车目的

指车主在出行中停放车辆后的活动目的。例如上班、上学、购物、业务、娱乐、回家等。

10)步行距离

车辆停放后至出行目的地的实际步行距离。步行距离可以反映停车设施布局的合理程度。对于泊车者来说,能承受的步行距离有一定的范围。

### 8.1.2 车辆停放调查的目的和意义

车辆停放调查的重要意义是毋庸置疑的,因为车辆停放占用了交通过程90%以上的时间。假定每辆车一年行驶里程为2万km,车速为40km/h,则全年动态行驶时间也只有500h,而停放时间高达8000h以上。国外资料表明,多达1/5的市内交通事故都是直接或间接地与路内停车有关;而出行的每个端点(无论是机动车或自行车,无论是出行起点或讫点),都有一个车辆停放问题,目前我国许多大城市中心区停车混乱的局面,从反面说明进行停放车辆调查研究具有重要的现实意义。

车辆停放调查的目的具体如下:

(1)了解车辆停放设施供应状况,包括路内和路外的各类停放场地及其车位容量、位置、设施、管理、收费情况;

(2)了解各类停放场地上(路内、路外停车场、库和临时设施)停放车辆的基本特征(停放数量的时间、空间分布,包括数量、车型、停放时间等);

(3)了解车主停放的目的、停放处至出行目的地步行时间(距离)、对停放点设施与管理收费的意见和要求;

(4)通过调查,调整与增减现有停车供应的实际需要,提出近期改善停车紧张的对策措施;

(5)调查停车吸引与土地利用,交通量以及管理措施的相互关系。

一项完全的车辆停放调查应包含近期改善措施和从长远上考虑的动态与静态结合的供需关系的研究目标。

### 8.1.3 调查内容

车辆停放调查是一项复杂而细致的工作,具体调查内容包括:

1)停车设施供应调查

停车设施供应调查的具体内容:现有停车设施的规模(泊位数、占地面积)和位置、存在问题、停车场的形式及构成、停车设施的收费情况、停车设施附近的交通情况、停车设施附近的环境条件等。

2)停车设施停放实况调查

停车设施停放实况调查包括:路内车辆停放实况调查和路外车辆停放实况调查两部分。

路内车辆停放实况调查:主要调查路内停放车对交叉口入口处车流影响、路内停放车对无交叉口路段交通流影响、路内停放车辆出入时对车行道影响等。

路外车辆停放实况调查:路外停车主要是指位于道路系统之外的停车场所,包括社会停车场、配建停车场和专用停车场(或车库)的停车。调查车型也分机动车与非机动车,或者两者兼有。主要调查内容是描述车辆停放特征的一些参数,例如停放吸引量、停放周转率、车辆停放时间等。

### 8.1.4 调查方法

1)航测照片法

航测照片法是空中摄影的总称,即从飞机上(或是气球、卫星上)对调查范围实况进行拍照。这是一种效率较高的大面积范围的停放车辆调查技术。

航测照片方法的优点:

(1)摄影瞬间交通状况真实、直观,且可多次再现摄影现场;

(2)可以掌握较大范围的道路设施状况和同一瞬时交通资料(动态与静态),以同一精度进行测定；

（3）省时、省力，避免了人工调查组织实施的种种困难。

航测照片方法的缺点：

（1）与实地现场调查比较，航测拍照易受气候条件影响，对于高层建筑密集区域，容易失去停车的许多细节；

（2）由于反射和阴影反差，容易对不同类型车辆与地面的地物等产生判读上的错误。

2）人工实地调查法

即直接派人在停车场地对停车情况进行观测记录和征询意见调查（明信片或询问）。实地观测调查主要分两类，一类是间断式调查，一类是连续式调查。简介如下：

（1）间断式调查

调查员在调查区间内边巡回行走，边记录停放车辆的数量和停放方式、车型分类特征，巡回观测的周期时间可以是 5min、10min、15min、30min、1h 以上等。

间断式调查又分为记车号与不记车号两种：记车号式调查是在间断巡回时间内，登记车号，且将每次间隔停放时刻用"0"填入表，当原来停放车辆开走，则把观测时刻栏作为空栏，如遇新的停放车辆，则按上述同样顺序填入下一栏，调查表格如表 8-1 所示；不记车号的间断式调查只观测记录调查区间内的各种停车数量，调查表格如表 8-2 所示。从了解信息看，不如记车号调查丰富；从适应性看，前者适合机动车，后者适合自行车。

**间断式调查记车号法调查表**　　　　　　　　　　　表 8-1

小　区＿＿＿＿＿＿＿　　　　顺序号＿＿＿＿＿＿＿

调查员＿＿＿＿＿＿＿　检查验收员＿＿＿＿＿＿　调查日期＿＿＿＿年＿＿＿＿月＿＿＿＿日

| 调查地点（段） | | | | 路侧 | | | | |
|---|---|---|---|---|---|---|---|---|
| 1 | ＿＿＿路（＿＿号至＿＿号） | | | 东 | 南 | 西 | 北 | 中 |
| 2 | ＿＿＿路（＿＿路至＿＿路） | | | (1) | (2) | (3) | (4) | (5) |
| 3 | ＿＿＿路（＿＿路口停车线＿＿m内） | | | | | | | |

| 编号 | 车型 | 调查时间 | 8:00 | | | | | | 9:00 | | | | | | 10:00 | | | | | | 11:00 | | | | | | 12:00 | | | | | |
|---|---|---|---|---|---|---|---|---|---|---|---|---|---|---|---|---|---|---|---|---|---|---|---|---|---|---|---|---|---|---|---|---|
| | | 车辆牌照号 | 0 | 1 | 2 | 3 | 4 | 5 | 0 | 1 | 2 | 3 | 4 | 5 | 0 | 1 | 2 | 3 | 4 | 5 | 0 | 1 | 2 | 3 | 4 | 5 | 0 | 1 | 2 | 3 | 4 | 5 |
| | | | 0 | 1 | 2 | 3 | | | 0 | 1 | 2 | 3 | | | 0 | 1 | 2 | 3 | | | 0 | 1 | 2 | 3 | | | 0 | 1 | 2 | 3 | | |
| 1 | 4 | 018 | | | | | | | 0 | | | | | | | | | | | | | | | | | | | | | | | |
| 2 | 5 | 051 | | | | | | | | | | | | | 0 | 0 | | | | | | | | | | | | | | | | |
| 3 | 4 | 076 | | | | | | | | | | | | | 0 | 0 | | | | | | | | | | | | | | | | |
| 4 | | | | | | | | | | | | | | | | | | | | | | | | | | | | | | | | |
| 5 | | | | | | | | | | | | | | | | | | | | | | | | | | | | | | | | |
| 6 | | | | | | | | | | | | | | | | | | | | | | | | | | | | | | | | |

车辆类型：0-大客；1-大货；2-中客；3-中货；4-小客；5-小货；6-摩托；7-其他。

**间断式调查不记车号法调查表**　　　　　　　　　　　　表8-2

天气(晴/阴/雨)＿＿＿＿　　星期＿＿＿＿＿＿
停车方式：＿＿＿　法定占路面积：＿＿m²　巡回间隔时间：＿＿min　主要服务的用地设施代码：＿＿

| 13:00 | | | | | | 14:00 | | | | | | 15:00 | | | | | | 16:00 | | | | | | 17:00 | | | | | |
|---|---|---|---|---|---|---|---|---|---|---|---|---|---|---|---|---|---|---|---|---|---|---|---|---|---|---|---|---|---|
| 0 | 1 | 2 | 3 | 4 | 5 | 0 | 1 | 2 | 3 | 4 | 5 | 0 | 1 | 2 | 3 | 4 | 5 | 0 | 1 | 2 | 3 | 4 | 5 | 0 | 1 | 2 | 3 | 4 | 5 |
| 0 | 1 | 2 | 3 | | | 0 | 1 | 2 | 3 | | | 0 | 1 | 2 | 3 | | | 0 | 1 | 2 | 3 | | | 0 | 1 | 2 | 3 | | |
| | | | | | | | | | | | | | | | | | | | | | | | | | | | | | |
| | | | | | | | | | | | | | | | | | | | | | | | | | | | | | |
| | | | | | | | | | | | | | | | | | | | | | | | | | | | | | |
| | | | | | | | | | | | | | | | | | | | | | | | | | | | | | |
| | | | | | | | | | | | | | | | | | | | | | | | | | | | | | |
| | | | | | | | | | | | | | | | | | | | | | | | | | | | | | |
| | | | | | | | | | | | | | | | | | | | | | | | | | | | | | |

用地服务设施：0-住宅；1-重工业；2-轻工业；3-大专院校；4-中小学校；5-行政经济管理机构；6-商业服务；7-文体游憩；8-旅馆宾楼；9-车站、码头、空港；10-仓库；11-施工现场；12-医院；13-其他。

(2) 连续式调查

调查员在调查区间将停放车辆的车型、牌照和开始停放时刻及终止停放时刻记录下来。这是一种精度比间断式调查更高的调查。停放时间可由开始停放时刻与终止停放时刻之差得到。

这项调查很适合于大型公共建筑、专业停车场(库)的机动车停放调查；如果将该项调查与征询意见调查结合起来，就可以获得包括停放目的、步行距离、管理意见在内的丰富的停放信息。调查使用表格见8-3。

**连续式调查记车号法调查表**　　　　　　　　　　　　表8-3

小　区＿＿＿＿＿＿　　　　　顺序号＿＿＿＿＿＿
调查员＿＿＿＿＿＿　　　　　检查验收员＿＿＿＿　　调查日期＿＿＿年＿＿月＿＿日

| 大型公建名称 | | | | 调查地点(段) | 1 | ＿＿＿＿路(＿＿＿号至＿＿＿号) |
|---|---|---|---|---|---|---|
| | | | | | 2 | ＿＿＿＿路(＿＿＿路至＿＿＿路) |
| 1 | 2 | 3 | 4 | | 3 | 公共建筑设施围墙以内 |

| 编号 | 车型 | 车辆牌照 | 到达时间 | 驶离时间 | 停放目的 | 据目的地步行时间(min) | 从哪儿来 | 一月以来使用次数 |
|---|---|---|---|---|---|---|---|---|
| | | | | | | | | |
| | | | | | | | | |
| | | | | | | | | |
| | | | | | | | | |
| | | | | | | | | |

注：1. 大型公建分类：1-宾楼饭店；2-贸易中心；3-商业楼、办公楼；4-医院。
2. 停车目的：1-上班；2-上学；3-装卸货物；4-业务；5-购物；6-文化娱乐；7-生活；8-接客送客、出租车。
3. 车辆类型：1-大客；2-大货；3-中客；4-中货；5-小客；6-小货；7-摩托(二轮、三轮)；8-其他。
4. 从哪儿来：1-外省市(地点)；2-本市(＿＿＿路＿＿号或单位＿＿＿)。

(3) 征询意见调查

采用发明信片和直接与车主对话方式，调查表格见8-4。

## 车辆停放设施问卷调查表

表 8-4

| 调查员 | | 检查员_____ | 调查日期___年___月___日 | 抽样询问车型_____ | 星期_____ | 天气（晴/阴/雨） |
|---|---|---|---|---|---|---|

| 调查地点(段) | 1 | _____路(_____路至_____路) | | | | | | | | |
|---|---|---|---|---|---|---|---|---|---|---|
| | 2 | _____路(_____路至_____路) | | | | | | | | |
| | 3 | _____路(距路口停车线_____m内) | | | | | | | | |

| | 东 | 南 | 西 | 北 | 中 | | 性别 | | 年龄（岁） | | | |
|---|---|---|---|---|---|---|---|---|---|---|---|---|
| 路侧 | ① | ② | ③ | ④ | ⑤ | | 男 | 女 | <16 | 16～30 | 31～50 | >50 |
| | | | | | | | ① | ② | ③ | ④ | ⑤ | ⑥ |

询问对象特征

| 询问栏 | 回答栏 |
|---|---|
| 1. 从哪儿到本处停放 | 1. 外地  2. 本市车_____路_____号点 |
| 2. 在此处停放开始时间、离开时间 | ___时___分  ___时___分 |
| 3. 在本处停放目的 | 0. 上班  1. 上学  2. 装卸货物  3. 业务  4. 购物  5. 生活  6. 娱乐  7. 接送客，出租车无任务  8. 回家（过夜）  9. 吃饭  10. 其他 |
| 4. 从停放处到目的地步行时间 | _____ min |
| 5. 请您说"违章占路"停放原因 | 0. 不知是违章  1. 法定允许停放点太远  2. 行驶路线路太多  3. 在此不长时间马上就走  4. 装卸不便  5. 停车收费  6. 其他理由 |
| 6. 您的车晚上向何处停放 | 0. 自己车库（住宅地）  1. 单位车库  2. 马路上  3. 停车场  4. 就在此地  5. 其他 |
| 7. 征询停放管理意见 | 1. 反对收费  2. 赞成有人管理收费_____元／日  ①机动车  ②非机动车_____元／次 |

车型分类：1-大客；2-大货；3-中客；4-中货；5-小客；6-小货；7-摩托；8-其他机动车；9-自行车；10-其他非机动车。

较详细地调查以下内容：
①停放车辆目的；
②从停放车辆地点至出行目的地的步行时间；
③出发地点、目的地；
④在该地停放车辆的频率；
⑤违章停放理由；
⑥停车收费与管理意见等。
各种调查方法比较见表8-5。

调查方法比较一览表　　　　　　　　　　表8-5

| 调查项目 | 调查方法 航测照片判读 | 间断调查 记车号 | 间断调查 不记车号 | 连续调查 记车号 | 连续调查 ④并用 | 征询意见调查 明信片 | 征询意见调查 面谈 |
|---|---|---|---|---|---|---|---|
| 不同时刻停放车辆数 | △ | △ | △ | ○ | ○ | × | × |
| 最大停放车辆数 | △ | △ | △ | ○ | ○ | × | × |
| 车辆平均停放时间 | △ | △ | × | ○ | ○ | × | × |
| 平均周转率 | △ | △ | × | ○ | ○ | × | × |
| 停放点至出行目的地距离 | × | × | × | × | ○ | △ | ○ |
| 停放车辆起讫点 | × | × | × | × | ○ | △ | ○ |
| 停放车目的 | × | × | × | × | ○ | △ | ○ |
| 调查人员人数 | — | ②2人/100~200m | ①1人/100~1 000m | ②2人/50m | ④4人/50m | ③1人/100m | ②2人/100m |

注：○——所得数据能满足要求；
　　△——所得数据精度不高；
　　×——所需数据几乎不能获得。
①——步行时1人/(100~200m)，骑自行车或乘汽车巡回可达1人/1 000m，大量自行车停放时人数要增加。
②——人数减半，负责路段和车辆数宜减半。
③——专指明信片发放，边巡回，边宣传。
④——指记车号与征询意见并用。

### 8.1.5 调查资料应用

通过停车调查获得停车设施供应（包括路内、路外场、库）和停车设施使用状况，包括车辆停放的时空分布特性，获得停放时间、步行时间、停放目的等特征资料，为采取正确的交通管理措施疏导交通，提出合理的收费办法与收费标准提供科学依据，这一点已被世界许多大城市的实践所证实。另外由于停放车辆与土地利用密切相关，停车供需调查也为城市规划和交通规划提供了必要和丰富的资料。

(1)评价调查区域内的停放车辆供需短缺。通过停车设施调查和高峰时刻的实际停放数量调查，可以定量地回答停车紧张程度。

(2)通过调查绘出的各个停放点内停车数量的时间变化曲线和整个调查范围的日累计和高峰停放量的空间分布图，可以分析停车密度和饱和程度，并进行分级评价，为局部的改善和提高周转率指明方向。

(3)运用停车目的和停放时间调查资料，可以找出不同出行目的停放时间的基本规律。

(4)制定科学的停车收费政策。由停放时间分布规律、步行距离和停车密度（吸引量分布)分析,可以为调整收费政策、控制停车需求提供依据。

(5)根据调查建立起累计停放量(或吸引量)与土地利用的现状关系模型。

## 8.2 停车设施供应调查

停车设施包括路内和路外停车场地[规划专业停车场(库)、大型公建的停车场(库)、社会公用停车场(库)等]的位置、容量和其他相应的特征资料。

### 8.2.1 停车场地的现状调查

1)停车设施容量

停车车位是指一个停车空间,其单位一般为标准小汽车的车位面积。路内停车容量是指法定的车位容量,在我国指公安交通管理部门在道路红线范围内画线或标志指定允许停车的范围;路外停车场(库)容量则指能实际使用的车位数。

2)地点与位置

路内停车场应注明道路的具体分段名(路段地名)、部位(车行道、人行道)和路侧(东、南、西、北、中);路外停车设施应具体编号和用示意图表示停车车位的分布区域、数量。

3)停车设施的耐久程度、设备情况

4)停车时间限制或营业时间

5)管理经营、包括归属、管理情况

6)收费标准

### 8.2.2 调查范围

(1)中心商业区调查,应包含周围的次级商业、零售点和业务办公楼以及边缘区。由现场勘查确定停车设施实际上可能扩大范围(机动车一般以150m为界,自行车50m为界)。

(2)交通集散中心可选择自然边界划定,如河流、铁路或主要干路(沿线土地利用出现变化)。

(3)典型停放吸引点,包括路外社会停车场、专业停车场和大型公共建筑、文体场馆配建停车场,其调查界限由现场实际情况决定。

(4)一条主要路线停车设施应包括沿横向街道100~150m距离内。当干路上限停、禁停时,这些区域正是路内停车者的潜在停放点。

### 8.2.3 人工调查方法

1)对停放设施建立一个编码系统

每个街区和主要停放集散点给一个识别编码。如果已有出行起讫调查小区编码,可以统一使用。必要时再按更详细的街坊编出二级编号;对每个街区(或调查小区)内的各个停放设施再依次单独编号。在调查前应有一张1:2 000左右的地形图,使街区与路内路外停车设施有一个清楚的编码系统。

2)调查实施

(1)路内调查:包括停车车位数的位置、数量、停放方式以及临时停车、禁止停车(或限停时间)的位置,所有数据均以实地勘测丈量为准,调查使用表格见表8-6。在估计路边给定

## 路内停车设施调查表

表 8-6

调查员 _____ 检查验收员 _____ 调查日期 ____ 年 ____ 月 ____ 日 ____ 星期 ____ 天气（晴/阴/雨）____

| 设施地点(段) | | | 路侧 | | | | | 停 放 车 种 | | | 服务区主要用地设施 |
|---|---|---|---|---|---|---|---|---|---|---|---|
| | | | 东 | 南 | 西 | 北 | 中 | 机动车 | 非机动车 | 机非混停 | |
| 1 | ___(路___路至___路) | | ① | ② | ③ | ④ | ⑤ | ① | ② | ③ | ☐ |
| 2 | ___(路___路至___路) | | | | | | | | | | ☐ |
| 3 | ___(路___路口停车线___m内) | | | | | | | | | | ☐ |

| 1. 路内 | ① | ② | ③ | ②大型公建 | | | | ③娱乐场 | | | ☐ |
| --- | --- | --- | --- | --- | --- | --- | --- | --- | --- | --- | --- |
| | 车行道 | 人行道 | 兼占 | 1 | 2 | 3 | 4 | 1 | 2 | 3 | |

地域分类　2. 典型停放　①专用停车场(机动)　④ ____ 交通集散地

吸引点　④企业　⑤私人　⑥其他　　　　　　　　　　　　　　　☐

主管者　①公共　②公安局　③街道　④企业　⑤私人　⑥其他

管理方式　1.有人（工作人员 ___ 人）　2.无人　①有停车标志(标线)　②无标志标线

营业情况　1.白天 ___ 时～___ 时　2.昼夜

收费情况　1.不收费　2.收费　①时间制 ___ 元/时　②日制 ___ 元/日　③次制 ___ 元/次

规　模　停车总面积 _____ m²（其中建筑设施 _____ m²）

注：1. 用地设施分类：00-住宅；01-重工业；02-轻工业；03-大专院校；04-中小学校；05-行政经济管理机构；06-商业服务；07-文体游憩；08-旅馆宾馆；09-仓库；10-车站、码头、空港；11-施工现场；12-医院；13-其他。
2. 大型公建分类：1-宾馆饭店；2-贸易中心；3-商业楼、办公楼；4-医院。
3. 娱乐场所：1-影剧院；2-体育馆；3-公园娱乐场地。

## 路外停车场调查表

表 8-7

调查日期　　年　　月　　日　　　　调查员　　　　　

| 公建（单位）名称 | | 用地性质 | (1)已建 (2)在建 (3)拟建 |
|---|---|---|---|
| 地　址 | | 停车场（库）性质 | (2) ①永久 ②临时 ③过渡性 |
| 单位占地面积　　　建筑面积 | | 建筑使用规模 | 项目类型 ①独立 ②附属 |
| 停车场（库）建筑面积　　　办公面积 | | 营业服务面积 | 客房数　　床位数　　住户数（户） |
| 管理人数　　人・天分　　班 | | 隶属系统 | 层数（层） |
| 设计泊位容量（个） | 机动车 | | (1)　　　区。 |
| | 非机动车 | | (2)　　　局。 |
| | | | (3) |

| 停放车辆数（辆） | 大　型 | | 中　型 | | 小　型 | | 总计 |
|---|---|---|---|---|---|---|---|
| | 客 | 货 | 客 | 货 | 客 | 货 | |
| 全　日 | | | | | | | |
| 高峰时段 | | | | | | | |

| 停车场（库）建设投资（万元） | 征地 | 拆迁 | 土建 | 设备 | 总计 |
|---|---|---|---|---|---|
| | | | | | |
| 占公建投资百分比 | ___% | 资金渠道 ①国家②集资③自筹 | | | |

| (1)不收费 | 备注 |
|---|---|
| (2) 收费标准 ①日制 ②时制 ③次制 起点费 ④累进制 累进制 | |

注:1. 用地性质分类:0-住宅;1-重工业;2-轻工业;3-大专院校;4-中小学校;5-行政经济管理机构;6-商业服务;7-文体游憩;8-旅馆宾楼;9-仓库;10-车站、码头、空港;11-施工现场;12-医院;13-其他。

2. 本表单位:"面积"以"m²"计,"车辆数"以"辆"计,"日制"以"元/日"计,"次制"以"元/次"计,"累进制"中的"起点费"和"累进费"均以"元/时"计,"客房数"以"间"计,"床位数"以"张"计。

距离内提供的停车车位数时,美国采用如下标准:
①平行停放,7m/车;
②斜角停放,4m/车;
③垂直停放,3m/车。

(2)路外一般查点单位停车车位数或直接丈量计算,若发生高峰多排停放情况,应以单排停放为准,调查使用表格见表8-7。国家试行标准按停车方式不同取25～30m²。

## 8.3 路内车辆停放实况调查

### 8.3.1 调查方法选取的考虑因素

(1)调查目标要求:目标单一的可以选择简单的方法;调查要求多、内容广的调查,方法就要复杂些,宜采用几种方法组合使用。

(2)调查范围大小:确定为一条路、一个集散中心或是一个区域。

(3)调查时间:应包含车辆停放高峰时段在内8h以上,也有由于目的不同仅调查高峰时段停车情况的。

(4)调查过程人力、物力与设备条件、完成调查的时间要求。

(5)调查车型:机动车、非机动车,或者两者兼有。

(6)调查要求的精度。

### 8.3.2 调查方法

1)间断调查法

(1)根据调查目的不同,间断调查法可以分为不记车号式与记车号式两种。

不记车号调查法,主要调查内容有时间间隔、车种、累计停放量,目的是了解一天中高峰时期停车需求量与各时段实际停车量的变化,调查表参见表8-8。

记车号调查法与不记车号间断调查表的最大区别是它记录每辆停放过的车辆的累计停车时间,可以获得机动车的停车持续时间和车位的周转率。

(2)间断调查的巡回观测时间间隔的选定与调查精度有一定的关系。一般从是否能观测到的角度将各种停放车分为五种形态,如图8-1所示。

$A$:从调查开始前到调查结束后,一直停放着的车辆;

$B$:调查开始前停放着,在调查的某一时间段后开出;

$C$:在调查时间范围内停放后不久又开出

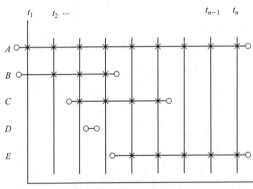

图8-1 调查时间范围和调查时间间隔划分停放方式

的车辆,在巡回观测中记录一次以上的情况;

$D$:在调查某一时间间隔内停放后很快又开出的车辆,在巡回观测中记录不到的情况;

$E$:在调查时间范围内停车,调查结束后车辆仍然停放的情况。

不同调查地段从 $A$ 到 $E$ 所形成的车辆形态比例是不同的,一般说来,巡回观测间隔时间越长,漏测的车辆数可能增加(特别是停放时间短的 $D$ 类车),调查精度下降。为此,通过试调查的办法,用延停车数作为控制指标,计算拟定调查时间范围下的不同间隔时段调查所产生的漏测概率。

2) 连续调查法

根据调查目的的不同,连续调查法可以分为记车号和记车号加询问调查两种。调查内容包含在调查区段上停放过的车的车型、牌照号、开始与终止停放时刻等,调查表参见表8-9。

(1) 调查地点(段)可以是用路名、门牌号确切表达的位置,或是以建筑物、广告牌、电线杆、公共建筑设施作为界线划出的地点(停车场、库等)。调查区段大小取决于停放车辆数量和观测记录的承受能力。一般 1 名调查员时,区间长度不宜大于 100m(出入口不宜太多),停车车位数应为 30~40 辆。

(2) 开始与终止停放时间可以从调查员手表读取;停放时间即为起讫停放时刻之差。

(3) 记车号连续调查与询问并用时,重点询问是到达前出发地点、离开去向地点、停放后至出行目的地步行距离、停放目的等几项。

3) 抽样问卷调查法

调查项目有:停放目的、停放车位置到目的地的步行时间、出发地点与目的地、晚间停放地点、违章停放和停放收费意见等。

(1) 询问事项均以面谈较好,所有内容应在 2min 内完成为宜;

(2) 访问的数量比例(访问率)应不低于 20%,由于询问调查人力投入较多,在停车累积量大的中心区是难以达到的。抽样对象根据各点上的停车数、车型(机、非)随机抽样,连续访问,机动车抽样率达 18%。

### 8.3.3　路内停车对交通流影响

由于路内停车占用一定的道路空间,对道路上正在运行的交通流会产生影响,具体分析如下:

1) 路内停放车对交叉口入口处车流影响

依交叉口入口车道数按 1~4 顺序,对快到停车线和在停车线前 25m、50m 处作为停放车位置的交通现象,用动态录像仪(每秒 1 画面)进行录像剖析。

2) 路内停放车对无交叉口路段交通流影响

在无交叉口影响的路段上按路侧完全不停车、路侧停 1 辆车、停若干辆和路侧全部停放车分类情况,测定交通量、速度分布、交通密度的变化,分析停放车影响。

3) 路内停放车辆出入时对车行道影响

路内停放车使道路有效宽度减少,路侧停放车即使临时出入,也将进一步影响车行道的流量。这种影响可用障碍率 $\mu$ 表示:

$$\mu = \left(1 - \frac{D}{W}\right) \times 100\% \tag{8-1}$$

式中：$W$——车行道总宽，m；

　　　$D$——供交通用的宽度，即从总宽 $W$ 减去停车带（一般 3.0m）和为停放车辆出入用的余宽后所剩余的宽度。

## 8.4 路外车辆停放实况调查

路外停车主要是指位于道路系统之外的停车场所。调查方法是根据路外车辆停放特点、设施分类和调查精度要求来选择的。

### 8.4.1 路外车辆停放特点

(1) 路外停车设施（无论是停车场或停车库）在设备上与管理上一般比路内停放要好，规模上也要大些；

(2) 与路内停车相比，路外停车场的出入口少，容易进行控制性调查；

(3) 停放时间总的比路内较长；

(4) 无论采取哪种停放方式，都应设置一定宽度通道，比起路内停车单个车位占地面积较大。

### 8.4.2 路外车辆停放实况调查表格

路内车辆停放调查的表格稍加修正同样适用于路外车辆停放调查。

1) 连续调查表

对于路外停车场（库）实况调查，一般采用记车号式连续调查表，通过调查员对进出停车场车辆时间的记录和出行起讫地点、出行目的的简单询问，可以十分准确地获得路外停车的基本参数。

连续调查表可以结合停车场（库）收费与看管的手续一起进行，省去很多核对工作，但关键是收费单据设计要合理。

2) 间断调查表

调查项目与内容可以参照路内停放调查格式，根据路外停车特点，一般间段观测时间可长一些。从调查停放数量和停放时间的精度上看是不及连续调查表，但很适合人力较少而精度要求一般的情况。

3) 征询意见调查

项目内容可以和路内停放调查相同，除了停放目的、步行距离、起讫点、收费标准等，还可以了解到停车者对换乘、设施管理、收费承受能力的反映意见。

4) 路外单位（或个体）车辆停放调查表

作为路外停放不可忽视的一个内容是自用（单位或个人）车辆停放分布。它们不同于社会停车场、配建停车场或专业停车场，其特点是分散、任意、较难管理。目的是为了掌握其分布现状与停放特征。

### 路内车辆停放实况间断调查表(不记车号式)　　　　表 8-8

调查员_____　　检查验收员_____　　调查日期_____年_____月_____日
星　期_____　　天　气($^1$晴 $^2$阴 $^3$雨)_____

| 调查地点(段) | 1 | ____路(____号至____号) | 路　侧 | | | | | 停车方式 | | | |
|---|---|---|---|---|---|---|---|---|---|---|---|
| | 2 | ____路(____路至____路) | 东 | 南 | 西 | 北 | 中 | 平行 | 垂直 | 角度 | 自由 |
| | 3 | ____路(____路口停车线____m 之内) | (1) | (2) | (3) | (4) | (5) | (1) | (2) | (3) | (4) |

| 法定占路面积 | 巡回间隔时间 | 主要服务的用地设施 |
|---|---|---|
| _____ m² | _____ min | |

| 时 间 段 | 大型车 | | 中型车 | | 小型车 | | 摩托 | 非机动车 |
|---|---|---|---|---|---|---|---|---|
| | 客车 | 货车 | 客车 | 货车 | 客车 | 货车 | | |
| :00 ~ :10 | | | | | | | | |
| :10 ~ :20 | | | | | | | | |
| :20 ~ :30 | | | | | | | | |
| :30 ~ :40 | | | | | | | | |
| :40 ~ :50 | | | | | | | | |
| :50 ~ :00 | | | | | | | | |
| :00 ~ :10 | | | | | | | | |
| :10 ~ :20 | | | | | | | | |
| :20 ~ :30 | | | | | | | | |
| :30 ~ :40 | | | | | | | | |
| :40 ~ :50 | | | | | | | | |
| …… | | | | | | | | |

### 路内车辆停放实况连续调查表　　　　表 8-9

调查员_____　　检查验收员_____　　调查日期_____年_____月_____日
星　期_____　　天　气($^1$晴 $^2$阴 $^3$雨)_____

| 调查地点(段) | 1 | ____路(____号至____号) | 路　侧 | | | | | 停车方式 | | | |
|---|---|---|---|---|---|---|---|---|---|---|---|
| | 2 | ____路(____路至____路) | 东 | 南 | 西 | 北 | 中 | 平行 | 垂直 | 角度 | 自由 |
| | 3 | ____路(____路口停车线____m 之内) | (1) | (2) | (3) | (4) | (5) | (1) | (2) | (3) | (4) |

| 法定占路面积 | _____ m² | 主要服务的用地设施 | |
|---|---|---|---|

| 编号 | 车型 | 车辆牌照 | 到达时间 | 驶离时间 | 停车目的 | 距目的地步行时间(min) | 从哪儿来? | 一月以来使用次数 |
|---|---|---|---|---|---|---|---|---|
| | | | | | | | | |
| | | | | | | | | |
| | | | | | | | | |
| | | | | | | | | |
| | | | | | | | | |
| | | | | | | | | |
| | | | | | | | | |
| | | | | | | | | |
| | | | | | | | | |
| | | | | | | | | |

停车目的:1-上班;2-上学;3-装卸货物;4-业务;5-购物;6-文化娱乐;7-接送;8-过夜;9-吃饭;10-其他。
车辆类型:1-大客;2-大货;3-中客;4-中货;5-小客;6-小货;7-摩托(二轮、三轮);8-其他。

### 5) 路外停车场的建设和选址情况调查表

为了对已建和拟建的路外停车场的停放供需量、建场(库)的性质、规模、投资、拆迁和收费标准进行综合研究,最终对整个区域的路内外停车系统做出全面规划,这两种调查的实施也是十分需要的必要的。调查使用表格见表 8-10 和表 8-11。

**机动车停车场(库)选址调查表**　　　　　　　　表 8-10

调查日期:_____年_____月_____日　　调查员:_____

| 位置 | 东面:____路[____路(号)至____路(号)] | 用地面积:_____ |
|---|---|---|
| | 南面:____路[____路(号)至____路(号)] | |
| | 西面:____路[____路(号)至____路(号)] | 选址规模:_____ |
| | 北面:____路[____路(号)至____路(号)] | |

<table>
<tr><td colspan="6" align="center">现 有 结 构 物 情 况</td></tr>
<tr><td rowspan="11" align="center">选址范围以内</td><td>结构物类型</td><td>层数</td><td>使用性质</td><td>使用单位名称</td><td>用地面积</td><td>建筑面积</td></tr>
<tr><td rowspan="3" align="center">木结构</td><td>1</td><td></td><td></td><td></td><td></td></tr>
<tr><td>2</td><td></td><td></td><td></td><td></td></tr>
<tr><td>≥3</td><td></td><td></td><td></td><td></td></tr>
<tr><td rowspan="4" align="center">砖木结构</td><td>1</td><td></td><td></td><td></td><td></td></tr>
<tr><td>2</td><td></td><td></td><td></td><td></td></tr>
<tr><td>3</td><td></td><td></td><td></td><td></td></tr>
<tr><td>≥4</td><td></td><td></td><td></td><td></td></tr>
<tr><td rowspan="4" align="center">钢筋混凝土结构</td><td>1~3</td><td></td><td></td><td></td><td></td></tr>
<tr><td>4~6</td><td></td><td></td><td></td><td></td></tr>
<tr><td>7~12</td><td></td><td></td><td></td><td></td></tr>
<tr><td>≥13</td><td></td><td></td><td></td><td></td></tr>
<tr><td colspan="6" align="center">其 他 情 况</td></tr>
<tr><td colspan="6">人口数:_____(万人)　岗位数:_____(万人)　居住面积:_____　商业面积:_____</td></tr>
</table>

| | 位置 | 主要用地性质 | 主要单位名称 | 备注 |
|---|---|---|---|---|
| 选址范围外500m | 东侧 | | | |
| | 南侧 | | | |
| | 西侧 | | | |
| | 北侧 | | | |

注:1. "用地性质"分类:00-住宅;01-重工业;02-轻工业;03-大专院校;04-中小学校;05-行政经济管理机构;06-商业服务;07-文体游憩;08-旅馆宾楼;09-仓库;10-车站、码头、空港;11-施工现场;12-医院;13-其他。

2. 本表中单位以"$m^2$"计。

表 8-11 停车场的规模及费用情况调查表

1. 停车场规模多大？

| | 停放车收容能力 | | |
|---|---|---|---|
| | 面 积 | 辆 数 | 规 定 辆 数 |
| 总辆数 | | | |
| 带屋顶的 | | | |

2. 停车费用为多少？

| 不 同 时 间 | 不 同 车 型 | 有 屋 顶 | 无 屋 顶 |
|---|---|---|---|
| | | | |
| | | | |
| | | | |
| | | | |

3. 请问有关经营主体情况？
　(1) 土地：①借地　②地主
　(2) 专业或兼业：①专业　②兼业
　(3) 以前或现在进行农业经营吗？①是　②否
　(4) 该土地在修建停放车场前做什么用的？①农场　②空地　③其他
4. 何时修建？＿＿＿＿＿＿＿
5. 使用停放车场者中去＿＿＿＿＿＿上班的占多少比例？＿＿＿＿＿＿＿＿＿＿

### 8.4.3　出行中转停放车辆的实况调查

1）调查目的

该调查是乘机动车或骑自行车进入市内(或交通枢纽)的辅助性调查。可以了解由于上班出行中转或商业出行中转停放车方式的发生实况，为研究进入市中心(或交通枢纽)的车辆出行中转停放车方式及其特征提供依据。

2）调查方法

停放实况调查：以市中心或交通枢纽(地铁、铁路、高速公路、主要交通换乘站)车站为对象，以车站为中心，在半径 $500m$(机动车)或 $200m$(自行车)范围内的路内外(主要空地、收费停车场)进行停放车调查，调查方法可以利用间断式(机动车对车号)观测。

收费停车场调查：对上述范围内的收费(或社会公用)停车场管理人员，就停放车辆数、费用、使用中转停放方式的数量进行访问。

征询意见调查：对出行中转停放方式的车主进行停放目的、中转停放方式、原因、使用频率、对停车场设施与收费标准意见调查。

## 8.5　数据资料整理与分析

数据资料的整理与分析因调查目的、调查方法、调查表格的不同而有所区别。对于一个相当规模的停放车调查,对数据的整理与分析是一项复杂而细致的工作。

### 8.5.1 调查数据校核编码

统计分析的可靠来源于原始资料的准确。由于停放车调查类型较多,加之停放地点(路内、路外)分布较广,地址编码系统也较烦琐。因此在数据处理前,一定要对调查表各类数据逐项进行核对、验收,对编码系统也要校核、检验,达到精度要求。

### 8.5.2 车型与周日换算

1)车型的换算

由于不同车型几何尺寸不同,单位停放车位面积不一,对不同停放地点或区域的停放供需评价时,很有必要将车位容量和停放数量都换算到同一车型进行分析比较,单纯用混合车型的停放绝对数作评判显然是不客观的。

(1)标准车型一般选择停放比重最大的车型,我国大城市,机动车仍然是以小汽车为标准车,非机动车则以自行车为标准车,市区停车调查车型分类见表8-12。

车型分类表　　　　　　　　　表8-12

| 车型 | 大 | 中 | 小 |
|---|---|---|---|
| 车长 $L$(m) | $L \geq 12$ | $5 < L < 12$ | $L \leq 5$ |
| 客车座位数 $N$(座) | $N \geq 27$ | $7 < N < 27$ | $N \leq 7$ |
| 货车额定荷载 $T$(t) | $T \geq 8$ | $2.5 < T < 8$ | $T \leq 2.5$ |

(2)影响车型换算系数的因素:
①车辆几何尺寸;
②停放方式与停发方式;
③通道宽度;
④停放区域位置;
⑤停车密度;
⑥有无管理与收费等。

(3)换算系数应着眼于实施调查时的情况,路内与路外停车换算系数也是不相同的,因为路内停车大多利用道路作为进出通道,单位车辆占地面积应小一些。

以小汽车为单位停放泊位面积和其他车型换算系数如表8-13所示。

车型换算表　　　　　　　　　表8-13

| 车型 | | 小型车 | 中型车 | 大型车 | 摩托车(以二轮为主) |
|---|---|---|---|---|---|
| 路内 | 单位停放面积 $A_0$ (m²) | 15.7 | 34.4 | 53.4 | 3.8 |
| | 换算系数 | 1.0 | 2.19 | 3.4 | 0.24 |
| 路外 | 单位停放面积 $A_0$ (m²) | 23.66 | 43.27 | 53.92 | |
| | 换算系数 | 1.0 | 1.83 | 2.28 | |

2)周日换算系数

由于人力、物力限制当调查是分散在不同的周日(星期一～星期日)时,同一停放点(场、库)会因为出行增减变化导致停放吸引量不同。因此,要对不同周日调查数据经过换算到同一水准上进行分析。换算系数如表 8-14 和表 8-15 所示。

机动车停放周日日变系数　　　　　　　　　　表 8-14

| 设施分类 | 星期 | 一 | 二 | 三 | 四 | 五 | 六 | 日 |
|---|---|---|---|---|---|---|---|---|
| 0 | 住宅 | 1.155 | 0.883 | 0.715 | 0.846 | 1.107 | 1.468 | 0.442 |
| 5 | 行政经济管理机构 | 1.113 | 0.834 | 1.034 | 0.976 | 1.262 | 1.206 | 0.336 |
| 6 | 商业服务 | 0.992 | 0.878 | 0.823 | 0.822 | 1.133 | 1.228 | 0.850 |
| 7 | 文体游憩 | 0.960 | 0.892 | 0.811 | 0.723 | 1.157 | 1.200 | 0.680 |
| 8 | 旅馆宾楼 | 1.059 | 0.751 | 0.809 | 0.543 | 1.055 | 1.355 | 1.149 |
| 9 | 仓库 | 1.208 | 0.936 | 0.940 | 0.928 | 1.231 | 1.204 | 0.352 |

注:其他用地设施的周日日变系数为 1。

非机动车停放周日日变系数　　　　　　　　　表 8-15

| 设施分类 | 星期 | 一 | 二 | 三 | 四 | 五 | 六 | 日 |
|---|---|---|---|---|---|---|---|---|
| 0 | 住宅 | 0.99 | 1.08 | 0.94 | 1.10 | 0.91 | 1.08 | 0.90 |
| 2 | 轻工业 | 1.08 | 1.21 | 1.02 | 0.92 | 0.83 | 1.14 | 0.80 |
| 4 | 中小学校 | 1.07 | 1.08 | 1.08 | 0.96 | 0.93 | 1.16 | 0.71 |
| 5 | 行政管理机构 | 1.16 | 1.03 | 1.07 | 1.01 | 0.86 | 1.17 | 0.70 |
| 6 | 商业服务 | 1.04 | 1.03 | 0.91 | 0.96 | 0.89 | 1.05 | 1.11 |
| 7 | 文体游憩 | 1.06 | 0.92 | 0.91 | 0.87 | 0.86 | 1.11 | 1.27 |
| 8 | 旅馆宾楼 | 1.02 | 1.06 | 1.08 | 0.97 | 0.95 | 1.11 | 0.80 |
| 9 | 仓库 | 1.29 | 1.16 | 1.02 | 0.85 | 0.94 | 1.21 | 0.54 |

注:其他设施的周日日变系数为 1。

### 8.5.3　统计特征值分析方法

由一次停车调查可以获得多种评价停放车供需特征的特征值,许多特征值与调查定义的参数密切联系。一般需计算的停车特征参数如下:

(1)总停车辆数;
(2)总停放车时间;
(3)实际停放车数;
(4)平均停放车辆数;
(5)可能停放车数;
(6)高峰停放饱和度;
(7)平均停放饱和度;

(8)平均周转率量;

(9)平均停放时间。

### 8.5.4 数据处理

(1)按编码格式输入原始数据,建立原始数据库;

(2)按统计特征值分类就停放设施容量、停放累计量、高峰饱和度、平均停放时间、周转率等建立各种分析运算程序库,做出各项基础统计;

(3)对各项统计进行校核,检验其合理性。

(4)绘制各种停放时空分布和停放供需特征图表。

### 8.5.5 案例分析

1987年7月上海市区进行了一次停放车调查,该调查项目是按照上海综合交通规划目标要求进行的,重点是了解市中心区的路内停放车辆(机动车、自行车)设施供应和利用实况,以及土地开发与停车吸引的关系。具体方法是:

(1)采用专门停放设施用表对各调查小区和停放点的停车车位的容量、分类、管理、收费进行现场勘查、汇总;

(2)用间断调查方法观测(机动车、非机动车)各区点(段)内一天10h(8:00~18:00)的停放吸引量变化情况(间断时间间隔为15min);

(3)用对车号间断调查(15min为间隔)市中心8km²路内的全部机动车观测停放车辆类型、停放时间、停放方式实况;

(4)用征询意见调查表在现场对停车车主(机动车、非机动车)进行停车目的、步行距离、收费等情况的调查;

(5)路外典型社会公共、专用和配建停车场(库)调查。

数据处理结果如下:

(1)一个区域(或典型点)机动、非机动车停放累计量的时间分布情况,如图8-2、图8-3所示。

(2)一个区域内的不同小区高峰停放数的空间分布,如图8-4所示。

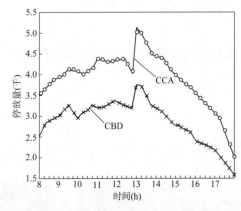

图8-2 分区内机动车停放累计量分布图

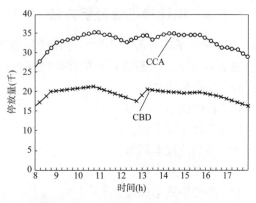

图8-3 分区内非机动车停放累计量分布图

(3) 街区停车车位小时的过剩和不足的空间分布如图 8-5 和图 8-6 所示。

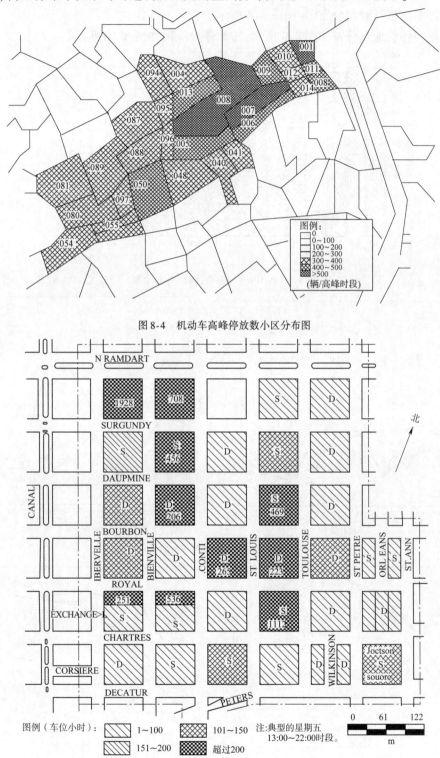

图 8-4　机动车高峰停放数小区分布图

图 8-5　在地图上表示停车车位小时过剩或不足的实例

(4)不同出行目的与停放时间分布图,如图8-7所示。

(5)停车后步行时间分布图,如图8-8所示。

(6)夜间停放地点分布如图8-9所示,违章停放原因如图8-10所示。

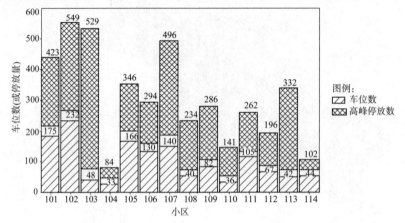

图8-6 各小区停车车位过剩与不足实例

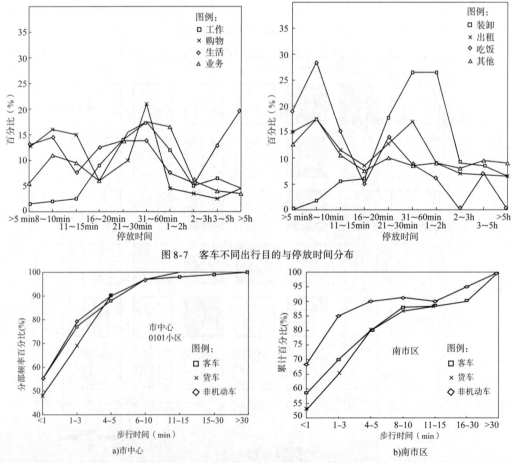

图8-7 客车不同出行目的与停放时间分布

a)市中心　　　　b)南市区

图8-8 停车后步行至目的地步行时间累计分布

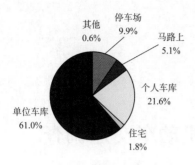

图8-9 夜间客车停放地点分布状况

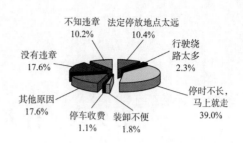

图8-10 客车违章占路停放分类比重

# 课后习题

1. 车辆停放调查的目的是什么？
2. 车辆停放调查的内容及方法有哪些？
3. 表8-16为某日在某路段上观测记录的机动车停放数量的间断调查表，观测间隔为15min，该路段法定容许停车泊位数10个，据此整理分析得到以下停车特征参数：①总延停车辆数；②总延停放车时间；③实际停放车数；④平均停放车辆数；⑤高峰时停放车辆数；⑥高峰停放车指数；⑦平均停放车指数；⑧平均周转率；⑨平均延停时间。

表8-16

| 调查时间 | 8:00 | | | | 9:00 | | | |
|---|---|---|---|---|---|---|---|---|
| 车辆牌照号 | 0 | 1 | 2 | 3 | 0 | 1 | 2 | 3 |
| 161 | 0 | 0 | 0 | | | | | |
| 388 | | 0 | 0 | 0 | 0 | 0 | | |
| 188 | | | 0 | 0 | 0 | | | |
| 633 | | | | 0 | 0 | 0 | 0 | |
| 699 | | 0 | | 0 | 0 | 0 | 0 | 0 |
| 849 | | | | | 0 | 0 | 0 | |
| 539 | | | | | 0 | 0 | | |
| 949 | | | | | | 0 | 0 | |
| 907 | | | | | | | | |
| 653 | | | | | | | 0 | 0 |
| 624 | | | | | | | | 0 |
| 634 | | | | | | | | 0 |

# 第9章 行人与非机动车交通调查

【教学目标】

步行与自行车交通作为绿色的出行方式,可以减少汽车尾气污染,缓解交通拥堵现状,营造舒适、安全、便捷、清洁、宁静的城市环境。因此,很好地了解、调查和处理行人与非机动车交通,是改善城市交通面貌,保持道路畅通,减少交通延误阻塞,保障交通安全的重要手段之一。本章的教学内容主要包括:

(1) 基本内容:常用术语与定义,行人交通特性调查,自行车使用调查;
(2) 重点:常用行人交通特性参数调查与分析,自行车使用调查;
(3) 难点:过街行人流量的计算。

通过本章内容学习,希望能够达到以下几个目标:

(1) 掌握:相关常用术语,行人交通特性调查方法,自行车使用调查方法;
(2) 理解:人行设施服务水平;
(3) 了解:行人与非机动车交通调查的目的和意义。

## 9.1 概述

在我国城市交通问题中,由于城市人口密集,行人与非机动车交通设施不足,因此这类交通问题十分突出。例如不少城市的商业街道人流如潮,但人行道的宽度严重不足;人行道上堆积杂物,摆摊设点,车辆停放等使人行道可供人行的空间更加紧张;由于人行道宽度的不足,加上人行道分隔护栏的缺乏,致使行人挤占非机动车道,非机动车又挤占机动车道,加之近年来非机动车被挤占现象严重,导致人车混行,严重危及行人和非机动车安全,降低行车速度,加重行车延误,影响道路通行能力的发挥。对行人和非机动车过街同样也不够重视,人行横道设施的设置不考虑行人过街的方便,信号设置少考虑非机动车过街时间;另外行人又喜欢乱穿马路,非机动车闯红灯现象也很普遍,而一些行人和非机动车天桥、地道的建设往往研究不够,或者有些地方管理不当,形成很大的浪费。考虑到我国城市中行人和非机动车交通问题将是一个较长时期内始终存在的问题,并且是全国各地大中小城市均存在的普遍性问题,因此对其进行专门的调查和分析,就十分必要。只要妥善地处理好行人和非机动车交通问题,城市的交通综合治理也就大有可为。要重视对行人和非机动车交通的调查,了解现状,取得数据,进行分析,以探求其各自的特性和规律,为解决其交通的管理、交通设施的规划、设计和设置等提供科学的依据。

### 9.1.1 常用术语与定义

1) 步行速度

步行速度指行人交通在指定方向上运动的速率。可用于描述动态行人交通,也可以描述静止人流(速度等于零)。一般单位为 m/min,或用 km/h。据北京的调查资料,我国行人步行速度平均为 72.5m/min,速度在 60~80m/min 范围内的占行人总数的 60.7%。

2) 行人流(动速)率

行人流(动速)率指人行道或人行横道上的行人在一定时间内按指定方向通过某一断面的数量。当单位为人/min 时,相当于每分钟行人交通量。有时也使用人/h 来表征。

3) 单位宽度上行人流动速率

单位宽度上行人流动速率指在一定时间内单位有效行走宽度上通过的行人数量。常用的单位为人/(min·m)。

4) 行人流量

行人流量一般指 15min 或更长一些时间(如 0.5h,1h)间隔内通过的行人数量。单位为人/15min 等。

5) 步幅

步幅又称步长。指行人行走时每跨出一步的长度,单位为 cm。据北京调查资料,我国行人步幅平均值为 63.7cm,男性步幅较女性步幅稍大,而步幅大小与步行速度快慢几乎无关。

6) 步数

步数指行人在单位长度内行走时所跨脚步的次数(或双脚先后依次着地的次数),单位为次(数)。由步数除指定距离可算得步幅。

7) 步频

步频指人在单位时间内行走时所跨脚步的次数(或双脚先后依次着地的次数),单位为步数/min。由步频乘以步幅可求得行人速度。

8) 行人动态密度

行人动态密度指在某一指定瞬间,位于人行道或人行横道上单位面积上正在行走中的行人数量,单位为人/$m^2$。与行人的流动速率及步速均有一定关系,其数值的大小体现了行人行走时的自由方便程度,与行人在人行道享有的服务水平高低有关。

9) 行人空间分配数

行人空间分配数又称行人空间面积。是行人动态密度的倒数。即每个行走的人平均占用的面积,单位为 $m^2$/人。

10) 行人流量方向分布系数

行人流量方向分布系数指主要方向行人流量与双向行人流量的比值,一般用百分数(%)表示。据广州调查,在一个较短时间内,行人流量在两个方向上有很大差别,影剧院、体育场馆附近人行道上其分布系数值几乎接近 100%,而一般商业、服务建筑物附近人行道上其分布系数约为 50%。

11) 行人流量时间分布

行人流量时间分布指人行道上的行人流量在一天 24h 范围内变化的状态。这种变化与车辆交通量的时间分布相似,但具有相对的稳定性和规律性。

12) 行人过街间隙利用(或称行人可接受间隙)

行人过街间隙利用(或称行人可接受间隙)指行人穿过无信号控制交叉口的人行横道时,对路上行驶车流中间隙的利用程度。行人为了安全地过街,必须以即将到来的车辆的距离和速度为依据,预估出车流到达需要多少时间,以此来判断是否过街。即行人根据自己过街所需时间和可能的车头时距,决定是否穿越车流过街或等待下一次更大车头时距。

13) 行人过街等待时间

行人过街时为了等候安全的间隙穿越,往往需要有一个等待时间,对此称为行人过街等待时间。对于同样的道路宽度和车流状况,不同年龄及性别的行人具有不同等待时间。过长的等待时间,往往会使在行人信号灯前的行人感到不耐烦,甚至有些人会闯入车行道。

14) 行人静态密度

行人静态密度指在某一指定瞬间,位于人行道(或人行横道)单位面积上站立等候中的行人数量,单位为人/$m^2$。行人静态密度与行人动态密度不同,它只同停止等候前后的行人流量有关,并且直接影响排队等候区域的服务水平高低。

15) 行人人均占用面积

行人人均占用面积指静止等候的行人平均每人占用的面积,是行人静态密度的倒数,单位为 $m^2$/人。

16) 平均行人间距

平均行人间距是静止等候的行人相互间距离的平均值,单位为 m。行人平均间距越大,排队等候的行人越自由舒适,服务水平等级越高。

17) 人行道服务水平

人行道服务水平指了表征和衡量行人在人行道内行走时的自由、方便和舒适程度所制定的定量指标。一般与车辆的服务水平相类似,分成从 A 到 F 的 6 级,等级越高,行人行走越方便。表 9-1 是美国曾采用的一种服务水平标准,主要根据行人空间分配系数和单位宽度上行人流动速率进行分级。表 9-2 是美国近年采用的服务水平标准,与表 9-1 的不同在于考虑的因素除了上述两项外,还增加了行人速度和流量与通行能力之比。原表中有的单位为英制,现已换算成公制一并附入。

人行道服务水平标准(A) 表 9-1

| 服务水平 | 行人空间分配系数 | | 单位行走宽的上流动速率 | | 行走方式* | | |
|---|---|---|---|---|---|---|---|
| | $ft^2$(人) | $m^2$/人 | 人(min·ft) | 人(min·m) | 顺流 | 逆流 | 交叉流 |
| A | >35 | >3.25 | 7 | 23 | F | F | F |
| B | 25~35 | 2.32~3.25 | 7~10 | 23~33 | F | F | R |
| C | 15~25 | 1.39~2.32 | 10~15 | 33~49 | F | R | R |
| D | 10~15 | 0.93~1.39 | 15~20 | 49~66 | R | R | S |
| E | 5~10 | 0.47~0.93 | 20~25 | 66~82 | R | S | S |
| F | <5 | <0.47 | >25 | >82 | S | S | S |

注:*顺流-顺行人主要交通流方向;逆流-与行人主要交通方向相反;交叉流-与行人主要交通方向相垂直交叉。
F-相对较自由,约束和不便最小;R-受到约束,冲突和不便的概率较高;S-严重约束。

人行道服务水平标准（B） 表9-2

| 服务水平 | 空间面积 | | 要求的流量和速度 | | | | 流量/通行能力 |
|---|---|---|---|---|---|---|---|
| | | | 平均速度 | | 流率 | | |
| | ft²/人 | m²/人 | ft/min | m/min | 人/(min·ft) | 人/(min·m) | |
| A | ≥130 | ≥12 | ≥260 | ≥79.2 | ≤2 | ≤7 | ≤0.08 |
| B | ≥40 | ≥3.7 | ≥250 | ≥76.2 | ≤7 | ≤23 | ≤0.28 |
| C | ≥24 | ≥2.2 | ≥240 | ≥73.2 | ≤10 | ≤33 | ≤0.40 |
| D | ≥15 | ≥1.4 | ≥225 | ≥68.6 | ≤15 | ≤49 | ≤0.60 |
| E | ≥6 | ≥0.6 | ≥50 | ≥45.7 | ≤25 | ≤82 | ≤1.00 |
| F | <6 | <0.6 | <150 | <45.7 | 不定值 | 不定值 | 不定值 |

注：表中均指 15min 平均情况。

18）行人排队等候区域服务水平

行人排队等候区域服务水平是为了表征行人在排队等候区域内暂时站立、等待过街或提供服务的情况，国外还提出了行人排队等候区域服务水平的标准。这种服务水平与每个等候的行人可利用的平均面积及允许活动的程度有关。在大量站立的拥挤人群中，几乎没有空间供行人移动；但是当行人人均占面积逐渐增加时，就可能允许有受限制的行为。这些标准可直接应用于人行道和等待区，但对街道转角和人行横道两处，由于具有更复杂的情况，应作专门分析。此类服务水平也分成6级，具体标准见表9-3。

行人排队等候区域服务水平标准 表9-3

| 服务水平 | 人均占用面积 | | 平均行人间距 | |
|---|---|---|---|---|
| | ft²/人 | m²/人 | ft | m |
| A | >13 | >1.2 | >4 | >1.2 |
| B | 10~13 | 0.9~1.2 | 3.5~4 | 1.1~1.2 |
| C | 7~10 | 0.7~0.9 | 3.0~3.5 | 0.9~1.1 |
| D | 3~7 | 0.3~0.7 | 2~3 | 0.6~0.9 |
| E | 2~3 | 0.2~0.3 | <2 | <0.6 |
| F | <2 | <0.2 | ≈0 | ≈0 |

19）非机动车交通量

这是我国混合交通流中一个重要的组成部分。城市道路上自行车交通量特别大，是我国特有的一种交通现象。农村公路上尚存在很少部分的人力车、畜力车，近郊公路上则有一定数量的自行车和人力三轮车。

20）混合交通量

混合交通量指将各种机动车和非机动车交通量按一定折算系数换算成某种标准车型的当量交通量。通常提到的交通量往往指的是已换算的混合交通量，如系特指某种车辆交通量则应有所说明。

### 9.1.2　行人与非机动车交通调查的目的和意义

行人与非机动车交通调查所获得的数据,对于了解其交通需求和特性,并据此提供可靠、方便而又安全的设施和管理、服务是十分重要的。因此,行人与非机动车交通调查的目的即在于通过对其交通现象的调查,掌握行人与非机动车交通特性和变化规律,为交通设施的规划、设计和修建,为改善对行人与非机动车交通的管理提供科学的依据。具体的内容有如下几点:

1)交通设施规划

根据现在的行人与非机动车交通情况,可以预测未来的交通需求,从而为道路网规划、交叉口规划、交通枢纽规划、车站、码头规划和步行街、自行车专用道的规划等提供科学依据。对于人流密集的火车站、汽车站、公共交通枢纽、中心商业区、体育场馆、旅游热点等处的规划,必须考虑行人的交通问题、满足其集散的要求,并且注意把人流和车流分隔开,使人和车各行其道。

2)人行道与非机动车道设计

街道横断面设计中,必须提供足够的人行道和非机动车道宽度以满足需求,而其宽度的确定,必须依据于行人和非机动车的交通量和每单位宽度所能通行的行人数和非机动车数,并且还要考虑不同人行道所应提供的行人服务水平。

3)人行横道设计

行人穿越街道时为了保障过街行人安全和车流通畅,在交叉口处和某些路段中间,必须设置人行横道。对于如何设置人行横道、其宽度及平面形式,与原人行道的连接以及路段中间是否需要设置等,都需要了解过街行人的流量、步行速度、所能接受的等候时间、绕行距离等具体数据,使人行横道发挥应有作用。

4)行人信号灯设置

不少交叉口除了车辆的信号灯外,还同时设置行人过街信号灯,在路段上还有专门设置的行人过街信号灯。对于行人信号灯是否设置、设置的具体位置、信号灯的配时等必须根据行人的交通、行人的心理特性进行充分论证。为此,除了要调查行人过街流量、步速等动态指标外,还要调查行人实际等候的时间、能接受的等待时间、站立等候区域的大小和其服务水平等。

5)人行立交设置

对于人行立交(人行天桥、人行地道等)的设置,必须依据行人和自行车交通特点进行充分的论证。做好经济分析,并且广泛征求各类行人的意见和要求,同时要考虑自行车的同行要求,尽可能减少其不利影响。

6)行人和非机动车交通现状分析

对于现有的行人和非机动车交通情况,可以通过对行人和非机动车交通的调查,掌握其主要的特征和规律,从而为综合治理行人和非机动车交通、改善其交通条件提供可靠的依据。同时,各地区、各城市的交通资料又可作分析比较与参考之用。

7)前后对比研究

对于各种行人和非机动车交通的服务设施,通过改善、设置前后的交通调查,可以对所采取的措施与效果做出定量的评价,分析其尚存在的问题,以作进一步的改进。对于行人和非机动车交通管理的前后对比,同样也可用类似的方法进行。

8) 交通管理和安全

为了加强对行人和非机动车的交通管理,保障其交通安全,交通管理部门必须全面掌握有关行人和非机动车交通的资料,以便于采取科学的对策与正确的措施,对于某些问题进行预测,做到防患于未然,对于发展的趋势也应心中有数,从而使交通的综合治理达到预期的目标。在与此有关的行人和非机动车交通调查中,必要时应增加对其遵守交通法规的调查、违章乱穿街道的调查等,以便进一步采取对策,提高服务水平。

## 9.2 行人交通特性调查

城市行人交通,通常包括沿道路纵向行走的行人交通和横向过街行人交通两大部分,行人交通和车辆交通两者共同组成了整个城市的交通,即(行)人流和车流汇合成道路设施中的交通流。因此,很好地了解、调查和处理好城市行人交通,是改善城市交通面貌,保持道路畅通,减少交通延误阻塞,保障交通安全的重要手段之一。

### 9.2.1 行人交通特性调查基本内容

行人交通特性调查的内容很多,有时还把一些与行人、乘客有关的情况包括在内一并调查。主要的调查有:

(1) 行人步行调查。这是指对行人在人行道或街道两侧顺街道方向行进时的各项调查。主要包括步行速度、行人流率、单位宽度上行人流率、行人流量、步幅、步数、步频、行人动态密度、行人空间分配系数、行人流方向分布系数、行人流时间分布、行人人行道服务水平等调查。当然其中有些参数或指标可以利用已有其他有关数据换算,不用每项都进行直接调查。

(2) 行人过街调查。这是相对行人在穿越街道和车辆交通流时的各项调查。主要包括行人过街速度、行人过街间隙利用、行人过街等待时间、行人静态密度、行人人均占用面积、行人平均间距、儿童过街、使用人行立交情况、使用人行横道情况等调查。

(3) 其他行人交通情况调查。这是一些涉及路上行人的情况调查,包括行人交通事故、停车或换乘前后步行距离、乘客候车和下车后情况、行人遵守交通管制等调查。这些调查都涉及对行人的管理和安全,有些可到有关部门搜集,有些往往又属于停车调查、公交调查或其他调查,可视情况开展这类调查。

(4) 行人交通设备调查。是指对行人交通设施设备的设计参数(如布局、长度、宽度、高度、形状等)、使用现状和运行状况进行的调查,为行人交通设施设备评价提出数据支持。

(5) 满意度调查。是反映行人交通系统的使用者对交通设施状况、供给水平、服务质量的评价,通过各种调查方法(通常以人工调查法为主),准确把握行人交通系统的改善方向,为行人交通设计与管理工作提供依据。

### 9.2.2 行人交通特性调查方法

行人交通特性调查方法是在机动车数据调查方法的基础上发展起来的,分为人工观测法和仪器自动检测法。人工观测法是指调查人员利用人工计数、计量的方法采集行人交通数据的调查方法;仪器自动检测法指利用传感器技术、微电子技术、超声波技术、GPS技术、视频技术进行交通流检测的方法。以下介绍几种常用的行人交通特性调查方法。

1)人工观测法

人工观测法是一种应用最广泛的方法,采用这种方法需要的工具十分简单。常用的工具为秒表、计数器、米尺等。人工检测法具有机动灵活、易于掌握、精度高的特点,但是,如遇到调查区域规模庞大或调查时间长、同时调查参数多等情况,则耗资巨大。因此,人工观测法常用于短期、小规模的交通调查。例如,人工观测法常用于短时间的流量调查,用秒表记录行人通过人行横道的时间,计算行人的步行速度,还包括记录行人的性别、年龄等参数。常用的人工观测法包括定点观测法、跟踪调查法和问卷调查法。

(1)定点观测法:定点观测法的主要思想是根据调查范围和调查内容,在调查区域的几何空间中选定视线良好、易于观测并且不影响行人交通的地点,对调查区域进行观测和数据调查。定点观测适用于观测范围有限、流量不大时的行人交通行为特征,通常用于调查行人交通量、波动规律以及行人交通流冲突和延误等。其优点是方法简单易行,缺点是准确性较差。

(2)跟踪调查法:跟踪调查法是指在特定的调查区域和调查场景内,为获得行人个体行为特性和运动特性,调查人员将自身设定为实验环境中无差别的行人个体,对选定的行人个体进行跟踪,并根据变化记录采集调查数据的方法。跟踪调查法适用于观测特定条件下行人个体的交通行为特征,通常用于调查单个行人的速度、时间、路径选择、碰撞规避等行为。其优点是能够针对某种特殊的人群和调查参数准确地记录,缺点是耗时耗力。在研究环境中,根据相应的行人交通行为特征进行符合现实的行人运动模拟。

(3)问卷调查法:根据目前通用的调查理论及调查方法,将行人交通问卷调查分为基于已经完成的选择性行为的调查和基于在假设条件下选择主体如何选择以及如何考虑意向调查。前者称为行为调查或者RP调查(Revealed Preference Survey),后者称为意向调查或者SP调查(Stated Preference Survey)。问卷调查法能够从总体上了解行人的出行目的、对出行路径的选择、出行规律等。其优点是方法简单,缺点是耗时耗力,且基本没有办法调查高峰时期的大规模行人流的行人特征。其中,调查问卷设计应该简单易答,通俗易懂,问卷形式多以选择题为主,问题需精炼且尽量避免实际调查客体隐私,对于易见的客体特征可由调查人员自行填写。

人工观测法的一般调查步骤如下:

(1)确定调查数据类型。研究内容是确定调查数据的基础,不同研究目的的调查数据类型不同。例如,研究行人微观行为需调查行人步频、步幅、步速和排队情况等;研究能力需要调查流量、流速等;调查疏散需要调查疏散时间等。

(2)选定调查时段和区域。确定了调查数据类型后,需根据调查数据类型和调查内容选定调查时段和区域。对于流量、速度、密度、延误等数据的调查需要确定某一连续渐变的时段,该时段的数据量应能够尽可能呈现正态分布趋势;调查行人交通设施静态参数时则宜选取客流平峰时期作为调查时段,避免调查过程影响正常的交通秩序;若调查行人交通设施能否满足客流动态波动需求时,则应选取节假日等客流高峰时段进行。有时,调查时段的选取还和调查方法有关,例如,在以问卷形式调查行人的行为时,最好选取客流平峰时段。因为高峰时段的人群密度高,行人急于疏散,存在尽量减少途中延误的行为。调查区域一般根据行人的行为特征和可观测的范围确定,如需要调查行人在上行楼梯上的行为,则以楼梯入口和出口为边界的区域作为调查区域(Pedestrian Trap)。

(3)现场调查数据。约定上述步骤之后,需要设计调查数据表格并组织人员进行调查,无论是定点观测法、跟踪调查法还是问卷调查法,都必须根据调查目的和内容取得调查数据,该调查数据可能是调查填好的表格或经过调查客体填写的问卷等。另外,在调查过程中还需考虑一些意外因素可能造成的影响,并采取预防措施,保证数据的真实性和可靠性。

人工观测法一般用于短时交通流、行人交通行为参数调查、OD调查等,是缺少有效数据获取方式时较为常用的调查方法。

2)机械计数法

在行人交通量计数方面,各种自动机械技术装置在许多地方都得到了广泛的应用,可以根据调查要求选择自动机械计数装置,进行连续调查。

当进行超过12h的长期交通量调查时,机械计数非常适用。在需要的情况下,辅以人工观测抽样,则可以得到有关行人交通微观行为的资料。大多数的计数装置可用于确定行人交通量的时间分布。

机械计数调查一般用于城市道路行人交通流量调查、交通场站和大型活动场所的出入量调查等方面。

3)录像调查法

录像调查法是利用录像或视频监控设备,在相应的调查时段和调查区域,录制行人运动过程,该录制过程可以是针对行人运动整个过程的连续时间段的视频录制,也可以是为研究行人运动的某个特定过程的离散时间段的视频录制,其输出结果是视频文件,对数据的采集需要进行人工或计算机软件加工。录像调查结合了以上人工观测法的优点,是目前行人调查中广泛采用的一种方法。视频调查法可用来进行单个行人和多个行人交通数据的调查,包括速度、流量、可接受间隙、启动时间等。其优点是储存方便,可以重放获取细节信息,能够一次调查几乎所有的交通行为数据。缺点是需要大量的摄像设备,对运动物体识别困难,且后期数据处理周期长,需要借助人工处理完成。在使用录像采集调查方法时需要注意的是,摄像机的位置宜选择与客流流向垂直的方向进行拍摄,高度宜使录像能够覆盖研究区域,否则在后期处理时需要进行坐标变换。

(1)调查地点的确定。首先进行调查的工作步骤是需要考察调查地点。由于采用记录手段,所以需要将摄像机架设在一定高度处,保证足够的摄像机检测范围,尽量减少遮挡,也可以采用多台摄像机。

(2)标定点的选取和测量。在完成了摄像机的架设以后,将摄像机观测的视野中具有明显特征的点作为标定点进行现场测量,一般可以选取路面标线等物体。如果现场的特征点缺乏,也可以采用人工标记的方法,特征点的选取尽量集中均布于视野之中。测量采用激光测距仪进行。在获得测量之后,可以用三角测量的方法建立实际物理坐标系统。

(3)现场录像。在进行现场录像时,需要考虑的因素主要是研究范围,同时注意采用合理的录像机设置参数。

(4)录像转换为通用视频格式的计算机存储文件。配合相应的图形调查软件,可以利用连接线数码录像机信号输入到计算机。利用MPEG进行压缩后,可以保证体积减小,并且图像质量没有明显损失。

(5) 用视频数据挖掘软件处理数据。在获得调查现场的 AVI 格式文件后,可以利用人工或者视频处理技术进行处理。在正式的数据处理之前,需要将现场测量的标定点测量的参数进行标定。

4) GPS 调查法

进行行人微观行为研究时,需要调查单个行人的起步过程和行进过程的连续数据,这时人工观测法已经不能满足数据调查的需要。近年来 GPS 技术在交通数据调查中发挥了巨大的作用,GPS 调查方法具有以下优势:①全天候工作;②能为用户提供连续、实时的三维位置、三维速度和精密时间,不受天气的影响;③定位精度高,单机定位精度达到 10m,采用差分定位,精度可达厘米级或毫米级;④体积较小,基站和流动站等所有设备都易于携带和安装;⑤功能多,应用广。因此,把 GPS 技术应用到行人的数据调查中,就可以调查到行人的起步过程和行进中的微观数据。GPS 数据调查流程如下:

(1) 准备工作检查电源是否已充足电,检查设备各组件的状态,确保各部件正常。

(2) 架设 GPS 基站,基站架设在地势较为开阔、平坦、上方无遮挡物的高台处,同时周围必须没有无线电发射台,以防干扰接收和发射信号。在连接好基站各部件后,通过笔记本电脑检查卫星接收状况,确认通信状态和定位精度良好。

(3) 将流动站的接收装置(天线)和发射装置(无线电台)放在背包里面,行人背着行走,保证安装稳固,连接各组件,接通电源。为了使差分模式有效消除各种类型的系统误差,要求基站和流动站必须同时跟踪和收集来自至少 4 颗同步卫星的数据。

通常利用 GPS 调查的是单个行人的数据,主要用来研究行人的微观交通特性,当需要对不同的行人进行大量的数据调查的时候并不适用。

5) 调查方法的比较

人工观测法较为常用,易于操作,可以调查单个行人的数据,如速度、起步时间等,也可以调查多个行人的流量、速度、密度等,但不适于调查连续的数据;视频调查法主要具有可重现性的优点,可以调查单个行人和多个行人的数据,随着图像识别技术的发展,其应用前景将很广阔;GPS 调查法在调查单个行人的数据方面具有很强优势,可以调查连续数据,但无法进行大量的样本调查,对行人微观行为的研究具有重要的意义。对比分析不同调查方法的优缺点如表 9-4 所示。

不同方法优缺点对照　　　　　表 9-4

| 比较项目 | 人工观测法 | 机械计数法 | 录像调查法 | GPS 调查法 |
| --- | --- | --- | --- | --- |
| 数据存储方式 | 纸质文件或文本文件 | 计数器 | 视频格式文件 | 视频软件输出数据格式文件 |
| 数据精确度 | 较高 | 高 | 高 | 一般 |
| 适用性 | 可以调查单个行人和行人群体数据,不适用于连续数据的调查 | 调查大量的行人交通流量,长时间的连续不间断调查 | 适用于调查连续数据,数据具有重复利用性,具有回放功能 | 调查少量的行人个体数据,无法进行大量的样本调查 |
| 成本 | 需要利用人力现场调查 | 一次性投资高 | 利用数码摄像设备进行调查,不需要到现场调查 | 需要多设备协同合作,涉及光缆铺设、基站架设、无线接发设施的敷设,成本高 |

在实际的行人交通数据调查中,需根据调查内容和调查目的选取调查方法。例如,调查大型活动场所,如世博会、奥运会、演唱会或体育娱乐赛事等大规模行人疏散过程时,由于疏散过程中的行人运动场面混乱,行为复杂,难以进行现场的调查,因此一般不采用人工观测法,而采用的是录像调查法采集行人疏散时间、行人疏散速度等数据;而调查普通情况下的行人微观行为数据,则需要调查行人交通的运动过程,如调查速度、路径选择、设施利用时间等,此时需要人工进行实地观测,其他方法在数据获取方面将难以达到精度要求。

### 9.2.3 常用行人交通特性参数调查与分析

行人交通的主体或被调查者,就是街上的行人或称作步行者,他们往往具有两种属性:动态(即处于行进中的行人)和静态(即处于站立等待中的行人)。研究动态的行人宏观和微观行为方面,又往往可分为个体步行者和群体步行者,描述这两种不同的行人一般采用不同的基本参数。对于个体步行者可用其步行速度和步幅来表征;对于群体步行者则可用行人流动速率和行人动态密度来表征。研究静态的行人可用平均行人间距和行人人均占用面积来表征。

本章以下介绍一些常用而重要的行人交通特性的调查和分析方法。

1) 行人步幅和速度调查

行人交通最基本的数据,就是行人的步行速度($v$)和步幅($B_L$)。在考虑行人交通量、行人密度以及设置有关的行人交通设施时,都与行人速度和步幅大小有关。

(1) 调查工作

①调查地点。

根据调研的任务和目的选定。一般可选择市中心中等拥挤和密集的商业区道路两侧人行道。为了避免行人行进时受到横向的干扰,一般可选择有人行护栏、宽度无变化、绿化带规则、无公交车站及大型公共建筑如大商场、影剧院等的人行道。冬夏季节注意寒风烈日的影响。

②调查时间。

除为了调查特定时段行人交通外,一般可选择上、下午有代表性的时间段,如上午9~11点,下午14~16点。当然也同样应注意气候季节的影响,必要时可提前或推后。

③调查方法。

一般每一调查组由2人组成,负责一个路段的调查。每组配置计时用电子秒表1块,计步数用计数器1只,以及其他如皮尺、记录板等用具。其中1人观测,分工负责计时和计步数,另1人记录。观测距离一般可取30m,或其他较易于计算的长度,但不宜过短。

调查时需将行人按调研目的预先分类,一般可将行人分成5类:男性中、青年,男性老年,女性中、青年,女性老年,儿童。观测员在调查过程中,选择能便于观测的地点对行人随机抽样进行目光跟踪,当观测对象进入观测范围时开动秒表,开始对行人的步行步数计数,直至观测对象越过终点,停止秒表及计数器,将所记时间步数和行人类型告诉记录员。行人走向可在一次调查过程开始时预先确定,中间不再更改。调查记录表格见表9-5。

另外一种调查方法是由一个调查员单独进行。调查时调查员根据调查要求。尾随某一行人行走,记录行人通过观测路段的时间和步数。但这种方法的缺点是调查员工作量大且比较劳累,另外行人在发觉有人跟踪调查时,往往改变其原来的行走方式,影响观测结果甚至使调查无效。

分行人步行速度调查表　　　　　　表9-5

地点_____路_____侧　　观测距离_____m　　天气_____
日期____年____月____日　　星　期_____　　调查人_____

| 序号 | 步幅 | | 速度 | | 行人类别 | | | | | 行人走向 | 调查时段 |
|---|---|---|---|---|---|---|---|---|---|---|---|
| | 步数 | 步幅(cm) | 时间(s) | 速度(m/min) | 男 | | 女 | | 儿童 | | |
| | | | | | 中青 | 老 | 中青 | 老 | | | |
| 1 | | | | | | | | | | | |
| 2 | | | | | | | | | | | |
| 3 | | | | | | | | | | | |
| … | | | | | | | | | | | |
| N | | | | | | | | | | | |

(2)调查结果整理与分析

将各次调查资料汇总整理后求出行人全部样本总体的以及所分5种类型行人的步幅和步行速度的平均值和分布表,并按数理统计方法计算出行人速度和步幅长度的标准差、方差及其95%置信区间的范围。整理格式可参见表9-6,表内数值系为北京1983年10月至12月调查结果。

行人步行速度及步幅长度计算结果　　　　　　表9-6

| 行人类别 | 计算项目 | 平均值 $\bar{X}$ | 标准差 $S$ | 方差 $S^2$ | 95%置信区间 | 误差精度 | 统计人数 |
|---|---|---|---|---|---|---|---|
| 所有行人 | 步幅 | 63.7 | 8.06 | 64.98 | (63.4,64.0) | 0.30 | 3 038 |
| | 速度 | 72.5 | 13.04 | 170.17 | (72.0,73.0) | 0.46 | |
| 男子全体 | 步幅 | 66.6 | 7.85 | 61.59 | (66.2,67.0) | 0.39 | 1 591 |
| | 速度 | 75.0 | 13.94 | 194.39 | (74.3,75.6) | 0.69 | |
| 女子全体 | 步幅 | 66.6 | 6.90 | 48.19 | (60.2,61.0) | 0.40 | 1 349 |
| | 速度 | 69.7 | 11.33 | 129.44 | (69.1,70.3) | 0.61 | |
| 男性中、青年 | 步幅 | 66.8 | | | | | 1 392 |
| | 速度 | 77.0 | | | | | |
| 男性老年 | 步幅 | 57.1 | | | | | 199 |
| | 速度 | 61.0 | | | | | |
| 女性中、青年 | 步幅 | 62.4 | | | | | 1 100 |
| | 速度 | 72.6 | | | | | |
| 女性老年 | 步幅 | 53.0 | | | | | 249 |
| | 速度 | 58.6 | | | | | |
| 儿童 | 步幅 | 58.8 | | | | | 98 |
| | 速度 | 71.4 | | | | | |

续上表

| 行人类别 | 计算项目 | 平均值 $\bar{X}$ | 标准差 $S$ | 方差 $S^2$ | 95%置信区间 | 误差精度 | 统计人数 |
|---|---|---|---|---|---|---|---|
| 中、青年 | 步幅 | 66.0 | | | | | 2 492 |
| | 速度 | 75.1 | | | | | |
| 老年 | 步幅 | 54.8 | | | | | 448 |
| | 速度 | 59.7 | | | | | |
| 备注 | ①表中步幅单位为 cm,速度单位为 m/min; ②行人类别栏内,除"所有行人"外,其他男性或女性分类中均不包括儿童 | | | | | | |

计算过程所用公式及符号等如下:

①步幅长度 $B_L$(cm)计算。

$$B_L = \frac{100L}{D} \tag{9-1}$$

式中:$L$——观测距离,m;
　　　$D$——行人通过观测距离 $L$ 的步行步数,步。

②步行速度 $V_P$(m/min)计算。

$$V_P = \frac{60L}{T} \tag{9-2}$$

式中:$L$——意义同上;
　　　$T$——行人通过观测距离所需时间,s。

③平均值 $\bar{X}$ 计算。

$$\bar{X} = \frac{1}{n}\sum_{i=1}^{n} X_i \tag{9-3}$$

式中:$n$——观测到的行人样本数,人;
　　　$X_i$——第 $i$ 个行人的观测值($D$ 或 $T$),$i=1,2,3,\cdots,n$。

④样本方差 $S^2$ 及标准差 $S$ 计算。

$$S^2 = \frac{1}{n-1}\sum_{i=1}^{n}(X_i - \bar{X})^2 \tag{9-4}$$

$$S = \sqrt{[S^2]} = \sqrt{\frac{1}{n-1}\sum_{i=1}^{n}(X_i - \bar{X})^2} \tag{9-5}$$

式中:$n$、$X_i$、$\bar{X}$ 意义均同上。

⑤$100(1-\alpha)\%$ 置信区间及误差精度计算。
置信区间:

$$\left(\bar{X} \pm \frac{t_\alpha}{2(n-1)} \cdot \frac{S}{\sqrt{n}}\right) \tag{9-6}$$

式中:$\frac{t_\alpha}{2(n-1)}$——分布上双侧 $100\alpha$ 百分位点,可查表得到;
　　　$t_\alpha$——自由度为 $N-1$ 的相应于显著度 $\alpha$ 的 $t$ 分布值(统计量);

$\dfrac{t_\alpha}{2(n-1)} \cdot \dfrac{S}{\sqrt{n}}$ ——误差精度。

对结果进行分析时,要注意下列几点:

①街道两侧吸引行人的商店或其他单位、部门对行人速度的影响。特别吸引行人注意力的商店(如超市、百货、服装、饮食、食品等)、广告、橱窗、灯光、装饰等,这些均将降低行人速度。

②行人速度受行人性别、年龄、出行目的等的影响及其程度,群体行人与单独行人的区别等。一般男性中、青年的行人速度最高、老年女性速度最低,儿童的行人速度最不稳定。出行目的明确(上班、上学、赶公共汽车、急于购买某物、赶路看电影和演出等)的行人速度一般较高。单独行人的速度较群体行人速度要高。

③步幅的变化范围及其一般规律,受性别、年龄等的影响。我国的行人步幅(及行人速度)通常均较国外为小(国外行人步幅约为70cm,步行速度范围变化于45~106m/min)。

2)行人流量调查

(1)调查地点和时间。基本上与上述行人步幅和速度调查的要求相同。但要注意所观测的人行道横断面前后不应发生行人流量的巨大变化(分流或汇合),也无可能发生突然的行人流量变化(如公交车站、影剧院、展览馆、商场出入口等处),以免造成调查结果的偏差。

如需要观测某一高峰流量,则可按要求专门选择体育馆、影剧院等散场时的时段进行调查。

(2)调查方法。一般由2~3人一组负责一个路段或断面,配备有1块电子秒表、1~2个手动计数器,以及量距用皮尺、记录板等用具。1人专门负责观测行人流量(当为分两个方向记录时则为2人,单观测1个方向时为1人),另有1人专门负责报时和记录。时段的划分可由观测调查目的确定:当专门调查行人流率时,应每1min记录1次,并可由此记录算出单位行走宽度上行人流率;当调查行人流量时,时段分划可小至5min记录一次流量,并以15min为单位来表征。调查时应同时丈量所观测人行道路段或断面的宽度,必要时可绘制平面示意图,图上标明影响行人流量或速度的障碍物,如树木、花草等绿化范围、人行道护栏、电杆、车站站牌立柱、废物箱、邮筒、广告(橱窗)立柱等的位置。记录表格见表9-7。

**行人流量调查表** 表9-7

地点_____ 路_____ 侧_____ 人行道宽度_____ m 天气_____
日期_____年_____月_____日 星期____ 调查人_____

| 时 段 | 向___流量(人) | 向___流量(人) | 备 注 |
|---|---|---|---|
|  |  |  |  |
|  |  |  |  |
|  |  |  |  |
|  |  |  |  |
|  |  |  |  |
|  |  |  |  |
|  |  |  |  |
| 本页合计 |  |  |  |

(3)分析及注意事项。

①对行人流量(及其他类似指标)的分析可参照对车辆交通量的分析,例如深入分析行人流量的时间分布、方向分布、高峰流量等特性,绘制小时(或 5min、15min)变化柱状图。

②行人流量、人流密度对行人步幅、速度往往也有一定影响。因此在对行人进行流量调查时,如可能可结合进行行人步幅、速度的调查,以研究它们之间的关系。下面列出北京市行人交通的调查结果见表 9-8,从中可看出存在着在行人流量大、密度大处,行人速度较低的反比关系。如其中灯市口银行门前几处人流量接近最低者,步行速度与步幅均为最高;米市大街东侧人流量为调查中最高的,其速度、步幅也是其中最低的。但由于样本数太少,流量变化幅度不大,行人流量偏低对速度影响不明显,因此尚无法找出明显规律。

北京市行人交通实测数据统计表    表9-8

| 调查地点及人行道边侧位置 | 步幅与速度 | | 流量 | | 观测到的最高10min人流量(人/min) |
|---|---|---|---|---|---|
| | 平均步幅(cm) | 平均速度(m/min) | 计算流量(人/min) | 密度(人/m²) | |
| 米市大街(东侧) | 62.8 | 70.6 | 23.4 | 0.33 | 35.1 |
| 基督教会门前(西侧) | 64.6 | 73.2 | — | — | — |
| 计算中心门前(西侧) | 64.8 | 73.5 | 15.4 | 0.042 | 20.6 |
| 水产商店门前(西侧) | 64.3 | 71.2 | 14.7 | 0.074 | 19.0 |
| 灯市口银行门前(西侧) | 64.8 | 74.7 | 13.6 | 0.065 | 21.5 |
| 灯市口(东侧) | 64.4 | 72.3 | 9.7 | 0.074 | 15.0 |

表中人流密度系采用式(9-7)计算:

$$人流密度 = \frac{行人流量}{平均速度 \times 人行道宽度} \tag{9-7}$$

③行人流量的影响因素很多,如人行道宽度、各种障碍情况、宽度变化情况、人流交通中本身如步幅、速度等参数,两个方向的分布情况等,已分析如上。通过对比,可得各个影响因素及影响程度。

3)过街行人调查(步幅、速度)

(1)调查地点

一般可对在交叉口各入口的人行横道,或必要时在街道路段上的人行横道线以及铁路道口等处的过街行人进行调查。对于利用人行天桥和人行地道过街的行人也可参照本办法调查。

(2)调查时间

一般选择有代表性的时段,与行人步幅和速度调查相似。必要时可调查特定时段的情况。

(3)调查方法

一个小组担任一条人行横道的调查,一般应由 2~3 个人组成。配备电子秒表 1 块、手动计数器 1 只、皮尺 2 卷及其他记录板等。其中 2 人记录,2 人观测和计时。如需要分向可以增加1个人进行另一方向的行人的观测；或在同一人行横道设两个组，一个组负责来向，另一组负责去向。

观测方法基本上同于对行人步幅和速度的调查，调查时随机选择各类行人（一般分成4类：男性中、青年，男性老年；女性中、青年，女性老年，见表9-9），观测其从一侧路缘石进入人行横道，直至另一侧路缘石离开人行横道所需要的时间。同时要记录其走向，信号灯相位（红灯或绿灯），过街时的情况（总时间，其中的实际行走时间和受阻时间），以及受阻时的状态（受哪一侧机动车或非机动车阻碍，受阻时间等）。同时要丈量人行横道的长度和宽度。最好与过街行人流量调查同时进行（另详见有关部分）。

行人过街调查表　　　　　　　表9-9

日期___年___月___日　星期___上、下午___　天气___　调查地点___
人行横道长度___m　宽度___m　人行横道编号___　卡片编号___　调查人___

| 调查时段 | 行人种类 | | | | 走向 | | 信号相位 | | 行人过街情况 | | | 行人受阻状态 | | | | 备注 |
|---|---|---|---|---|---|---|---|---|---|---|---|---|---|---|---|---|
| | 男 | | 女 | | 向___ | 向___ | 绿灯 | 红灯 | 过街历时(s) | 走行时间(s) | 受阻时间(s) | 非机动车 | 机动车 | 机动车 | 非机动车 | |
| | 中青年 | 老年 | 中青年 | 老年 | | | | | | | | | | | | |
| | | | | | | | | | | | | | | | | |
| | | | | | | | | | | | | | | | | |
| | | | | | | | | | | | | | | | | |
| | | | | | | | | | | | | | | | | |

（4）调查结果整理与分析

基本与前述内容相似。但要注意交叉口的特点和交通情况，特别是右转交通（机动车、非机动车）对行人交通的影响。还要考虑人行横道的位置、与两侧人行道的连接、人行横道的宽度和长度、街道中心有无安全岛等的影响。

4）过街行人流量调查

此法同样可应用于行人通过人行天桥和地道的流量调查。行人过街调查和过街行人流量调查的结果，除可用于分析有关人行横道的交通特性外，尚可用于对建造人行天桥、人行地道的分析论证或修建这类人行立交前后对比之用。

（1）调查地点。与行人过街调查的要求基本相同。

（2）调查时间。可参照对行人过街调查的规定或根据调研要求选定。

（3）调查方法。一般为2～3人一组，负责一条人行横道或一座人行天桥（地道）中一条出入通道（上下台阶）的调查。每一组配备1块电子秒表、2个手动计数器、皮尺和记录板等用具。方法大体与人行道行人流量调查方法相同。记录表格见表9-10。

**过街(过天桥、地道)行人流量调查表**　　　　　　　　　表9-10

日期___年___月___日　星期_____　上、下午_____　天气_____　调查地点_____
人行横道长度_____m　宽度_____m　人行横道编号___卡片编号___　调查人_____

| 调查时段 | 方向:向___流量(人) | | | 方向:向___流量(人) | | | 备 注 |
|---|---|---|---|---|---|---|---|
|  |  |  |  |  |  |  |  |
|  |  |  |  |  |  |  |  |
|  |  |  |  |  |  |  |  |
|  |  |  |  |  |  |  |  |
|  |  |  |  |  |  |  |  |
| 本页合计 |  |  |  |  |  |  |  |

(4)资料整理与分析。可参照对人行道行人流量的分析方法,也可参考对车辆交通量的有关分析。

对于人行天桥和人行地道的行人过街调查和过街行人流量调查,大体上与人行横道的这两种调查相似,但应注意其不同点。当人行立交为简单的一字形时,则无多大区别;当其为较复杂的环形、十字形、L形等人行立交时,则要注意其人流的流向和各种比例。另外行人在上下台阶时(或坡道上)其速度、步幅和流量均不同于在平路上,应分别调查以便作深入的研究。

5)路段机动车车速调查

为了计算和分析行人过街问题,除了利用以上调查资料外,需要作专门的路段机动车车速调查。

(1)目的。为了掌握路段上车辆的交通特性,计算行人的可穿越空档间隙,必须了解机动车的交通量和车速。路段机动车车速调查即着眼于人行横道两侧的机动车车速的调查。

(2)调查方法。其调查地点和时间的确定同于行人过街调查,车速调查的方法则可参照有关机动车车速调查章节内容进行。

6)过街行人流量的计算

行人过街时,必须利用车辆之间的空档进行穿越,因此过街人流和车流之间的关系,实质上是车流给行人提供的穿越机会,与车流通过人行横道时的到达分布特性有关,如车头时距(或间隔或空档)的长短和次数。当道路上交通量不特别高时,车辆的到达分布服从"泊松分布",有人据此提出了行人过街的最小安全穿越空档的计算方法。这种计算可应用于:

(1)计算最小安全穿越空档;

(2)进一步计算过街行人流量;

(3)根据计算值和实测值的对比,确定对行人过街道的通行能力,为人行横道或人行立交的设置和行人信号灯等的建设提供依据。

①定义和说明。

最小安全穿越空档($T_{min}$,单位:s)是指车辆到达人行横道的时间间隔 $t$ 大于或等于某一确定的时间间隔 $T_{min}$ 时,行人可安全穿越街道,即人与车不致碰撞,行人又不干扰行车。实际上这里的所谓"时间间隔"就是车头时距。另外,这种计算方法是指在无信号控制的路口、环形交叉口入口和路段上的情况,车辆不受信号灯控制而可自由通行;有信号灯控制的或有人管理指挥交通的路口的情况与此不同。

车道宽度$S$可按实际丈量的宽度计算。也可按式(9-8)计算:

$$S = 车宽 + 2 倍车侧安全距离 = 2.6 + 2 \times 0.5 = 3.6 (m) \qquad (9-8)$$

一般单车道可取3.5~3.75m,双向双车道可取7~7.5m。

②单车道单向车流最小安全穿越空档$T_{\min(单)}$从图9-1中可以看出。

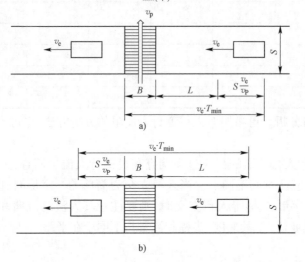

图9-1 单车道单向车流最小安全穿越空档示意图

$$v_e \cdot T_{\min(单)} = S \cdot \frac{v_e}{v_p} + B + L$$

$$T_{\min(单)} = \frac{L}{v_e} + \frac{S}{v_p} + \frac{B}{v_e}$$

当$B$的宽度相对较小时,$B/v_e$可忽略,则得式(9-9):

$$T_{\min(单)} = \frac{L}{v_e} + \frac{S}{v_p} \qquad (9-9)$$

式中:$L$——车辆行驶时的动力净空,m,$L = v_e \cdot l + K \cdot v_e^2 + l_0 + l_a + B$;

$v_e$——车辆行驶车速,m/s;

$v_p$——行人过街速度,m/s;

$T$——驾驶人制动反应时间以及制动生效时间(一般小车取1.2s,大车取1.8s);

$K$——系数,可用式计算:$K = \frac{1}{2g\varphi}$,$g = 9.81 m/s^2$,$\varphi = 0.6$;

$l_0$——制动后两车安全距离,可取3m;

$l_a$——车长(小车取5m,通道式公共汽车取17m),m;

$B$——人行横道宽度,m。

③双车道双向车流最小安全穿越空档$T_{\min(双)}$。

从图9-2中可看出:

$$v_e \cdot T_{\min(双)} = 3S \cdot \frac{v_e}{v_p} + B + 2L$$

$$T_{\min(双)} = \frac{2L}{v_e} + \frac{3S}{v_p} + \frac{B}{v_e}$$

当 $B$ 的宽度相对较小时，$B/v_e$ 可忽略，则得式(9-10)：

$$T_{\min(双)} = \frac{2L}{v_e} + \frac{3S}{v_p} \tag{9-10a}$$

$$T_{\min(双)} = 2T_{\min(单)} + \frac{S}{v_p} \tag{9-10b}$$

式中：各系数与式(9-9)中的意义相同。

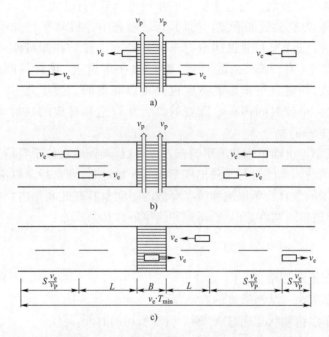

图 9-2　双车道双向车流最小安全穿越空档示意图

④另外有人提出了略有不同的最小安全穿越空档计算方法。其中将保证行人过街安全的最小车头时距取为2s，并将各种不同车道的 $T_{\min}$ 值分别计算，其具体计算公式如下。

a. 对于单车道单向车流的 $T_{\min 1}$：

$$T_{\min 1} = \frac{S}{v_p} + 2.0 \tag{9-11}$$

b. 对于双车道双向车流连续穿越过街，其另一侧对向车道的 $T_{\min 2}$：

$$T_{\min 2} = \frac{2S}{v_p} + 2.0 \tag{9-12}$$

c. 对于三车道双向车流连续穿越过街，其另一侧对向第三车道的 $T_{\min 3}$：

$$T_{\min 3} = \frac{3S}{v_p} + 2.0 \tag{9-13}$$

d. 对于四车道双向各两股车流连续穿越过街，其另一侧对向第四车道的 $T_{\min 4}$：

$$T_{\min 4} = \frac{4S}{v_p} + 2.0 \tag{9-14}$$

## 9.3 自行车交通调查

### 9.3.1 自行车交通流参数调查

1) 自行车交通量

自行车交通量的观测方法与机动车相同。在研究自行车交通流量统计特性中,饱和流率是一个不可忽视的参数。自行车交通的集群性比较明显,尤其是通过交叉口时,由于受到信号灯的影响,集群性更加明显,并且其行驶轨迹不像机动车行驶那么有"规律",不同宽度的自行车进口道,饱和通过的自行车流量是不一样。在绿灯刚刚启亮,自行车以饱和流率释放过程中,自行车"杂乱无章"地行驶在车道上,我们只能获得饱和期间通过的总的自行车数,同时自行车道的宽度也是可以获得的。鉴于此,可将自行车交通流的饱和流率定义为:单位时间内单位宽度的自行车道饱和释放的自行车实体数,单位为辆/(s·m)或辆/(h·m)。

自行车饱和流率与机动车饱和流率调查方法类似,调查地点位于自行车停车线,在绿灯刚刚启亮时,等大约前两排的自行车驶出停车线后开始计时,到自行车以饱和状态完全释放后计时结束,需记录的是自行车以饱和流率释放的时间及其在此间隔内释放的车辆数,根据测得交叉口自行车进口道宽度,有自行车饱和流率的计算公式为:

$$q_b = \frac{N_b}{\Delta t \cdot W_b} \quad (9\text{-}15)$$

式中:$q_b$——自行车饱和流率,辆/(s·m);

$N_b$——自行车以饱和状态通过的数量,辆;

$\Delta t$——自行车以饱和状态通过 $N_b$ 辆自行车所用的时间,s;

$W_b$——自行车道宽度,m。

2) 速度

自行车交通属于慢速交通工具,其速度变化范围较小,运行比较随意,自行车速度主要受以下因素的影响:骑车人自身因素(心理、年龄、性别等)、道路状况、天气条件等。除此之外,在交叉口,自行车的速度影响因素还包括:

①交叉口几何形状,通常情况下,自行车通过相对较大交叉口时,由于担心不能及时通过,会采用较快速度;

②信号灯,由于现在普遍使用倒计时装置,在绿灯末期,一些骑车者会加速通过交叉口;

③右转机动车,自行车的平均速度会由于右转机动车的干扰而产生波动,并且右转机动车前后车间隙的大小也会直接影响自行车的行驶速度。间隙越小,骑车者为了尽快穿越机动车而加速。

自行车速度调查可参照机动车速度调查方法进行,这里不再赘述。

3) 密度

由于自行车没有固定的行驶轨迹,且自行车道的宽度差别较大,所以对于自行车交通密度可定义为:某一瞬间单位面积上存在的自行车数,单位是辆/$m^2$。

$$K_b = \frac{N}{L \cdot W_b} \tag{9-16}$$

式中：$K_b$——自行车交通密度，辆/m²；
　　　$N$——观测路段某一瞬间存在的自行车数，辆；
　　　$L$——观测路段长度，m；
　　　$W_b$——观测自行车道的车道宽度，m。

自行车密度的调查同样可以参照与机动车相同的方法进行，不同的时间内，不同的道路交通条件下，自行车密度是不一样的，而对于自行车密度的一个极限情况——阻塞密度却是一个相对稳定的数值，阻塞密度是自行车交通流特性中非常重要的参数之一。阻塞密度是指当自行车交通流发生阻塞时，即自行车速度为零时的密度。红灯期间，自行车在交叉口停车线后停车等待，此时的密度就为阻塞密度。

阻塞密度调查方法：观测地点选择在交叉口停车线以外，在红灯持续一段时间后，观测得在停车线外等待的自行车数($N$)，同时测量得自行车车道宽度($W_b$)和这些自行车所占用的车道长度($L$)，代入公式(9-16)即可得阻塞密度。

### 9.3.2　自行车使用调查

1）调查目的

(1) 了解自行车拥有量在人口、行业中的分布。

(2) 了解自行车的出行特征，包括骑车出行时距、出行目的，自行车方式与公交转化的关系等。

(3) 了解骑车者对道路安全、管理、经济、停车方面的意见和要求。

通过以上调查，为治理交通的对策研究提供有效信息，同时为研究自行车交通的发展趋势、进行科学预测和长远规划提供依据。在自行车使用调查中起讫点信息是核心，可参见本书第 7 章相关内容。

2）调查方法

(1) O 点或 D 点调查

国内外目前进行的自行车专题调查，大多是采用 O 点或 D 点访问。O 点访问一般采用家访形式，有的就结合居民出行调查一起进行。在日本，曾结合扩建自行车道路网规划进行使用调查，采用方式大多用家访发表形式。

D 点调查是直接到自行车交通主要吸引单位进行，对象是职工、学生。D 点按行业划块，到抽样单位按比例抽样调查，这个办法比 O 点实施容易，但调查目标要明确。上海市 1983 年曾采用 D 点调查了 241 个单位 1.6 万辆自行车，回收表格率达 97.3%。

(2) 路边询问法

按设计表式，在确定路口、出入口和停车场对骑车者发放表格调查。这种调查国内外都进行过，一般只能作为交通量调查的补充，表格回收率一般只在 20% 左右。

3）调查内容

与居民出行调查类似，按一定的调查方法、调查目的要求，设计调查表格、主要项目也应有人与家庭、社会经济、出行特征三个方面属性。当然根据实际情况、内容可以有详有略。

一个典型的例子是上海市1983年市区以上下班为主的D点调查表(表9-11):包括了车主年龄、性别、职业、上班出门时间和下班出门时间、从家至单位单程骑行时间、家庭住址、骑车原因以及有关自行车与公交车辆互相转换的8个方面问题。

自行车D点调查表　　　　　　　　　　　表9-11

| 年龄 | 性别 | 职业 |||
|---|---|---|---|---|
| ____岁 | ①男□;②女□ | ①工人□; ②职员□; ③学生□; ④其他:____ |||

| 上班出门时间和下班时间 ||||||||
|---|---|---|---|---|---|---|---|
| 5点以前 | 5~6 | 6~7 | 7~8 | 8~9 | 9~10 | 10~11 | 11~12 | 12~13 |
| 13~14 | 14~15 | 15~16 | 16~17 | 17~18 | 18~19 | 19~20 | 20~21 | 21点以后 |

注:上表为9列。

| 住址至单位单程骑车时间(min) ||||||||
|---|---|---|---|---|---|---|---|
| <5 | 6~10 | 11~15 | 16~20 | 21~25 | 26~30 | 31~35 | 36~40 | 41~45 |
| 46~50 | 51~60 | 61~70 | 71~80 | 80~90 | >90 | | | |

| 家庭住址　O点 | D点 |
|---|---|
| ____区____路近____路 | ( ) |

您骑自行车主要是为了:
①方便□; ②节约时间□; ③公交车拥挤□; ④经济上合算□; ⑤锻炼身体□; ⑥其他_____

(1)您是哪一年开始骑自行车的?_____年

(2)您未骑自行车前,上班是:
　　①乘公交车□; ②步行□; ③其他车辆□

(3)您骑自行车上班比乘车上班所花的时间:
　　①多□; ②差不多□; ③少□

(4)如公交服务质量有所改善(步行到站时间一般不超过8min,候车时间一般不超过5min),您是否愿意改乘公交车?
　　①是□; ②否□

(5)单位发给您的自行车贴补_____元

(6)您赞成在市区开辟自行车专用道吗?
　　①是□; ②否□

(7)您赞成您的子女、兄弟姐妹骑自行车吗?
　　①赞成□; ②随便□; ③反对□

4) 抽样

基本原理同居民出行调查,关键是选择合适的抽样方法和抽样率。

O 点与 D 点调查国内外大多数采用按人口和面积(或按行业)划块,然后用等距抽样法在调查区内查户籍登记册均匀抽样。上海市 1983 年是采取分行业办法(工厂、机关、商店、医院、学校 5 类),根据统计局提供的分行业职工数,按 1.5%的比例抽样。

### 9.3.3 调查资料分析

1) 主要资料统计汇总

以上海市 1983 年上班自行车调查为例,汇总主要资料如表 9-12 所示。

上海市 1983 年自行车上班出行特征汇总表　　　　表 9-12

| 市区职工上班 | | | | | | | | 9 | 10 | 11 |
|---|---|---|---|---|---|---|---|---|---|---|
| 1 | 2 | 3 | 4 | 5 | 6 | 7 | 8 | | | |
| 骑车者占职工比例(%) | 平均距离(km) | 平均时距(min) | 平均车速(km/h) | 11~15min最多占(%) | 时距90min以上占(%) | 年龄31~40岁占(%) | 年龄26~30岁占(%) | 现有骑车职工中,原来乘公交车的占(%) | 现有骑车职工中,原来步行的占(%) | 公交车拥挤改善后骑车者愿改乘公交车的占骑车人数(%) |
| 20.8 | 3.71 | 22 | 10 | 20.3 | 0.3 | 32.3 | 23.9 | 65.5 | 25.3 | 30.5 |

2) 各类分析图表

对于某一专门自行车调查,如同居民出行调查,也可列出许多分析图表。下面介绍上海市公交与自行车出行调查(1982~1983 年)获得的公交与自行车出行距离人数分布图表(表 9-13)。

不同出行距离不同交通方式比重　　　　表 9-13

| 直线距离(km) | 1 | 2 | 3 | 4 | 5 | 6 | 7 | 8 | 9 | 10 | 11 | 12 | 13 | 14 |
|---|---|---|---|---|---|---|---|---|---|---|---|---|---|---|
| 实际距离=直线距离×1.25(km) | 1.25 | 2.5 | 3.8 | 5.0 | 6.3 | 7.5 | 8.8 | 10 | 11.3 | 12.5 | 13.8 | 15 | 16.3 | 17.5 |
| 公交客流(%) | 0.58 | 9.76 | 24.64 | 17.56 | 11.80 | 12.96 | 3.49 | 7.96 | 4.42 | 3.72 | 0.58 | 1.10 | 0.93 | 0.51 |
| 自行车客流(%) | 1.15 | 24.30 | 32.72 | 18.44 | 6.63 | 9.70 | 1.54 | 3.01 | 1.12 | 0.85 | 0.26 | 0.20 | 0.07 | 0.01 |

由表 9-13 可知,当直线距离为 4km,即实际距离为 5km 时,公交客流与自行车客流所占的百分比基本持平;当出行距离增加时,例如:实际距离为 6.3km,公交客流比重明显增大;反之当实际出行为 3.8km 时,自行车客流比例显著增大。出行距离 5km 即为公交和自行车方式转换临界距离。

进而根据自行车上班速度和公交运送车速,可以得出不同出行距离利用不同交通方式的时间比如表 9-14 所示。

由表 9-14 中数据分析得:当直线距离为 4km,实际为 5km 时,公交耗时与自行车耗时之比为 1.4,此时公交客流与自行车客流百分比基本持平。我们定义 1.4 为公交与自行车方式的转换临界值,这种交通方式转换的调查分析对研究交通模式划分具有重要意义。

不同出行距离利用不同交通方式时间比　　　　　　　表9-14

| 直线距离(km) | 1 | 2 | 3 | 4 | 5 | 6 | 7 | 8 | 9 | 10 | 11 | 12 | 13 | 14 |
|---|---|---|---|---|---|---|---|---|---|---|---|---|---|---|
| 公交耗时(min) | 23.0 | 32.0 | 40.0 | 48.7 | 56.3 | 63.7 | 70.8 | 77.8 | 84.5 | 91.3 | 98.4 | 104.9 | 111.3 | 117.7 |
| 自行车耗时(min) | 8.4 | 16.8 | 25.2 | 34.2 | 42.6 | 51.0 | 59.4 | 67.8 | 73.8 | 84.6 | 93.6 | 102.0 | 110.4 | 118.8 |
| 时间比(公/自) | 2.7 | 1.9 | 1.6 | 1.4 | 1.3 | 1.2 | 1.2 | 1.1 | 1.1 | 1.1 | 1.1 | 1.0 | 1.0 | 1.0 |

## 课后习题

1. 哪些方面可以表征行人的交通特征？
2. 评价行人设施的服务水平的指标有哪些？
3. 如何调查行人的步幅和速度？
4. 如何调查自行车饱和流率？

# 第 10 章　公共交通调查

【教学目标】

随着经济大发展、交通需求大幅度增长,在我国城市土地紧张、资金短缺的情况下,要想适应日益增长的客流需求,发展城市公共交通具有非常重要的现实意义,而城市公共交通调查是建立和优化城公共交通系统的基础和前提。本章的教学内容主要包括:

(1) 基本内容:公共交通设施调查,公共交通运输能力计算与调查,公共交通乘客满意度调查,常规公交客流调查,轨道交通客流调查,公共交通调查数据整理与分析;

(2) 重点:公共交通运输能力计算与调查,常规公交客流调查,轨道交通客流调查;

(3) 难点:常规公交运输能力计算,公共交通乘客满意度调查。

通过本章内容学习,希望能够达到以下几个目标:

(1) 掌握:公共交通运输能力计算,常规公交线线路跟车调查,站点乘降量调查,轨道交通客流调查;

(2) 理解:公共交通运输能力计算模型中各参数的含义;公共交通乘客满意度的概念和调查过程,调查数据整理与分析;

(3) 了解:公共交通设施调查。

## 10.1　概述

随着城市经济的发展,大城市交通状况日趋紧张,在某种程度上影响了城市经济进一步的发展及人民生活水平的提高。造成大城市道路交通拥挤的原因主要有几个方面:道路交通设施建设速度跟不上交通需求增长速度是造成大城市道路交通拥挤的直接原因;交通管理跟不上城市交通系统的发展,已有道路利用率不高,加重了城市道路的交通紧张状况;出行交通结构不合理,路面通行优先权不明确,诱发了大量的路面使用需求量,更加重了城市道路的交通压力;市民的现代交通意识淡薄,交通违章现象严重,交通秩序混乱,使已紧张的城市道路交通雪上加霜。因此,缓解大城市交通拥挤的根本出路是"加快道路建设、强化交通管理、优化交通结构、提高交通意识"。目前,人们对"加快道路建设、强化交通管理、提高交通意识"在解决交通问题中的作用有了较深刻的认识,但对"优化交通结构"的作用认识不足,这一局面急需改变。

我国是发展中国家,有限的城市空间及高密度的居住人口,使得我国不能像西方发达国家那样发展私人小汽车,公共交通是我国大中城市最合适的代步工具。并且,公共交通与其他机动车交通方式相比,人均占用的能源、道路空间资源最少,人均排放的噪声、大气污染量最低,符合我国城市建设的可持续发展战略。正如我国城市经济结构处于转型期一样,大中城市的交通结构也处于转型期,道路交通的机动车化进程正在加快。抓住交通结构转型期这一机遇,大力发展公共交通,建立强有力的保障体系,使自行车出行逐步向公共交通转移,而不是向摩托车、私人小汽车转移。这样,会因公共交通的发展使道路交通压力逐年减轻,交通状况日趋好转。

公共交通系统的建设可以缓解交通紧张的状况,公共交通调查对于建设和优化公共交通系统有着不可忽视的作用,是建立能够良好运作的公共交通系统的基础。

### 10.1.1 公共交通系统的组成

城市公共交通是指运用公共汽(电)车、城市轨道交通、城市轮渡等运载工具和有关设施,按照核定的线路、站点、时间、票价运营,为社会公众提供基本出行服务的城市客运方式。

在城市行政辖区内为本市居民和流动人口提供乘用的公共交通,包括定时定线行驶的公共汽车、无轨电车、有轨电车、中运量和大运量的快速轨道交通,以及微型公共汽车、出租汽车、客轮渡、轨道缆车、索道缆车等交通工具及其配套设施。各种公共交通工具之间相互配合,以不同的功能、速度、运载能力、舒适程度和价格为乘客服务。从系统规划、建设和管理角度看,城市公共交通系统可分为公共交通工具(车辆)、线路网、场站及公共交通运营管理系统等主要组成部分,下面分别进行简要介绍。

1)城市公共交通工具(车辆)

(1)公共汽车

公共汽车是目前世界上各国使用最广泛的公共交通工具。公共汽车之所以被广泛采用,是由于它的机动灵活,只要有相宜的道路,就可以通行,并且公共汽车组织运行所需的附属设施的投资,较之其他现代化公共交通工具也最少。

(2)快速公交

快速公交源于20世纪70年代巴西南方城市库里蒂巴,是一种利用改良型大容量公交车辆和现代智能交通技术,运行在公交专用道上,保持轨道交通运行特性,具备普通公交灵活性、经济性的一种便捷、安全、舒适、准点的公共交通运营服务方式。

(3)无轨电车

无轨电车是以直流电为动力,除了用公共汽车的设备外,还要有架空的触电网、整流站等设备,故初期投资较大,且行驶时因受架空触线的限制,机动性不如公共汽车。无轨电车的特点是噪声低、不排放废气、启动加速快、变速方便。

(4)有轨电车

有轨电车具有运载能力大、客运成本低的优点,其设备同无轨电车,但它还有轨道和专设的停靠站台。到了20世纪70年代后,西方发达国家将有轨电车进行技术改进后,出现了一种新型有轨电车,通过车辆更新,并对线路实行隔离,使客运量增大、乘坐舒适、运行经济。

(5) 地下铁道

简称地铁,是一种强有力的快速大运量公共交通工具,其轨道基本建在地下,不过近年来,很多大城市的地铁在市区为地下,在郊区引向地面或高架。地铁最基本的特点是:与其他交通完全隔离,此外,其线路设施、固定建筑、车辆和通信信号系统均有较高的设计标准。

(6) 特殊公共交通系统

特殊公共交通系统包括轮渡、缆车等,该类公共交通受到地理条件的约束,一般在特殊条件下使用。

选择公共交通方式时,应使其客运能力与线路上的客流量相适应,《城市公共交通分类标准》(CJJ/T 114—2007)中给出了不同公共交通方式的单向客运能力指标,见表10-1。

公共交通方式单向客运能力　　　　　　　　　　表10-1

| 公共交通方式 | | 客运能力(千人次/h) | 公共交通方式 | | 客运能力(千人次/h) |
|---|---|---|---|---|---|
| 常规公共汽车 | 小型公共汽车 | ≤1.2 | 无轨电车 | 中型无轨电车 | ≤2.4 |
| | 中型公共汽车 | ≤2.4 | | 大型无轨电车 | ≤3.3 |
| | 大型公共汽车 | ≤3.3 | | 特大型(铰接)无轨电车 | ≤5.1 |
| | 特大型(铰接)公共汽车 | ≤4.5 | 地铁系统 | A型车 | 45～70 |
| | 双层公共汽车 | ≤3.6 | | B型车 | 25～50 |
| 快速公共汽车系统 | 大型公共汽车 | ≤11 | | $L_B$型车 | 25～40 |
| | 特大型(铰接)公共汽车 | ≤15 | 轻轨 | | 10～30 |
| | 超大型(双铰接)公共汽车 | ≤20 | 有轨电车 | | 6～10 |

2) 城市公共交通线路网

城市公共交通线路网应该综合规划,将各种相互竞争的客运方式融合在一个统一的公共交通网络系统中,使各条线路既分工又合作,把相互衔接的公共交通线路深入到城市的各区内。各线的客运能力应与客流量相协调,线路的走向应与客流的主流方向一致;主要客流的集散点应设置不同交通方式的换乘枢纽,方便乘客停车与换乘,充分满足居民乘车的需求。

公共交通线路网密度大小反映出居民接近线路的程度,按理论分析,城市公共交通线路网平均密度以 2.5km/km² 为佳,在市中心可以加密些,达到 3～4km/km²,而城市边缘地区取值可小些。居民步行到公共交通车站的平均时间为 4～5min 为佳,根据调查,沿公共交通线路两侧各 300m 范围内的居民是愿意乘公共交通车的,超出 500m 范围,绝大多数居民选择骑车,乘公共交通车的很少。由此证明了公共交通线路网的密度不能太稀,为扩大公交线网密度,公共交通可以在适宜的支路上行驶。因此,保证公共交通行驶所需的道路网密度,是优先发展公共交通的前提。此外,公共交通线路的非直线系数不宜过大,一般不应超过 1.4。线路曲折,虽可扩大线路服务面,但会使不少乘客增加额外的行程和出行时耗。

3) 城市公共交通车站与场站设施

城市公共交通车站分为终点站、枢纽站和中间停靠站。各种车站的功能和用地要求是不同的。公共交通中间停靠站的站距受交叉口间距和沿线客流集散点分布的影响,在整条线路上是不等的。市中心区客流密集、乘客乘距短,上下站频繁,站距宜小;城市边缘区,站距可大些;郊区线,乘客乘距长,站距可更大。快速轨道交通最小站距由设计车速决定。设置公共交通停靠站的原则是应方便乘客乘车并节省乘客总的出行时间。几种主要公共交通方式的站距推荐值如表10-2所示。

公 共 交 通 站 距　　　　　表 10-2

| 公共交通方式 | 市区线(m) | 郊区线(m) |
|---|---|---|
| 公共汽车与电车 | 500～800 | 800～1 000 |
| 公共汽车大站快车 | 1 500～2 000 | 1 500～2 500 |
| 中运量快速轨道交通 | 800～1 000 | 1 000～1 500 |
| 大运量快速轨道交通 | 1 000～1 200 | 1 500～2 000 |

《城市综合交通体系规划标准》(GB/T 51328—2018)要求:公共汽电车的车站服务区域,以300m半径计算,不应小于规划城市建设用地面积的50%;以500m半径计算,不应小于90%。公共交通站点500m半径覆盖的常住人口和就业岗位,在规划人口规模100万以上的城市不得低于90%。

公共交通停车场、车辆保养场、整流站、公共交通车辆调度中心等场站设施是城市公共交通系统的重要组成部分,应与城市公共交通发展规模相匹配,保证用地。公共交通场站布局,主要根据公共交通的车种、车辆数、服务半径和所在地区的用地条件设置。

4)城市公共交通运营管理系统

城市公共交通,尤其是道路上行驶的常规公共汽车、电车交通,是定时、定线行驶并按客流流量、流向时空分布变化而不断调节的随机服务系统。这个系统能否正常和有效地运行,不仅取决于道路和车辆、场站等物质技术设施条件,而且有赖于科学有效的运营管理系统。

### 10.1.2　城市公共交通调查的目的和意义

20世纪90年代以来,我国的大城市几乎无一例外地被交通问题所困扰。乘车难、行路难,不仅给城市居民日常生活带来极大的不便和烦恼,也严重地阻滞了城市社会经济的发展。以公共交通为主体的城市综合交通系统,对解决交通拥挤、交通秩序混乱、交通环境污染等城市交通问题,具有重要意义。因此,应切实落实公共交通优先的发展战略,在小汽车的发展高潮尚未到来之时,建立起具有竞争能力和优良服务水平的公共交通系统。

城市公共交通系统是城市生产和生活所必需的生活公共基础设施,是繁荣城市经济和改善居民生活的重要环节,是城市精神文明的窗口。在经济大发展、交通需求大幅度增长,而我国城市土地又非常紧张、资金短缺的情况下,要想适应强大的客流需求,发展城市公共交通具有非常重要的现实意义。而城市公共交通调查是建立城市公交系统的基础和前提。

公共交通调查的目的如下:

(1)了解城市公共交通网络、公共交通工具供给以及城市公共交通结构的状况,从而找到制约城市公共交通系统发展的问题,为解决问题提供方法和思路。

(2)通过调查,获取优化或规划公共交通网络、公共交通站点及枢纽、公共交通场站等所需的基础资料。

(3)通过调查,了解城市客运需求、公共交通运输能力、公共交通客流特征以及乘客意愿、满意度,为提高运营服务水平提供基础资料。

### 10.1.3 城市公共交通调查内容

城市公共交通调查内容庞杂,大体上可分为 4 大类,即城市公共交通设施情况调查、城市公共交通客运能力调查、城市公共交通乘客满意度调查、城市公共交通客流调查。

1)城市公共交通设施情况调查

城市公共交通,是定时、定线行驶并按客流流量、流向时空分布变化而不断调节的随机服务系统。这个系统能否正常和有效地运行,与线路、车辆、场站等物质技术设施条件密切相关,因此城市公共交通设施情况调查具体包含以下内容:

(1)公共交通线网及线路调查;
(2)公共交通车辆与设备调查;
(3)公共交通站点及场站现状调查。

2)城市公共交通运输能力调查

城市公共交通运输能力是衡量其服务水平和技术水平的重要指标。运输能力分为车辆(或列车)通行能力(通过能力)和输送能力两类。进行城市公共交通运输能力的计算与调查其目的在于:

(1)为公共交通网络规划和客流分配模型提供基本参数;
(2)为公共交通服务水平评价提供基本参数;
(3)最重要的是,通过对公共交通运输能力的计算与调查找出限制系统运输能力的瓶颈所在,提出提高公共交通运输能力的措施,改善公共交通服务水平。

3)城市公共交通乘客满意度调查

公共交通乘客是公共交通提供服务的对象,乘客满意度的高低会直接影响乘客的出行选择,只有当乘客满意度高的时候,市民才更倾向于选择公共交通作为其出行方式。公共交通乘客满意度调查的目的是通过各种调查方法与手段,了解与掌握在公共交通系统设施、服务发生变化时,乘客的满意度水平变化情况。实际上,由于供需关系的时空特征复杂,因此,乘客满意度的调查也存在时空特性,并不简单依赖于公共交通运营提供的服务。

4)城市公共交通客流调查

城市公共交通客流调查旨在全面掌握客流需求以及车站、线路和网络不同层面的公共交通客流特征和公共交通乘客出行特征。

此外,也可按照城市公共交通方式划分来进行调查,本章主要介绍常规公交和城市轨道交通的相关调查内容与方法,其他公共交通方式的调查可参照之。

## 10.2 公共交通设施调查

### 10.2.1 公共交通线网及线路调查

根据调查需要,可以从空间分析的角度或行政区划考虑,将研究区域内的线路按总站所在区域分为几个不同的小区,研究该区域的公交线网情况可以从研究各小区的线路分布情况入手,首先应该调查各条线路的基本情况,包括具体走向、线路长度、公交专用道条数、公交专用道隔离形式、配车数、发车频率、和沿线站点的大概位置及数目等,然后可以确定小区内和各小区间的公交线路数目情况,如表10-3所示,从而了解该地区公交线网的分布情况,进而分析公交线路在各小区的连接情况和线网存在的问题。

现状线路在各区之间的分布数量(条)　　　　　　表10-3

| 分区 | 小区1 | 小区2 | 小区3 | 小区4 | 小区5 | 小区6 | 小区7 | 小区8 |
|---|---|---|---|---|---|---|---|---|
| 小区1 | | | | | | | | |
| 小区2 | | | | | | | | |
| 小区3 | | | | | | | | |
| 小区4 | | | | | | | | |
| 小区5 | | | | | | | | |
| 小区6 | | | | | | | | |
| 小区7 | | | | | | | | |
| 小区8 | | | | | | | | |
| 合计 | | | | | | | | |

### 10.2.2　公共交通车辆与设备调查

对公交车辆调查属于基础资料的收集,主要是从公交公司获得,也可以从其他相关部门获得必要的补充。调查的主要内容包括对该区域内公交车辆按照不同类别划分的统计指标,其中包括公交车辆的总数量、各种车型的车辆数、车龄统计、总座位数、总载客数以及车辆完好率等。

### 10.2.3　公共交通站点及场站现状调查

公交停靠站是公交线网结构的支点,也是公交乘客的集散地,其设置的合理与否直接影响着公交服务的优劣和线网运作的效能。公交车站的调查内容包括:车站设置位置(距交叉口的距离等)、车站的形式(是否为港湾式等)、经过该站的线路和条数、站距以及与其他枢纽衔接情况等内容。

公交站场是公交车辆停靠、检修和保养的场所,其包括停车场、保养修理车间和生活设施。城市中心区的用地比较紧张,土地价值较高,而公交站场将占用大量用地。因此对公交站场的调查主要内容有:公交站场数量、分布位置、面积、服务车种、服务车辆数以及服务半径等。

## 10.3　公共交通运输能力的计算与调查

这里介绍的常规公交运输能力计算与调查参考与借鉴了美国交通运输研究委员会《公共交通通行能力和服务质量手册(第3版)》(Transit Capacity and Quality of Service Manual, Third Edition)中的成果;轨道交通的运输能力计算则主要介绍了目前国内常用的方法。

### 10.3.1 常规公交运输能力的计算与调查

1)基本概念

公交运输能力分为公交车辆通行能力和公交乘客输送能力两大类。公交车辆通行能力是指在一定的道路条件、交通状态、环境和运输组织方法下,单位时间里公交站点的站台(停靠区)、公交站点、公交车道或公交道路能够服务的最大车辆数。公交乘客输送能力是指在没有不合理的延误、危险或限制等的确定运行条件下,公交车辆在一个给定的时间里通过一个给定地点所运输的最大乘客数量。

公交运输能力是一个复杂的体系,它关系到人和车的移动,依靠车辆的容量和公交调度策略,反映了乘客的交通特性和交通流之间的相互作用。就公交运输能力来说,公交车辆通行能力和公交乘客输送能力的利用程度一般与下列因素有关。

(1)公交站点的乘客集散量;
(2)在途运行的公交车数量;
(3)一条公交线路的上下车乘客数量分布状态。

2)公交车辆通行能力

通常需确定三个场所的公交车辆通行能力:站台(停靠区)(Bus Loading Area)、公交车站(Bus Stop)、公交车道(Bus Facility),如图10-1所示。

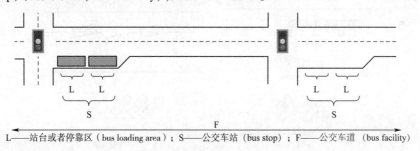

L——站台或者停靠区(bus loading area); S——公交车站(bus stop); F——公交车道 (bus facility)

图10-1 计算公交车辆通行能力的三个场所

公交车道通行能力受车道沿线关键车站通行能力的控制,公交车站通行能力又取决于站台通行能力。而站台通行能力影响因素很多,其中最主要的两个因素是公交车停站时间(其值等于最繁忙的车门为乘客服务的时间、开关车门时间与损失时间之和)和交叉口绿信比($g/C$),这两个参数对公交车站和公交车道通行能力影响也很大。从理论上讲,道路上交通信号灯的绿灯时间控制着一个小时内到达站台的公交车辆数量。此外,红灯时间的长短也会影响车辆的通行能力,例如,对于位于交叉口进口道上的车站而言,如果乘客上下车行为结束时,信号为红灯,车辆需等待信号变为绿灯,那么在这种情况下,车辆的通行能力一定会小于车辆完成上下车行为后立即离开、其他车辆可以使用该站台的情况。

(1)公交站台通行能力

公交车站的每个站台每小时服务的最大公共汽车数量可按式(10-1)计算:

$$B_l = \frac{3\,600(g/C)}{t_c + t_d(g/C) + t_{om}} = \frac{3\,600(g/C)}{t_c + t_d(g/C) + Zc_v t_d} \tag{10-1}$$

式中：$B_l$——站台（停靠区）的公交车辆通行能力，辆/h；

$g/C$——绿信比（当无信号控制时取 $g/C=1.0$）；

$t_c$——间隔时间，在公交车站除停站时间以外的全部损失时间，可以理解为在一辆公交车离站与另一辆公交车进站之间的最短间隔时间，s；

$t_d$——车辆平均停站时间，即公交车辆在车站逗留的时间，等于车辆从停止到起动的时间间隔，s；

$t_{om}$——运行富余时间，在不影响后续车辆运行的情况下，车辆可以滞后运营时刻表的时间，s；

$Z$——对应于在公交车站形成排队概率的一维正态变量，代表正态曲线上处在公交车站形成可接受排队长度的概率水平之外，曲线尾部下面的面积。建议：商业中心区（CBD）公交车站，$Z$ 取 1.04～1.44；郊区公交车站，$Z$ 取 1.96；

$c_v$——停站时间的偏差系数。

(2) 公交车站通行能力

公交车站内直线形站台数量的增加，其通行能力并不能如数增加。由于多车位公交车站每个直线形站台的使用效率不同，所以直线形站台增加1倍，车站的通行能力不会增加1倍。当要求使用3个以上的站台时，应该考虑设计成锯齿形、直通式或其他非直线形，如图10-2所示。

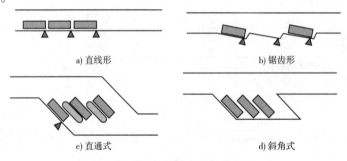

图10-2 公交车站内站台设计类型

公交车站的车辆通行能力见式(10-2)。

$$B_s = N_{el} B_l f_{tb} = N_{el} f_{tb} \frac{3600(g/C)}{t_c + t_d(g/C) + Z c_v t_d} \quad (10\text{-}2)$$

式中：$B_s$——公交车站的公交车通行能力，辆/h；

$N_{el}$——公交车站的有效站台数；

$f_{tb}$——交通拥挤调节系数，具体计算见式(10-3)；

其余符号含义同上。

$$f_{tb} = 1 - f_l \left( \frac{v_{cl}}{c_{cl}} \right) \quad (10\text{-}3)$$

式中：$f_{tb}$——交通拥挤调节系数；

$f_l$——公交车站位置系数，可按表10-4取值；

$v_{cl}$——道路最右侧车道交通量，辆/h；

$c_{cl}$——道路最右侧车道通行能力，辆/h。

**公交车站位置系数 $f_l$**  表10-4

| 公交车站位置 | 公交车道类型 | | |
|---|---|---|---|
| | 公交车无权使用相邻车道 | 公交车可借用相邻车道 | 公交车拥有相邻车道的全部使用权 |
| 近侧(位于交叉口进口道上) | 1.0 | 0.9 | 0.0 |
| 路口区间(位于路段上) | 0.9 | 0.7 | 0.0 |
| 远侧(位于交叉口出口道上) | 0.8 | 0.5 | 0.0 |

数据来源：TCRP Report 26：Operational Analysis of Bus Lanes on Arterials。

注：1. 公交车站位置类型如图10-3 所示。

2. $f_l=0$，是指对于逆向公交车道、道路中央公交专用道和完全隔离的公交专用道，当社会车辆禁止右转或右转交通对公交运营不造成干扰时，可忽略公交位置和公交车道类型的影响。

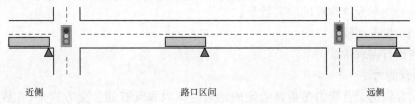

图10-3 公交车站位置类型示意图

(3) 公交车道通行能力

① 无越站运营模式

当公交车道上不存在越站运营模式时，该公交车道的公交车辆通行能力等于沿线关键公交车站通行能力，其计算公式见式(10-2)。

当所有公交车在公交车道上都是站站停时，其关键公交车站就是全线中通行能力最小的那个车站；当公交车道属于混合服务类型时，其关键公交车站是指所有公交模式都停靠的车站中通行能力最小的那个车站。

② 有越站运营模式

当公交车道上某些公交车实行越站运营模式时，其通行能力等于每组线路上各自使用越站停车运行的每组关键车站通行能力之和乘上一个调整系数 $f_k$，见式(10-4)。$f_k$ 反映了低效到达模式和相邻车道交通量对公交车辆通行能力的影响。

$$B = f_k(B_1 + B_2 + \cdots + B_n) \tag{10-4}$$

式中： $B$——公交车道的公交车通行能力，辆/h；

$f_k$——越站运营模式下通行能力调整系数，具体计算见式(10-5)；

$B_1$、$B_2$、$\cdots$、$B_n$——每组线路上各自使用越站停车运行的每组关键车站通行能力，辆/h。

$$f_k = \frac{1 + f_a f_i (N_{ss} - 1)}{N_{ss}} \tag{10-5}$$

式中：$f_a$——到达类型系数，反映了在越站运营中公交站利用率，$f_a=0.50$ 表示公交车随机到达(运营时刻表执行度较差)，$f_a=0.75$ 表示典型到达(运营时刻表执行度较好)，$f_a=1.00$ 表示车辆列队到达(公交车集群达到，犹如列车)；

$f_i$——相邻车道阻抗系数，具体计算见式(10-6)；

$N_{ss}$——依次进行越站的站点数目。

$$f_i = 1 - 0.8 \left(\frac{v_{al}}{c_{al}}\right)^3 \tag{10-6}$$

式中：$v_{al}$——相邻车道交通量，辆/h；

$c_{al}$——相邻车道通行能力，辆/h。

3）公交乘客输送能力

公交乘客输送能力可分为运营能力和设计能力。前者反映了在当前的公交运营时刻表下能可靠地输送多少乘客；后者则反映了在给定的设计原则或假设前提下，如果所有设施的运营都达到了通行能力水平能输送多少乘客。公交乘客输送能力主要取决于以下4个因素：

①公交车道的公交车辆通行能力；
②每辆公交车允许乘载的乘客数量；
③公交车发车间隔；
④乘客出行需求特征。

（1）运营能力

公交乘客输送运营能力是指在给定的运营时刻表和既有的公交方式下，在线路断面上能够达到的最大载客量。如果公交运营策略上要求一小时内公交方式$i$的单车平均载客量不超过$P_{\max,i}$，则运营能力计算如下：

$$P_S = \sum_{i=1}^{N_{bm}} P_{\max,i} N_i \tag{10-7}$$

式中：$P_S$——公交乘客输送运营能力，人次/h；

$P_{\max,i}$——公交方式$i$的单车最大载客量，人/辆；

$N_{bm}$——在公交车道上运营的公交方式种类；

$N_i$——公交方式$i$的公交车辆通过量，辆/h。

如果公交运营策略上要求一小时内公交方式$i$的单车平均载客量不允许经常性地超过$P_{\max,i}$，则运营能力计算如下：

$$P_S = \sum_{i=1}^{N_{bm}} P_{\max,i}(PHF) N_i \tag{10-8}$$

式中：$PHF$——高峰小时系数。

（2）设计能力

公交乘客输送设计能力是指如果公交运营调度能最大限度地利用公交车道的通行能力，则在线路断面上可能达到的最大载客量。在这种情况下，可用式(10-9)和式(10-10)分别代替上文的式(10-7)和式(10-8)。

$$P = P_{\max} B \tag{10-9}$$

$$P = P_{\max}(PHF) B \tag{10-10}$$

式中：$P$——公交乘客输送设计能力，人次/h；

$P_{\max}$——各类公交车辆类型单车最大载客量的加权平均值，人/辆；

$B$——公交车道的公交车辆通行能力，辆/h。

4) 常规公交运输能力主要参数的调查与采集

正如上文所述,常规公交运输能力的计算模型中涉及众多参数,这些参数的标定方法主要有3种:现场调查、采用经验值或通过数学模型计算。这里主要介绍现场调查的方法和注意事项,其余标定方法请读者自行参阅美国交通运输研究委员会《公共交通通行能力和服务质量手册(第3版)》或其他相关文献。

(1)乘客服务时间和平均停站时间调查

受很多因素的影响,乘客服务时间(和公交车停站时间)大小的差异可以很大。例如,乘客上车时间变化幅度为1.6~8.4s。出于这个原因考虑,在对一个既定公交系统进行乘客服务时间和停站时间估计时,建议通过现场数据采集来确定。虽然公交车的乘客服务时间受诸多因素影响,但是对于一个既定公交系统而言,这些影响因素中的绝大多数都是常量(如,售票方式、公交车车门数量和宽度、上车或下车的台阶数等)。因此,对于一个既定公交系统,其乘客服务时间的大小实际上主要取决于客流需求的各个方面,包括:上车乘客人数、下车乘客人数、车内乘客人数。

①乘客服务时间调查

当车站的乘降量比较小时(如,有的车站仅有1~2位乘客上车或下车),公交车停站时间与乘客服务时间是相对独立的,而且也很难收集到有效的统计数据。因此,在测定乘客服务时间用来评估比较不同公交系统(如,单开门和双开门、高地板和低地板、不同的售票方式等)之间的差异性时,应在一些客流量较大的车站进行数据采集。根据车站上下车乘客人数的多少来决定现场数据采集所需调查人员数,一般每个车站只需1~2人即可完成调查工作。乘客服务时间调查记录表参见表10-5,具体调查步骤如下:

**乘客服务时间调查记录表** 表10-5

日期:_____  时间:_____
线路:_____  地点:_____  方向:_____

| 公交车行车号 | 到达时刻 | 车门打开时刻 | 主体客流结束时刻 | 车门关闭时刻 | 公交离开时刻 | 上车乘客数 | | 下车乘客数 | | 公交车离开时车内乘客数 | 备注 |
| --- | --- | --- | --- | --- | --- | --- | --- | --- | --- | --- | --- |
| | | | | | | 前门 | 后门 | 前门 | 后门 | | |
| | | | | | | | | | | | |
| | | | | | | | | | | | |
| | | | | | | | | | | | |
| | | | | | | | | | | | |
| | | | | | | | | | | | |

a. 调查人员在公交车站某个位置上记录每辆到达公交车辆的车牌号和行车号;
b. 记录公交车辆进入车站完全停车的时刻;
c. 记录公交车辆车门完全打开的时刻;
d. 统计和记录上车乘客数和下车乘客数;
e. 记录主体客流结束的时刻(注:这虽然多少掺杂了一些主观臆断,但这对单位时间客流量的修正而言是必要的,记录时间时,不包括个别掉队乘客的上车时间或下车时间);
f. 当所有乘客上下车结束时,统计车内乘客数量(注:如果事先知道公交车的座位数,则

车内乘客数量可以通过空座位数或站立乘客数来估计);

　　g. 记录公交车辆车门完全关闭的时刻;

　　h. 记录公交车辆起动开始离开的时刻(注:离开时间应剔除等待运营时刻点或等待信号灯的时间);

　　i. 备注所发生的任何特殊情况,特别是,有轮椅上下公交车的时间应该备注出来。

　　每辆到达的公交车的乘客服务时间为主体客流结束时刻减去车门完全打开时刻,每位乘客的平均服务时间为总的服务时间除以上车乘客数(或下车乘客数)。

　　② 公交车停站时间调查

　　公交车停站时间调查的步骤与乘客服务时间调查基本类似,所不同的是,停站时间调查应采用跟车调查的方式,调查人员乘坐公交车在一天中分不同时段全线跟车若干次。如果是 12m 的两门公交车,1 名调查人员即可完成调查工作;如果是 3 门公交车仅靠 1 名调查人员可能会有些困难,此时可以使用一些自动观测设备来辅助调查,如,可使用自动计数器来统计乘客人数。对于既定公交线路而言,通常所用车辆类型是一致的,如果线路中混合使用了不同的车辆类型时(如,线路上既有单门公交车也有双门公交车,既有单体公交车也有铰接公交车,既有高地板车辆也有低地板车辆),应针对每种车辆类型进行单独采样收集数据。公交车停站时间调查记录表格可参见表 10-6,具体调查步骤如下:

**公交车停站时间调查记录表** 表 10-6

日期:_____　　时间:_____　　公交牌照:_____　　公交车类型_____
线路:_____　　公交车运行号:_____　　方向:_____

| 车站编号和站名 | 到达时刻 | 车门打开时刻 | 主体客流结束时刻 | 车门关闭时刻 | 公交离开时刻 | 上车乘客数 | | 下车乘客数 | | 公交车离开时车内乘客数 | 备注 |
|---|---|---|---|---|---|---|---|---|---|---|---|
| | | | | | | 前门 | 后门 | 前门 | 后门 | | |
| | | | | | | | | | | | |
| | | | | | | | | | | | |
| | | | | | | | | | | | |
| | | | | | | | | | | | |

　　a. 调查人员在公交车上记录沿线停靠的每个车站的编号和站名;

　　b. 记录公交车辆进入车站完全停车的时刻;

　　c. 记录公交车辆车门完全打开的时刻;

　　d. 统计和记录上车乘客数和下车乘客数;

　　e. 记录主体客流结束的时刻;

　　f. 当所有乘客上下车结束时,统计车内乘客数量;

　　g. 记录公交车辆车门完全关闭的时刻;

　　h. 记录公交车辆起动开始离开的时刻(注:等待运营时刻点或等待信号灯的时间应该予以标注,但是这些时间不包含在停站时间之内;因乘客向驾驶人咨询信息导致延误是常有的事,这些延误应包含在停站时间之内;因处理车费纠纷、失物招领或其他事件造成的时间损失不应列入停站时间之内);

i. 备注所发生的任何特殊情况。特别是，有轮椅上下公交车的时间应该备注出来。这部分时间是否包括在停站时间之内取决于公交系统，很多公交线路在制定运营时刻表时一般不考虑不常发生的轮椅上下公交车现象，其时间延误通过运行富余时间来弥补。

在调查过程中，调查人员必须依据情势做出一些自己的判断。如，在信号交叉口前的近侧车站，驾驶人可能会因等待迟来的乘客重新打开车门，而车门又在绿灯时间结束前关闭，这时会造成额外的延误，这部分时间不应计入停站时间，而应作为交叉口延误时间处理。

(2) 停站时间波动性调查

停站时间的波动性是指由于乘客对于车辆及其路线需求的不同导致不同车辆在同一站上停站时间的不同。停站时间的波动性对车站通行能力的影响用停站时间偏差系数来表示，该值等于停站时间的标准差除以停站时间的平均值。因此，通过公交车停站时间调查得到的多个样本数据，即可计算得到停站时间偏差系数。

(3) 站台失效率调查

站台失效率是指公交车站所有站台都已被其他公交车占用，公交车不能进站而需排队等待的概率，即因所有站台被占用而需排队等待的公交车占该车站公交车停靠总数的百分比。只需在乘客服务时间调查记录表或公交车停站时间调查记录表中的备注栏中注明该公交车是否曾排队等待入站，即可通过数据统计计算得到站台失效率。

(4) 客流高峰小时系数调查

通过上文的乘客服务时间调查或公交车停站时间调查中的上车乘客数和下车乘客数统计，可计算得到客流高峰小时系数。

(5) 公交车站位置参数调查

公交车站的位置对车站通行能力影响很大，在公交车站通行能力计算中公交车站位置参数主要有：公交车站与道路的相对位置、公交车站与交叉口的相对位置、公交车站类型、公交车道类型、道路交叉口交通信号配时、道路最右侧车道交通量、右转车道交通量和通行能力、行人过街客流量等，通过现场勘查可将公交车站位置参数记录在表10-7（交通量和行人过街客流量的调查方法可分别参见本书第2章和第9章内容）。

### 10.3.2 城市轨道交通运输能力的计算

1) 基本概念

城市轨道交通运输能力是通过能力和输送能力的总称。运输能力的大小主要取决于固定设备、活动设备、技术设备的运用、行车组织方法和行车作业人员的数量、技能水平等。运输能力是轨道交通系统最重要的参数，涉及轨道交通系统设计、扩展、改建、舒适性设计及系统在不同时期内的发展。

(1) 通过能力

轨道交通的通过能力是指在采用一定的车辆类型、信号设备和行车组织方法条件下，轨道交通线路的各项固定设备在单位时间内（通常是高峰小时）所能通过的最大列车数。

城市轨道交通的通过能力主要按照下列固定设备进行计算。

① 线路：线路是指由区间和车站构成的整体，其通过能力主要受正线数、列车停站时间、

列车运行控制方式、车站是否设置配线、车辆技术性能、进出站线路平纵断面和行车组织方法等因素影响。

公交车站位置参数调查记录表　　　　　　　　　　　　　表 10-7

车站名称：_____　　停靠线路：_____　　调查人员：_____

| 车站示意图 | |
|---|---|
| 公交车站与道路的相对位置 | ①公交车停靠在机动车道上 □<br>②公交车驶离机动车道停靠 □（公交车停车道 □　公交港湾 □） |
| 公交车站与交叉口的相对位置 | ①近侧 □　　②路口区间 □　　③远侧 □ |
| 公交车站类型 | ①直线形 □　②锯齿形 □　③直通式 □<br>④斜角形 □;夹角____　⑤其他形式 □ |
| 站台参数 | 站台数：_____　　站台尺寸：长_____ m,宽_____ m |
| 公交车道类型 | ①公交车无权使用相邻车道 □<br>②公交车可借用相邻车道 □<br>③公交车拥有相邻车道的全部使用权 □ |
| 交叉口交通信号配时 | ①绿灯时间：_____ s　　②信号周期：_____ s<br>③是否有公交信号优先：无 □;有 □（额外的绿灯时间：_____ s） |
| 其他交通方式流量 | ①道路最右侧车道交通量：_____ 辆/h<br>②右转车道交通量：_____ 辆/h;通行能力_____ 辆/h<br>③与右转车流冲突的行人过街客流_____ 人/h |

②列车折返设备：其通过能力主要受折返站的配线布置形式和折返方式、列车停站时间、车站信号设备类型、车载设备反应时间、折返作业进路长度、调车速度以及列车长度等因素影响。

③车辆段设备：其通过能力主要受车辆的检修台位、停车线等设备的数量和容量等因素影响。

④牵引供电设备：其通过能力主要受牵引变电所的配置和容量等因素影响。

在影响城市轨道交通通过能力的诸多因素中，权重最大的是列车运行控制方式和列车停站时间。列车运行控制方式是指列车运行间隔、速度的控制方式和行车调度的指挥方式，取决于采用的列车运行控制设备类型。

根据以上各项固定设备计算出来的通过能力一般是各不相同的，其中通过能力最小的固定设备限制了整条线路的通过能力，该项固定设备的通过能力即为整条线路的最终通过能力，即：

$$n_{最终} = \min\{n_{线路}, n_{折返}, n_{车辆}, n_{供电}\} \tag{10-11}$$

式中：$n_{最终}$——最终通过能力，列/h；

　　　$n_{线路}$——线路通过能力，列/h；

$n_{折返}$——折返设备通过能力,列/h;

$n_{车辆}$——车辆段设备通过能力,列/h;

$n_{供电}$——牵引供电设备通过能力,列/h。

(2)输送能力

轨道交通线路的输送能力是指在单位时间内(通常是一小时)所能运送的最大乘客人数。在线路通过能力一定的条件下,主要取决于列车编组数和车辆定员人数,即:

$$P_R = n_{最终} \cdot m \cdot P_车 \quad (10\text{-}12)$$

式中:$P_R$——线路在每小时内单向最大输送能力,人/h;

$m$——列车编组数,辆/列;

$P_车$——车辆定员数,人/辆。

2)线路通过能力

线路通过能力计算的一般公式为:

$$n_{线路} = \frac{3\,600}{h} \quad (10\text{-}13)$$

式中:$h$——追踪列车间隔时间,s。

(1)固定(自动)闭塞线路

固定(自动)闭塞线路计算追踪列车间隔时间的列车间隔距离如图10-4所示,当前行列车出清了车站轨道电路区段,在确保行车安全的条件下,后行列车以规定的进站速度恰好位于某一分界点(闭塞分区或轨道电路区段)的前方。按追踪列车先后经过车站必须保持的最小列车间隔距离计算得到的间隔时间,即为追踪列车间隔时间。由图10-4可知,后行列车从初始位置至前行列车所处位置,须经历进站运行、制动停车、停站作业和加速出站4个作业过程,即追踪列车间隔时间应由4个单项作业时间组成,计算公式为:

$$h = t_运 + t_制 + t_站 + t_加 \quad (10\text{-}14)$$

式中:$t_运$——列车从初始位置时至开始制动时止的运行时间,s;

$t_制$——列车从开始制动时起至在站内停车时止的制动时间,s;

$t_站$——列车运行图规定的列车停站时间,s;

$t_加$——列车从车站起动加速时起至出清车站闭塞分区时止的运行时间,s。

图10-4 固定闭塞时追踪列车经过车站间隔距离

(2)移动(自动)闭塞线路

移动(自动)闭塞线路计算追踪列车间隔时间的列车间隔距离如图10-5所示,在前行列车出清车站轨道电路区段与安全防护距离时,后行列车以规定速度恰好运行至进站位置处。按图中所示的列车间隔距离计算得到的间隔时间就是追踪列车间隔时间。由图10-5可知,后行列车从初始位置至前行列车所处位置,需经历制动停车、停站作业和起动出站3项作业过程,即追踪列车间隔时间应由3个单项作业时间组成,计算公式为:

$$h = t_制 + t_站 + t_加 \quad (10\text{-}15)$$

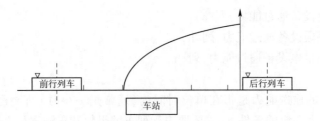

图 10-5 移动闭塞时追踪列车经过车站间隔距离

3)列车折返设备通过能力

列车折返设备通过能力计算为:

$$n_{折返} = \frac{3\,600}{h_发} \quad (10\text{-}16)$$

式中:$h_发$——列车折返出发间隔时间,s。

列车折返方式主要有站后折返和站前折返两种。站后折返通常是列车利用站后尽端折返线进行折返,站前折返则是列车经过站前渡线进行折返。折返方式不同,$h_发$的计算方法也不同。

(1)站后折返

站后折返时的折返出发间隔时间如图 10-6 所示,当折返列车 2 在折返线规定的停留时间结束后即能进入下行车站正线,此时折返列车 1 与列车 2 之间有最小的折返出发间隔时间 $h_发$,即:

$$h_发 = t_{离去} + t_{作业} + t_{确认} + t_{出线} + t_站 \quad (10\text{-}17)$$

式中:$t_{离去}$——出发列车驶离车站闭塞分区的时间,s;

$t_{作业}$——车站为折返线停留列车办理调车进路的时间,包括道岔区段进路解锁延误、排列进路和开放调车信号等各项时间,s;

$t_{确认}$——驾驶人确认信号时间,s;

$t_{出线}$——列车从折返线到车站出发正线的走行时间,s;

$t_站$——列车停站时间,s。

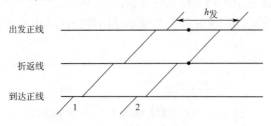

图 10-6 站后折返时间隔时间

(2)站前折返

列车经由站前双渡线折返时,可以有侧向到达、直向出发和直向到达、侧向出发两种模式。站前折返时的列车折返出发间隔时间如图 10-7 所示,当进站列车 2 位于进站渡线道岔外方确认信号距离处时即能进入车站正线,此时折返列车 1 与 2 之间有最小的折返出发间隔时间 $h_发$,即:

$$h_发 = t_{离去} + t_{作业} + t_{确认} + t_{进站} + t_站 \quad (10\text{-}18)$$

式中：$t_{作业}$——车站为进站列车办理接车进路的时间，包括道岔区段进路解锁延误和排列进路等各项时间，s;

$t_{确认}$——驾驶人确认信号时间，s;

$t_{进站}$——车辆进站时间，s。

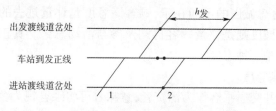

图 10-7　站前折返时间隔时间

## 10.4　公共交通乘客满意度调查

### 10.4.1　满意度概述

1) 顾客满意度与顾客满意指数

顾客满意(Customers Satisfaction, CS)，是指顾客对其要求已被满足的程度的感受。也就是指通过对一个产品可感知的效果(或结果)与期望值相比较后，顾客形成的愉悦或失望的感觉状态。

顾客满意度(Customers Satisfaction Degree, CSD)，是顾客满足情况的反馈，它是对产品或者服务性能，以及产品或者服务本身的评价；给出了(或者正在给出)一个与消费的满足感有关的快乐水平，包括低于或者超过满足感的水平，是一种心理体验。顾客满意度是一个变动的目标，能够使一个顾客满意的东西，未必会使另外一个顾客满意，能使得顾客在一种情况下满意的东西，在另一种情况下未必能使其满意。只有对不同的顾客群体的满意度因素非常了解，才有可能实现 100% 的顾客满意。

顾客满意度指数(Customer Satisfaction Index, CSI)，是根据顾客对企业产品和服务质量的评价，运用统计的方法把顾客满意度的衡量指数化，并通过建立 CSI 模型和进行测评，表现组织的产品(或服务)特性、满足顾客需求的程度及顾客消费行为等多层递进关系；研究顾客需求，发现未能满足顾客需求的因素，从而为加强和改进组织工作指明方向。

瑞典率先于 1989 年建立了全国性的顾客满意度指数，即瑞典顾客满意度指数(SCSB)模型，此后，美国和欧盟相继建立了各自的顾客满意度指数——美国顾客满意度指数(ACSI，1994)模型和欧洲顾客满意度指数(ECSI，1999)模型。另外，新西兰、加拿大等国家和台湾地区也在几个重要的行业建立了顾客满意度指数。相比之下，ACSI 吸取了 SCSB 的成功经验，其模型更为全面，结构体系的设计更具科学性，应用也是最广泛的。

2) 顾客忠诚与顾客忠诚度

顾客忠诚(Customer Loyalty, CL)，是指客户对企业产品或服务的依赖和认可、坚持长期购买和使用该企业产品或服务所表现出的在思想和情感上的一种高度信任和忠诚的程度，是客户对企业产品在长期竞争中所表现出的优势的综合评价。

顾客忠诚度(Customer Loyalty Degree,CLD),指顾客忠诚的程度,是一个量化概念。顾客忠诚度是指由于质量、价格、服务等诸多因素的影响,使顾客对某一企业的产品或服务产生感情,形成偏爱并长期重复购买该企业产品或服务的程度。

顾客满意度与顾客忠诚度的不同在于,顾客满意度是评量过去的交易中满足顾客原先期望的程度,而顾客忠诚度则是评量顾客再购及参与活动意愿。真正的顾客忠诚度是一种行为,而顾客满意度只是一种态度。

3)公共交通乘客满意度

结合上述概念,公共交通乘客作为消费者,意味着可将乘客视为公共交通运营公司的顾客,则公共交通乘客满意度就是指乘客通过对公共交通服务的感知效果或结果与其期望值相比较后,所形成的愉悦或失望的感觉状态。公共交通乘客满意度指数就是乘客满意水平的量化,从消费者的角度来衡量公共交通服务质量。

### 10.4.2 公共交通乘客满意度调查实施步骤

1)构建满意度指数模型,确定测评指标并量化

(1)公共交通乘客满意度指数模型

要衡量公共交通乘客满意度就必须建立模型,将一些与乘客满意度相关的变量联系起来,构建的模型根据实际需要可以多种多样,比如可以在ACSI模型的基础上构建(图10-8)。模型建立后,就需要采用数学形式将模型表现出来,并进行模型估计,得到乘客满意度模型中的参数,最后计算出公共交通乘客满意度指数。

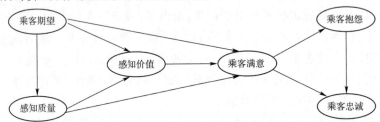

图10-8　公共交通乘客满意度指数模型

该模型以满意度的生成机制为理论基础,引入了6个隐变量:感知质量、期望质量、感知价值是前提变量;乘客满意度、乘客抱怨、乘客忠诚是结果变量。这些变量界定如下:

①感知质量是指乘客在购买和消费公共交通服务过程中对公共交通服务质量的实际感受和认知。

②乘客期望是指乘客在乘车之前对公共交通服务质量寄予的期待和希望。

③感知价值是指乘客在购买和消费公共交通服务过程中,对所支付的费用和所达到的实际收益的体验。

④乘客满意是指乘客对其所接受的公共交通服务的总体满意程度的一个评价。

⑤乘客抱怨是指当乘客对公共交通服务的实际感受不能满足乘客的要求时,乘客的满意度就会下降,就会产生乘客抱怨,甚至投诉。

⑥乘客忠诚是指乘客在对公共交通服务的满意度不断提高的基础上,重复乘坐公共交

通的一种表现。

该模型可以解释为:乘客满意度是由乘客在乘坐公共交通的经历中对各项公共交通服务质量和价值的感知与乘车前的期望值相比较所决定的;同时,由于每位乘客的期望值不同且乘客对公共交通服务质量的感知也有所不同,从而导致不同乘客对各项公共交通服务的满意程度有所不同,并会影响乘客对公共交通服务价值的感知;若乘客满意度低就会产生乘客抱怨,甚至投诉;若乘客满意度高就会提高乘客的忠诚度;同时,如果重视并妥善处理乘客投诉,化解乘客抱怨,同样可以提高乘客忠诚度。

(2)公共交通乘客满意度指数测评指标体系

上述模型中6个隐变量是无法直接测评的。因此,需要对这6个隐变量进行逐级展开,直到形成一系列可以直接观测的指标,而这些观测变量则通过实际调查收集数据得到。

顾客满意度指数测评指标体系分为四个层次:

第一层次:总的测评目标"乘客满意度指数",为一级指标;

第二层次:乘客满意度指数模型中的6大要素——乘客期望、乘客对质量的感知、乘客对价值的感知、乘客满意度、乘客抱怨、乘客忠诚,为二级指标;

第三层次:由二级指标具体展开而得到的指标,为三级指标;

第四层次:三级指标具体展开为问卷上的问题,形成四级指标。

测评指标体系中的一级和二级指标适用于所有的产品和服务,针对公共交通而言,实际上我们要研究的是三级和四级指标。比如在对地铁乘客满意度进行测度的时候,可建立如表10-8所示的指标体系。

地铁乘客满意度测评指标体系　　　　　表10-8

| 一级指标 | 二级指标 | 三级指标 | 四级指标 |
| --- | --- | --- | --- |
| 乘客满意度指数 | 1.乘客期望 | 1.总体期望 | 1.乘坐地铁前的总体期望 |
| | | 2.个性服务 | 2.乘坐地铁前对地铁个性化服务满足需求程度的期望 |
| | | 3.可靠度 | 3.乘坐地铁前对地铁服务可靠程度的期望 |
| | 2.感知质量 | 1.导向指引 | 1.上车站点的地面设立的指示牌 |
| | | | 2.上车站点的出口指示 |
| | | | 3.上车站点的出口周边建筑、交通路线标识 |
| | | | 4.上车站点的购票、出入闸等导向指引 |
| | | | 5.上车站点的站台上确定列车行驶方向 |
| | | | 6.上车站点洗手间的指引 |
| | | 2.整洁舒适 | 1.上车站点的地铁站内的明亮、整洁程度与畅通性 |
| | | | 2.上车站点的地铁站内的空气流通性与温度适宜性 |
| | | | 3.上车站点的候车座椅的便利性与整洁性 |
| | | | 4.车厢内明亮、整洁 |
| | | | 5.车厢内的空气流通性与温度适宜性好 |
| | | 3.准时快捷 | 1.列车到站的准时性 |
| | | | 2.列车发车间隔时间的合理性 |
| | | | 3.首末班车运营时间设置的合理性 |

续上表

| 一级指标 | 二级指标 | 三级指标 | 四级指标 |
|---|---|---|---|
| 乘客满意度指数 | 2.感知质量 | 4.列车运行与安全 | 1.上车站点的楼梯、自动扶梯及电梯的使用安全性 |
| | | | 2.对车门、屏蔽门即将关闭的提前通知及时性 |
| | | | 3.列车行驶的安全平稳性 |
| | | | 4.出现非正常情况,对乘客的告知及处理恰当性 |
| | | | 5.车内、站内治安环境 |
| | | 5.票务服务 | 1.地铁票价的合理性 |
| | | | 2.票亭换硬币、零钞的便利性 |
| | | | 3.对于购票所等待的时间的可接受性 |
| | | | 4.地铁的票种信息、计费信息知晓程度 |
| | | | 5.目前地铁的乘车票的种类足够满足您的乘车需求程度 |
| | | | 6.各种票购票、退票合理性 |
| | | 6.设备设施 | 1.上车站点的自动售票机摆放的位置合理性 |
| | | | 2.上车站点的自动售票机购票方法介绍的清晰易懂性 |
| | | | 3.自动售票机在使用过程中出现故障的次数程度 |
| | | | 4.闸机在通过时出现故障的次数程度 |
| | | | 5.自动扶梯出现故障的次数程度 |
| | | 7.员工服务 | 1.地铁工作人员的服务态度热情主动程度 |
| | | | 2.地铁工作人员解决乘客的困难与疑问的效率 |
| | | | 3.投诉、沟通途径明确程度 |
| | | | 4.地铁运营公司处理乘客建议、投诉的及时程度 |
| | | 8.信息宣传 | 1.地铁运营公司对地铁的宣传充分性 |
| | | | 2.获得地铁票务、乘坐指引及安全乘车知识等信息的方便性 |
| | | 9.商业环境 | 1.地铁内广告形式布局与车站环境和谐性 |
| | | | 2.地铁内商铺数量可以满足地铁内购物需求程度 |
| | 3.感知价值 | 1.对总体价值的感知 | 1.依照目前的票价对地铁服务的评价 |
| | | | 2.依照目前的地铁服务状况对地铁票价的评价 |
| | 4.乘客满意 | 1.总体满意程度 | 对地铁总体满意度 |
| | | 2.达到要求程度 | 地铁是超出期望还是低于期望 |
| | | 3.与理想的差距 | 地铁与理想中的地铁相比,与完美状态的差距 |
| | 5.乘客抱怨 | 1.有无抱怨 | 是否对地铁抱怨过 |
| | | 2.有无投诉 | 是否对地铁投诉过 |
| | 6.乘客忠诚 | 1.直达时选乘意愿 | 出行若乘地铁可直达目的地,选择乘坐地铁的可能性 |
| | | 2.非直达时选乘意愿 | 出行若乘地铁需换乘到达目的地,选择乘坐地铁的可能性 |
| | | 3.推荐意愿 | 建议家人和朋友出行时选择乘坐地铁的可能性 |

(3)测评指标的量化

顾客满意度测评是为了定量地分析顾客对产品、服务或企业的看法、偏好和态度,而通过直接询问或观察的方法来了解顾客态度是困难的。所以需要利用某些特殊的态度测量技术进行量化处理,将会使那些难于表达和衡量的"态度"客观、方便的标识出来,这种态度测量技术所运用的基本工具,就是"量表"。常用的量表有:数字量表、李克特(Likert)量表、语意差别量表、序列量表、斯马图(Simalto)量表等。

(4)确定测评指标权重

每项指标在测评体系中的重要性不同,需要赋予不同的权重,即加权。加权方法除了主观赋权法以外,还有直接比较法、对偶比较法、德尔菲法、层次分析法,依据测评人员的经验和专业知识选择适用的方法。目前层次分析法使用较多。

2)确定调查对象

在进行顾客满意度调查时,应事先确定要调查的顾客群体,以便针对性地设计问卷。顾客可以是企业外部的顾客,也可以是内部的顾客。

在城市公共交通乘客满意度调查中,顾客是指公共交通服务的消费者,即接受过公共交通交通服务的或正在接收公共交通服务的乘客。在确定具体调查对象时不能太过单一,需要从性别、年龄、文化程度、职业、经济能力、居住地等方面进行分类。

3)抽样设计

在进行顾客满意度调查中一般进行随机抽样,可根据实际情况选用简单随机抽样、分层抽样、整群抽样、多级抽样、等距抽样和多级混合抽样等不同的抽样方法。在顾客满意度调查中较常用的是简单随机抽样和分层抽样方法。

4)问卷设计

按照已经建立的公共交通乘客满意度指数测评指标体系,把三级指标展开,成为问卷上的问题。问卷设计是整个测评工作中关键的环节,测评结果是否准确、有效,很大程度上取决于此。

(1)问卷的设计思路

首先,明确乘客满意度指数测评目的:

①了解乘客的需求和期望,调查乘客对公共交通服务质量、价值的感知,制定公共交通服务质量标准;

②计算乘客满意度指数,识别乘客对公共交通的态度;

③通过与竞争者比较,明确公共交通的优劣势。

其次,将四级指标转化为问卷上的问题。

最后,对设计好的问卷进行预调查,一般抽取 30～50 个样本,采用面谈或电话采访形式,除了了解乘客对公共交通服务的态度,还可以了解其对问卷的看法,进行修改。

(2)问卷的基本格式

问卷一般包括介绍词、填写问卷说明、问题和被访者的基本情况。其中问题是核心部分,问卷中的问题可分为封闭式、开放式和半开半闭式三种。

封闭式,包括是非题和多选题。是非题,一般采用"是"或"否"、"有"或"无"的答题方式。多选题,给出三个或更多答案,被访者可选一个或多个答案。

开放式,不给出答案,由被访者自由发表意见。

半开半闭式,常见的是在封闭式的选择后面,增加开放式的回答。

本章最后的附表X-1,是某市地铁乘客满意度调查问卷,可供参考。

5)实施调查

对公共交通乘客满意度的问卷调查,较常用的方法是:

(1)面谈访问。可以与一个被访者面谈,也可以与几个被访者集体面谈。调查可以比较深入,但人力成本高,面不够广,且易受调查人员的素质水平影响,客观性不强。

(2)邮寄问卷调查。范围较广,但回收率低,且时间拖得很长。

(3)电话调查。比较直接、快捷,但受时间限制,调查不太能深入。

(4)电子邮件调查。把问卷以附件的形式发送给用户,让客户在电脑上填写回复邮件,或打印出来,填写后传真回来。

(5)Internet 网上调查。在网页上放置调查问卷,访问者直接填写,提交就可以。

6)调查数据汇总整理

收集问卷后,应统计每个问题的每项回答的人数(频数),及其所占被访者总数的百分比(频率),并以图示方式直观地表示出来。如果没有统计软件,一般可以直接用 Excel 中的柱形图或饼图等表示。

另外,还应了解问卷设置的测评指标对总体评价的影响程度。如果设定总体评价≥80 的为满意评价,总体评价<80 的为非满意评价,可以分析单项测评指标的频数和频率对总体评价有何影响。

7)计算顾客满意度指数,分析评价

结合图 10-8 和表 10-8,建立乘客满意度的结构模型和测量模型。

(1)结构模型

$$\eta = \boldsymbol{\beta}\eta + \boldsymbol{\Gamma}\xi + \zeta \tag{10-19}$$

式中:$\eta$——内生潜变量向量,$\eta' = (\eta_1 + \eta_2, \cdots, \eta_m)$;

$\xi$——外生潜变量向量,$\xi' = (\xi_1 + \xi_2, \cdots, \xi_n)$;

$\zeta$——残差向量;

$\boldsymbol{\beta}$——$\beta(m \times n)$,$\eta$ 的路径系数矩阵,$\beta_{ij}$ 表示内生潜变量之间的影响,是 $\eta_j$ 对 $\eta_i$ 的影响;

$\boldsymbol{\Gamma}$——$\Gamma(m \times n)$,$\xi$ 的路径系数矩阵,$\gamma_{ij}$ 表示外生潜变量 $\xi_j$ 对内生潜变量 $\eta_i$ 的影响。

根据图 10-8 所示满意度指数模型,可将上述结构模型(10-19)改写成式(10-20)的形式:

$$\begin{bmatrix} \eta_1 \\ \eta_2 \\ \eta_3 \\ \eta_4 \\ \eta_5 \end{bmatrix} = \begin{bmatrix} 0 & 0 & 0 & 0 & 0 \\ \beta_{21} & 0 & 0 & 0 & 0 \\ \beta_{31} & \beta_{32} & 0 & 0 & 0 \\ 0 & 0 & \beta_{43} & 0 & 0 \\ 0 & 0 & \beta_{53} & \beta_{54} & 0 \end{bmatrix} \begin{bmatrix} \eta_1 \\ \eta_2 \\ \eta_3 \\ \eta_4 \\ \eta_5 \end{bmatrix} + \begin{bmatrix} \gamma_{11} \\ \gamma_{21} \\ \gamma_{31} \\ 0 \\ 0 \end{bmatrix} \xi + \begin{bmatrix} \zeta_1 \\ \zeta_2 \\ \zeta_3 \\ \zeta_4 \\ \zeta_5 \end{bmatrix} \tag{10-20}$$

其中,$\xi$ 为乘客期望,$\eta_1$ 为感知质量,$\eta_2$ 为感知价值,$\eta_3$ 为乘客满意度,$\eta_4$ 为乘客抱怨,

$\eta_5$ 为乘客忠诚;对 $\eta_1$ 产生影响的模型因素只有 $\xi$,路径系数为 $\gamma_{11}$,所以对应 $\eta_1$ 的 $\beta_{1j}$ 全部为 0;对 $\eta_2$ 产生影响的模型因素是 $\eta_1$ 和 $\xi$,路径系数分别为 $\beta_{12}$、$\gamma_{21}$,其余的 $\beta_{2j}$ 都为 0;对 $\eta_3$ 产生影响的模型因素是 $\eta_1$、$\eta_2$ 和 $\xi$,路径系数分别为 $\beta_{31}$、$\beta_{32}$ 和 $\gamma_{31}$,其余 $\beta_{3j}$ 为 0;对 $\eta_4$ 产生影响的模型因素只有 $\eta_3$,路径系数为 $\beta_{43}$,其余 $\beta_{4j}$ 都为 0;对 $\eta_5$ 产生影响的模型因素是 $\eta_3$ 和 $\eta_4$,路径系数分别为 $\beta_{35}$ 和 $\beta_{45}$,其余 $\beta_{5j}$ 都为 0。

(2)测量模型

$$y = \Lambda_y \eta + \varepsilon \tag{10-21}$$

$$x = \Lambda_x \xi + \delta \tag{10-22}$$

式中:$y$——内生显变量向量,$y' = (y_1 + y_2, \cdots, y_p)$;

$\Lambda_y$——$\Lambda_y(p \times m)$ 是 $y$ 对 $\eta$ 的回归系数矩阵;

$\varepsilon$——$y$ 的测量误差构成的向量;

$x$——外生显变量,$x' = (x_1 + x_2, \cdots, x_q)$;

$\Lambda_x$——$\Lambda_x(q \times n)$ 是 $x$ 对 $\xi$ 的回归系数矩阵;

$\delta$——$x$ 的测量误差构成的向量。

根据表 10-8 所示的指标体系,可将上述测量模型中式(10-21)和式(10-22)改写成式(10-23)和式(10-24)的形式:

$$\begin{bmatrix} y_{11} \\ y_{21} \\ y_{31} \\ y_{41} \\ y_{51} \\ y_{61} \\ y_{71} \\ y_{81} \\ y_{91} \\ y_{12} \\ y_{22} \\ y_{13} \\ y_{23} \\ y_{33} \\ y_{14} \\ y_{24} \\ y_{15} \\ y_{25} \\ y_{35} \end{bmatrix} = \begin{bmatrix} \lambda_{11} & 0 & 0 & 0 & 0 \\ \lambda_{21} & 0 & 0 & 0 & 0 \\ \lambda_{31} & 0 & 0 & 0 & 0 \\ \lambda_{41} & 0 & 0 & 0 & 0 \\ \lambda_{51} & 0 & 0 & 0 & 0 \\ \lambda_{61} & 0 & 0 & 0 & 0 \\ \lambda_{71} & 0 & 0 & 0 & 0 \\ \lambda_{81} & 0 & 0 & 0 & 0 \\ \lambda_{91} & 0 & 0 & 0 & 0 \\ 0 & \lambda_{12} & 0 & 0 & 0 \\ 0 & \lambda_{22} & 0 & 0 & 0 \\ 0 & 0 & \lambda_{13} & 0 & 0 \\ 0 & 0 & \lambda_{23} & 0 & 0 \\ 0 & 0 & \lambda_{33} & 0 & 0 \\ 0 & 0 & 0 & \lambda_{14} & 0 \\ 0 & 0 & 0 & \lambda_{24} & 0 \\ 0 & 0 & 0 & 0 & \lambda_{15} \\ 0 & 0 & 0 & 0 & \lambda_{25} \\ 0 & 0 & 0 & 0 & \lambda_{35} \end{bmatrix} \begin{bmatrix} \eta_1 \\ \eta_2 \\ \eta_3 \\ \eta_4 \\ \eta_5 \end{bmatrix} + \begin{bmatrix} \varepsilon_{11} \\ \varepsilon_{21} \\ \varepsilon_{31} \\ \varepsilon_{41} \\ \varepsilon_{51} \\ \varepsilon_{61} \\ \varepsilon_{71} \\ \varepsilon_{81} \\ \varepsilon_{91} \\ \varepsilon_{12} \\ \varepsilon_{22} \\ \varepsilon_{13} \\ \varepsilon_{23} \\ \varepsilon_{33} \\ \varepsilon_{14} \\ \varepsilon_{24} \\ \varepsilon_{15} \\ \varepsilon_{25} \\ \varepsilon_{35} \end{bmatrix} \tag{10-23}$$

$$\begin{bmatrix} x_1 \\ x_2 \\ x_3 \end{bmatrix} = \begin{bmatrix} \lambda_1 \\ \lambda_2 \\ \lambda_3 \end{bmatrix} \xi + \begin{bmatrix} \delta_1 \\ \delta_2 \\ \delta_3 \end{bmatrix} \tag{10-24}$$

式中： $y_{ij}$——$\eta_j$ 下属的显变量；

$\lambda_{ij}$——$\eta_j$ 与 $y_{ij}$ 之间的回归系数，也称荷载系数；

$x_1$、$x_2$、$x_3$——分别为乘客期望 $\xi$ 的 3 个显变量，$\xi$ 与它们之间的回归系数分别为 $\lambda_1$、$\lambda_2$、$\lambda_3$，也称荷载系数。

（3）乘客满意度指数的计算

参照国际通用满意度指数的计算方法，通过式（10-25）加权计算乘客满意度分值：

$$\eta_3 = \sum_{i=1}^{3} \omega_{i3} y_{i3} \tag{10-25}$$

式中：$\eta_3$——潜变量乘客满意度；

$\omega_{i3}$——乘客满意度显变量相对于潜变量的权重，$\omega_{i3}$ 和 $y_{i3}$ 要一致，即均是标准化或未标准化数值。本文中计算指数时选用非标准化权重；

$y_{i3}$——该潜变量乘客满意对应的显变量。

然后通过式（10-26）计算乘客满意度指数：

$$乘客满意度指数 = \frac{E[\eta_3] - \min[\eta_3]}{\max[\eta_3] - \min[\eta_3]} \times 100 \tag{10-26}$$

乘客满意度潜变量的最大值和最小值是通过相应的测量变量来确定的，即：

$$\min[\eta_3] = \sum_{i=1}^{3} \omega_{i3} \min[y_{i3}] \tag{10-26a}$$

$$\max[\eta_3] = \sum_{i=1}^{3} \omega_{i3} \max[y_{i3}] \tag{10-26b}$$

以上式中：$E[\eta_3]$——乘客满意度的均值；

$\min[\eta_3]$——乘客满意度的最小值；

$\max[\eta_3]$——乘客满意度的最大值。

在上述乘客满意度指数模型中，计算乘客满意度有 3 个显变量，若采用 10 分制量化，计算公式可简化为：

$$乘客满意度指数 = \frac{\sum_{i=1}^{3} \omega_{i3} \overline{y}_{i3} - \sum_{i=1}^{3} \omega_{i3}}{9 \sum_{i=1}^{3} \omega_{i3}} \times 100 \tag{10-27}$$

（4）其他指数计算

其他潜变量（除乘客抱怨外）的满意指数都可按照上述计算方法得出。

$$乘客期望满意指数 = \frac{\sum_{i=1}^{3} \omega_{i1} \overline{y}_{i1} - \sum_{i=1}^{3} \omega_{i1}}{9 \sum_{i=1}^{3} \omega_{i1}} \times 100 \tag{10-28}$$

$$感知质量满意指数 = \frac{\sum_{i=1}^{9} \omega_{i2} \overline{y}_{i2} - \sum_{i=1}^{9} \omega_{i2}}{9 \sum_{i=1}^{3} \omega_{i2}} \times 100 \tag{10-29}$$

$$感知价值满意指数 = \frac{\sum_{i=1}^{2} \omega_{i4} \bar{y}_{i4} - \sum_{i=1}^{2} \omega_{i4}}{9 \sum_{i=1}^{2} \omega_{i4}} \times 100 \quad (10-30)$$

$$乘客忠诚指数 = \frac{\sum_{i=1}^{3} \omega_{i5} \bar{y}_{i5} - \sum_{i=1}^{3} \omega_{i5}}{9 \sum_{i=1}^{3} \omega_{i5}} \times 100 \quad (10-31)$$

(5) 乘客抱怨计算

由于乘客抱怨是用乘客是否对地铁抱怨或投诉来提问的,回答不能用10分制来测评,因此文中采用抱怨率和投诉率来反映。

$$乘客抱怨率 = \frac{抱怨乘客的人数}{被访乘客人数} \times 100\% \quad (10-32)$$

$$乘客投诉率 = \frac{投诉乘客的人数}{被访乘客人数} \times 100\% \quad (10-33)$$

## 10.5 常规公交客流调查

### 10.5.1 调查内容

为全面、准确地掌握公交客运需求情况,有必要组织较大规模的公交客流调查,主要包括两大方面的内容:公交客流规模调查和公交乘客出行调查。

(1) 公交客流规模调查是指调查公交走廊、线路、枢纽的客流量。其中,公交客运走廊客流调查是指调查城市公交走廊主要断面的客流量,公交线路客流调查是指调查公交线路的上(下)客流量、断面客流量和站间客流OD等,公交枢纽客流调查是指调查公交枢纽的上(下)客流量和换乘量等。

(2) 公交乘客出行调查是指调查公交乘客的基本特征和出行特征。基本特征包括性别、年龄、职业、收入等。出行特征包括出发地(到达地)、出发时刻(到达时刻)、出行目的、上(下)客站、换乘站、出行时间(等车、步行、换乘、车内等时间)、换乘次数、接驳方式等。

### 10.5.2 调查时段、地点选择

调查时段应包括全日高峰时段,宜采用12h或24h连续观测,或根据交通需求预测模型要求综合确定。

城市公共汽(电)车交通调查的调查地点宜遵循以下原则:

(1) 公交客运走廊客流调查的调查地点宜选择客运走廊中公交车辆数通过较多的主要路段;

(2) 公交线路客流调查宜乘坐公交车辆跟车调查;

(3) 公交枢纽客流调查的调查地点宜选择在公交枢纽的上(下)客区域;

(4) 公交乘客出行调查的调查地点宜选择车站等候区域或乘坐公交车辆跟车调查。

### 10.5.3 调查方法

城市公共汽(电)车交通调查的调查方法：

(1)公交客运走廊、枢纽等客流调查可采用观测法，记录通过调查点的公交车辆数和车厢客流满载情况，统计公交客流量，可参见表10-9。

**公交客运走廊客流调查表** 表10-9

观测点编号_____ 观测点路段名_____ 调查日期_____ 调查员姓名_____
观测方向(①南——北 ②北——南 ③东——西 ④西——东)

| 时段 | 公交车辆数 | | | | | | 合计 |
|---|---|---|---|---|---|---|---|
| | 空车 | 座位半满 | 座位全满 | 站位10人以下 | 站位半满 | 站位拥挤 | |
| …… | | | | | | | |
| 7:00~7:15 | | | | | | | |
| 7:15~7:30 | | | | | | | |
| 7:30~7:45 | | | | | | | |
| 7:45~8:00 | | | | | | | |
| 8:00~8:15 | | | | | | | |
| 8:15~8:30 | | | | | | | |
| 8:30~8:45 | | | | | | | |
| 8:45~9:00 | | | | | | | |
| 9:00~9:15 | | | | | | | |
| 9:15~9:30 | | | | | | | |
| 9:30~9:45 | | | | | | | |
| 9:45~10:00 | | | | | | | |
| …… | | | | | | | |

注：空车是指空车或车内乘客很少，一般5人以下；
座位半满是指车内约有一半左右的空位，除下车区外无站立的人，车内人数为5~20人；
座位全满是指所有座位均有人，除下车区外无站立的人，车内人数为20~30人；
站位10人以下是指车内座位基本全满，车内有少量人(不多于10)站立；
站位半满是指车内座位全满，有一些人(10~20人)站立；
站位拥挤是指车内座位全满，车内站位区人数在20~40人，站位区很拥挤。

(2)公交线路客流调查可采用跟车法。跟车法是指安排调查员跟随公交车辆记录途经各站点上(下)客人数，且可对上车乘客发放特制小票，并在下车时进行回收，记录客流站间OD。抽样方法宜采用两阶段均匀抽样法，第一阶段根据线路功能、走向、长度、客流规模等对线路进行抽样，抽样率符合模型要求；第二阶段根据调查线路的发车频率对公交车辆进行抽样,发车频率在 10min 以内的线路,抽样率不宜低于 20%;发车频率在 10~20min 的线路,抽样率不宜低于 30%;发车频率超过 20min 的线路,抽样率应进一步提高;发车频率超过 1h 的线路,宜进行全样调查。

(3)公交客流调查也可采用信息化技术采集。现阶段常用信息化技术是指通过建立公交 IC 卡与公交车辆 GPS 设备对应关系,统计分析站点上(下)客流量、路段客流量和客流站间 OD 等。

(4)公交乘客出行调查可采用问询法,由调查员乘坐公交车辆对车内乘客进行问询或在公交车站对候车乘客进行问询。抽样方法宜采用均匀抽样法,样本量取决于调查线路客流规模、调查时段和问卷问题数量等,平峰时段的抽样率宜大于高峰时段的抽样率,一般抽样率不低于 10%,且样本量不低于 500 人。如果样本量低于 500 人,应提高抽样率乃至进行全样调查。

### 10.5.4 线路跟车调查

1)调查内容

(1)统计所跟公交车辆到达沿线各站的时间;
(2)统计所跟公交车辆到达沿线各站的上下客人数;
(3)可对所跟公交车辆到达沿线各站的上车乘客进行抽样询问,询问问题可包括:下车站名、下车后是否换乘、上车前是否换乘等,也可包括出行目的、乘客满意度信息等。

公交调查中经常进行的公交线路跟车调查的记录表格可参考表 10-10~表 10-13。

**公交跟车调查汇总表** 表 10-10

公交线路:_____ 行车方向(上行/下行):____ 调查日期:____ 星期____ 天气____ 调查人:_____

| 站名 | 各站顺序 | 站点编码 | 到时 | 离时 | 上数 | 下数 | 下车站点的顺序号及转车情况 ||
|---|---|---|---|---|---|---|---|---|
| | | | | | | | 下车后转车 | 下车后不转车 |
| | 1 | | | | | | | |
| | 2 | | | | | | | |
| | 3 | | | | | | | |
| | ... | | | | | | | |
| | N | | | | | | | |

**公交跟车调查表**(前门) 表 10-11

公交线路:_____ 行车方向(上行/下行):____ 调查日期:____ 星期____ 天气____ 调查人:_____

| 站名 | 各站顺序 | 站点编码 | 到时 | 离时 | 上客数 | 受阻情况 | 断面形式 || 中途停靠站类型 ||
|---|---|---|---|---|---|---|---|---|---|---|
| | | | | | | | 机非车道总数 | 道路分幅(1,2,3,4) | 港湾式 || 非港湾式 |
| | | | | | | | | | 有分隔 | 无分隔 | |
| | 1 | | | | | | | | | | |
| | 2 | | | | | | | | | | |
| | 3 | | | | | | | | | | |
| | ... | | | | | | | | | | |
| | N | | | | | | | | | | |

公交跟车调查表(后门) 表10-12

公交线路：_____ 行车方向(上行/下行)：____ 调查日期：_____ 星期____ 天气____ 调查人：_____

| 站名 | 各站顺序 | 站点编码 | 下客数 | 下车站点的顺序号及转车情况 | |
|---|---|---|---|---|---|
| | | | | 下车后转车 | 下车后不转车 |
| | 1 | | | | |
| | 2 | | | | |
| | 3 | | | | |
| | … | | | | |
| | N | | | | |

公交跟车调查表(车内问询) 表10-13

公交线路：_____ 行车方向(上行/下行)：____ 调查日期：_____ 星期____ 天气____ 调查人：_____

| 站名 | 各站顺序 | 站点编码 | 下车站点的顺序号及转车情况 | |
|---|---|---|---|---|
| | | | 下车后转车 | 下车后不转车 |
| | 1 | | | |
| | 2 | | | |
| | 3 | | | |
| | … | | | |
| | N | | | |

2) 调查线路

调查线路可根据实际情况而确定。可对全部线路进行跟车调查,也可抽样调查。

3) 调查方法

以3人为1组,具体分工为前门1人统计上车人数及到站时刻,后门1人统计下车人数并可协助进行车内问询,另1人专门进行车内问询。

4) 调查日期、时段及班次

线路跟车调查的日期也要根据实际情况确定,一般情况均选择正常工作日进行。

如果非全天调查,一般将调查时段放在早晚高峰。为使车辆经过沿线各站的时间尽可能多地落在高峰时段内,应将调查车辆在始发站的始发时间与高峰小时有一定的提前量,比如早高峰小时时段为7:30~8:30,那么可选择首站始发时间在6:45~7:15之间的班次进行跟车,每条线路单向至少选择3辆车进行跟车。

### 10.5.5 站点乘降量调查

为了解公交客运需求1天内随时间波动的变化特征或了解各站点的客流集散量,应根据实际情况选择几处典型站点进行上下客人数调查。

1) 调查内容

统计指定线路在所调查站点停靠时的上下客人数及到站的时刻。

具体的调查表格设计可参照表10-14。

站点乘降量调查表  表10-14

站点名：____ 调查的公交线路：_____ 调查日期：_____ 星期_____ 天气____ 调查人：_____

| 到达时间 | 上客数 | 下客数 | 到达时间 | 上客数 | 下客数 |
| --- | --- | --- | --- | --- | --- |
|  |  |  |  |  |  |
|  |  |  |  |  |  |
|  |  |  |  |  |  |
|  |  |  |  |  |  |
|  |  |  |  |  |  |
|  |  |  |  |  |  |
|  |  |  |  |  |  |

2）调查站点

本项调查选择几处公交线路比较集中的站点进行调查，如火车站等。

3）调查方法

2人1组负责调查经过该站的某一条线路的停靠站情况。其中1人统计到站时间及下车人数，另1人统计上车人数。

4）调查日期与时段

站点乘降量调查的日期也要根据实际情况确定，一般情况均选择正常工作日进行。

为较全面地反映全天的公交客流变化情况，可选择调查时间为6:30～20:30。

## 10.6 轨道交通客流调查

城市轨道交通客流调查可包括轨道交通客流规模调查和轨道交通乘客出行调查。

轨道交通客流调查是指调查轨道交通的客流规模，包括进（出）站量、上（下）客流量、换乘量、断面客流量、站间客流OD、换乘次数、平均乘距等；

轨道交通乘客出行调查是指调查轨道交通乘客的基本特征和出行特征。基本特征包括性别、年龄、职业、收入等。出行特征包括出发地（到达地）、出发时刻（到达时刻）、出行目的、进（出）车站、换乘站、出行时间（等车、步行、换乘、车内等时间）、换乘次数、接驳方式等。

城市轨道交通调查的调查方法：

（1）轨道交通客流调查可采用信息化技术采集。现阶段常用信息化技术包括进出站闸机客流信息技术、公交IC卡客流信息技术、手机用户使用轨道车站基站信息技术等。

（2）轨道交通车站乘客出行调查可采用问询法。抽样方法宜采用两阶段均匀抽样法，第一阶段根据线路走向、车站功能、车站客流规模等对轨道交通车站进行抽样，抽样率符合建模要求；第二阶段对调查车站的候车乘客进行抽样，样本量取决于调查时段和问卷问题数量等，平峰时段的抽样率宜大于高峰时段的抽样率，一般抽样率不低于10%，且样本量不低于500人。如果样本量低于500人，应提高抽样率乃至进行全样调查。调查问卷可参考表10-15。

**轨道交通车站乘客出行调查问卷**　　　　　　　　表 10-15

调查站点名称_____线_____站　　调查时间_____　　调查员姓名_____

一、轨道交通出行

 1. 您本次出行首先使用的轨道交通_____线路_____车站
 2. 最终离开的轨道交通_____线路_____车站
 3. 您的换乘站点：第一次换乘_____车站、第二次换乘_____车站、第三次换乘_____车站

二、接驳情况及出行目的

 4. 出发地点_____区_____乡(镇)_____路(村)_____号
 5. 从出发地到轨道车站的主要交通方式
  (1)步行　　(2)自行车/电动自行车　(3)公交车　(4)摩托车　(5)出租车
  (6)小客车　(7)班车　　　　　　(8)其他
 6. 从出发地至轨道车站耗时_____min
 7. 目的地点_____区_____乡(镇)_____路(村)_____号
 8. 最终离开轨道车站到目的地的交通方式
  (1)步行　　(2)自行车/电动自行车　(3)公交车　(4)摩托车　(5)出租车
  (6)小客车　(7)班车　　　　　　(8)其他
 9. 从离开轨道车站到目的地大约需要多少时间_____ min
 10. 本次出行目的
  (1)上班　　(2)上学　　(3)公务　(4)购物、餐饮　(5)文体娱乐、旅游休闲
  (6)探亲访友　(7)看病、探病　(8)陪护　(9)回家　　(10)其他

三、个人基本情况

 11. 在本市工作或居住时间　　(1)半年以内　　(2)半年以上
 12. 个人月均收入(元)
  (1)低于 1 000　　(2)1 000~2 000　　(3)2 001~3 000　　(4)3 001~5 000
  (5)5 001~7 000　　(6)7 000~10 000　　(7)高于 10 000
 13. 年龄
  (1)6~14 岁　(2)15~19 岁　(3)20~39 岁　(4)40~59 岁　(5)60~69 岁　(6)70 岁及以上
 14. 性别　(1)男　(2)女

## 10.7 数据资料整理与分析

### 10.7.1 线网、线路、场站等设施方面

 可通过图表形式表现公共交通设施的历史变化，以及在城市空间上的分布特征，下面以西安市为例进行分析说明。

 西安市 2000 年公交运营线路总长度 1 472km，线网总长度 434km；2008 年公交运营线路总长度 3 874km，线网总长度 832km，分别增长 163.16% 和 91.68%。2008 年公交线网比 2000 年有了很大程度的扩展和加密，公交线路运营总长度和运营线网长度相比 2000 年增长了一倍左右。主要表现在明城墙区以外的区域线网加密，公交线路在结构上向外围区域扩

展,外围区域与中心区的公交方式联系更为紧密。图 10-9 为西安市公交线路网布局图。

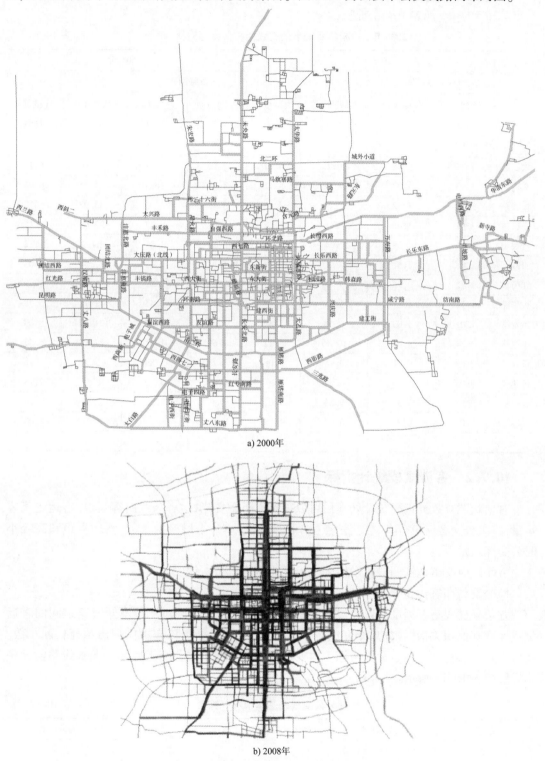

a) 2000年

b) 2008年

图 10-9　西安市公交线网布局图

经过近几年的发展,西安市公交线路网面积密度、线路密度、线路重复系数各项指标都发生了重大变化,如表 10-16 所示。

2000 年、2008 年西安市公交线网相关指标对比(部分)　　　　表 10-16

| 区域<br>(街道办) | 2008 年 | | | | 2000 年 | | | |
|---|---|---|---|---|---|---|---|---|
| | 线路网密度 | | 线路密度<br>(km/km²) | 线路重复系数 | 线路网密度 | | 线路密度<br>(km/km²) | 线路重复系数 |
| | 线网面积密度<br>(km/km²) | 线网人口密度<br>(km/万人) | | | 线网面积密度<br>(km/km²) | 线网人口密度<br>(km/万人) | | |
| 太乙路 | 3.23 | 1.42 | 10.73 | 3.32 | 2.96 | 1.11 | 18.1 | 6.11 |
| 文艺路 | 3.53 | 1.33 | 18.03 | 5.11 | 3.49 | 1.24 | 24.25 | 6.94 |
| 长安路 | 3.06 | 1.62 | 23.69 | 7.75 | 3.42 | 1.04 | 35.93 | 10.5 |
| 张家村 | 2.57 | 1.06 | 12.6 | 4.91 | 2.47 | 0.62 | 22.62 | 9.16 |
| 西关街 | 2.15 | 1.39 | 14.4 | 6.7 | 2.23 | 1.21 | 24.9 | 11.2 |
| 环西 | 1.88 | 1.51 | 11.37 | 6.06 | 1.94 | 0.84 | 17.54 | 9.03 |
| 红庙坡 | 2.12 | 2.76 | 5.31 | 2.5 | 2.24 | 2.52 | 9.43 | 4.2 |
| 太华路 | 1.72 | 1.67 | 3.66 | 2.13 | 1.79 | 1.45 | 12.11 | 6.78 |
| 大雁塔 | 1.04 | 1.02 | 6.14 | 5.89 | 2.66 | 1.39 | 21.49 | 8.09 |
| 小寨路 | 2.64 | 1.64 | 10.86 | 4.12 | 3.69 | 1.51 | 24.25 | 6.57 |
| 长延堡 | 0.47 | 0.71 | 0.98 | 2.08 | 1.77 | 1.89 | 9.1 | 5.13 |
| 鱼化寨 | 0.08 | 0.48 | 0.08 | 1 | 0.68 | 3.39 | 1.44 | 2.13 |
| 三桥 | 0.11 | 0.37 | 0.34 | 3.05 | 0.9 | 3.67 | 2.37 | 2.64 |
| 汉城 | 0.04 | 0.33 | 0.07 | 1.82 | 1.52 | 11.17 | 3.07 | 2.03 |
| … | … | … | … | … | … | … | … | … |

### 10.7.2　客流规模统计指标

对现状调查数据进行统计处理后可以得到以下重要指标:各条线路客运量,客运走廊客运量,路段公交客流量分布,公交站点上、下客流量分布,平均换乘次数,平均乘距和高峰小时公交客运量等。

下面以西安市地铁四号线沿线公交走廊为例进行分析说明。

1)公交线路客运量

各条公交线路客运量可以通过列表的形式表示,为了进一步比较不同线路之间的客运量或计算其他相关指标(如单车完成运量、线路客运强度等),该表中应列出:线路、配车数、运营时间、线路长度、客运量等指标。西安市地铁四号线沿线公交走廊部分调查线路的日平均运量如表 10-17 所示。

部分公交线路基本情况一览表　　　　表 10-17

| 线路 | 配车数(辆) | 日运营时间(min) | 线路长度(km) | 日平均运量(人次/日) |
|---|---|---|---|---|
| 22 | 30 | 870 | 17.3 | 15 342 |
| 30 | 36 | 1 020 | 11.0 | 23 550 |

续上表

| 线路 | 配车数(辆) | 日运营时间(min) | 线路长度(km) | 日平均运量(人次/日) |
| --- | --- | --- | --- | --- |
| 41 | 17 | 1 020 | 10.5 | 12 158 |
| 406 | 30 | 780 | 30.0 | 13 664 |
| 500 | 27 | 810 | 20.0 | 12 921 |
| … | … | … | … | … |

2) 公交客流时间分布

公交客流时间分布特征可以通过柱状图或折线图直观反映,以时间为横坐标、各小时客流量占全日客流量的百分比为纵坐标。西安地铁四号线交通走廊公交客流时间分布如图10-10所示,存在两个明显的高峰,早高峰集中在早8:00~9:00,晚高峰集中在晚18:00~19:00。早、晚高峰小时系数均达到10%左右。

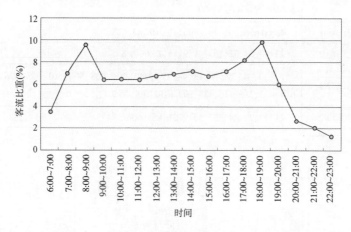

图10-10 西安地铁四号线客运走廊公交客流时间分布

3) 公交站点客流乘降量分析

可以采用柱状图来表示各公交站点的客流乘降量,一般应将上车人数和下车人数分开表示,对于高峰小时的乘降量因上车人数和下车人数往往有很大差异,更应将上车人数和下车人数分开表示。

依据西安市区公交线网分布特征和地铁四号线沿线公交站点分布特点,选择12个主要公交站点进行了站点乘降量调查。结果如图10-11所示。

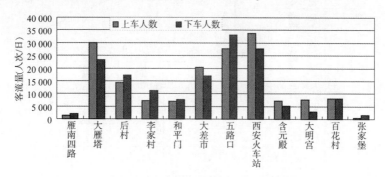

图10-11 四号线沿线主要公交站点全日客流乘降量

4）公交枢纽站客流分布分析

以大雁塔站为例分析枢纽站公交客流分布。大雁塔枢纽站周边共分布有9个公交站，其各站乘降量及详细情况如表10-18和图10-12所示。

大雁塔站周边公交一览表　　　　　　　　　　表10-18

| 方向 | 公　交　站 | 线　　　路 | 总计 |
|---|---|---|---|
| 东 | 大雁塔北广场 | 237、44、19、701、242、408 | 6 |
| 西 | 大雁塔3 | 19、24、34、701、400、游8、521、527、游6、920 | 10 |
| 西 | 大雁塔4 | 游6、242、24、400、237、34、游8、521、408、44、526 | 11 |
| 北 | 大雁塔1 | 5、619、23、通宵4号线、301、游9、500、27、401、30、501、41、21、22、601、609、224、715、k606 | 19 |
| 北 | 大雁塔2 | k606、21、23、游9、27、30、527、715、501、401、500、41、224、609、22、601、5、619、通宵4号线、307 | 20 |
| 南 | 大雁塔南广场1 | 408、k606、501、701、400、41、601、401、27 | 9 |
| 南 | 大雁塔南广场2 | 23、30、34、521、527、k19、k5、游6、游8 | 9 |
| 南 | 雁塔西路东口1 | 27、30、34、39、41、43、44、224、242、401、408、500、501、525、526、601、619、692、715、716、933、500、k19、游8、游9 | 25 |
| 南 | 雁塔西路东口2 | 21、22、23、24、237、521、701、k5、k606 | 9 |

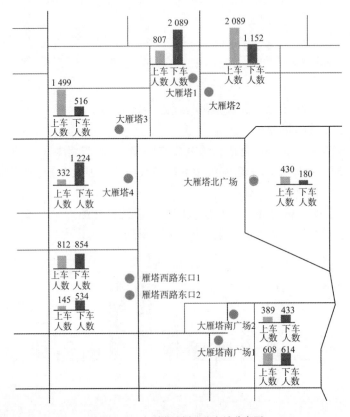

图10-12　大雁塔站周边公交站分布图

由图 10-12 可以看出,大雁塔站周边公交站沿大雁塔广场一周分布,线路较多,基本均为 10 条线路以上的大站,其中 20 条线路以上的车站 2 个,分布于其南北两侧;大雁塔站 1 及大雁塔站 2 乘降量较大,分别达 1 448 人/h、1 586 人/h。公交站具体客流分布如图 10-13 所示。

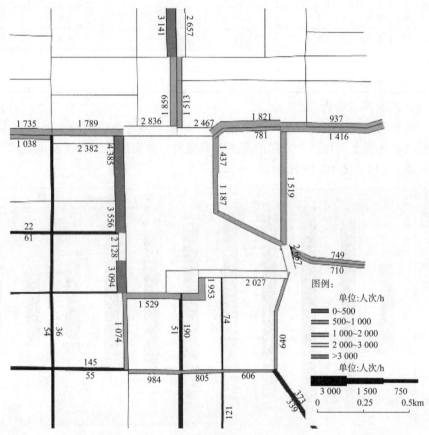

图 10-13 大雁塔公交客流分布图

可以看出,大雁塔公交客流沿其广场一周分布,但主要集中在大雁塔广场北侧,系于城市中心在其北侧有关。

5) 公交客流乘距分析

为了了解地铁四号线交通走廊部分公交车平均乘距,抽取与四号线重合度较高的 5 路、17 路、22 路、30 路、41 路、500 路公交线路进行跟车调查获取平均乘距指标值调查结果如表 10-19 所示。

地铁四号线交通廊部分公交车平均乘距　　　　表 10-19

| 公交线路 | 线路长度(km) | 线路站数 | 平均站间距(km) | 全日平均乘坐站数(站) | 平均乘距(km) | 早高峰平均乘坐站数(站) | 平峰平均乘坐站数(站) | 晚高峰平均乘坐站数(站) |
|---|---|---|---|---|---|---|---|---|
| 5 | 14 | 25 | 0.58 | 10.5 | 6.1 | 13.3 | 8.5 | 9.6 |
| 17 | 12 | 20 | 0.63 | 9.0 | 5.7 | 10.2 | 7.8 | 8.9 |

续上表

| 公交线路 | 线路长度（km） | 线路站数 | 平均站间距（km） | 全日平均乘坐站数（站） | 平均乘距（km） | 早高峰平均乘坐站数（站） | 平峰平均乘坐站数（站） | 晚高峰平均乘坐站数（站） |
|---|---|---|---|---|---|---|---|---|
| 22 | 17.3 | 30 | 0.60 | 9.5 | 5.7 | 9.7 | 8.6 | 10.2 |
| 30 | 15.5 | 26 | 0.62 | 8.6 | 5.3 | 9.9 | 7.9 | 8.1 |
| 41 | 10.5 | 19 | 0.58 | 7.3 | 4.2 | 8.0 | 6.3 | 7.7 |
| 500 | 20 | 31 | 0.67 | 12.0 | 8.0 | 11.8 | 10.8 | 13.2 |

6) 公交客流断面量分析

公交客流断面通常采用柱状图来表示，一般全日断面客流上下行两个的客流比较均衡，而早晚高峰断面客流上下行两个方向的客流差异较大。西安地铁四号线交通走廊主要断面公交流量如图10-14～图10-16所示。

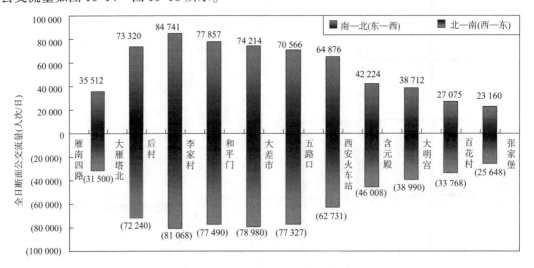

图10-14 地铁四号线沿线公交全日断面流量

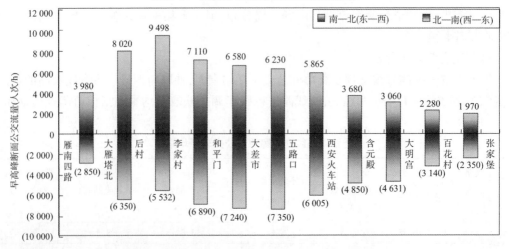

图10-15 地铁四号线沿线公交早高峰小时断面流量

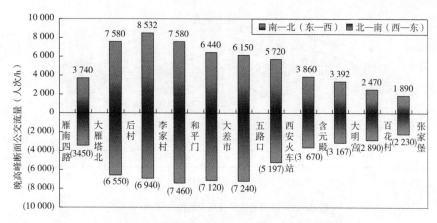

图 10-16　地铁四号线沿线公交晚高峰小时断面流量

从图中可以看出,大明宫至大雁塔北路段,总体断面流量较大,是公交客流的主体。各站点中,从南到北客流方向中,后村—李家村的单向断面流量最大达到 84 741 人次/日,其次为李家村—和平门达到 77 857 人次/日;从北到南的客流方向中,李家村—后村单向断面流量最大达到 81 068 人次/日,其次为大差市—和平门达到 78 980 人次/日。双向断面流量中,李家村—后村最大达到 165 809 人次/日,其次为李家村—和平门最大达到 155 347 人次/日。解放路终端西安火车站向北至大明宫为断头路,地铁四号线的铺设解决了此区域南北向的交通畅达问题,未来年份存在着潜在的公交客流转移。

### 10.7.3　站间 OD 分析

站间 OD 表示乘客从哪个车站上车、哪个车站下车,车站与车站之间的乘客交换量。为了进一步分析客流的跨区域特点,可以将线路若干个区段,在站间 OD 的基础上合并成大区段 OD。如,将某市地铁某线路 23 个站点划分为 4 个区段,分别是:A 区段、B 区段、C 区段和 D 区段,其大区段 OD 分布可以通过 OD 表或期望线的形式来表征,如表 10-20 和图 10-17 所示。

某市地铁某线路大区段全日 OD 分布(人次/日)　　　表 10-20

| O\D | A 区段 | B 区段 | C 区段 | D 区段 | 区域上车人次 | 平均每站上车人次 |
|---|---|---|---|---|---|---|
| A 区段 | 3 462 | 16 959 | 27 519 | 13 342 | 61 282 | 15 321 |
|  | 0.7% | 3.3% | 5.3% | 2.6% | 11.9% |  |
| B 区段 | 16 085 | 14 312 | 48 170 | 38 183 | 116 750 | 16 679 |
|  | 3.1% | 2.8% | 9.3% | 7.4% | 22.6% |  |
| C 区段 | 24 001 | 47 559 | 23 237 | 62 930 | 157 727 | 31 545 |
|  | 4.7% | 9.2% | 4.5% | 12.2% | 30.6% |  |
| D 区段 | 13 853 | 39 537 | 74 193 | 52 380 | 179 963 | 25 709 |
|  | 2.7% | 7.7% | 14.4% | 10.2% | 34.9% |  |
| 区域下车人次 | 57 401 | 118 367 | 173 119 | 166 835 | 全日客运量:515 722 | |
|  | 11.1% | 23.0% | 33.6% | 32.3% | | |
| 平均每站下车人次 | 14 350 | 16 910 | 34 624 | 23 834 | | |

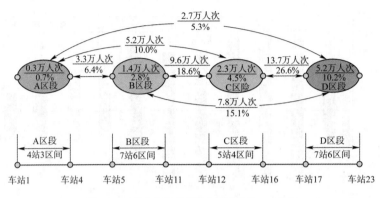

图 10-17 某市地铁某线路大区段全日 OD 分布

### 10.7.4 乘客出行特征及意愿分析

下面以西安市公交乘客出行调查为例,介绍与乘客出行特征相关的一些参数统计分析。

1) 年龄结构

公交出行者以青年和中年居多,而青年使用公交出行所占的比例高达 50% 以上,两者占总公交出行的 85% 以上,其次是老年和中学生,具体数量比例如表 10-21 所示。

公交乘客年龄统计表(人)　　　　表 10-21

| 年龄结构 | | 小学生 | 中学生 | 青年 | 中年 | 老年 | 合计 |
|---|---|---|---|---|---|---|---|
| 周四 | 调查样本数 | 275 | 755 | 7 126 | 4 082 | 871 | 13 109 |
| | 比例(%) | 2.1 | 5.8 | 54.4 | 31.1 | 6.6 | 100 |
| 周六 | 调查样本数 | 43 | 147 | 1 910 | 1 170 | 222 | 3 492 |
| | 比例(%) | 1.2 | 4.2 | 54.7 | 33.5 | 6.4 | 100 |

2) 职业结构

表 10-22 所表示的是公交乘客职业属性统计的数量比例。从职业上来看,公交服务的对象主要是企业单位人员,其次是学生和机关/事业单位人员,这三者约占公交服务对象的 70% 左右。离退休人员、待业人员和农民也各自占有很大的比例。这说明公交的服务对象主要是工薪阶层,同时也说明目前居民出行选择交通方式考虑的主要方面之一是出行费用。

公交乘客职业统计表(人)　　　　表 10-22

| 职业结构 | | 企业单位人员 | 机关/事业单位人员 | 学生 | 农民 | 离退休人员 | 待业人员 | 其他 | 合计 |
|---|---|---|---|---|---|---|---|---|---|
| 周四 | 调查样本数 | 4 742 | 1 651 | 2 086 | 785 | 836 | 1 061 | 1 948 | 13 109 |
| | 比例(%) | 36.2 | 12.6 | 15.9 | 6.0 | 6.4 | 8.1 | 14.9 | 100 |
| 周六 | 调查样本数 | 1 196 | 443 | 651 | 324 | 207 | 227 | 444 | 3 492 |
| | 比例(%) | 34.2 | 12.7 | 18.6 | 9.3 | 5.9 | 6.5 | 12.7 | 100 |

3) 出行目的

从表 10-23 可明显看出,不论工作日还是休息日,居民乘坐公交的主要出行目的是上班和回家,说明公交仍然是承担通勤出行的主要交通方式。以生活购物、探亲访友和文化娱乐、旅游为目的的出行也占有较大份额,这些弹性出行对公交一日的客流分布有着直接影响。

**公交乘客出行目的情况统计表**（人）　　　　　　　　　　　表 10-23

| 出行目的 | | 上班 | 上学 | 公务 | 单位业务 | 生活购物 | 就医 | 文化娱乐旅游 | 探亲访友 | 回程 | 回家 | 其他 | 合计 |
|---|---|---|---|---|---|---|---|---|---|---|---|---|---|
| 周四 | 调查样本数 | 3 256 | 832 | 486 | 615 | 824 | 227 | 734 | 849 | 773 | 3 000 | 1 513 | 13 109 |
| | 比例(%) | 24.8 | 6.3 | 3.7 | 4.7 | 6.3 | 1.7 | 5.6 | 6.5 | 5.9 | 22.9 | 11.5 | 100 |
| 周六 | 调查样本数 | 603 | 213 | 114 | 114 | 246 | 47 | 311 | 298 | 321 | 742 | 483 | 3 492 |
| | 比例(%) | 17.3 | 6.1 | 3.3 | 3.3 | 7.0 | 1.3 | 8.9 | 8.5 | 9.2 | 21.2 | 13.8 | 100 |

4）乘公交前使用的交通方式

从表 10-24 中可以看出，有 85% 以上的居民乘坐公交前是步行到达车站的。乘公交前使用出租车、自行车和其他交通方式的共占 4%～5%。同时可以看出，只有 7% 左右的居民需要二次换乘公交。

**乘公交前使用的交通方式统计表**（人）　　　　　　　　　　　表 10-24

| 乘车前使用的交通方式 | | 步行 | 公共汽车 | 出租车 | 自行车 | 其他 | 合计 |
|---|---|---|---|---|---|---|---|
| 周四 | 调查样本数 | 11 491 | 922 | 247 | 140 | 309 | 13 109 |
| | 比例(%) | 87.7 | 7.0 | 1.9 | 1.1 | 2.4 | 100 |
| 周六 | 调查样本数 | 2 981 | 342 | 66 | 52 | 51 | 3 492 |
| | 比例(%) | 85.4 | 9.8 | 1.9 | 1.5 | 1.5 | 100 |

5）候车时间

候车时间是出行时耗的一部分。同时乘客候车时间是公交运行效率的体现，能够反映出公交整体服务水平。调查反映的公交候车时间分布如表 10-25 所示。

**候车时间统计表**　　　　　　　　　　　　　　　　　　　　表 10-25

| 候车时间(min) | | <3 | 3~4 | 5 | 6~9 | 10~14 | 15~19 | >19 | 合计 |
|---|---|---|---|---|---|---|---|---|---|
| 周四 | 调查样本数 | 3 128 | 2 824 | 3 135 | 1 407 | 1 851 | 394 | 370 | 13 109 |
| | 比例(%) | 23.9 | 21.5 | 23.9 | 10.7 | 14.1 | 3.0 | 2.8 | 100 |
| 周六 | 调查样本数 | 627 | 1 041 | 700 | 501 | 430 | 109 | 84 | 3 492 |
| | 比例(%) | 18.0 | 29.8 | 20.0 | 14.3 | 12.3 | 3.1 | 2.4 | 100 |

从表 10-25 中可以看出：工作日候车时间小于 10min 所占的比例达到 80%，有 20% 的乘客候车时间超过 10min，乘坐公交的平均候车时间为 5.64min。休息日候车时间小于 10min 所占的比例约为 82%，有 18% 的乘客候车时间超过 10min，乘坐公交的平均候车时间为 5.62min。不论是工作日还是休息日，两者的平均候车时间基本接近。说明候车时间小于 10min 的比例基本达到 80%，也表明目前的公交运行状况较好，基本保证了大部分居民公交的出行候车时间不超过 10min。

6）到达公交车站的步行时间

到达公交车站的步行时间是出行时耗的一部分。同时也可以反映公交站点的覆盖程度和居民出行的方便性。本次调查反映的到达公交车站的步行时间分布如表 10-26 和

图 10-18 所示。

到达公交车站的步行时间统计表　　　　　　表 10-26

| 步行时间（min） | <3 | 3~4 | 5 | 6~9 | 10~14 | 15~19 | >19 | 合计 |
|---|---|---|---|---|---|---|---|---|
| 调查样本数 | 266 | 275 | 384 | 242 | 400 | 123 | 85 | 1 775 |
| 比例（%） | 15.0 | 15.5 | 21.6 | 13.6 | 22.5 | 6.9 | 4.8 | 100 |

从图 10-18 中可以看出，到达公交车站的步行时间小于 3min 所占的比例为 15%，步行时间小于 10min 的累计比重为 66%。约 95% 的居民到达公交车站的步行时间不超过 20min。到达公交车站的平均步行时间为 7.52min。按平均步行速度为 1m/s，则可得到达公交车站的平均距离为 451.2m；按平均步行速度为 1.2m/s，得到达公交车站的平均距离为 541.4m。这表明目前的公交站点和线网布设基本满足大部分出行者在合理的步行范围内抵达公交站点。

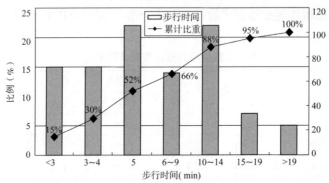

图 10-18　到达公交车站的步行时间分布图

## 课后习题

1. 在计算公交车通行能力时，通常需确定哪三个场所的公交车辆通行能力？分别如何计算？
2. 如何调查公交车停站时间？
3. 常规公交客流调查的调查时段和调查地点如何确定？
4. 何谓公共交通乘客满意度？如何调查满意度？
5. 何谓站间 OD？根据站间 OD 表可以进一步获取哪些有用信息？

## 某市地铁乘客满意度调查问卷　　　　　　附表X-1

问卷编号：_____

| 样　本　时　段 | | | |
|---|---|---|---|
| 时段编码 | 1.工作日早高峰 | 2.工作日晚高峰 | 3.工作日平峰 |
| | 4.节假日高峰期 | 5.节假日平峰期 | |
| 站点名称 | | 调查员签名 | |
| 审核签名 | | 复核签名 | |
| 编码员签名 | | 录入员签名 | |

尊敬的先生/女士：

您好！我们正在进行一项乘客对地铁满意度方面的调研，目的是促进××地铁改善服务设施、提高服务水平，从而为您和广大地铁乘客创造一个更理想的乘车环境。您的乘车经历和感受对我们研究非常宝贵，因此希望您能协助我们完成本次调查。

### 甄　别　问　卷

【记录访问开始时间(24h制)】_____

S1　请问您乘坐过××地铁吗？

| 1.是 | 2.否　终止访问,致谢离开 |
|---|---|

S2　请问在最近一个月中您是否曾经接受过有关地铁方面的调查访问？

| 1.否 | 2.是　终止访问,致谢离开 |
|---|---|

### Part Ⅰ：乘客乘车信息

A1　您乘坐××地铁的频率：

| 1.每周4天以上 | 2.每周2~3天 | 3.每周1~2次 | 4.每月1~2次 | 5.偶尔乘坐 | 6.首次乘坐 |
|---|---|---|---|---|---|

A2　您主要在什么时段乘坐地铁(可多选)：

| 1.07:00以前 | 2.07:01~09:00 | 3.09:01~17:00 | 4.17:01~19:00 | 5.19:00以后 | 6.随机 |
|---|---|---|---|---|---|

A3　您选择地铁出行的原因(可多选)：

| 1.迅速准时 | 2.就近上车 | 3.换乘方便 | 4.车内环境舒适 | 5.车站环境舒适 | 6.价格合理 |
|---|---|---|---|---|---|
| 7.油价上涨 | 8.行驶安全 | 9.治安环境好 | 10.服务好 | 11.其他 | |

### Part Ⅱ：乘客满意度调查

x1-x3：乘客期望

| x1 | 您乘坐××地铁之前,您对××地铁总体的期望是怎样的？10分表示非常高,1分表示很低。 | 1　2　3　4　5　6　7　8　9　10<br>非常低　　　　　　　　　　非常高 |
|---|---|---|
| x2 | 您乘坐××地铁之前,您对××地铁个性化服务满足需求程度的期望是？ | 1　2　3　4　5　6　7　8　9　10<br>非常低　　　　　　　　　　非常高 |
| x3 | 您乘坐××地铁之前,您对××地铁服务可靠程度的期望是？ | 1　2　3　4　5　6　7　8　9　10<br>非常低　　　　　　　　　　非常高 |

## B：导向指引

| | | |
|---|---|---|
| B1 | 地面设立的指示牌清晰明确吗？ | 1 2 3 4 5 6 7 8 9 10<br>非常不明确　　　　非常明确 |
| B2 | 出口指示得清晰、准确吗？ | 1 2 3 4 5 6 7 8 9 10<br>非常模糊　　　　非常清晰准确 |
| B3 | 出口周边建筑、交通路线标识得明确吗？ | 1 2 3 4 5 6 7 8 9 10<br>非常不明确　　　　非常明确 |
| B4 | 购票、出入闸等导向指引明确吗？ | 1 2 3 4 5 6 7 8 9 10<br>非常不明确　　　　非常明确 |
| B5 | 站台上确定列车行驶方向的表示明确吗？ | 1 2 3 4 5 6 7 8 9 10<br>非常不明确　　　　非常明确 |
| B6 | 洗手间的指引明确吗？ | 1 2 3 4 5 6 7 8 9 10<br>非常不明确　　　　非常明确 |

## C：整洁舒适

| | | |
|---|---|---|
| C1 | 地铁站内的明亮、整洁程度与畅通性好吗？ | 1 2 3 4 5 6 7 8 9 10<br>非常不好　　　　非常好 |
| C2 | 地铁站内的空气流通性与温度适宜性好吗？ | 1 2 3 4 5 6 7 8 9 10<br>非常不好　　　　非常好 |
| C3 | 候车座椅的便利性与整洁性好吗？ | 1 2 3 4 5 6 7 8 9 10<br>非常不好　　　　非常好 |
| C4 | 车厢内明亮、整洁吗？ | 1 2 3 4 5 6 7 8 9 10<br>非常不明亮整洁　　非常明亮整洁 |
| C5 | 车厢内的空气流通性与温度适宜性好吗？ | 1 2 3 4 5 6 7 8 9 10<br>非常不好　　　　非常好 |

## D：准时快捷

| | | |
|---|---|---|
| D1 | 列车到站得准时吗？ | 1 2 3 4 5 6 7 8 9 10<br>非常不准时　　　　非常准时 |
| D2 | 列车间隔时间可接受吗？ | 1 2 3 4 5 6 7 8 9 10<br>非常不能接受　　　　非常好 |
| D3 | 首末班车运营时间设置得合理吗？ | 1 2 3 4 5 6 7 8 9 10<br>非常不合理　　　　非常合理 |

## E:列车运行与安全

| | | |
|---|---|---|
| E1 | 楼梯、自动扶梯及电梯的使用安全吗？ | 1 2 3 4 5 6 7 8 9 10<br>非常不安全　　　　　　非常安全 |
| E2 | 对车门、屏蔽门即将关闭的提前通知及时吗？ | 1 2 3 4 5 6 7 8 9 10<br>非常不及时　　　　　　非常及时 |
| E3 | 列车行驶得安全平稳吗？ | 1 2 3 4 5 6 7 8 9 10<br>非常不安全　　　　　　非常安全 |
| E4 | 出现非正常情况时,对乘客的告知及处理恰当吗？ | 1 2 3 4 5 6 7 8 9 10<br>非常不恰当　　　　　　非常恰当 |
| E5 | 车内、站内治安环境好吗？ | 1 2 3 4 5 6 7 8 9 10<br>非常不好　　　　　　　非常好 |

## F:票务服务

| | | |
|---|---|---|
| F1 | 您觉得地铁的票价合理吗？ | 1 2 3 4 5 6 7 8 9 10<br>非常不合理　　　　　　非常合理 |
| F2 | 票亭换硬币、零钞便利吗？ | 1 2 3 4 5 6 7 8 9 10<br>非常不便利　　　　　　非常便利 |
| F3 | 购票过程所需时间可接受程度怎样？ | 1 2 3 4 5 6 7 8 9 10<br>非常不能接受　　　　　　最可接受 |
| F4 | 目前对各种车票信息知晓程度如何？ | 1 2 3 4 5 6 7 8 9 10<br>非常不能接受　　　　　　最可接受 |
| F5 | 目前地铁乘车票的种类足够满足您的乘车需求程度？ | 1 2 3 4 5 6 7 8 9 10<br>非常不能接受　　　　　　最可接受 |
| F6 | 各种票购票、退票合理性？ | 1 2 3 4 5 6 7 8 9 10<br>非常不能接受　　　　　　最可接受 |

## G:设备设施

| | | |
|---|---|---|
| G1 | 自动售票机摆放的位置合理吗？ | 1 2 3 4 5 6 7 8 9 10<br>非常不合理　　　　　　非常合理 |
| G2 | 自动售票机购票方法介绍得清晰、易懂吗？ | 1 2 3 4 5 6 7 8 9 10<br>非常不清晰　　　　　　非常清晰 |
| G3 | 自动售票机在使用过程中出现故障的机会大吗？ | 1 2 3 4 5 6 7 8 9 10<br>非常多　　　　　　　　没有 |
| G4 | 闸机出现故障的机会大吗？ | 1 2 3 4 5 6 7 8 9 10<br>非常多　　　　　　　　没有 |
| G5 | 自动扶梯出现故障的机会大吗？ | 1 2 3 4 5 6 7 8 9 10<br>非常多　　　　　　　　没有 |

## H：员工服务

| | | |
|---|---|---|
| H1 | 地铁工作人员的服务态度热情主动吗？ | 1 2 3 4 5 6 7 8 9 10<br>非常不热情主动　　非常热情主动 |
| H2 | 地铁工作人员解决乘客的困难与疑问的效率怎样？ | 1 2 3 4 5 6 7 8 9 10<br>非常没有效率　　非常有效率 |
| H3 | 投诉、沟通途径明确吗？ | 1 2 3 4 5 6 7 8 9 10<br>非常不明确　　非常明确 |
| H4 | 地铁运营公司处理乘客建议、投诉及时吗？（无投诉过乘客跳答此题） | 1 2 3 4 5 6 7 8 9 10<br>非常不及时　　非常及时 |

## I：信息宣传

| | | |
|---|---|---|
| I1 | 地铁运营公司对××地铁的宣传充分吗？ | 1 2 3 4 5 6 7 8 9 10<br>非常不充分　　非常充分 |
| I2 | 获得地铁票务政策、乘坐指引及安全乘车知识等必要信息方便吗？ | 1 2 3 4 5 6 7 8 9 10<br>非常不方便　　非常方便 |

## J：商业环境

| | | |
|---|---|---|
| J1 | 地铁内广告形式布局与车站环境和谐吗？ | 1 2 3 4 5 6 7 8 9 10<br>非常不和谐　　非常和谐 |
| J2 | 地铁内商铺数量足够满足您的需求吗？ | 1 2 3 4 5 6 7 8 9 10<br>非常不够　　足够 |

## y12 – y22：感知价值

| | | |
|---|---|---|
| y12 | 依照目前的票价，您对××地铁服务满意吗？ | 1 2 3 4 5 6 7 8 9 10<br>非常不满意　　非常满意 |
| y22 | 依照××地铁服务目前的状况，您对××地铁票价满意吗？ | 1 2 3 4 5 6 7 8 9 10<br>非常不满意　　非常满意 |

## y13 – y33：乘客满意度

| | | |
|---|---|---|
| y13 | 对于××地铁您总体上满意吗？ | 1 2 3 4 5 6 7 8 9 10<br>非常不满意　　非常满意 |
| y23 | 比较您坐××地铁之前对××地铁的期望，目前地铁服务质量是超出您的期望还是低于您的期望？ | 1 2 3 4 5 6 7 8 9 10<br>低很多　　高很多 |
| y33 | 您认为××地铁与您理想中的地铁相比，与完美状态的差距是？ | 1 2 3 4 5 6 7 8 9 10<br>差很远　　非常接近 |

## y14 - y24：乘客抱怨

| y14 | 您抱怨过××地铁吗？ | 1. 有  2. 没有 |
|---|---|---|
| y24 | 您投诉过××地铁吗？ | 1. 有  2. 没有 |

## y15 - y35：乘客忠诚度

| y15 | 您出行若乘地铁可直达目的地的话,选择乘坐地铁的可能性多大？ | 1 2 3 4 5 6 7 8 9 10<br>可能性很小　　　　　肯定乘坐 |
|---|---|---|
| y25 | 出行若乘地铁若需换乘到目的地的话,选择乘坐地铁的可能性多大？ | 1 2 3 4 5 6 7 8 9 10<br>可能性很小　　　　　肯定乘坐 |
| y35 | 您建议您的家人和朋友出行时选择乘坐××地铁的可能性多大？ | 1 2 3 4 5 6 7 8 9 10<br>可能性很小　　　　　一定会 |

请您列举对××地铁服务有什么不满意的地方：
第一不满意的地方：＿＿＿＿＿＿＿＿＿＿＿＿＿＿＿
第二不满意的地方：＿＿＿＿＿＿＿＿＿＿＿＿＿＿＿
第三不满意的地方：＿＿＿＿＿＿＿＿＿＿＿＿＿＿＿

### Part Ⅲ：乘客背景资料

Z1　您的性别：　1. 男　2. 女
Z2　您是：　　　1. 本地居民　2. 外地游客　3. 其他:请注明：＿＿＿＿＿＿
Z3　您的年龄：

| 1. 16 岁以下 | 2. 16～25 岁 | 3. 26～35 岁 | 4. 36～45 岁 | 5. 46～60 岁 | 6. 60 岁以上 |
|---|---|---|---|---|---|

Z4　您的职业：

| 1. 学生 | 2. 公司职员 | 3. 自由职业者 | 4. 政府及事业单位员工 | 5. 公交系统人员 | 6. 其他(请注明) |
|---|---|---|---|---|---|

Z5　请问您的文化程度是：

| 1. 初中及以下 | 2. 高中、职高、技校、中专 | 3. 大专 | 4. 本科 | 5. 硕士及以上 |
|---|---|---|---|---|

Z6　最后请问以下哪一项最能代表您的家庭月总收入水平？

| 1.1600 元以下 | 2.1600～3000 元 | 3.3001～5000 元 | 4.5001～8000 元 | 5.8001～12000 元 | 6.12000 元以上 |
|---|---|---|---|---|---|

Z7　您的电话是：＿＿＿＿＿＿＿＿＿＿＿＿＿＿＿

【记录访问结束时间(24h 制)】＿＿＿＿＿＿＿＿

# 第11章 交通意向(SP)调查

【教学目标】

SP调查即陈述性偏好调查,是针对交通意向的调查方法,区别于传统的针对实际行为的现实性偏好调查。SP调查起源于经济学领域,近年来已成为交通出行行为研究中一种重要的工具,被广泛应用于出行方式选择、停车决策、路径选择等方面的研究。

本章的教学内容主要包括:

(1)基本内容:SP调查的起源、定义,SP调查与RP调查的比较,SP调查设计,SP调查数据处理;

(2)重点:SP调查设计;

(3)难点:SP实验设计方法。

通过本章内容学习希望能够达到以下几个目标:

(1)掌握:SP调查与RP调查的不同之处,全因子设计与部分因子设计;

(2)理解:SP调查的设计要素;

(3)了解:SP调查数据处理的思路。

## 11.1 概述

意向调查,即SP(Stated Preference)调查方法的起源可以追溯到20世纪60年代的数理统计心理学的研究领域,70年代被广泛应用于市场营销调查,在交通运输领域的应用主要在80年代后期。克罗斯等人(1988)曾将SP调查方法定义为"调查受访者对一组预先设置的交通运输问题选项的偏好,以此来预测实际情况的方法"。调查对象会被问"如果面临研究者指定的具体情况,你会怎么做?"受访者给出的回答形成的数据不是一个具体的实际行为,而只是一个偏好选择的陈述,将被调查者对假想情景的偏好数据称为陈述偏好数据(以下简称SP数据),获取SP数据的调查方法称为陈述偏好调查。从定义中可以看到,SP调查方法实际上提供给研究者一种可以"实验"的调查方法,研究者通过对"假想情景"的实验设计,开展调查获取偏好数据,进而量化偏好。

偏好是一个经济学用语,是消费者理论中的关键概念。消费者理论定义偏好为消费者行为方式的定型化,是消费者在自身潜意识支配下,习惯性地按照自己的意愿对可供选择的商品组合进行的排列。

与 SP 数据相对的是显示性偏好(RP,Revealed Preference)数据,RP 数据不是对"假想的预先设置情景"的调查数据,而是被调查者实际发生状况的回顾数据。RP 数据也称为显示偏好数据。SP、RP 两种数据的概念如图 11-1 和图 11-2 所示。在图 11-1 中,我们观察或要求被调查者在现有的可提供选择的服务中实际如何进行选择。在图 11-2 中,我们展示了在新的交通运输服务领域的案例,其中介绍到了"交通运输工程"。尽管我们不能够从显示性偏好实验中收集到任何有关"交通运输工程"的信息,但我们可以收集一些相关的不存在的"交通运输工程"服务的 SP 数据。在这个例子当中,我们提供新型的交通运输服务情况的介绍;然而,我们也可以探讨其他假设的情况,例如,由政府提供 20% 的铁路票价折扣等。

图 11-1　显示性偏好(RP)数据

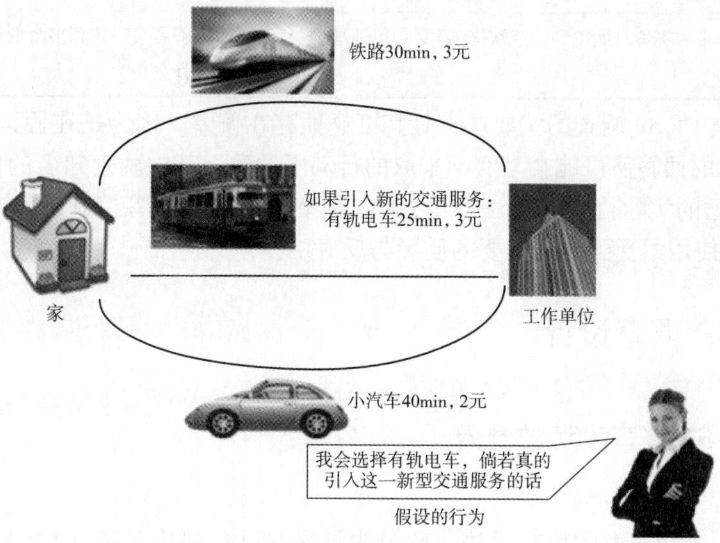

图 11-2　偏好意向(SP)数据

表 11-1 总结了 RP 数据与 SP 数据的特征对比。因为 SP 数据是一种实验数据，我们可以很容易对调查设计进行控制，因此具有以下优点：

(1) 我们可以针对尚未实施的新政策进行调查研究。

政府需要评估具备全新的属性特征的新型服务的需求情况。而在 RP 调查中是不可能收集到关于新型服务的任何信息的。

(2) 属性在市场上鲜有变化。

在实际的市场中，属性值并不会改变很多，因此很难对属性间的关系进行评估。

(3) 属性水平高度依赖于市场。

在市场上各属性都是相关的。例如旅行时间越长，花费就越多。这种属性间的作用的共线性会导致一些偏差。

(4) SP 数据的收集更经济。

收集 RP 数据需要大量的时间和成本，我们可以通过 SP 调查从一个调查对象处收集多个数据。

RP 数据与 SP 数据相比的优缺点　　　　表 11-1

| | RP 数 据 | SP 数 据 |
|---|---|---|
| 偏好信息 | (1) 实际行为的结果；<br>(2) 回答值和在真实情况下的实际行动一致；<br>(3) 可以获知选择结果 | (1) 在假设情境下的偏好陈述；<br>(2) 回答值未必和实际行动一致；<br>(3) 可以获知偏好排序、等级评定和选择结果等 |
| 选项 | 仅有当前存在的方案 | 当前存在或者不存在的方案 |
| 属性 | (1) 存在测量误差；<br>(2) 属性、水平值以及属性间转换关系为实际情况所限制；<br>(3) 属性间的作用可能存在多种共线性 | (1) 没有测量误差；<br>(2) 可以自由设计属性、水平值以及属性间的转换关系；<br>(3) 可以完全控制选择方案 |
| 选项集 | 不明晰 | 明晰 |
| 数据量 | 从一个回答者只能得到一个数据，需要大规模地调查 | 从一个回答者可以得到多个数据，能用小样本进行有效的统计分析 |

然而另一方面，SP 调查的主要缺点是其可靠性存在偏差。因为是在假设情境下的行为调查，调查对象的回答值可能会与实际采取的行动不一致。其中两个知名的偏差有：调查对象试图证明自己的实际行为的合法性等；调查对象试图通过回答控制、影响政策。这也是 SP 方法在实际使用中受到的最主要的质疑与反对。

## 11.2　SP 调查设计

### 11.2.1　SP 调查设计的要素

1) 偏好的表达方法

SP 调查中，被调查者的偏好表达一般分为选择、排序、评价三种，调查设计人员可以根据不同的调查目的及需要选用不同的偏好表达方法。三种方法的特征和案例介绍如下。

(1) 选择法

选择法是被调查者从 2 个以上的选择肢中选择最偏好的 1 个,如表 11-2 所示。与其他方法相比,调查实施方便,是 SP 调查中偏好表达最常用的方法。其缺点是每次只能获取被选择的选择肢信息,而对没有被选择的选择肢的偏好程度等偏好数据则无法获取。

选 择 法 示 例　　　　　　　　　　　　表 11-2

| 交通方式 A | | 交通方式 B | | 您更倾向于何种交通方式 | |
|---|---|---|---|---|---|
| 票价 | 时间 | 票价 | 时间 | A | B |
| 2 元 | 30min | 5 元 | 15min | | |
| 结果形式:选择 B | | | | | |

(2) 排序法

排序法是调查过程中向被调查者展示所有的选择肢,被调查者按照自己的偏好程度对选择肢进行排序,如表 11-3 所示。排序法的优点是所有的选择肢同时被考虑,一次调查可以获取所有的选择肢数据,但是随着选择肢数目增加,被调查者对其排序的难度将增加,所获取数据的可信度也随之下降。

排 序 法 示 例　　　　　　　　　　　　表 11-3

| 交通方式 | 票价(元) | 换乘次数(次) | 车内时间(min) | 步行时间(min) |
|---|---|---|---|---|
| 交通方式 A | 3 | 0 | 15 | 10 |
| 交通方式 B | 3 | 0 | 10 | 8 |
| 交通方式 C | 4 | 0 | 15 | 10 |
| 交通方式 D | 4 | 1 | 15 | 8 |
| 结果形式:选择优先顺序 B – A – D – C | | | | |

(3) 评价法

与排序法不同,对选择肢的偏好程度直接通过李克特尺度的形式来表示的方法,一般为 5 或 7 个尺度,如表 11-4 所示。所获取的数据不仅包括被选择的选择肢数据,选择肢间的排序信息也可获取。

评 价 法 示 例　　　　　　　　　　　　表 11-4

| 交通方式 | 属　性 | | | 您对交通服务的评价 |
|---|---|---|---|---|
| | 时间(min) | 舒适度 | 频率(min) | 非常糟糕　　　　　　　　非常好<br>1　2　3　4　5　6　7 |
| 交通方式 A | 3 | 好 | 15 | 1　2　3　4　5　6　7 |
| 交通方式 B | 25 | 糟糕 | 30 | 1　2　3　4　5　6　7 |
| 结果形式:交通方式 A——3 分;交通方式 B——5 分 | | | | |

2) 偏好的陈述背景

SP 调查的一个重要特征是调查受访者在"某种假想情况"下的偏好。这里所说的"某种假想情况"就是偏好的陈述背景。交通领域的 SP 调查主要涉及"某种假想情况下"的路线及交通方式的选择。比如,假设几种出行时耗及费用不同的交通方式,调查受访者的交通方式选择偏好,从而预测不同交通方式的需求。偏好的陈述背景根据SP调查研究的目的确定,在调查结果汇报时首先要说明SP调查数据是在何种假想情况下实施的。

3) 选择方法的统计设计

图 11-3 为给每位调查者的问卷(即需要回答的选项卡)形式。

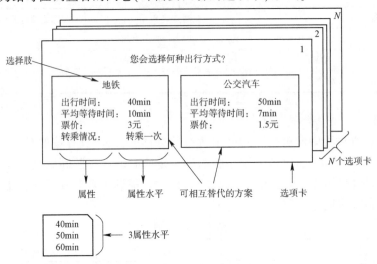

图 11-3　基于选择的 SP 实验的统计设计

基于选择的 SP 实验包含了一些 SP 选择问项,在每一问项中每个调查者都会被问及"你会选择哪一种",被调查者需要回答 N 个问题,在第一问中选择"地铁",这一问项中的选项被称为选择肢,该问项有 2 个选择肢,"地铁"和"公交汽车",选择肢的集合称为选项集,而选项则称为"选择肢"。如上述案例中选择肢有具体的名称时称之为"with brand name"实验,而选择肢没有具体选项名称时则称之为"without brand name"实验;当我们提供的可替代方案是同一个选择肢下则称为"产品内"实验,另一方面,当可替代方案是上述案例中不同的选择肢则称为"产品间"实验。而没有具体的选择肢名称的实验往往是"产品内"实验。

可替代方案是由属性和属性水平组合而成的。上述案例中"地铁"这一选择方案具有 4 个属性,分别是"出行时间"、"平均等待时间"、"票价"和"换乘次数"。属性的价值量度称为属性水平,或称水平值。上述案例的选项卡"地铁"的属性"出行时间"的水平值为 40min,倘若调查者考虑"出行时间"有 40min、50min、60min 这三种水平值,则称属性"出行时间"有 3 个水平值。每个替代方案,都是不同属性水平的组合,每种组合都是一个情境(或称为选项)。

在上述案例中,提供 2 种可替代方案,这种选择被称为二元选择游戏(又称对立选择游戏);而那些超过 2 种可替代方案的选择被称为多元选择游戏;在一些问卷中,被调查者也可以选择"不确定"。

如果整个选择实验的每组可选择的方案都是相同的,则称为"固定选项集设计";反之,如果每组可选择的方案不尽相同,是变化的,则称为"可变选项集设计"。而在交通运输领域的调查中固定选项集设计 SP 应用最为普遍的形式,在接下来的章节中将仅讨论固定选项集设计。

SP 设计中的统计设计就是"如何为每一个被调查者设计图 11-3 所示的选项卡"。

4) 属性及属性的水平

SP 调查的重要特征之一是利用实验设计法对选择肢的属性及属性水平进行组合设计，从而可以得到"假想情况"。选择肢的属性是用来说明、测量选择肢效用的。直接影响受访者对选择肢选择的变数都应该列为选择肢属性，同时研究者需要分析的某些特定变数也要列为选择肢属性。

SP 调查设计中，为了满足需求预测及反映市场的真实情况，每个选择肢的属性至少为 3 个，一般情况下采用 4~5 个属性。但是，随着属性的增加，调查过程中受访者的决策会变得更加困难。

属性变数的表达有多种方法，在确定好基准值之后，一般采用绝对值或者百分比形式。选定属性变数的表达方法之后，需要明确属性的水平。属性的水平体现了属性的变化幅度，属性的水平数与属性的个数是决定 SP 问题个数的重要因素。

在确定属性水平时，应该首先将能够反映属性现实情况的水平(实测值)包含在内，其次在实测值的基础上 ±20% ~ ±50%。

在考虑设置属性水平的时候，必须考虑以下几点：

(1) 水平值设计必须是合理的；
(2) 需要与被调查者实际经历的属性水平有所关联；
(3) 属性水平必须能体现在考虑替代方案时的差异区分及竞争力；
(4) 属性水平必须能覆盖每一个消费者考虑替代方案时能接受的属性变化范围。

为了向被调查者呈现出尽可能明确的、容易理解并贴合实际的 SP 调查表，其中关于出行的内容对于被调查者来说必须是熟悉的。因此，为满足以上第 2 个要求，我们可以在一次实际出行的属性水平的基础上进行一定的变化来进行属性水平的设计，如表 11-5 所示，可以按某一固定值的增减设计水平值，也可以按比例变化设计水平值。

按固定值增减或按比例变化进行属性水平设计　　表 11-5

| 属性 | 票价 | 出行时间 | 发车间隔 |
| --- | --- | --- | --- |
| 被调查者实际的出行 | 3 元 | 20min | 20min |
| 设计属性水平值 | | | |
| SP 实验中的替代方案 | 票价 | 出行时间 | 发车间隔 |
| 1. 按固定值增减 | | | |
| 替代方案 1 | +1 元 | +10min | -10min |
| 替代方案 2 | -1 元 | -5min | +20min |
| 2. 按比例变化 | | | |
| 替代方案 1 | +30% | +50% | -50% |
| 替代方案 2 | -30% | -25% | +100% |

然而具体哪一种确定属性水平值的方法更具优势是有一定争议性的。假如考虑到节约 1 元费用的价值对于支付费用为 10 元和 2 元的情况下是相同的，那么按照某一固定值(如"1 元")进行增减来确定属性水平是合理的；然而有研究表明人们在消费或时间成本

的节约方面存在"阈值",也就是说在支付费用为10元的情况下节约1元费用的价值相较于支付费用为2元情况是更难感知到获益的,在这一情况下,按比例变化确定水平值就更为合理。

5) 调查样本及样本数

SP调查样本的确定主要涉及调查对象(调查谁)及调查样本数目(多少人)。调查对象主要取决于研究目的,比如针对公交的服务水平改善后小汽车及非机动车的需求转变预测问题,调查对象应该是现在没有采用公交出行的人群,即小汽车出行人群、非机动车出行人群等。

SP调查的抽样方法与一般调查的抽样方法相同,具有代表性的抽样方法有随机抽样等。样本数主要取决于调查费用及调查周期,目前关于SP调查的最小样本数相关研究报道很少。根据国外的研究推荐,对各个人群分类分别需要75~100个样本,具体整个调查的样本数目又与调查研究涉及的主要因素有关。比如,某交通调查研究中,调查人群主要划分为小汽车有无、工作形态(工作与不工作),则需要调查至少300个人($75 \times 4$)。

6) 调查方法

SP调查的方法主要有问卷、卡片、计算机辅助式等,调查方法的选择主要考虑以下几个因素:

(1) 偏好的表达方法(如选择、排序、评价等);

(2) 调查地点及样本特征;

(3) 各问题所需时间;

(4) 问题的复杂性;

(5) 调查是否需要附加说明、解释;

(6) 调查费用及调查周期。

### 11.2.2　SP实验设计方法

SP方法的核心部分是以统计设计为基础构建假设情境,并将其呈现给被调查者。实验设计通常采用"正交"设计,也就是确保每一个假设情境所包含的属性是彼此不同且相互独立的。这样可以更明确反映出每个属性对间的关联度,从而避免了"多重共线性"这一RP数据的常见问题。

这里将以部分因子设计为基础,引申探讨其他设计方法,如删除冗余选项、进行内容约束、块设计、相同属性设计、根据属性水平值差异定义属性、展示不同的设计、随机选择等多种设计方法,详细介绍其设计过程、原理、应用背景及优缺点,在实际案例中可以综合应用多种方法以达到简化实验、提高实验效率的目的。

1) 全因子设计

以表11-6所示的实验设计为例,实验需要研究被调查者对一个公共交通服务的3个属性(即票价、通行时间和发车频率)的偏好,而每个属性分别有2个水平值。我们希望各属性的水平值能更多一些,然而为了简单起见我们就限制为2个水平值。可以看到8种情况分别代表不同类型的公共交通服务,被调查者需要对这8种情况进行评估。为了方便表示,通常我们将表11-6改写为表11-7的数据形式。

**3个属性分别具有2个水平值的全因子设计**　表11-6

| 情景 | 属性 | | |
|---|---|---|---|
| | 票价 | 出行时间 | 发车频率 |
| 1 | 高 | 长 | 低 |
| 2 | 高 | 长 | 高 |
| 3 | 高 | 短 | 低 |
| 4 | 高 | 短 | 高 |
| 5 | 低 | 长 | 低 |
| 6 | 低 | 长 | 高 |
| 7 | 低 | 短 | 低 |
| 8 | 低 | 短 | 高 |

**表11-6的数字表示法**　表11-7

| 情景 | 属性 | | |
|---|---|---|---|
| | 票价 | 出行时间 | 发车频率 |
| 1 | 0 | 0 | 0 |
| 2 | 0 | 0 | 1 |
| 3 | 0 | 1 | 0 |
| 4 | 0 | 1 | 1 |
| 5 | 1 | 0 | 0 |
| 6 | 1 | 0 | 1 |
| 7 | 1 | 1 | 0 |
| 8 | 1 | 1 | 1 |

2) 部分因子设计

尽管全因子设计具备统计全因子的优势,然而这样的设计方法仅适用于属性数量较少或者属性水平值较少抑或两者都较少的问题。表11-6中是3个属性而每个属性有两个级别,共有$2^3$即8种组合,这相对于有4个属性而每个属性都有3个级别也就是有$3^4$即81种组合是明显较少的。

因此,我们的目的是要减少组合的数量。方法之一就是部分因子设计,这也是许多出版物中最常提到的解决方案。

部分因子设计源于对相互作用的考虑。在全因子设计中,不仅在主要因子之间是正交的,在相互作用的因子之间也是正交的。因而在部分因子设计中,除了主要的影响因子之外,我们忽略一些相互作用的因子,示例见表11-8。

**全因子设计与部分因子设计比较**　表11-8

| 设计方法 | 属性 | | | 相互作用项 | | | |
|---|---|---|---|---|---|---|---|
| | 主要影响因子 | | | 双项 | | | 三项 |
| | 1 | 2 | 3 | 2×3 | 3×1 | 1×2 | 1×2×3 |
| 全因子设计 | | | | | | | |
| 1 | 1 | 1 | −1 | −1 | −1 | 1 | −1 |
| 2 | 1 | 1 | 1 | 1 | 1 | 1 | 1 |
| 3 | 1 | −1 | −1 | 1 | −1 | −1 | 1 |
| 4 | 1 | −1 | 1 | −1 | 1 | −1 | −1 |
| 5 | −1 | 1 | −1 | −1 | 1 | −1 | 1 |
| 6 | −1 | 1 | 1 | 1 | −1 | −1 | −1 |
| 7 | −1 | −1 | −1 | 1 | 1 | 1 | −1 |
| 8 | −1 | −1 | 1 | −1 | −1 | 1 | 1 |
| 部分因子设计 | | | | | | | |
| 1 | 1 | 1 | −1 | −1 | −1 | 1 | −1 |
| 4 | 1 | −1 | 1 | −1 | 1 | −1 | −1 |
| 6 | −1 | 1 | 1 | 1 | −1 | −1 | −1 |
| 7 | −1 | −1 | −1 | 1 | 1 | 1 | −1 |

假设有3个2种水平值的属性,为保持从0开始的等间距,属性水平记为1和-1。在全因子设计中,所有属性(主要影响因子),相互作用的因子都必须是正交的或者相互独立的。在部分因子设计中,就是从全因子设计中选择特定的选项(如本例中的1、4、6、7行)的过程,相互作用的项便不再是正交的了。例如,属性1和相互作用项2×3就是完全相关的了,然而仍然保留了主要影响因子之间的正交性。

尽管在表11-8中所示的部分因子设计忽略了所有的相互作用的项(相乘项),但是有时我们还是可以创建一些考虑了相互作用项的设计。我们可以控制每个相互作用都是正交的。这一设计的成功是建立在忽视相互作用项的假设基础上的,拉罗维耶(Louviere)分析了主要影响因子与相互作用项之间存在的多种未知的可变性,通过分析几乎所有的案例数据可以得出这样的结论:主要影响因子和其他部分因子相结合的设计是有效的,但要注意的是要尽量避免使用混杂着相互作用项的主要影响因子和所有重要的相互作用项的设计。

### 11.2.3 选择实验设计

为了减少选项卡的数量,部分因子设计是最常用的解决方案。这里我们介绍了一些方法来解决阶乘设计的问题。

1)删除冗余选项

在因子设计中我们将会拥有许多冗余选项,减少冗余选项数量的其中一个方法就是删除冗余选项。在删除冗余选项的过程中,属性间的"正交性"也随之减少,这是一个有待分析的潜在问题。通过将这些冗余选项卡项插回数据集合中以及"假设"的回答数据可以克服这些问题,但是使用这样的人为数据必然是有问题的。这种方法的另一个问题是任何被调查者的随机选择或不合逻辑的选择将不容易从他们的回答中区分出来。因此有时我们保持至少一个冗余选项以检查被调查者回答的数据的可靠性。

此外我们可以通过假定的"传递性"效应来减少一些冗余选项。基于这个想法,研究者们可以在被调查者给出回答之前猜测一些他们的答案。在传统问卷调查中考虑被调查者早期问卷中的一些回答删除某些选项是很难实现的。然而,如果使用计算机程序进行调查,例如海牙国际咨询集团的WinMINT,便可以用来在受访者早期回答的基础上删除一些选项。

像以前一样,如果被调查者在他(她)的选择行为没有表现出"传递性",那么这一选项卡项将不会被检测到,此时省略主导选择项的结果就有可能发生。在这种情况下,他们在忽略的选项卡项之间"假定"的受访者的回答就会因此而成为错误的。将省略的选项卡项插回数据集合中也仍然存在问题。

尽管这些方法都存在一些问题,即减少了属性间的"正交性"以及假设具有传递性效应,但研究者可能会认为这是一个值得冒一下的小小的风险,从而为被调查者提供简化后的调查设计。

2)进行上下文约束

另一种减少选项卡的方法是删除在实际中不可能或者不合理的属性的组合情况,类似于上面所解释的"删除冗余选项"的概念,但是他们是相当不同的。

在"删除冗余选项"的概念中,这个想法是减少那些没有被问价值的选项卡,因为根据研究人员的猜测,这些结果都是可以得到的。而在"上下文约束"的概念中,我们减少的是那些无法在真实的市场环境中存在的属性组合情况。因此这些选项卡的调查结果是无法通过研究者的猜测来重新获得的。

"删除冗余选项"是考虑选项卡的内容,而"上下文约束"则仅仅考虑选项本身的意义。在这个处理过程中我们也失去了属性间的"正交性"。

3)"块"设计

该方法要求将选项集拆分成不同子集(被称为"块"),保留完整的实验设计,但将任务分摊给一定数量的不同的被调查者。这种方法的成功是基于"整个调查样本的偏好是充分均匀的"这样的一个假设,在他们的偏好意向中,他们给出的回答是可以通过选项卡的子集中组合而得到的。不可避免地,个体间的差异将会增加相关的结果的错误率。

"块"必须要能独立地代替部分因子设计,至少要能允许属性的主要影响因素能被分别地观察到,否则将削弱分析的数据的有效性。出于这个原因,块设计是在需要考虑相互作用项(相乘项)时使用的。对于一个只为组合在一起的主要影响因素而设计的集合,相互作用的影响因子是可以被推导出来的。在这种情况下,尽管主要影响因素是可以被改变的,但相互作用的影响因子被假设为对所有个体来说都是一致的。要改进这一点,分析人员可能要通过他们的主要影响因素值的相似性来聚集个体受访者,然后为每个集群估计相互影响因子的值。

表 11-9 是一个 $L^{MN}$ 模型的全因子设计(拥有 2 个"两级别"的属性的二元选择设计),总共有 14 个选项卡项。在我们的设计中,阴影部分属于块 A,其他部分属于块 B。在每个块中,属性间仍然保持着"正交性"。

块设计的解释  表11-9

| 选项卡 | 选项 A | | 选项 B | | 块 |
| --- | --- | --- | --- | --- | --- |
| | 属性1 | 属性2 | 属性1 | 属性2 | |
| 1 | 0 | 0 | 0 | 0 | A |
| 2 | 0 | 0 | 0 | 1 | A |
| 3 | 0 | 0 | 1 | 0 | B |
| 4 | 0 | 0 | 1 | 1 | B |
| 5 | 0 | 1 | 0 | 0 | B |
| 6 | 0 | 1 | 0 | 1 | B |
| 7 | 0 | 1 | 1 | 0 | A |
| 8 | 0 | 1 | 1 | 1 | A |
| 9 | 1 | 0 | 0 | 0 | B |
| 10 | 1 | 0 | 0 | 1 | B |
| 11 | 1 | 0 | 1 | 0 | A |
| 12 | 1 | 0 | 1 | 1 | A |
| 13 | 1 | 1 | 0 | 0 | A |
| 14 | 1 | 1 | 0 | 1 | A |
| 15 | 1 | 1 | 1 | 0 | B |
| 16 | 1 | 1 | 1 | 1 | B |

我们需要注意是,个体分析在交通领域的分析中相较于其他分析并非那么重要,因而可以通过相似性聚集个体被调查者。

4) 一系列实验中的共同属性

针对每个个体所开展的一系列的实验,在每个实验中保持属性的数量是在可管理的数量的范围之内的。至少包含一个在所有实验中都用到的、被调查的所有属性中允许进行相对偏好比较的共同属性(例如,票价或者出行时间)。

表 11-10 展示了公交服务的案例。票价被作为一个常见的属性进行选择,假定其在预测模型中已经有了一个明确的定义。在实验 1 中我们关注地铁票价和其他与时间相关的属性之间的权衡关系,而在实验 2 中我们关注地铁票价和其他确定的属性之间的权衡关系。

公共属性的解释　　表 11-10

| 实验 1 | 实验 2 |
|---|---|
| 票价 | 票价 |
| 出行时间 | 舒适性 |
| 换乘次数 | 干净程度 |
| 发车频率 | |

对结果进行分析,被调查者被按特征进行分组可以提升属性的同质性(如,性别、职业)。模型系数(或"偏好权重")源自于用来计算不同属性应对票价变化的相对重要性这样一个分析(即由比例系数推导而出)。在这种方式下,我们通过给出一个常数量的实验来对不同属性进行估计。

5) 在属性之间的方差项上定义属性

在该方法中,成对出现的选项(例如,乘汽车出行和乘地铁出行)也许会有作为选项之间的差异性而定义的属性。例如,在一个实验设计中,与其将乘汽车的费用和乘地铁的费用作为两个单独的属性而定义,不如定义一个可以代表乘汽车的费用和乘地铁的费用之间的差异性的属性来使用。一个选项(如公交车)一旦被定义为基本的选项,这样的属性的级别可能被表示为"比汽车多 5min"、"比汽车少 10min"等。通过这种方式,在实验设计中的原本的两个属性就可以被一个新的属性所替代。当然,对于被调查者来说,它们可能仍然被看作是单独的选项。

对于定性的属性而言,比如乘坐的舒适度,可以对其呈现出的对比性进行描述,例如,好的地铁舒适度与差的公交车舒适度、好的地铁舒适度与好的公交车舒适度。再次,两个属性(汽车的舒适度、地铁的舒适度)可以由一个单一的属性来代替,即不同质量的乘坐舒适度。在属性差异方面定义属性的设计被称为"关联"设计,因为如果基本选项的值被改变,则其他选项的值也会以同样的方式被改变,而它们之间的差异性则仍然是保持独立的。

表 11-11 展示了一个关于一个简单的"关联"设计是如何减少属性数量的例子,表 11-12 为随之生成的选项。可以将这个方法引申使用到进一步的属性的定义与一般情况有所差异的选择实验中(例如除了公交汽车、地铁之外的公共交通)。

在属性之间的方差项上定义属性　　表 11-11

| 选项卡 | 票　价 | 时　间 | 舒　适　度 |
|---|---|---|---|
| 1 | 公交汽车票价 + 2 元 | 公交汽车时间 − 10min | 公交汽车(好);地铁(差) |
| 2 | 公交汽车票价 + 2 元 | 公交汽车时间 − 20min | 公交汽车(好);地铁(好) |
| 3 | 公交汽车票价 + 4 元 | 公交汽车时间 − 10min | 公交汽车(好);地铁(好) |
| 4 | 公交汽车票价 + 4 元 | 公交汽车时间 − 20min | 公交汽车(好);地铁(差) |

随表 11-11 生成的选项　　　　　　表 11-12

| 选项卡 | 公交汽车 | | | 地铁 | | |
|---|---|---|---|---|---|---|
| | 票价(元) | 时间(min) | 舒适度 | 票价(元) | 时间(min) | 舒适度 |
| 1 | 2 | 50 | 好 | 4 | 40 | 差 |
| 2 | 2 | 50 | 好 | 4 | 30 | 好 |
| 3 | 2 | 50 | 好 | 6 | 40 | 好 |
| 4 | 2 | 50 | 好 | 6 | 30 | 差 |

如果公交汽车票价 = 2 元,时间 = 50min,选项就可以如下表述:

然而"关联"设计的主要缺点是研究人员必须假设属性的水平值是在所有的替代方案中都是通用的。举例来说,被调查者或会认为公共汽车和地铁的出行费用的意义是不同的。这在某种程度上反映了人们对各个出行模式所关联的"物有所值"的看法或是支付手段的不同带来的影响。而即使地铁出行时间或是私家车的出行时间会因个体不同而有所差异,我们仍然可以估计独立的公交汽车的时间价值,而这也将需要进行更加复杂的问题分析。

6) 展示不同的设计

上述方法的使用会削弱原始因子设计的优势,而解决方法之一就是为每个人展示不同的设计。海牙咨询集团的 WinMINT 的"GM"命令可以实现为每个被调查者提供不同的属性水平值。

随机使用这一方法进行个体分析将更接近假设的同质性,从而更加有效。表 11-13 就是折叠设计应用到 2 个不同被调查者的调查表设计中的案例。采用这一方法可以通过足够数量的样本来估测因使用部分因子设计而忽略的一些相互作用。然而这也许会带来更多的冗余选项,并使针对个人的分析评价难度更大。

提供不同调查设计表的实例　　　　　　表 11-13

| 选项卡 | 选项 A | | | 选项 B | | | 冗余性 |
|---|---|---|---|---|---|---|---|
| | 属性1 | 属性2 | 属性3 | 属性1 | 属性2 | 属性3 | |
| 被调查者1 | | | | | | | |
| 1 | 0 | 0 | 0 | 1 | 1 | 1 | 冗余 |
| 2 | 0 | 1 | 1 | 1 | 0 | 1 | |
| 3 | 1 | 0 | 1 | 0 | 1 | 1 | |
| 4 | 1 | 1 | 0 | 0 | 0 | 0 | |

续上表

| 选项卡 | 被调查者2 | | | | | | 冗余性 |
|---|---|---|---|---|---|---|---|
| | 选项A | | | 选项B | | | |
| | 属性1 | 属性2 | 属性3 | 属性1 | 属性2 | 属性3 | |
| 1 | 1 | 0 | 0 | 0 | 1 | 1 | |
| 2 | 1 | 1 | 1 | 0 | 0 | 0 | 冗余 |
| 3 | 0 | 0 | 1 | 1 | 1 | 0 | |
| 4 | 0 | 1 | 0 | 1 | 0 | 1 | |

7)随机选择

在已设置的选项集中,我们随机地选择一些不重复的选项,这样一来呈现给每个被调查者的都是不同的调查设计表。这也是一种形式的"块"设计,在这一设计中,我们仍然需要假设每个被调查者的"同质性",不需要在意其他限制,并且通过修正每个被调查者的调查表来尽力保持主要因子间的正交性,同时也应明确通过调查进行针对个人的分析评价是不可行的。

### 11.2.4 SP实验设计方法概要总结

1)部分因子设计

主要工作:从全因子设计中选择特定的情境(属性组合)。

目的:减少选项卡的数量。

假设:部分甚至所有交互作用都是不显著的。

损失:部分甚至所有的交互作用影响。

支持理由:许多地方解释只有主要因子的影响。

2)删除冗余选项

主要工作:删除冗余选项。

目的:减少选项卡数量,删除没有调查价值的问题。

假设:偏好意向具有传递性。

损失:正交性。

支持理由:"设计数据的正交性(DDO)"和"估测数据的正交性(EDO)"是不完全相同的。冗余选项带来极少量有价值的信息,同时会引起被调查者的负面情绪,影响认真的思考及有效的答题。

备注:再度插入被删除的情境是有问题的。

3)内容约束

主要工作:删除技术上不可能或不合理的情境(属性组合)。

目的:减少选项卡数量,更符合实际情况。

假设:技术上不可能实现或实际情况中不合理的标准。

损失:正交性。

支持理由:"设计数据的正交性(DDO)"和"估测数据的正交性(EDO)"是不完全相同的。分析技术上不可能实现或不合理的情境的调查数据得到的结果是不可靠的。

备注:再度插入被删除的情境是不可行的。

4)"块"设计

主要工作:将每个选项拆分成两部分或是更多,而每部分都遵从部分因子设计。

目的:减少每个被调查者回答的选项卡的数量。

假设:个人偏好意向具有"同质性"。

损失:针对个人的评价分析。

支持理由:相对于对普遍状况的评估,个人分析并不那么重要。

5)一系列实验中的相同属性

主要工作:将属性分配在至少2个实验中,而各个实验中至少有1个共同属性。

目的:减少每个实验的属性数量。

假设:某一常见属性具有强大的解释力。

损失:交互作用影响。

支持理由:并非所有的交互作用影响都是研究的重点所在,而1个实验中过多的属性会使实验变得更为复杂。

6)在属性之间的方差项上定义属性

主要工作:根据与某一基础选项的属性水平的差异来定义属性水平。

目的:减少选项卡数量。

假设:通用属性。

损失:替代方案的特殊属性。

支持理由:当个体属性水平变化的时候可以评估方案的特殊属性。

7)展示不同的设计

主要工作:对每个被调查者随机应用折叠设计。

目的:进行有效的考虑交互作用影响的评价分析。

假设:同质性。

损失:针对个体水平的分析评价。

支持理由:可以进行有效评价。

8)随机选择

主要工作:从一系列待选的替代方案中随机选取。

目的:减少每个被调查回答选项卡的数量。

假设:同质性。

损失:针对个人的评价分析。

支持理由:相对于对普遍状况的评估,个人分析并不那么重要。

## 11.3 数据资料整理与分析

在RP法和SP法中,虽然存在着数据是实际行为数据还是调查者的意向数据这样的不同,但是运用在预测模型上是共通的。比如说出行者 $i(=1、2、\cdots、n)$ 为了从现在所在地到达目的地,可以有多条交通路线。将这个交通路线的集合比作 $J$,出行者 $i$ 从路线集合 $J$ 中选择路线 $j$。交通路线 $j$,是由运费($c$)、乘车时间($T$)、等待时间($W$)、交通工具(Tram、Train、Bus、Car)等属性构成。交通工具是一个虚拟变数,例如,路线 $j$,利用有轨电车时,Tram 是 1,不利用时就变成了 0。

RP 法的情况是,以上的数据运用了实际的旅行行动数据。与此相对的是,SP 法是向调查者提示有多条路线,让调查者选择最喜欢的路线。例如,像表 11-14 那样展示路线。各路线是由交通工具、运费、乘车时间、等待时间等属性构成的。这些属性的组合被叫作情境描述。这个情境描述在表 11-14 描述的情况下相当于各路线。

**SP 法中情境描述的各个例子**        表 11-14

| 路线 | 1 | 2 | 3 | 4 |
|---|---|---|---|---|
| 交通方式 | 地铁 | 电车 | 公共汽车 | 私家汽车 |
| 票价(元) | 8 | 6 | 2 | 10 |
| 乘车时间(min) | 15 | 50 | 90 | 30 |
| 等待时间(min) | 20 | 5 | 10 | 0 |

旅行者 $i$ 选择交通路线 $j$ 时的功效 $U_{ij}$ 如下:

$$U_{ij} = V_{ij} + \varepsilon_{ij} = V_{(X_{ij})} + \varepsilon_{ij} = \beta' X_{ij} \varepsilon_{ij} \tag{11-1}$$

但是,$U$ 是功效函数,$V$ 是可以观察的功效函数,$\varepsilon$ 是误差项,$X_{ij}$ 是属性矢量,$\beta$ 是预估的参数。如果是误差项根据第一种极值分布(Gumbel 分布)假定的话,旅行者 $i$ 选择的交通路线 $j$ 的概率 $P_{ij}$ 如下所示。

$$P_{ij} = \frac{\exp(\lambda V_{ij})}{\sum_{k \in J} \exp(\lambda V_{ik})} \tag{11-2}$$

但是,参数 $\lambda$ 被 1 基准化。这个麦克法登(McFadden)的模型被称作附带条件的 logit 模型(conditional logit model)。此时,对数函数如下所示。

$$LL = \sum_i \sum_{j \in J} d_{ij} \ln P_{ij} \tag{11-3}$$

但是,$d_{ij}$ 是旅行者 $i$ 选择路线 $j$ 时变为 1 的虚拟变数。RP 法和 SP 法是根据大数法对参数进行预估。也就是将式(11-3)最大化,对参数进行估计。

对数函数的一层及二层的偏导如下:

$$\frac{\partial LL}{\partial \beta} = \sum_i \sum_j d_{ij}(X_{ij} - \overline{X_i}) \tag{11-4}$$

$$\frac{\partial^2 LL}{\partial \beta \partial \beta'} = -\sum_i \sum_j P_{ij}(X_{ij} - \overline{X_i})(X_{ij} - \overline{X_i})' \tag{11-5}$$

但是 $\overline{X_i} = \sum_j P_{ij} X_{ij}$,根据式(11-5)的附加条件的 logit 模型的对数函数式(11-3)是关于 $\beta$ 的广义的凹函数。一般来说,大数估计值遵从渐进地正规分布,其分散排列 $\Omega$ 如下。

$$\Omega = \left[ -E\left(\frac{\partial^2 LL}{\partial \beta \partial \beta'}\right) \right]^{-1} \tag{11-6}$$

根据式(11-5)和式(11-6),被预估的参数的分散(或者是 $t$ 值)依赖于选择集合($J$),样本数($N$)和情境设计($X_{ij}$)。在 RP 法的情况下,因为选择集合和情境设计被实际数据所制约,因此为了提高估计值的 $t$ 值,只能增加样本数。与此相对,在 SP 法的情况下,因为能够自由地进行情境设计,不增加样本数量也能够通过适当进行情境设计改善统计的效率性,提高估计值 $t$ 值。

## 课 后 习 题

1. 简述 RP 与 SP 调查的概念,并举例说明。
2. 比较 RP 数据与 SP 数据的优缺点。
3. 简述 SP 调查的应用背景。
4. 全因子设计与部分因子设计之间的差异有哪些?

# 第12章 交通安全调查

**【教学目标】**

随着机动化的快速发展,道路交通安全问题日益突出。通过道路交通安全调查寻找道路交通事故的统计规律、事故原因、事故隐患等,可为道路交通安全环境改善提供重要依据。本章的教学内容主要包括:

(1)基本内容:道路交通事故的定义和有关术语,交通事故调查与分析,交通冲突调查,事故多发点(路段)调查;

(2)重点:交通事故分析,交叉口和路段交通冲突调查方法;

(3)难点:交叉口和路段交通冲突调查方法。

通过本章内容学习希望能够达到以下几个目标:

(1)掌握:交通事故调查与分析方法,交叉口和路段交通冲突调查方法;

(2)理解:事故多发点(路段)的调查内容和排查标准;

(3)了解:交通事故统计数据来源。

## 12.1 概述

### 12.1.1 道路交通安全现状

随着交通运输事业的发展,机动车给人类的运输和行动带来了快捷与方便,但道路交通事故也随之而来。道路交通安全问题已经成为一个世界性的问题,据世界卫生组织统计:每年全世界约有124万人死于道路交通,自2007年以来,这一情况没有发生太大变化。其中,中等收入国家的年道路交通死亡率最高,为每10万人20.1人,高于高收入国家(每10万人8.7人)和低收入国家(每10万人18.3人)。中等收入国家人口占全世界72%,拥有全世界52%的注册车辆,而道路交通死亡数占全世界80%。相对其机动车数量而言,这些国家的道路交通死亡负担过高(图12-1)。就道路交通伤害造成死亡的风险而言,非洲区域最高,欧洲区域最低(图12-2)。但是,同一区域不同国家之间的道路交通死亡率大相径庭,欧洲区域国家之间的差别最大。

交通事故不仅造成人员伤亡,在经济上造成的损失也是巨大的。据世界卫生组织统计,2000 年全球交通事故每年造成的经济损失高达 5180 亿美元,在许多国家因交通事故造成的损失超过全国总收入的 1%,其中英国 1.6%,美国达到了 2%~3%。所以,人们把交通事故称为"不响枪的战斗,永无休止的交通战争"。

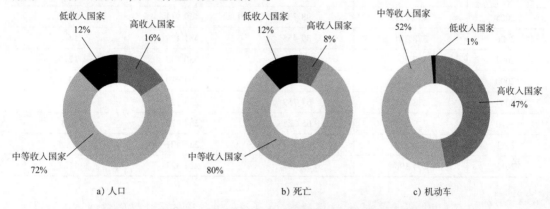

图 12-1　不同收入水平国家的人口、道路交通死亡和注册机动车数量比例

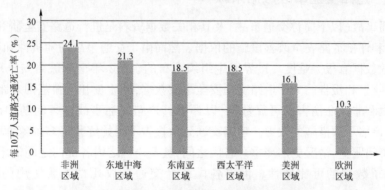

图 12-2　世卫组织不同区域的每 10 万人道路交通死亡率

我国的道路交通安全形势也十分严峻,历年道路交通事故统计数据详见表 12-1。中国是世界上交通事故死亡人数最多的国家之一。从 20 世纪 80 年代末中国交通事故年死亡人数首次超过五万人至今,中国(未包括港澳台地区)每年因交通事故死亡人数已经连续十余年居世界第一。

**我国历年道路交通事故统计表**　　　　　　　　　　　　　　表 12-1

| 年份(年) | 事故次数(起) | 死亡人数(人) | 受伤人数(人) | 直接经济损失(亿元) |
| --- | --- | --- | --- | --- |
| 1995 | 271 843 | 71 494 | 159 308 | 15.2 |
| 1996 | 287 658 | 73 655 | 174 447 | 17.2 |
| 1997 | 304 271 | 73 861 | 190 128 | 18.5 |
| 1998 | 346 129 | 78 067 | 222 721 | 19.3 |
| 1999 | 412 860 | 83 529 | 286 080 | 21.2 |
| 2000 | 616 971 | 93 853 | 418 721 | 26.7 |
| 2001 | 754 919 | 105 930 | 546 485 | 30.9 |
| 2002 | 773 137 | 109 381 | 562 074 | 33.2 |

续上表

| 年份(年) | 事故次数(起) | 死亡人数(人) | 受伤人数(人) | 直接经济损失(亿元) |
|---|---|---|---|---|
| 2003 | 667 507 | 104 372 | 494 174 | 33.7 |
| 2004 | 517 889 | 107 077 | 480 864 | 23.9 |
| 2005 | 450 254 | 98 738 | 469 911 | 18.8 |
| 2006 | 378 781 | 89 455 | 431 139 | 14.9 |
| 2007 | 327 209 | 81 649 | 380 442 | 12.0 |
| 2008 | 265 204 | 73 484 | 304 919 | 10.1 |
| 2009 | 238 351 | 67 759 | 275 125 | 9.1 |
| 2010 | 219 521 | 65 225 | 254 075 | 9.3 |
| 2011 | 210 812 | 62 387 | 237 421 | 10.8 |
| 2012 | 204 196 | 59 997 | 224 327 | 11.7 |

### 12.1.2 道路交通事故数据来源

道路交通事故(以下简称交通事故)及其相关数据资料是进行道路安全研究最基础的数据,也是制定和评价道路安全改善设施的依据。然而由于交通事故的随机性和不可重复性,获得交通事故数据有很大难度。世界卫生组织颁布的《2013年全球道路安全现状报告》表明,各国之间收集和报告的关于道路交通安全事故数据,其质量和覆盖范围差距很大。各国需要关于死亡和非致命伤害的可靠数据,以评估其道路交通事故伤害问题的范围,制定对策,并监测和评估干预措施的效力。道路交通死亡报告不足始终是许多国家面临的大问题,在非致命伤害问题上,情况更加严重。各国之间,甚至一国之内各部门之间的术语和定义缺乏统一,限制了数据的可比较性。世界各国统计交通事故死亡人数使用的数据来源如图12-3所示。

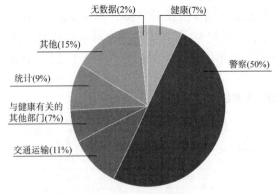

图12-3 世界各国统计交通事故死亡人数使用的数据来源分布

目前,我国的道路交通事故统计采用的是公安交通管理部门定时上报方式,主要上报材料为《交通事故月报表》和《交通死亡事故情况分析表》。由县(区)公安交通管理机关按月、季上报,并于次月15日前,逐级汇总上报到公安部交通管理局。各省、自治区、直辖市每月将按照"城市"、"农村"分类分别将发生道路交通事故的次数、死亡人数和直接经济损失进行统计,需在下月的5日前上报公安部。

其中,特大事故由县(市)公安交通管理机关在24h内直报公安部,并同时上报省(区)和地(市、州、盟)公安交通管理机关。报告内容包括:时间、地点、车辆牌号、车辆类别、驾驶人姓名、车属单位、事故简况、伤亡人数、死亡者姓名、年龄、职业、经济损失、肇事原因及处理情况,并填报《特大交通事故报告表》。

### 12.1.3 交通事故的定义和有关术语

交通安全调查最重要的内容是交通事故的调查,但交通事故调查因调研的目的不同而有很大差别,因此交通事故调查应做好调查计划,详细规划应采集的相关数据。首先调查人员应该清晰明确地了解交通事故的定义及其有关术语。

1) 定义

目前世界各国对交通事故的定义并没有一个统一的提法,都是根据本国的相关法律法规和实际情况而确定的。

美国对交通事故的定义:交通事故是在道路上所发生的意外有害事件或危险事件。

日本对交通事故的定义:由于车辆在交通中所引起的人员死伤或财物损坏。

在《中华人民共和国道路交通安全法》中对交通事故的解释为:车辆在道路上因过错或者意外造成的人身伤亡或者财产损失的事件。我国以往对交通事故的定义是在《道路交通事故处理办法》(已废止)中规定的:交通事故是指车辆驾驶人员、行人、乘车人以及其他在道路上进行与交通活动有关的人员,因违反《中华人民共和国道路交通管理条例》和其他道路交通管理法规、规章的行为,过失造成人身伤亡或财产损失事故。

构成交通事故必须具有6个缺一不可的要素,它们在定义中十分明确具体,且具有特定的内容:

(1) 车辆:包括机动车和非机动车。

(2) 在道路上:是指以形态发生时所在的公用道路上的位置。

(3) 在运动中:至少有一方的车辆在行驶过程中,关键是车辆是否运动。

(4) 发生事态:指发生碰撞、碾压、刮蹭、翻车、坠车、爆炸、失火等其中的一种或几种现象。

(5) 造成事故的原因是人为的:即发生的形态是由于违法所造成,而不是因为人力无法抗拒的其他原因造成。

(6) 有后果:指人、畜的伤亡或车物的损坏。

2) 交通事故的分类

根据人身伤亡或财产损失的程度和数额,交通事故分为轻微事故、一般事故、重大事故和特大事故。

(1) 轻微事故:是指一次造成轻伤1~2人;或者财产损失机动车事故不足1 000元,非机动车事故不足200元的事故。

(2) 一般事故:是指一次造成重伤1~2人;或者轻伤3人以上;或者财产损失不足3万元的事故。

(3) 重大事故:是指一次造成死亡1~2人;或者重伤3人以上10人以下;或者财产损失3万元以上不足6万元的事故。

(4) 特大事故:是指一次造成死亡3人以上;或者重伤11人以上;或者死亡1人,同时重伤8人以上;或者死亡2人,同时重伤5人以上;或者财产损失6万元以上的事故。

上述规定是根据交通事故的损害后果,满足公安交通管理统计工作的需要而进行的分类。此外,根据不同的需要,从不同角度还有许多分类方法。例如:按事故现象可分为撞车事故、翻车事故、撞人事故、失火事故等。

3) 交通事故的主要形态

交通事故发生的形态，基本可分为碰撞、碾压、刮蹭、翻车、坠车、爆炸和失火 7 种。

(1) 碰撞：指交通强者的机动车正面部分与他方接触。主要发生在机动车之间、机动车与非机动车之间、机动车与行人之间，以及机动车与其他物体之间。

根据碰撞时的运动情况，机动车之间的碰撞可分为正面相撞、迎头相撞、侧面相撞、追尾相撞、左转弯相撞和右转弯相撞。

(2) 碾压：指交通强者的机动车，对交通弱者如自行车、行人等的推碾或压过。

(3) 刮蹭：指交通强者的机动车的侧面部分与他方接触。机动车之间的刮蹭，根据运动情况，可分为会车刮蹭或超车刮蹭。

(4) 翻车：指车辆没有发生其他形态，两个以上的侧面车轮同时离开地面。一般分为侧翻和大翻两种。两个同侧车轮离开地面称为侧翻，四个车轮均离开地面为大翻。也有称 90°、180°、360°翻车。

(5) 坠车：指车辆或者车辆装载乘客或货物的坠落，且在坠落的运动过程中，有一个离开地面的落体过程。

(6) 爆炸：指车内有易爆物品，在行驶过程中，因振动等原因引起的突爆。

(7) 失火：指车辆在行驶过程中，仅因人为或车辆的原因引起的火灾。

交通事故发生的现象有的是单一的，有的是两种以上并存的。对两种以上的现象，一般采用时间先后顺序加以认定，如刮蹭后翻车、碰撞后失火等；也有按主要现象认定的，如碰撞后碾压，简称为碾压。

4) 交通事故的统计

(1) 伤情分类：死亡、重伤、轻伤。

(2) 财产损失：是指道路交通事故造成的车辆、财产直接损失价款，不含现场抢救(险)、人身伤亡善后处理的费用，也不含停工、停产、停车等所造成的财产间接损失。

(3) 有下列情况之一的，不列入道路交通事故统计范围：

①轻微事故；

②厂矿、农场、油田、林场自建的不通行社会车辆的专用道路，用于田间工作供农机行走的机耕道，机关、学校、单位大院内、火车站、汽车总站、机场、货场内道路上发生的事故；

③参加军事演习、体育竞赛、道路施工的车辆自身发生的事故；

④在铁路道口与火车相撞和道路渡口发生的事故；

⑤蓄意驾车行凶杀人、自杀、精神病患者、醉酒者自己碰撞车辆发生的事故；

⑥车辆尚未开动发生的人员挤摔伤亡的事故；

⑦由于地震、台风、山洪、雷击等不可抗拒的自然灾害造成的事故。

世界上大多数国家对于交通事故的统计大致分为两种情况：一是由交通警察部门或交通运输部门统计；二是由卫生部门统计。前者是严格有时间限制的，一般国际标准为 30 天，即发生交通事故后在 30 天内死亡的就算交通事故死亡。世界上大约有 80%以上的国家采用这个标准，但也有一些国家采用自己的时间标准，如比利时、葡萄牙和巴西是现场死亡即算为交通事故死亡；西班牙、日本和我国台湾省是一天，即 24h；韩国、希腊和奥地利是 3 天；

法国是 6 天;中国和意大利是 7 天。严格地讲,如果进行国际比较,就要将上述国家和地区的交通事故乘相应的时间系数,如表 12-2 所示。

交通事故死亡的时间标准系数　　　　　表 12-2

| 交通事故死亡时间 | 30 天 | 7 天 | 6 天 | 3 天 | 1 天 | 现场 |
|---|---|---|---|---|---|---|
| 时间系数 | 1 | 1.07 | 1.09 | 1.12 | 1.2 | 1.35 |

注:该时间系数由欧洲运输部长会议提出。

### 12.1.4　交通安全调查与分析的目的和意义

交通安全是国民经济发展和社会安定的重要方面,也是道路交通管理的两项基本任务之一,我国通常用交通事故次数、伤亡人数、受伤人数、财产损失四项指标来描述,为了预防交通事故,确保道路交通系统的安全通畅,必须对交通事故现象有个客观、全面的认识。交通事故调查与分析为查明交通事故总体的现状变化趋势和各种特征提供了统计数据,采用科学的统计分析方法,可以从宏观上定量地认识事故现象的本质和内在的规律性。

交通事故的调查与分析是一项繁重的工作,明确事故的原因和责任也是必不可少的工作。总体而言,交通事故的调查与分析为今后防止和减少事故而采取有效措施提供依据:

(1)鉴别与确认交通事故多发路段,并提出防护措施;

(2)评价道路几何线形指标、视距和环境条件,以便提出改善工程或改变管理与控制方法的依据;

(3)调查总结各类防止交通事故的交通工程设施的效果,并提出改进的办法;

(4)为改进道路规划、设计与维护提供依据;

(5)为修正交通法规提供依据。

交通事故的调查与分析对于指导交通管理、道路设计和规划有许多重要意义,如掌握事故的变化规律和交通管理中的薄弱环节,明确交通管理目标、重点及对策,发现控制事故多发区域及地点并加以改进等。以此减少事故数量,从而减少人员伤亡及经济损失,提高人们乘车出行的安全感,同时促进了社会的安定。

从交通安全政策与管理方面考虑,交通事故调查与分析的目的主要分为以下 4 个方面:

(1)为制定交通法规、政策和交通安全设施提供重要依据;

(2)检验某项交通安全政策和措施的实际效果;

(3)为交通管理提供统计资料;

(4)为交通安全教育和交通安全研究提供资料。

作为以改善道路安全状况为总目标的交通事故调查与分析,其具体目的有以下 4 个方面:

(1)研究整个路网的道路安全状况,制定路网安全改善战略规划;

(2)路网级事故多发点鉴别与改造设计;

(3)项目级事故多发点鉴别与改造技术设计;

(4)为道路安全评价及其他安全项目研究提供基础数据,积累经验。

## 12.2 交通事故调查

交通事故及其相关资料的调查方法有以下几种：

1）在有关管理部门收集数据资料

如到交通警察部门收集交通事故数据，气象部门收集有关气象资料，公路管理部门收集道路原始设计资料和改建与养护历史数据、交通量观测资料等。

2）现场调查

现场调查是处理事故的基础，是分析鉴定事故的依据。为了研究交通事故与道路交通环境等方面的关系，很多情况下现场勘察和调查也是必不可少的。如当确定了某些路段事故较明显地高于其他路段时，不仅需要通过事故记录分析原因，更重要的是进行现场勘察和调查。

3）沿线调研

沿线勘察与调研的内容可以是道路线形状况、交通安全设施状况、自然环境、交通状况、村镇及居民点状况、沿线学校、特殊问题、交叉口的位置与环境等。沿线调研勘察必要时应在不同的时间、气象条件和交通状况下进行。现场调研的另一项重要工作是对交通状况予以观测，包括必要时的交通量及其交通组成观测。

4）问卷调查

道路用户是道路安全的受益者，对道路交通安全状况和交通环境有最直接的感受，因此可以对不同的道路用户如驾驶人、行人及沿线居民等进行问卷调查。问卷内容可以包括对道路交通环境的认识、某些事故多发路段的事故情况、交通拥挤情况等。

5）专题试验研究

对某些特定道路与交通环境进行跟踪调查或进行必要的行车试验等。

本节主要讲述与交通事故现场有关的调查工作。

### 12.2.1 现场调查

1）交通事故现场的概念及分类

交通事故现场，是指发生事故的地点及事故有关的空间场所。根据现场的完整真实度一般可分为3类：

(1)原始现场：指没有遭到任何改变或破坏的现场。

(2)变动现场：指由某种人为的或自然的原因，致使现场的原始状态有一部分、大部分或全部面貌改变的现场。

(3)伪造现场：指当事人为了逃避责任，毁灭证据或达到嫁祸于人的目的有意改变或布置的现场。

2）现场调查的含义和内容

现场调查是对交通事故现场的情况(当事人、车辆、道路和交通条件)，用科学的方法进行时间、空间、心理和后果的实地验证和查询，并将所得结果完整、准确地记录下来的工作。

(1)时间调查：确定发生交通事故的时间坐标(这是人类活动的最基本坐标之一)，是分析事故过程的一个重要参数。

（2）空间调查：调查各有关物体（车辆、散落物、印迹、尸体等）的相对位置，用来确定车辆相互运动的速度、路线和接触点。

（3）心理（书证）调查：调查当事人的心理状态、身体和精神条件，交通条件（车、路、环境）对当事人的影响。

（4）后果调查：查明人员伤、亡情况，致伤、致死的部位和原因，车辆损坏和物资损失情况。

现场调查是取得客观的第一手资料的唯一途径，是交通事故处理的核心，是采取预防事故对策的关键。现场调查的程序主要有：尽快赶赴事故现场，采取应急措施，保护现场，现场勘察，确定并监护事故的当事人，询问当事人和调查证人，现场复核，处理现场遗留物，恢复交通。

3）现场丈量及绘图

（1）现场丈量

①确定方位、选定坐标、现场定位。

a. 确定方位：即确定肇事路段的走向。通常用道路中心线与指北方向的夹角来表示（图12-4）。若肇事路段是弯道，可用进入弯道的直线与指北方向的夹角和转弯半径表示（图12-5）。

b. 选定坐标：在事故现场附近选定一永久性的固定点作为固定现场的基准点。

c. 现场定位：即把事故现场的一个主要点确定在一个固定的位置。

图12-4　直道方位　　　　图12-5　转弯处方位

②丈量道路：先勘察道路的走向、附近的交通标志、安全设施、停车视距，后丈量路面、路肩、边沟的宽度和深度。

③丈量主要物体及痕迹的尺寸及相对位置。

④丈量肇事接触部位：要丈量车与车、车与人、车与牲畜或其他物体上相对应的部位，以及其距地面的高低、形状的大小（长、宽、深）、受力方向等。

（2）绘制现场图

①现场草图：通常包括现场位置和周围环境，以及遗留有痕迹、物证的地点，运动的关系，将事故现场的情况给人以总观的印象。要求内容完整、齐全、尺寸准确。

②平面图：是以出事地点为中心，把痕迹、其他物体的相互关系，按比例、图例标准绘制的现场图。要求完整、准确、规范。

4）现场摄影

现场摄影是现场调查的组成部分。应用摄影方法可以细致地、真实地反映事故现场情况，并把与事故有关的、不便提取的、用文字及绘图难以表达的痕迹和物证，迅速、准确、清楚地记录下来,为研究和处理事故提供有利证据。用专用的摄影设备还可以准确地记录现场内各有关物体、痕迹的位置,经过一定处理后,还可以得到正确的现场平面图。

(1)现场摄影内容

①环境摄影:拍摄现场道路的全貌和现场周围的环境情况,表明事故现场所处的位置以及与周围事物的关系,用以说明现场环境和有关人、车的行进路线。

②概貌摄影:以整个现场或现场中心地段作为拍摄内容,主要目的是把现场的整个情况反映出来。如道路、车辆、伤亡人员原始位置、制动痕迹等。

③中心摄影:拍摄与事故有关的重要物体或路段特点以及物体与痕迹的关系等。反映现场中心部分的情况。

④细目摄影:拍摄现场内发现的痕迹、文字材料等各种物证,记录这些物证的大小、形状、特征等。

(2)现场立体摄影

现场立体摄影是一种测量手段,可以代替实际的现场测量工作。现场立体摄影须使用专用的立体摄影机。使用现场立体摄影法,可以简化现场调查与测量过程,使现场图的绘制能够在现场撤除以后进行。这样可以缩短事故现场的保留时间,使正常的交通秩序得以尽快恢复。

### 12.2.2 当事人调查

1)确定事故当事人

交通事故当事人,系指车辆驾驶人员、受伤(死亡)人员和其他有关人员。除逃逸的死亡交通事故外,当事人多数是明确的。有的事故当事人单一,而有的事故当事人互相交叉。

根据事故的基本情况,尽快确定当事人,并开展调查,是查明事故的真相、便于事故调查工作顺利进行的重要方法之一。

2)调查重点当事人的内容

(1)一般自然的情况:姓名、年龄、民族、籍贯、文化程度、职务、工作单位、政治面貌、驾驶经历、准驾车类、驾驶证字号、有无违章、肇事前科。

(2)出车目的、行车路线、装载情况。

(3)出车前是否检查车辆技术状况、休息是否充足、有无思想负担、是否饮酒等。

(4)使用挡位和行驶速度。

(5)距对方(车、人、畜、物)多远感到危险,使用的挡位和时速。

(6)距肇事地点多远,采取何种措施,是否减速、鸣号、开灯、避让,行驶方向及位置。

(7)发生事故形态的具体情况。

(8)对方在发生事故前后的车速、行驶方位或行人行走动态,采取措施情况。

(9)对事故发生的原因、责任的看法和依据。

### 12.2.3 车辆调查

车辆调查是对交通事故车辆技术状况进行检查和鉴定,对与交通事故有直接关系的乘员、装载情况进行了解和认定。其内容主要包括:转向、制动、挡位、轮胎、喇叭、灯光、后视镜、雨刷器及乘员、装载的具体情况。有的事故必要时可鉴定机械内部状况。对各项调查都要做好记录,如检验内容、试车路面、试车次数、检验结果等。

### 12.2.4 道路调查

交通事故与道路条件和交通环境有着密切关系,必须认真检查和鉴定,分析交通事故的道路原因,从中吸取教训和提出改进措施。

道路调查的内容有:路面状况(有无积雪、冰冻、干湿、平整度等)、横断面尺寸、车道宽度、路基、两侧隔离和安全设施、交通标志标线、路边构造物、桥涵的质量、道路的坡度、弯道超高、视距、天气影响(雨、雪、雾等)以及是否白天或晚上等。判断道路条件的依据是交通运输部颁布的行业标准《公路工程技术标准》(JTG B01—2014)。

## 12.3 交通事故分析

为了预防和正确处理交通事故,必须对事故现象有客观、全面的认识。因此,需要对交通事故进行分析。由于交通事故是与人、车、路、环境和管理等多种因素有关的非常复杂的现象,所以要从各种角度去认识。根据分析目的及考虑范围不同,可对交通事故进行统计分析、因素分析和案例分析等各种形式的分析。

### 12.3.1 交通事故统计分析

统计分析法,就是依靠能够客观反映交通事故的数据资料,例如交通事故的状况(4项统计指标),发生事故的时间、地点、原因、当事人、车辆、道路等数据资料,如实反映交通安全的实际情况。并根据这些统计资料,进行科学的推理判断,从而把包含在数据中的规律性揭示出来,继而采取措施,减少事故。

1)调查与资料整理

(1)调查程序

交通事故统计调查是收集事故原始资料的过程,对统计分析有重要意义。事故的原始资料是进行统计分析的唯一根据。因此,在进行事故统计调查时,一定要确保资料的准确、全面和及时。交通事故统计调查是交通管理部门通过事故统计表,按照一定程序完成的。目前,我国有全国统一的道路交通事故信息采集项目表(2006版),如表12-3和表12-4所示。

(2)资料的整理

调查得到的事故原始资料只是一些零乱的事故数据,不能反映事故总体的规律性,必须经过整理和统计分组才能满足进一步研究的需要。统计分组是根据统计分析的需要,按照一定的特征将事故数据资料进行分组归类的过程。通过统计分组,一方面可将错综复杂的事故数据按照某种特征,把性质相同的数据归纳到一起,使统计建立在共同的基础上,以便发现事故总体在某一个方面的规律性;另一方面,通过把事故总体分为若干个具有不同特征的组,也深化了对事故总体构成的认识。

## 道路交通事故信息采集项目表(一)    表12-3

编号:0000001

### 快报信息(基本信息)

| 1 事故时间 | □□□□年 □□月 □□日 □□时 □□分 | | | |
|---|---|---|---|---|
| 2 事故地点 | 路号 □□□□ | | 路名/地点 | |
| | 公里数(路段/路口) □□□ 米数 □□□ | | 3 人员死伤情况 | 当场死亡人数 □□ 抢救无效死亡人数 □□ |
| | 在道路横断面位置 | 1-机动车道 2-非机动车道 3-机非混合道 4-人行道 5-人行横道 6-紧急停车带 9-其他 □ | | 受伤人数 □□ 下落不明人数 □□ |
| | | | 5 现场形态 | 1-原始 2-变动 3-驾车逃逸 4-弃车逃逸 5-无现场 6-二次现场 □ |
| 4 事故形态 | 11-正面相撞 12-侧面相撞 13-尾随相撞 21-对向刮蹭 22-同向刮蹭 23-刮撞行人 30-碾压 40-翻车 50-坠车 60-失火 70-撞固定物 80-撞静止车辆 90-撞动物 99-其他 □□ | | 6 是否装载危险品 | 1-是 2-否 □ |
| | | | 7 危险品事故后果 | 1-爆炸 2-气体泄漏 3-液体泄漏 4-辐射泄漏 5-燃烧 6-无后果 9-其他 □ |
| 8 事故初查原因 | 违法过错 | 违法行为代码 (参见违法行为代码表) 5981-未设置道路安全设施 5982-安全设施损坏、灭失 5983-道路缺陷 5989-其他道路原因 | | □□□□ |
| | 非违法过错 | 9001-制动不当 9002-转向不当 9003-加速控制不当 9009-其他操作不当 | | |
| | 意外 | 9101-自然灾害 9102-机件故障 9103-爆胎 9109-其他意外 | | |
| | 其他 | 9901-其他 | | |

### 其他基本信息

| 9 直接财产损失 | | 元 | 10 天气 | 1-晴 2-阴 3-雨 4-雪 5-雾 6-大风 7-沙尘 8-冰雹 9-其他 □ |
|---|---|---|---|---|
| 11 能见度 | 1-50米以内 2-50~100米 3-100~200米 4-200米以上 | □ | 12 逃逸事故是否侦破 | 1-是 2-否 □ |
| 13 路面状况 | 1-路面完好 2-施工 3-凹凸 4-塌陷 5-路障 9-其他 | | 14 路表情况 | 1-干燥 2-潮湿 3-积水 4-漫水 5-冰雪 6-泥泞 9-其他 □ |
| 16 照明条件 | 1-白天 2-夜间有路灯照明 3-夜间无路灯照明 | □ | 15 交通信号方式 | 1-无信号 2-民警指挥 3-信号灯 4-标志 5-标线 6-其他安全设施 □□□□□ |
| 17 事故认定原因 | 违法过错 | 违法行为代码 (参见违法行为代码表) 5981-未设置道路安全设施 5982-安全设施损坏、灭失 5983-道路缺陷 5989-其他道路原因 | | □□□□ |
| | 非违法过错 | 9001-制动不当 9002-转向不当 9003-加速控制不当 9009-其他操作不当 | | |
| | 意外 | 9101-自然灾害 9102-机件故障 9103-爆胎 9109-其他意外 | | |
| | 其他 | 9901-其他 | | |

### 当事人信息

| 18 身份证明号码/驾驶证号 | 甲 | 乙 | 丙 |
|---|---|---|---|
| 19 户籍所在地行政区划代码 | 甲 □□□□□ | 乙 □□□□□ | 丙 □□□□□ |
| | | 甲▼ | 乙▼ | 丙▼ |

| | | 甲 | 乙 | 丙 |
|---|---|---|---|---|
| 20 当事人属性 | 1-个人 2-单位 | □ | □ | □ |
| 21 户口性质 | 1-非农业户口 2-农业户口 | □ | □ | □ |
| 22 人员类型 | 11-公务员 12-公安民警 13-职员 14-工人 15-农民 16-自主经营者 21-军人 22-武警 31-教师 32-大(专)学生 33-中(专)学生 34-小学生 35-学前儿童 41-港澳台胞 42-华侨 43-外国人 51-外来务工者 52-不在业人员 99-其他 | □□ | □□ | □□ |
| 23 交通方式 | 驾驶机动车 | K1-驾驶客车 H1-驾驶货车 G1-驾驶汽车列车 N1-驾驶三轮汽车 N2-驾驶低速货车 Q1-驾驶其他汽车 M1-驾驶摩托车 T1-驾驶拖拉机 J1-驾驶其他机动车 | □□ | □□ | □□ |
| | 驾驶非机动车 | F1-自行车 F2-三轮车 F3-手推车 F4-残疾人专用车 F5-畜力车 F6-助力自行车 F7-电动自行车 F9-其他非机动车 | | | |
| | 步行 | A1-步行 | | | |
| | 乘车 | C1-乘汽车 C2-乘摩托车 C3-乘其他机动车 C4-乘非机动车 | | | |
| | 其他 | X9-其他 | | | |
| 24 驾驶证种类 | 1-机动车 2-拖拉机 3-军队 4-武警 5-无驾驶证 | □ | □ | □ |
| 25 过错行为 | 违法代码 (参见违法行为代码表) 5981-未设置道路安全设施 5982-安全设施损坏、灭失 5983-道路缺陷 5989-其他道路原因 | 1 2 3 | 1 2 3 | 1 2 3 |
| 26 事故责任 | 1-全部 2-主要 3-同等 4-次要 5-无责 6-无法认定 | □ | □ | □ |
| 27 伤害程度 | 1-死亡 2-重伤 3-轻伤 4-不明 5-无伤害 | □ | □ | □ |
| 28 受伤部位 | 1-头部 2-颈部 3-上肢 4-下肢 5-胸、背部 6-腹、腰部 7-多部位 9-其他 | □ | □ | □ |
| 29 致死原因 | 1-颅脑损伤 2-胸腹损伤 3-创伤失血性休克 4-窒息 5-直接烧死 9-其他 | □ | □ | □ |
| | | 甲▲ | 乙▲ | 丙▲ |

办案人员一:          办案人员二:                    公安部交通管理局编制

## 道路交通事故信息采集项目表(二)

表12-4

编号：0000001

| 车辆信息 | | | 甲▼ | 乙▼ | 丙▼ |
|---|---|---|---|---|---|
| 30 号牌种类 | | 01-大型汽车号牌　02-小型汽车号牌　03-使馆汽车号牌　04-领馆汽车号牌　05-境外汽车号牌　06-外籍汽车号牌　07-两、三轮摩托车号牌　08-轻便摩托车号牌　09-使馆摩托车号牌　10-领馆摩托车号牌　11-境外摩托车号牌　12-外籍摩托车号牌　13-农用运输车号牌　14-拖拉机号牌　15-挂车号牌　16-教练汽车号牌　17-教练摩托车号牌　18-试验汽车号牌　19-试验摩托车号牌　20-临时入境汽车号牌　21-临时入境摩托车号牌　22-临时行驶车号牌　23-公安警车号牌　31-武警号牌　32-军队号牌　41-无号牌　42-假号牌　43-挪用号牌　99-其他号牌 | □□<br>挂车<br>□□ | □□<br>挂车<br>□□ | □□<br>挂车<br>□□ |
| 31 机动车号牌号码 | | 如为汽车列车,应分别填写牵引车和挂车两个号码<br>(挂车)➡ | | | |
| 32 实载数(千克/人) | | 如为全挂车,应分别填写牵引车和挂车实载数<br>(挂车)➡ | | | |
| 33 车辆合法状况 | | 1-正常 2-未按期检验 3-非法改拼装 4-非法生产 5-报废 6-其他 | □ | □ | □ |
| 34 车辆安全状况 | | 1-正常 2-制动失效 3-制动不良 4-转向失效 5-照明与信号装置失效 6-爆胎 7-其他机械故障 | □ | □ | □ |
| 35 车辆行驶状态 | | 01-直行　02-倒车　03-掉头　04-起步　05-停车　06-左转弯　07-右转弯　08-变更车道　09-躲避障碍　10-静止　99-其他 | □□ | □□ | □□ |
| 36 车辆使用性质 | 营运 | 11-公路客运 12-公交客运 13-出租客运 14-旅游客运 15-一般货运 16-危险品货运 17-租赁 18-其他营运 | □□ | □□ | □□ |
| | 非营运 | 20-警用 21-消防 22-救护 23-工程救险车 24-党政机关用车 25-企事业单位用车 26-施工作业车 27-校车 28-私用 29-其他非营运 | | | |
| 37 公路客运区间里程数 | | 1-100 公里以下 2-100~200 公里 3-200~300 公里 4-300~500 公里 5-500~800 公里 6-800 公里以上 | □ | □ | □ |
| 38 公路客运经营方式 | | 1-自主经营 2-承包 3-挂靠 | □ | □ | □ |
| 39 运载危险物品种类 | | 1-易燃易爆 2-剧毒化学品 9-其他危险物品 | □ | □ | □ |
| | | | 甲▲ | 乙▲ | 丙▲ |

| 补充信息 | | | | | | |
|---|---|---|---|---|---|---|
| 道路关联信息 | | | | | | |
| 40 道路类型 | 公路 | 10-高速 11-一级 12-二级 13-三级 14-四级 19-等外 | □□ | 41 公路行政等级 | 1-国道 2-省道 3-县道 4-乡道 9-其他 | □ |
| | 城市道路 | 21-城市快速路 22-一般城市道路 25-单位小区自建路 26-公共停车场 27-公共广场 29-其他路 | | 43 道路线形 | 01-平直 02-一般弯 03-一般坡 04-急弯 05-陡坡 06-连续下坡 07-一般陡坡 08-急弯陡坡 09-一般坡急弯 10-一般弯陡坡 | □ |
| 42 地形 | | 1-平原 2-丘陵 3-山区 | □ | | | |
| 44 路口、路段类型 | 路口 | 11-三枝分叉口 12-四枝分叉口 13-多枝分叉口 14-环形交叉口 15-匝道口 | □□ | | | |
| | 路段 | 21-普通路段 22-高架路段 23-变窄路段 24-窄路段 25-桥梁 26-隧道 27-路段出入处 28-路侧险要路段 29-其他特殊路段 | | | | |
| 45 道路物理隔离 | | 1-无隔离 2-中心隔离 3-机非隔离 4-中心隔离加机非隔离 | □ | 46 路面结构 | 1-沥青 2-水泥 3-沙石 4-土路 9-其他 | □ |
| 47 路侧防护设施类型 | | 1-波形防撞护栏 2-防撞墙 3-防护墩 4-其他防护设施 5-无防护 | | | | |

| 当事人关联信息 | | | 甲▼ | 乙▼ | 丙▼ |
|---|---|---|---|---|---|
| 48 姓名/单位名称 | | 当事人无身份证无法关联时,直接录入姓名或单位名称 | | | |
| 49 性别 | | 1-男 2-女 | □ | □ | □ |
| 50 年龄 | | | | | |
| 51 驾驶证档案编号 | | | | | |
| 52 驾龄 | | | | | |

| 机动车关联信息 | | | | | |
|---|---|---|---|---|---|
| 53 车辆类型 | (参考车辆类型代码表) | | □□ | □□ | □□ |
| 54 核载数(千克或人) | 如为全挂车,应分别填写牵引车和挂车核载数<br>(挂车)➡ | | | | |
| 55 第三者责任强制保险 | 1-是 2-否 | | □ | □ | □ |
| 56 有无危险物品运输许可证 | 1-有 2-无 | | □ | □ | □ |
| | | | 甲▲ | 乙▲ | 丙▲ |

公安部交通管理局编制

2)分析方法

(1)计算主要指标

主要的事故指标可以说明事故总体的基本规模和水平,使人们对当前的事故形势有一个概括的认识。我国采用事故次数、死亡人数、受伤人数和经济损失四项指标来对比历年交通事故状况。

(2)统计表格

根据不同的分析目的,将统计分析的结果编列成各种表格。表格内可包括各种必要的绝对指标和相对指标的具体数值,便于查找和比较,是交通事故统计中常用的一种方法。

(3)直方图

直方图由一横坐标及一系列高度不等的矩形组成。横坐标可以是性质不同但相互联系的各种因素,也可以是同一因素的数值分段。各矩形的高度代表对应横坐标的某项指标数。直方图比较直观、形象,用直方图进行事故统计分析,不仅可以表示交通事故的变化和趋势,还可以比较各种因素对交通事故的影响程度。如图 12-6 所示,为各等级公路每百公里死亡人数,可以清楚地看出一级公路的百公里死亡人数最多,为 36.16 人/100km。

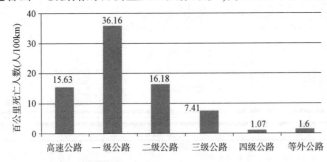

图 12-6 各等级公路每百公里死亡人数

(4)排列图法

排列图又称主要因素图和巴雷特图,是意大利经济学家巴雷特(Pareto,1845—1923)用来对社会财富分布状况进行分析时使用的图形,后来广泛用于质量管理工作。排列图中有两个纵坐标,一个横坐标,几个直方形和一条曲线。左边的纵坐标,可以是事故次数、伤、亡人数等。右边的纵坐标表示频率,用百分比表示。横坐标表示要分析的各个因素。例如:事故的原因、现象、当事人、车辆、道路情况等。按频率大小,也就是影响程度的大小,从左向右排列,如图 12-7 所示。直方形的高度就是该因素的比重,曲线的各拐点是影响因素的累计百分数。通常把累计百分数分成 3 类,即:

①A 类——0~80%,称主要因素;

②B 类——80%~90%,称次要因素;

③C 类——90%~100%,称一般因素。

制作排列图时,主要因素不宜多于 3 个,这样便于找出主要矛盾。如并列因素较多,则应重新考虑因素分类。若一般因素较多时,可列入其他栏,放于横坐标的末端。

(5)坐标图法

通过画出坐标图来分析交通事故情况,通常用于对交通事故数量的分析,如图 12-8 所示。

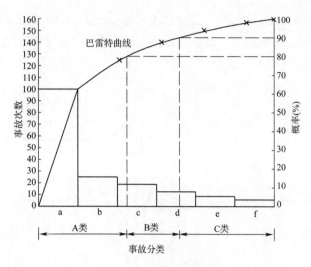

图 12-7 交通事故排列图

(6) 圆饼图法

将要分析的项目,按比例画在一个圆内,即整个圆 360°为 100%,180°为 50%,这样画在一个圆内可以直观地看出各个因素所占的比例,该法可以分析交通事故的原因、类别、道路、时间、人员等,如图 12-9 所示。

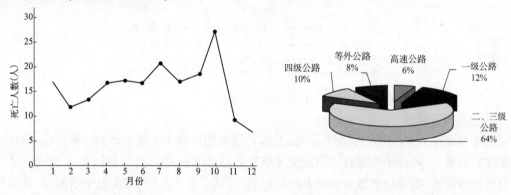

图 12-8 某市交通事故各月死亡人数坐标图　　图 12-9 各等级道路与交通事故次数关系图

(7) 事故分析图

事故分析图用来分析交通事故在道路上的分布情况和事故多发点。其做法是在道路图上,用约定的简明符号将实际发生的交通事故的时间、事故形态、事故前车辆的行驶状态和方向、行人或自行车的行进方向、事故后果等标注在相应的位置上,即事故分析图。图 12-10 为事故分析图的一个例子。

## 12.3.2 交通事故案例分析

事故案例分析是对某一具体的交通事故所做的分析。其目的是通过分析该起事故的直接原因与间接原因,查明事故经过,为分清当事人责任和依法处理事故打下基础。同时也为吸取教训,总结经验防止类似事故的再次发生积累资料。交通事故案例分析可采用以下各种方法。

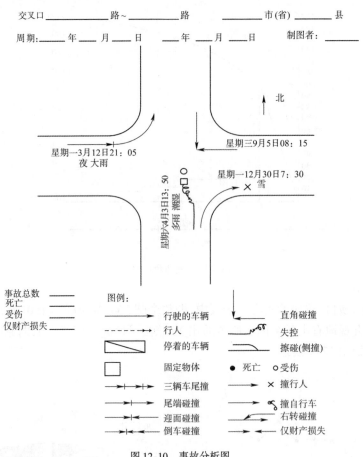

图 12-10 事故分析图

1) 故障树分析

故障树又称为 FTA 图（Fault Tree Analysis），原是用以分析工程故障的一种方法，用在交通事故的分析上，可以定性地分析引起交通事故的直接和间接原因。利用 FTA 图的方法可使分析步步深入，既可以清楚地找到事故的原因，又可以节省时间、避免发生遗漏，从而全面地找出与事故有关的各种影响因素。

FTA 图的做法是，首先找出与事故有直接联系的各种原因，其次把每一个直接原因分解成几个第二层原因。就这样层层分解，直到认为不必再继续分解为止。上下层原因之间有着直接的关系，并认为存在逻辑"与"或逻辑"或"的关系。作 FTA 图时，通常采用如图 12-11 所示的各种基本符号。

2) 因果分析图法

因果分析图原是质量管理中的一种统计分析方法，由许多大小不同的箭头组成，也称特性因素图，因其形状又称树枝图或鱼刺图。因果分析图法，就是根据因果关系，把事故的原因，从大到小、从粗到细、由表及里，直到能采取具体措施为止，画在图上。如图 12-12 所示。

因果分析图法，很适合于分析交通事故的原因，它的逻辑性强，因果关系明确，给人以直观的概念。但它只能作定性分析而不能做定量分析。

因果分析图法可以对交通事故总的情况进行宏观分析，也可以对具体案例进行微观分析。进行案例分析则更为直观具体。

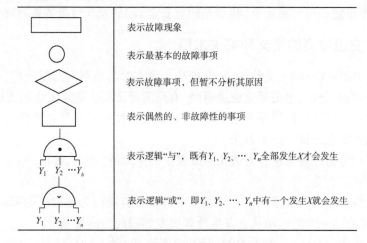

图 12-11　FTA 图中的基本符号

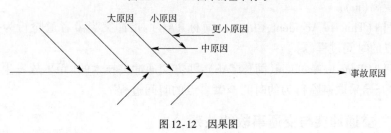

图 12-12　因果图

3）交通事故再现分析

交通事故再现分析是以事故现场上的车辆损坏情况、停止状态、人员伤害情况以及各种形式的痕迹等为依据,参考当事人和目击者的陈述,对事故发生的全部经过做出推断的过程。事故再现分析是事故案例分析的最主要方法。事故责任的合理划分,事故的妥善处理都要依靠对事故进行正确的再现分析。再现分析对于交通安全研究也有重要意义。对一起事故正确而全面的再现分析相当于作了一次实车事故实验,从中可以获得许多用其他方法无法得到的数据资料,也为事故预防、安全措施提供了重要依据。

交通事故再现分析的关键在于发现现场遗留下的各种证据,并做出合理的解释。事故当事人或目击证人的陈述虽然可作为重要参考,但一般不宜作为主要的分析证据。

## 12.4　交通冲突调查

交通冲突技术(Traffic Conflict Technique,简称 TCT)是一种依据一定的测量方法与判别标准,对交通冲突的发生过程及严重性程度进行定量测量和判别,并应用于交通安全的非事故统计评价方法。20 世纪 70 年代末期,世界各国相继开展了对 TCT 的研究。由于一方面人们对交通冲突技术具有广泛的兴趣,另一方面人们对交通冲突技术的应用、定义和操作程序看法不一,因而 1977 年在挪威的奥斯陆成立了一个国际机构,并举办了第一届国际交通冲突技术会议,1979 年在法国巴黎举办了第二届会议,以后陆续在瑞典、德国、比利时等国家举办了几届会议,并且出版了国际交通冲突会议论文集。目前,交通冲突技术在世界上许多国家得到了广泛的应用,自1988年TCT被介绍到我国以来,有了一定的发展,它将成为我国乃至国际上用于定量分析交通安全(特别是地点安全)问题及其对策的重要方法。

### 12.4.1 交通冲突的定义和有关术语

交通冲突(Traffic Conflict,简称TC):交通行为者在参与道路交通过程中,与其他交通行为者发生相会、超越、交错、追尾等交通遭遇时,有可能导致损害危险发生的交通现象。

交通冲突技术(TCT):是依照一定的标准,对冲突发生过程及严重性程度进行定量测量与判别,并应用于安全评价的技术方法。

冲突避险行为:指冲突当事者为避免事故发生而采取的"制动、转向、加速、制动绕行、加速绕行"等5种规避行为。

冲突速度(Conflict Speed,简称CS):指冲突当事者避险行为生效时的瞬间速度(m/s),以机动车一方或高速一方的运动状态发生外观突变的瞬间为测量基准。

冲突距离(Brake Distance,简称DB):指冲突当事者开始采取避险行为的瞬间位置距事故接触点的距离(m)。

冲突时间1(Time to Accident,Chinese,简称TAC):指冲突当事者避险行为生效的瞬间至事故接触点的时间过程(s)。

冲突时间2(Time to Accident,简称TAS):西方交通冲突技术的"距事故发生的时间",即"冲突当事方开始采取避险行为的时间至肇事点的时间过程"。

### 12.4.2 交通冲突与交通事故的关系

交通冲突的实质是不安全交通行为的表现形式,其发展可能导致事故发生,也可能因采取的避险行为得当而避免事故的发生,因而事故与冲突之间存在某种相似的内容,由交通冲突技术的理论研究发现,事故与冲突的成因与发生过程的最后阶段存在着极为相似的形式,两者的唯一差别在于是否发生了直接的损害性后果。在对交叉口的冲突技术的研究中已经证实了冲突与事故之间的良好线性关系。冲突与事故的分类关系如图12-13所示。

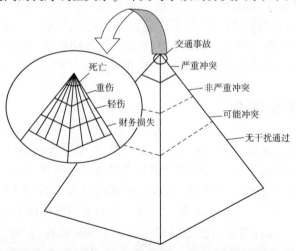

图12-13 冲突与事故的分类关系

基于对交通冲突的调查与研究,交通冲突技术在现代交通安全评价及事故分析中发挥了越来越重要的作用,在国内,关于中国交通冲突技术(Chinese Traffic Conflict Technique,简称CTCT)的研究也在不断深入,提供了适合于我国国情的研究方法,这项技术逐步解决了传统事故统计评价方法中存在的"样本小、统计周期长、区域大和信度低"的问题,利用交通冲突所具备的"大样本、短周期、小区域和高信度"的统计学优势,用定量测定"准事故"(严重交通冲突)的方法代替传统的事故统计方法,实现了小区域地点快速评价的目的。

### 12.4.3 交叉口冲突调查方法与内容

1)调查地点

我国城市道路交叉口交通流复杂,各种不安全因素高度集中,事故比例位居各类路况之首且高达40%,因此,冲突调查地点选择交叉口具有代表性。

交叉口的类型多样,有十字形、T字形、环交形等基本形式,在调查期间,要求被调查的交叉口具备以下条件:

(1)未作任何改造;

(2)交通流量基本无变化;

(3)交叉口的日平均车流量应大于1万辆,同时还应保持相当比例的自行车及行人流量。

2)调查时间

由于冲突属随机偶然事件性质,因此,尽管在同一地点,冲突数都会有差异,进行多天的调查以保证其调查样本回归至均值,使数据资料比较稳定可信。

虽然调查数据的精度会随年度或观测天数增加而增加,但由于随机的原因,这一精度并非是越高越好,同时还要受到调查经费的制约。根据西方的经验以及我国的实际情况,同一地点的调查时间为3天以上均值为宜。调查时段可参照交通调查规范推荐,调查时间可选择10~12个时段,时段定义为每小时的第1个15min或30min,这一时间包括了早晚高峰与低峰流量时段。可选择从早上7:30~19:00这一时区,以30min或15min为一时段。

3)冲突观测方式

(1)录像观测

录像观测为现场摄像,室内放映进行记录的方法。录像观测的优点主要有:

①录像可反复倒带放映,并可随时定格研究,直至获取全部数据;

②可以供多人同时在同一条件下观测同一事件,并进行讨论分析,以确定冲突事件的发生、成因及类型,观测精度高;

③此外,室内工作条件好,录像带可以作为文件保存并用于安全分析等。

缺点是:

①要清楚地拍摄整个冲突现场全貌有一定的困难;

②观测的机动性和灵活性受到限制;

③摄像机只能反映冲突现场的部分情况,而且从摄像机观测的情况与肉眼观测到的情况存在一定的差异;

④需要的人员较多。

(2)人工观测方式

该方法的优点主要有：

①具有较大的机动灵活性，观测工作的组织和实施以及记录形式和内容的变化调整均十分容易；

②由于观测人员可以直接观察冲突发生的全过程，能够极好地体验冲突的真实性，并以此作为判断各种冲突事件的参考；

③观测员可以随时调整位置和角度，选择最好的观测点；

④低费用，高可靠性等。

缺点是：

①要求观测人员具有很高的记录可靠性；

②要求观测时有一定的隐蔽性，必须选择好的位置和角度；

③恶劣的天气或环境对观测不利。

4)调查样本与样本容量

(1)混合交通当量(Mixed Person Car Unit,简称 MPCU)的概念

近年来，西方交通调查普遍采用了小汽车交通当量(Person Car Unit,简称 PCU)概念，用于描述各类机动车出行分布对交通流量的影响程度，但 PCU 概念中未涉及自行车和行人流量。与西方发达国家相比较，我国则是以混合交通方式为明显特征，CTCT 调查表明交通冲突与事故中属自行车和行人责任原因却又占相当比例。根据部分城市交通调查对自行车和行人当量值的推荐，引入了混合交通当量 MPCU 的新概念，用于描述各类道路使用者出行分布对交通安全的影响程度。MPCU 定义如表 12-5 所示。

混合交通当量(MPCU)定义值表　　　　表 12-5

| 道路使用者 | 大货 | 大客 | 中客 | 小货 | 小客 | 摩托 | 自行车 | 行人 |
|---|---|---|---|---|---|---|---|---|
| MPCU | 1.5 | 1.5 | 1.5 | 1 | 1 | 0.3 | 0.2 | 0.1 |

注：调查单位为 MPCU/(h·交叉口)。

(2)CTCT 采用下式确定最小样本容量(即需调查的严重冲突数量)

$$N = \frac{P \cdot Q \cdot K}{E} \tag{12-1}$$

式中：$N$——样本最小容量；

$P$——卷入某种特定交通冲突的车辆所占观测的交通量比例；

$Q$——未卷入某种特定交通冲突的车辆所占观测的交通量比例；

$K$——对应于一定置信度常数值；

$E$——交通冲突比例估计值的允许误差。

选定 $P$、$Q$ 各为 0.5，即可确定合理的样本容量估计值。由于从 0.5 增加或减少都会使样本容量减少，因为 $P$ 和 $Q$ 之和永远为 1。

常数 $K$ 取决于所要求的置信度。若取 95%，$K$ 值为 1.96，说明 20 次冲突中，只有 1 次冲突出现误差。表 12-6 为不同置信度下所对应的 $K$ 值。

对应各种置信度的常数 $K$ 值　　　　　表 12-6

| 常数值 | 1 | 1.5 | 1.64 | 1.96 | 2 | 2.5 | 2.58 | 3 |
|---|---|---|---|---|---|---|---|---|
| 置信度(%) | 68.3 | 86.6 | 90 | 95 | 95.5 | 98.8 | 99 | 99.7 |

交通冲突比例估计值的允许误差取决于调查所需精度,一般在 $-0.01 \sim +0.10$ 的范围内,由式(12-1)可算得各种特定交通冲突所需观测的最少冲突数。在任何情况下,样本容量不得少于30。

5)调查人员与观测范围

(1)观测组与调查人员

观测组的配置取决于交叉口出口数量与流量大小,原则上是每2个观测组同时负责1个出口的调查,同步观测记录该出口的流量与冲突。

观测组的人员配置一般为2人1组,1人负责观测与口述,另1人负责记录与校正。CTCT调查经验表明,1个观测员最多可连续观测2h,否则观测将出现误差而导致调查记录的可靠性下降。因此,现场观测可采用观测人员与记录人员 $1 \sim 2h$ 互换的观测方式,或观测30min 为一个时段,休息间隔30min 后,再做下一时段的间歇式观测方式。

(2)观测范围

观测组的观测范围以调查现场的能见度与工作方便为准,无中央分隔和有中央分隔交叉口的观测组观测范围如12-14 所示。

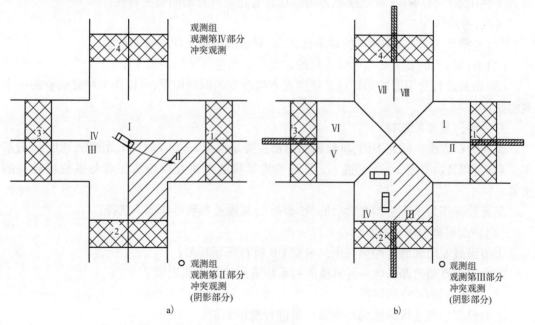

图 12-14　观测地点图示

### 12.4.4　冲突测量与判定

1)冲突心理变化的测量

冲突行为心理特征分类见表12-7。

冲突行为心理特征分类表　　　　　　　表12-7

| 冲突类型 | 危险预判时间 | 心理反应 | 避险行为 |
| --- | --- | --- | --- |
| 非严重冲突 | 1. 充分的驾驶反应时间；<br>2. 较充分的驾驶反应时间 | 1. 不紧张，反应从容；<br>2. 注意力范围略有缩小；<br>3. 综合判断能力下降 | 1. 压刹、点刹；<br>2. 预防性转向；<br>3. 压刹时伴有小幅度转向；<br>4. 加速绕行 |
| 严重冲突 | 1. 极短的驾驶反应时间；<br>2. 没有驾驶反应时间 | 1. 紧张，应用突然；<br>2. 注意力范围急剧缩小；<br>3. 基本依赖于驾驶习惯的条件反射 | 1. 点刹；<br>2. 紧急制动；<br>3. 大幅度转向 |

严重冲突以2个道路使用者之间的相互作用而将导致损害后果为基本特征，而冲突的严重性是根据"距事故发生的时间（TA）"来测定的，即TA值越低，冲突的严重性越高。综上所述，冲突行为心理测量的途径可归纳为：

（1）冲突当事人感知危险的机会（判断时间）；

（2）冲突当事人感知危险的程度（反应水平）；

（3）冲突当事人感知危险的能力（避险方式）。

2）冲突状态变化的测量

事故研究表明，大多数交通事故发生均伴随有不同形式的避险行为，这一结论意味着大多数车辆在肇事前均存在着速度或方向的状态变化且具有瞬间突变特性。

因此，可以认为：

（1）避险行为是冲突主体（机动车驾驶人）对事故危险反应的必然行为；

（2）避险行为的发生必然导致车辆的运动状态发生可见的瞬间突变；

（3）由避险行为引起的车辆运动速度或方向改变的瞬间位置，可以作为冲突测量的一个观测始点。

3）冲突测量参数选择

事故分析方法的研究表明，事故勘察测量主要是根据 $t=s/v$（时间 $t$、距离 $s$、速度 $v$）的基本关系式，即分别采用 $v$-$s$、$t$-$v$ 或 $t$-$s$ 等三类测量参数来研究肇事责任者与事故接触点的关系。

交通冲突作为未产生损害后果的"准事故"，其测量参数可作如下选择：

（1）冲突距离（DB）的测量

①由经过专门训练的冲突观测员根据DB进行现场观测；

②由定点自动追踪摄像—屏幕监测控系统进行追踪遥测记录。

（2）冲突速度（CS）的测量

①由经雷达测速仪训练的冲突观察员进行现场测量；

②由雷达测速仪—自动摄像—计算机监控系统进行追踪遥测记录；

③由车载记录（黑匣子）—计算机处理系统追踪测量记录。

（3）冲突时间（TB）的测量

①由冲突观测员根据目测得到的DA值和CS值，查TAC标准表得出；

②由中心监控室计算机编程输入处理。

根据对部分国家的 TCT 研究表明,如果选择现场人工观测员观测方式,则应选择 DB、CS 作为测量参数,并以 DB、CS 观测值导出的 TB 值作为冲突严重性判别参数较为合理。

4)测量参数的相互关系

测量参数的相互关系如图 12-15 所示。

$$TB = \frac{DB}{CS} \tag{12-2}$$

式中:TB——距可能肇事点的时间,s;
　　DB——距可能肇事点的距离,m;
　　CS——紧急避险时的瞬间速度,m/s。

5)冲突测量始点的选择

研究表明,目前部分西方国家的 TCT 对于冲突的测量始点存在着不同的选择,如图 12-16 所示。

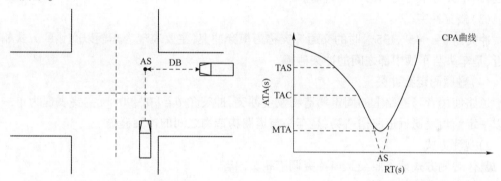

图 12-15　参数测量示意图　　　图 12-16　交通冲突测量方法的不同选择

图 12-15、图 12-16 中:
　　ATA——逼近事故发生的时间,s;
　　CPA——冲突当事人发现事故危险的瞬间至冲突结束的全过程时间,s;
　　TAS——冲突当事人开始采取避险行为的瞬间到肇事点的时间,s;
　　TAC——冲突避险行为生效的瞬间至肇事点的时间,s;
　　MTA——冲突发生距肇事点的最短时间,s;
　　RT——行驶时间,s;
　　AS——肇事碰撞点。

通过 TAS、TAC、MTA 三类冲突测量方式的比较,可以认为 TAC 方式较为合理。

### 12.4.5　路段交通冲突调查

随着道路交通的迅猛发展,公路建设力度在不断加大,TCT 也开始应用于速度较高的公路危险路段进行安全诊断和改善措施评价,由此判定出事故多发点,确定它们的优先改善次序,进行事故多发点的成因分析,并提出相应的对策,以此改善路段交通安全状况。下面主要对路段交通冲突调查与交叉口冲突调查的不同之处加以详述,对其相同或相似通用原理及方法不再赘述,可参照 12.4.3 节和 12.4.4 节。

1) 冲突分类

在一般道路上,由于公路交通的特殊性,车辆行驶方向比较单一,车辆间的行驶状态比较简单,因此从冲突角或碰撞角对交通冲突进行分类。所谓"冲突角(碰撞角度)"是指发生交通冲突的行为者的行驶方向之间的夹角 $\theta$,$\theta \in [0°,180°]$。如果其中一方是道路构造物,则它的行驶方向规定为固定物纵断面方向。应用冲突角进行路段交通冲突分类可以得以下 4 种冲突类型:

(1) 正向冲突

冲突角 $\theta \in [135°,180°]$ 时的交通冲突称为正向冲突,主要表现为冲突车辆以相反的方向相互逼近,是车头与车头之间的冲突碰撞。

(2) 追尾冲突

冲突角 $\theta \in [0°,45°]$ 时的交通冲突称为追尾冲突,主要表现为冲突车辆以相同方向相互逼近,是车头与车尾之间的冲突碰撞。

(3) 横穿冲突

冲突角 $\theta \in [45°,135°]$ 时的交通冲突称为横穿冲突,主要表现为车辆以交错的方式相互逼近,是车头与车辆中部之间的冲突碰撞。

(4) 碰撞固定物冲突

道路使用者与道路上的固定构造物发生冲突,冲突角 $\theta \in [0°,90°]$,主要表现为单一车辆以一定的角度逼近道路构造物,是车头与道路构造物之间的冲突碰撞。

2) 观测方式

具体观测方式请参照交叉口冲突调查相关内容。

3) 冲突调查时间安排

调查时间对保证冲突数据的均一性、统计上的可靠性、分析结果的精度有十分重要的影响。要保证调查样本数量比较稳定可信,必须进行连续观测,但是由于调查资金的制约,也不可能进行无限期的观测。参照交叉口交通冲突观测时间的安排以及路段交通事故的特点,从成本、精度和研究目的等因素综合考虑,可以对同一地点进行路段交通冲突观测的时间为 2d 或者 3d,都在工作日进行,每天 8h,7:00~10:00,11:00~13:00,15:00~18:00,在每时区再根据实际情况划分观测时段,可采用 15~30min 间歇观测方法。

4) 冲突观测地点

交通冲突观测地点的选择很重要,直接影响着道路交通安全改善的有效性和经济性。因此,在应用冲突技术进行安全分析评价时,首先就要确定一些冲突观测区域,它们或多或少存在着危险,并且共同反映了一个容许的安全平均水平。这样做就可以在大范围普查的基础上缩小需要深入研究的范围,从而节省更多的时间和资金。

一般可以采用以下几个途径进行冲突观测地点的确定,这也是进行地点安全分析时必须首先要做的工作。

① 进行公众调查,或是随机抽样询问当地居民、驾驶人,或是发放信息卡片,以找出存在安全隐患的地点。

② 从当地道路交通安全管理机构取得信息,比如请该地区的交通警察提出他们认为的"事故多发点",或邀请当地公安交通管理部门、公路养护管理部门的人员进行座谈,听取他

们的意见。

③进行全面的普查,包括路况、交通量和交通事故等的调查,并应用一定的方法进行分析。

④可以根据交通管理和安全分析的需要选择地点。

要注意的是,各种方法的结合应用。下面从两种道路情况来说明冲突观测地点的选择。

(1) 建立了事故记录档案的道路

当道路有比较完备的事故统计资料时,可以直接根据事故的空间分布情况来初步判定事故多发点,选择冲突观测地点,在这里应用"动态聚类分析方法"来进行研究。动态聚类流程如图12-17所示。

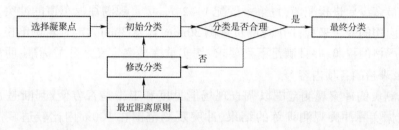

图 12-17　动态聚类流程图

按照这种方法确定的分类结果形成了道路区域按事故空间分布特征的划分,从中就可以初步判定出"事故多发点",其选择标准可根据当地管理部门或道路安全机构的要求确定。一般地,1个"事故多发点"应满足最大长度不得超过4km,最少事故数不得少于每3年4次的要求。这些初步判定出的"事故多发点"就是要进行冲突观测的地点。

(2) 缺乏事故记录档案的道路

从交通工程学观点出发,事故多发点安全系统中各种影响因素对路段行车安全的影响,主要通过两个途径来显示,即"路段速度变化率和交通冲突状况"。交通冲突更为深入地反映了路段交通安全的微观状态,而路段速度变化率则从宏观上反映了路段行车的安全性和安全感,是各种因素对路段行车的综合反映。可以从路段速度变化率来初步判定事故多发点,选择冲突观测地点。

路段速度变化率($\Delta v$)的定义为:

$$\Delta v = \frac{v_{相}}{v} \tag{12-3}$$

式中:$\Delta v$——路段速度变化率;

$v_{相}$——与考察地点相邻路段(上游或下游)的地点车速平均值,km/h;

$v$——考察地点的地点车速平均值,km/h。

其中,地点平均车速 $v = \frac{\sum v_i}{n}$,$v_i$ 为第 $i$ 辆车的地点车速,$n$ 为观察车辆总数。

同时,对于速度变化率 $\Delta v$ 的安全区域可以参照苏联的安全系数方法的思想,确定如下标准:

安全路段 $\Delta v > 0.80$;

稍有危险路段 $0.60 \leqslant \Delta v \leqslant 0.80$；

危险路段 $\Delta v < 0.60$。

因此，只要对需要考察的路段进行地点车速的实际观察，并按照上述标准进行相应的冲突观测地点的选择。在观测时，相邻观测地点之间的距离应该满足：$S_T \leqslant L < 2S_T$（$S_T$ 为要求的停车视距）。同时，应该保证道路的某些特殊几何构造（如小半径曲线、窄桥梁等）的一致性，而不做人为的破坏。

5）调查人员与观测范围的确定

调查人员的配置取决于被调查路段的车道数、流量和路段研究长度。一般地分为流量观测组和冲突观测两类，两类观测同时进行。原则上流量观测组只需要1组人员（2人），冲突观测组人员多少要进行配置，每组一般配1～2人，负责观测往返车道的冲突。根据实际冲突训练和应用的效果来看，1个观测员观测30min，休息30min，定时轮班倒换。冲突观测员必须经过严格的检验，并且满足下列要求：切实掌握冲突定义及分类标准；明确各自的分工；熟悉记录表格的各项内容等。

每名观测员的冲突观测范围以调查现场能见度和工作是否方便、判断是否准确为选择依据。根据实际冲突观测训练的结果，冲突观测范围在100m内比较适宜。在具体的应用中，应针对坡道、弯道、有无中央分隔带相应地增减冲突观测人员和调整冲突观测范围。

6）冲突调查内容及样本容量

路段交通冲突调查的内容主要包括道路几何条件、沿线设施、路面状况、交通流量及组成、地点车速、交通事故以及交通冲突本身等内容。

在进行交通冲突观测时，必须填写大量的冲突数据记录表，以便进行细致的分析。冲突记录表的格式必须简单清楚，表12-8是路段交通冲突记录表的一种形式。

路段交通冲突记录表　　　　表12-8

| 年　月　日 | | 时间：上午：＿＿下午：＿＿ | | 冲突观测员＿＿ |
|---|---|---|---|---|
| 地　名 | | 观测位置 | 晴□　阴□　雨□　雾□　风□ | 流　量 |
| 路　面 | | 水泥□　沥青□　渣油□　碎石□　土路□ | | 干燥□　潮湿□　泥泞□　冰雪□ |
| 冲突类别 | | 正向冲突□　追尾冲突□　横穿冲突□　撞固定物冲突□ | | |
| 冲突参与者 | | ①L-大货□；②B-大客□；③M-中货□；④MB-中巴□；⑤PC-小货□；⑥C-小客□；⑦A-摩托车□；⑧T-拖拉机（三轮车）□；⑨$C_y$-自行车□；⑩P-行人□ | | |
| 避险措施 | | 制动□；转向□；加速□；制动+转向□；加速+转向□ | | |
| ＿＿时＿＿分 | | | ＿＿时＿＿分 | |
| DB = | CS = | $\theta$ = | DB =　　CS =　　$\theta$ = | |
| 冲突过程简述： | | | 冲突过程简述： | |

注：DB——冲突距离；CS——冲突速度；$\theta$——冲突角。

## 12.5 事故多发点(路段)调查

交通事故调查的结果表明,尽管交通事故是小概率的随机事件,人们很难对特定的某一起交通事故的发生进行精确的预测,但交通事故在空间上的分布具有不均匀性,在一些特定的地点,交通事故经常发生。这些地点发生交通事故的可能性显著地高于其他地点,被称为交通事故多发地点(路段)。交通事故多发点(路段)的排查和治理是交通事故预防的重要手段,也是国内外常用的交通事故预防方法。因此,有必要就交通事故多发点(路段)的调查进行研究。

### 12.5.1 事故多发点(路段)的定义

迄今为止,在理论上尚无完整、统一的道路交通事故多发点定义。不同国家和地区因道路交通状况和道路安全度不同而对道路交通事故多发点有不同的描述。国内更多的是使用"事故多发点(路段)"一词,国外则多称为事故黑点。对交通事故多发点(路段)给出一个定义,对客观、统一地判断和分析事故多发点(路段)是十分必要的。

澳大利亚莫那什大学(Monash University)的欧顿教授(K. W. Ogdend)在《道路安全工程指南》一书中将事故多发位置定义为:道路系统中事故具有无法接受的高的发生率位置。

湖南大学冯桂炎教授在《公路设计交通安全审查手册》中指出:事故密集型分布的路段和交叉口成为多发事故点。

北京工业大学任福田、刘小明教授则指出:在计量周期内,某个路段的事故次数明显多于其他路段,或超过某一个规定的数值时,该路段即为危险路段。

归纳国内外对事故多发点(路段)定义的特征,可以对事故多发点(路段)作如下定义:在较长的一个时间段内,发生的道路交通事故的数量和特征与其他正常位置相比明显突出的某些点(路段或区域),国外称之为 Accident - prone Locations(事故多发位置)、Hazardous Locations(危险位置)或俗称 Black - spots(黑点)。

事故多发点(路段)的定义有如下几个含义:

(1)严格地讲,事故多发点的"点"代表一个位置,可以是一个点或断面、一个路段、整个一条道路或一个区域。

(2)事故多发点对数据统计时间要求"较长一段时间"。这主要是要避免事故统计的偶然性,这个时段长度应根据所研究道路的运营情况来确定,通常为1~3年。

(3)定义中的道路交通事故数量是一个广义的概念,它可以是事故的绝对次数,也可以是死亡人数、受伤人数、各种事故率、事故损失等不同指标,或某些事故特征的发生量(如追尾、坠车事故等)。

(4)定义中的"正常"和"突出"是事故多发点分析的最关键点,也是安全评价的主要内容之一。"正常"与"突出"是相辅相成的,没有"正常"就无所谓"突出"。"正常"值的取得通常都来源于事故的历史资料,也可以是相似道路的历史资料。

### 12.5.2 事故多发点(路段)调查的目的和意义

从道路安全工程研究的角度来看,事故多发点调查鉴别的目的是通过事故多发点的道路交通环境、人文、特征等与事故的关系的研究,发现影响交通安全的因素和规律,用于指导今后的道路与交通的设计。

从事故多发点(路段)的本身来看,其所占道路的长度通常很短,却集中了较大比例的交通事故,具有极大的危害,可见通过事故多发点(路段)的调查、鉴别与治理可以极大地消除事故隐患,对于提高交通安全水平具有重要的意义。

分析典型是科学研究的基本方法,事故多发点对于研究交通事故与道路的关系就具有典型意义,它是事故的集中表现,事故达到一定数量特别是某些特征的重复出现,有利于分析事故的特点、原因,从而获得有规律有价值的东西。事故多发点的形成多与道路线形、交通设施和交通环境等因素有关,即与公路的设计有关,因此研究事故多发点与道路的关系是公路设计和管理部门十分关心的问题。

从工程角度讲,事故多发点(路段)的调查鉴别与改造是改善道路安全状况的有效技术途径,大部分情况下也是最为经济的。

### 12.5.3　事故多发点(路段)调查内容

事故多发点(路段)调查的内容主要是获得完整和有效的道路交通事故数据,道路交通事故数据涉及的方面很广,从记录的对象看,可划分为事故与环境两个方面。

1)交通事故方面的调查内容

事故方面的数据包括事故地点、事故时间、事故对象、事故形态、事故结果和事故原因等,是对所发生事故的描述。

(1)事故地点

调查事故地点的具体位置。事故地点的记录方式通常以"线"和"点"两种方式作为索引,以线作为索引即是以道路里程桩号作为定位标志,确定事故发生的位置。以点作为索引是以道路上的一些特征位置作为定位标志,最常见的有平面和立体交叉口、道路出入口、路线上的特征点。

(2)事故时间

调查发生事故的时间,目的是研究交通事故的时间分布特性。调查事项包括事故发生的年、月、日、时刻等。

(3)事故对象

首先应该调查事故当事方的情况:是车—车相撞,人—车相撞或车—物体相撞等;事故为单车事故还是两个当事者以上的事故。

其次,调查当事各方的情况:机动车与非机动车的情况,如车型、车牌号、车况等;当事人的数据,如职业、驾龄、身体状况等,动物和物体的状况等。

(4)事故形态

调查的事故形态内容如本章第一节所述。

(5)事故结果

调查内容包括事故的人员伤亡情况、经济损失情况以及事故的相应等级的划分等。

(6)事故原因

事故原因的调查可以从人、车和路三方面入手。

①人的因素。

各种交通参与者在交通环境中的行为与交通事故有直接关系,换句话说,人,既是交通事故的受害者,同时又是交通事故的肇事者。在任何一起交通事故中,没有不存在人的因素的。我国各地的交通事故统计表明,属驾驶人责任的事故占70%~80%,行人责任事故约占15%。

②车辆因素。

一般是因车辆性能差、维修保养不完善、不及时,使车辆在行驶中发生机械故障所致。也有时是因为车辆装载超高、超宽、超载及货物拴绑不可靠所致而引起。

③道路因素。

道路条件是否与人、车保持协调,对交通安全有重要影响。在某些情况下,甚至成为导致交通事故的直接原因。调查道路因素包括道路等级、道路线形、横断面、纵断面、交通条件和交通工程设施等方面。

2)环境方面的调查内容

环境方面的调查包括除了交通事故涉及者(人、车、车载物体)之外的交通外部因素,它涉及道路设施、交通设施与管理、天气气候条件、照明条件、路侧环境、交通环境等多个方面。

(1)道路设施

道路设施的调查内容包括道路几何设计要素(如平曲线半径、平曲线长度及前后连接、缓和曲线要素、纵坡及长度、竖曲线半径、路面宽度、超高等)、道路路面条件(如路面类型、路面损坏程度、摩擦系数、路肩质量等)、视距、隧道、桥梁设施等。

(2)交通设施与管理

交通设施与管理调查内容的数据包括控制与管理方式(如封闭情况,信号灯设置情况,立交情况等)以及相应的交通标志、标线、分隔设施等。

(3)天气气候条件

天气气候条件调查内容包括晴天、雨雪天、雾天、灾害天气、路面冰冻、积雪、风力、风向及气温等。

(4)照明条件

照明条件调查内容包括黄昏或晚上、有无照明及照明方式等。

(5)路侧环境

路侧环境调查内容包括低等级道路交叉口、路边店、加油站、工矿企业进出口、路边村庄、单栋建筑物、水文、地质灾害树木植被等影响人心理行为的因素,特殊情况还有路侧一些工厂的污染等。

(6)交通环境

交通环境的调查内容包括交通的产生和出行影响,如交通量、交通饱和度、地区车辆保有量、人口、车速分布等。

(7)道路施工及管制

道路施工及管制的调查内容包括道路施工的地点、时间、临时的绕行方案以及相应的临时管制方案等。

3)事故多发点(路段)调查数据的采集

事故多发点(路段)调查数据的采集通常是从已有数据收集入手,这些数据包括交警事故记录数据、道路竣工资料或设计资料、交通量资料,以及天气人口等相关统计资料,必要时,也可以到保险公司和医院收集有关资料。在此基础上,为了补充现有资料的不足,需要进行专项调查,可能包括走访一线交警、驾驶人和沿线居民,现场踏勘和必要的测试(如车速、路表特性等)。

### 12.5.4 事故多发点(路段)排查标准

建立交通事故多发点(路段)排查标准的目的是设定明确的定量指标,判别特定地点(点、段、区域)是否危险,即交通事故多发或交通事故损失严重的可能性是否明显高于其他地点。因此,确定公路危险地点的鉴别标准通常要考虑交通事故的发生次数(Frequency)和损失情况(Severity)这两个因素,也有人用交通冲突次数来评价危险地点。

一些国家制定的公路危险地点的鉴别标准如下:

(1)事故数(Accident Frequency)、事故率(Accident Rate)标准,其中事故率为相对于单位道路长度、每百万车公里或单位交通流量,公路上所发生交通事故的次数;

(2)事故率质量控制(Rate Quality Control,RQC)标准,当某一地点发生交通事故的频率超过相应的概率(由 Poission 分布得到),则该地点为危险地点;

(3)危险指数(Hazard Index)标准,综合考虑到事故数、事故率、损失情况、交通流量或行车视距等因素后,得到的综合指标的标准;

(4)道路特征标准,综合考虑到道路特征参数(如道路构造、道路线形、路面状况、交通设施等)对交通事故的影响后,所设定的鉴别阈值;

(5)事故损失指数(Accident Severity Index)标准,将表征鉴别对象交通事故损失状况的指标(受伤人数、死亡人数、经济损失等)加权综合后,得到的鉴别标准;

(6)安全系数(Safety Index)标准,考虑行车速度的变化所设定的鉴别阈值;

(7)潜在改善效能(Potential Accident Reduction,PAR)标准,选择能够通过改善措施,获得最大改善效能的地点作为危险地点。

2001 年公安部交通管理局发布了《全面排查交通事故多发点段工作方案》,其中对公路交通事故多发地点的鉴别标准,做了如下的规定:

(1)多发点,为 500m 范围内,一年之中发生 3 次重大以上交通事故的地点;

(2)多发段,为 2 000m 范围内或道路桥、涵洞的全程,一年之中发生 3 次重大以上交通事故的路段。

2002 年公安部、国家安全生产监督管理局共同制定了《2002 年预防道路交通事故工作方案》,确定了 2002 年事故多发点段和安全隐患点段排查标准。

(1)省(自治区、直辖市)级排查重点事故多发点段是:

2001 年以来发生一次死亡 5 人以上事故的公路点段;高速公路上发生一次 10 车以上相撞事故的路段;因缺乏电子显示牌、可视标志、报警电话等设施,不能及时报警和提示后方车辆导致发生连续追尾事故的高速公路路段。

(2)地、市级排查重点事故多发点段是:

2001 年以来发生一次死亡 3 人以上事故的普通公路的点段和 3 次以上带有规律性死亡事故的点段;二级以上新(改)建公路,未划设中心隔离线或未设置物理隔离设施的,或虽设置隔离设施,但开口过多或影响视线,发生 3 次以上带有规律性伤亡事故的点段。

(3)县级排查重点事故多发点段是:

2001 年以来发生 2 次以上带有规律性伤亡事故的县、乡公路点段。

(4)公路安全隐患点段的排查重点是:

①二级以上新(改)建公路缺乏交通标志、标线,未划设中心隔离线或未设置物理隔离设施的路段;

②隔离设施开口过多且不合理,虽未发生交通事故,但严重影响行车安全的路段;

③三级以下公路弯道半径过小、超高等不符合标准,严重缺乏交通标志,极易引发交通事故的路段;

④公路易受气象、意外等因素影响,可能导致路面损毁、坍塌、滑坡、落石、泥石流等情况的路段;

⑤改、扩建公路不设置标志或标志不明确,以及公路养护、维修不及时,堆物、挖掘形成隐患的路段。

上述标准是目前道路交通管理部门对于交通事故多发点段排查所做出的最为明确的规定,在实际工作中可在规定的基础之上,借鉴其他的标准来开展。

## 课 后 习 题

1. 列举构成交通事故的 6 个要素。
2. 交通事故发生的形态都有哪些?
3. 交通事故及其相关资料的调查方法有哪些?
4. 何谓交通事故现场?交通事故现场可分为哪三类?如何进行现场丈量?
5. 应用冲突角进行路段交通冲突分类,可分为哪几类?
6. 简述事故多发点(路段)调查的内容。

# 第 13 章 交通环境保护调查

【教学目标】

交通环境问题已为人们所关注，交通环境保护也成为当今环境科学领域中研究的重点之一。通过交通环境保护调查，可以客观评价交通建设项目和交通运行对环境的影响范围和影响程度，为道路交通环境改善提供基础数据资料。本章的教学内容主要包括：

(1) 基本内容：道路交通环境污染种类，大气污染调查与分析，噪声污染调查与分析，振动污染调查与分析；

(2) 重点：汽车排放污染物测试方法，噪声测量，振动测量；

通过本章内容学习希望能够达到以下几个目标：

(1) 掌握：汽车排放污染物测试方法，噪声测量方法，振动测量方法；

(2) 理解：道路交通环境保护的重要性，道路交通污染的种类及危害；

(3) 了解：我国道路交通环境状况。

近几年来，我国交通事业得到快速发展，公路交通和城市交通基础设施建设速度惊人，一方面为缓解交通拥挤、提高通达性、发展经济提供了必要的基础设施，另一方面破坏了原有的环境平衡，带来了日益严重的环境问题。为使人类居住区环境优美、条件舒适、有利工作、方便生活，实现交通运输的可持续发展，在大力进行基础设施建设的同时，必须吸取国外的经验教训，借鉴当代科学研究的成果，结合我国实际逐步实现交通与环境的协调发展。

## 13.1 概述

### 13.1.1 道路交通环境的概念

1) 环境的定义

《中华人民共和国环境保护法》关于环境的定义为"是指影响人类生存和发展的各种天然的和经过人工改造的自然因素的总体"。由此可知，环境即是指人类环境或人类生存环境。环境保护法在给出环境定义的同时，指出法律规定的环境保护对象"包括大气、水、海洋、土地、矿藏、森林、草原、野生生物、自然遗迹、人文遗迹、自然保护区、风景名胜区、城市和

2)道路交通环境

环境保护法从法律角度给出了环境的定义,规定了环境保护的对象。由于道路(包括公路和城市道路)所具有穿越一切要素的特点,道路交通环境包括环境保护法所定义的所有环境要素。道路交通环境是与道路交通活动相关的影响人类生存和发展的各种自然和经过人工改造的自然因素的总和。

目前,道路交通环境的影响主要划分为两类:

(1)对社会环境的影响

主要包括:社会的结合力;服务设施的可利用性;人口迁移和重新安置;就业、收入及商业活动;居住条件;地区发展和经济增长;资源的利用等。

(2)对自然环境的影响

主要包括:环境设计、美学和公路的历史价值;大气质量;噪声;振动;生态系统等。

### 13.1.2 道路交通环境现状

1)公路交通环境的现状

我国20世纪80年代以前的公路建设是以普及为主,为交通闭塞地区修建了大量的低等级公路。由于资金有限且交通量不大,大多数没有采取环境保护措施,边坡裸露、缺乏排水系统和防护工程,对周边生态环境造成了不同程度的破坏,致使有些公路存在着塌方滑坡、水土流失等病害。特别是当时人们要求公路穿过城镇,以利交通,交通噪声和汽车尾气排放污染着所穿过城镇的大气和声环境,只是起初交通量不大,矛盾才不突出。

20世纪80年代后,我国公路建设以提高为主,并开始了对环境的研究、评价和保护工作。目前在新建高等级公路及大型改扩建公路时,基本上都考虑了对环境的保护。根据行车实践表明,新建高速公路运行通畅,在同等交通负荷下比一般二级公路可减少一氧化碳($CO$)排放量47%,碳氢化合物($HC$)排放量48%,氮氧化物($NO_x$)排放量35%,这说明高速公路比普通公路可以大大减少大气污染,从而证明兴建高速公路的环境正面的效益是十分显著的。另一方面,对原有已建成的公路,有的已形成新的生态平衡,有的尚未形成。对尚未形成生态平衡的,要通过养护、绿化栽植、恢复植被、治理各种病害逐步解决。另外,在有些路段上,由于沿线街道化严重,而使汽车排放的废气和总悬浮微粒存在着严重超标现象。

2)城市道路交通环境的现状

目前,由于经济的迅速发展,私人小汽车拥有量快速增长,使城市道路交通量剧增,这对城市大气环境的污染相当严重,机动车污染已成为我国空气污染的重要来源。我国已成为世界机动车产销第一大国,2013年年底全国机动车保有量达到2.32亿辆,其中汽车占54.3%,低速汽车占4.6%,摩托占41.1%。就汽车保有量而言,按车型分类,客车占84.0%,货车占16.0%;按燃料分类,汽油车占83.5%,柴油车占15.2%,燃气车占1.3%。随着机动车保有量的快速增长,尾气排放已成为我国空气污染的重要来源,是造成灰霾、光化学烟雾污染的重要原因。同时,由于机动车大多行驶在人口密集区域,尾气排放直接威胁群众健康。

环境保护部发布的《2014年中国机动车污染防治年报》显示,2013年机动车排放的氮氧化物($NO_x$)为$640.6 \times 10^4$t,一氧化碳(CO)$3439.7 \times 10^4$t,碳氢化合物(HC)$431.2 \times 10^4$t,颗粒物(PM)$59.4 \times 10^4$t。汽车尾气成为机动车污染物排放总量的主要来源,其排放的$NO_x$和PM超过90%,HC和CO超过80%。按车型分类,全国货车排放的$NO_x$和PM明显高于客车,其中重型货车是主要贡献者;而客车CO和HC排放量则明显高于货车。按燃料分类,全国柴油车排放的$NO_x$接近汽车排放总量的70%,PM超过90%;而汽油车CO和HC排放量较高,超过汽车排放总量的70%。按排放标准分类,占汽车保有量6.3%的国Ⅰ前标准汽车,其排放的四种主要污染物占汽车排放总量的30.0%以上;而占保有量68.4%的国Ⅲ及以上标准汽车,其排放量还不到汽车排放总量的40.0%。按环保标志分类,仅占汽车保有量10.7%的"黄标车"却排放了52.4%的$NO_x$、52.9%的HC、40.9%的CO和78.8%的PM。2013年,全国机动车保有量比2012年增长了3.5%,但机动车污染物排放量削减了0.9%,这与实施更严格的机动车排放标准、加快淘汰高排放的"黄标车"、提升车用燃料品质等措施有关。

噪声污染同样是各大城市中普遍存在的社会公害之一。环境保护部发布的《2014年中国环境状况公报》显示:2014年,325个进行昼间监测的城市中,道路交通声环境质量为一级的城市占68.9%,同比下降5.5个百分点;二级的城市占28.1%,同比上升4.7个百分点;三级的城市占1.8%,同比上升1.2个百分点;四级的城市占0.9%,同比下降0.1个百分点;五级的城市占0.3%,同比下降0.3个百分点。各类功能区声环境质量昼间达标率均高于夜间,4a类功能区(道路交通两侧区域)全国城市夜间监测点次达标率仅为49.4%。与上年相比,城市道路交通声环境质量总体有所下降。根据《2012年南京市环境状况公报》的数据显示:南京市城区交通噪声均值为68.4分贝,同比上升0.5分贝,其中达标路段(低于70分贝)占总监测路段的79.0%,同比下降1.7个百分点。三区两县交通噪声67.4分贝,同比下降0.8分贝。由此可知,我国城市交通噪声污染治理任重道远。

### 13.1.3 道路交通环境污染的种类

道路交通环境污染是指与道路交通相关的人为活动向环境排放的某种物质和能量,使环境质量恶化的现象,主要包括以下几个方面。

1) 大气环境方面

汽车排放的悬浮微粒(TSP)、CO、$NO_x$、HC及$SO_2$等有害气体对大气环境的污染,这些都是城市大气污染的主要来源。

2) 声环境方面

道路交通对声环境的影响主要表现为机动车加速、机件运转及车体颠簸等造成的噪声和振动,喇叭声、制动声和轮胎与地面的摩擦声等。另外,还包括在道路建设施工中,各种施工机械产生的噪声和振动。这些交通噪声对声环境的污染,是人类所受到声环境影响方面的最大噪声源。

3) 生态环境方面

道路交通及道路建设使自然资源遭受损失,对自然资源的破坏包括土地占用、人为隔离、植被破坏、水污染、水土流失和动植物影响等。这些最终都将影响生态系统的平衡,即造成生态破坏。

4）社会环境方面

道路交通对环境的正面影响主要是改善了社会环境,但另一方面对社会环境也带来了一些负面影响,如征地拆迁、行政区划的改变,人们生活、生产通道的割断和改变,历史文物的破坏等。

### 13.1.4 交通环境保护

所谓环境保护,就是防止自然界和人类对环境的破坏,而这种破坏是与工业、农业、交通运输等活动分不开的。在破坏环境的各种因素中,道路交通占有不可忽视的地位。因此,研究解决道路交通环境污染问题的方法与措施,加强交通环境保护是相当重要的,特别是在当前人们对道路交通的需求与日俱增的时候。

在公路交通方面,为加强交通建设项目环境保护管理,预防交通建设项目对环境造成不良影响,促进交通事业可持续发展,在 2003 年,原交通部结合交通建设实际,根据《中华人民共和国环境影响评价法》、《建设项目环境保护管理条例》,制定了《交通建设项目环境保护管理办法》,这使得交通建设项目的环境保护有法可依。

交通环境保护任务主要包括两个方面:①防止环境污染;②合理利用自然资源,防止生态破坏。本章将主要介绍道路交通产生的大气、噪声、振动等污染的产生、危害、测量方法与控制,以及道路交通对生态环境的影响等。

## 13.2 大气污染调查与分析

### 13.2.1 大气污染的概念、来源及类型

1）大气污染的概念

大气污染是指大气中一些物质的含量达到有害的程度,以致破坏人类和生态系统的正常生存和发展,对人体、生态和材料造成危害的现象。

2）大气污染的来源

造成大气污染的物质,主要是人类活动的结果,如工业的发展、城市人口的增加、交通运输等活动,使大气加入了各种各样的有害气体和烟尘,造成了大气污染。大气污染物质的来源可分为天然污染源和人为污染源。

3）大气污染的类型

大气污染按照污染物的性质可划分为两类:

(1) 还原型(煤炭型)

常发生在以使用煤炭和石油为燃料的地区。主要污染物是 $SO_2$、CO 和 TSP。

(2) 氧化型(汽车尾气型)

氧化型大多发生在以使用石油为燃料的地区,污染物的主要来源是汽车尾气排放、燃油锅炉以及石油化工生产。

### 13.2.2 道路交通大气污染的危害

道路交通是人为因素造成大气污染的主要来源之一。道路交通对大气的污染是指交通运输中,车辆排出的烟、尘和有害气体,其数量、浓度和持续时间都超过大气的自然净化能力和允许标准,使人们和生物等蒙受其害。道路交通大气污染源主要由两部分组成,一是道路施工期间产生的扬尘、沥青烟等大气污染物;二是车辆交通排放的大气污染物。以下主要介绍车辆交通大气污染源。

汽车排放的污染物有 CO、$NO_x$、HC 和 TSP 等,它们对人体健康造成直接危害。汽车排出的 $CO_2$ 虽对人体健康无害,但它会造成温室效应,影响人类的生存环境。

CO 是含碳物质不完全燃烧的产物,会使人体血液的输氧能力大大下降,使心脏和大脑等重要器官严重缺氧,引起头晕、恶心和头痛等症状,轻度时使中枢神经系统受损,慢性中毒严重时心血管工作困难,使人死亡。

$NO_x$ 是燃烧过程形成的多种氮氧化合物,是 NO、$NO_2$、$N_2O_3$、$N_2O_5$ 等的总称。NO 是无色无味气体,只有轻度刺激性,毒性不大,高浓度时会造成中枢神经系统有轻度障碍。$NO_2$ 是一种棕红色强刺激性有毒气体,能和血液中的血红蛋白结合,使血液输送氧的能力下降,对心脏、肝、肾都会有影响。

HC 也称烃,在化学上的定义是指由碳和氢组成的化学物质,但在研究空气质量方面,通常将 HC 所含的范围扩大到各种包括各种挥发性有机物在内的物质。在存在紫外线照射时,大气(对流层)中的非甲烷碳氢及 $NO_x$ 与氧反应形成臭氧,所形成的臭氧对人体和环境都是有害的。HC 和 $NO_x$ 一样,也是生成光化学烟雾的参与物。

光化学烟雾是指 HC 和 $NO_x$ 在强光照射下生成含有臭氧($O_3$)、甲醛、丙烯醛和过氧酰基硝酸盐(PAN)等的一种浅蓝色、具有强刺激性的有害气体。

$SO_2$ 是燃料中的硫分在燃烧过程中的主要氧化产物。在大气环境中可与氧反应形成 $SO_3$。$SO_2$ 和 $SO_3$ 与湿空气反应可形成亚硫酸($H_2SO_3$)和硫酸($H_2SO_4$),以酸雨形式落于地表。

颗粒物对人体健康的危害和颗粒的大小及其组成有关。颗粒越小,悬浮在空气中的时间越长,进入人体肺部后停滞在肺部及支气管中的比例越大,危害越大。其中铅化物对人体健康危害极大。

### 13.2.3 环境空气质量标准及汽车排放污染物测试方法

1)环境空气质量标准

为贯彻《中华人民共和国环境保护法》和《中华人民共和国大气污染防治法》,保护环境,保障人体健康,防治大气污染,在 2012 年公布了新的《环境空气质量标准》(GB 3095—2012)。该标准将环境空气功能区分为两类:一类区为自然保护区、风景名胜区和其他需要特殊保护的区域;二类区为居住区、商业交通居民混合区、文化区、工业区和农村地区。一类区适用一级浓度限值,二类区适用二级浓度限值。一、二类环境空气功能区质量要求如表 13-1 所示。这个标准作为大气污染的评价依据,是检查交通排放物是否造成污染、是否进行控制的标准,也是制定汽车排放污染物标准的准则。

各项污染物浓度限值　　　　　　　　　表 13-1

| 污染物项目 | 取值时间 | 浓度限值 一级标准 | 浓度限值 二级标准 | 单位 |
|---|---|---|---|---|
| 二氧化硫($SO_2$) | 年平均 | 20 | 60 | $\mu g/m^3$ |
| | 24h 平均 | 50 | 150 | |
| | 1h 平均 | 150 | 500 | |
| 二氧化氮($NO_2$) | 年平均 | 40 | 40 | |
| | 24h 平均 | 80 | 80 | |
| | 1h 平均 | 200 | 200 | |
| 一氧化碳(CO) | 24h 平均 | 4 | 4 | $mg/m^3$ |
| | 1h 平均 | 10 | 10 | |
| 臭氧($O_3$) | 日最大 8h 平均 | 100 | 160 | |
| | 1h 平均 | 160 | 200 | |
| 颗粒物(粒径≤10μm) | 年平均 | 40 | 70 | |
| | 24h 平均 | 50 | 150 | |
| 颗粒物(粒径≤2.5μm) | 年平均 | 15 | 35 | |
| | 24h 平均 | 35 | 75 | |
| 总悬浮颗粒物(TSP) | 年平均 | 80 | 200 | $\mu g/m^3$ |
| | 24h 平均 | 120 | 300 | |
| 氮氧化物($NO_x$) | 年平均 | 50 | 50 | |
| | 24h 平均 | 100 | 100 | |
| | 1h 平均 | 250 | 250 | |
| 铅(Pb) | 年平均 | 0.5 | 0.5 | |
| | 季平均 | 1 | 1 | |
| 苯并[a]芘(BaP) | 年平均 | 0.001 | 0.001 | |
| | 24h 平均 | 0.002 5 | 0.002 5 | |

2)汽车排放污染物测试方法

汽车排放污染物的测试方法视不同车辆类型及测试内容而不同,包括车辆工况试验法、发动机台架工况试验法、燃油蒸发物测试法、柴油机烟度测试法及怠速法 5 种。

(1)车辆工况试验法

车辆工况试验法适用于轻型汽车的测试。是将整车放在底盘测功机(转鼓试验台)上,使汽车按照规定的标准测试循环运行,同时,采用定容取样系统对排气进行收集和分析。此方法可模拟汽车的实际运行工况,但测试设备复杂,主要用于汽车制造厂对汽车性能的测试。

(2)发动机台架工况试验法

对重型汽车,一般不做整车测试,而是在发动机台架上对发动机进行测试,如:我国《车用点燃式发动机及装用点燃式发动机汽车排气污染物排放限值及测量方法》(GB 14762—2002)对最大总质量大于 3 500kg 汽车装用的汽油机采用 9 工况试验法,以测试车用汽油机排放污染物,用于型式认定和产品一致性检验。

(3) 燃油蒸发物测试法

蒸发排放物是指汽车排气管排放以外,从车辆的燃油(汽油)系统蒸发损失的碳氢化合物,包括,一是燃油箱呼吸损失(昼间换气损失),是指由于燃油箱内温度变化排放的碳氢化合物;二是热浸损失,是指在车辆行驶一段时间以后,静置车辆的燃料系统排放的碳氢化合物。

燃油蒸发物测试对象为装燃用汽油的点燃式发动机车辆。燃油蒸发物的测试法包括活动碳罐捕集法和密闭室 SHED 法。

(4) 柴油机烟度测试法

柴油机烟度测定可分为稳态和非稳态两类。稳态烟度测量通常在全负荷稳定运转时进行,适用于在发动机台架上进行。非稳态烟度测量有自由加速法和控制加速法两种。自由加速法是在空载无负荷下从急速突然加速的高速空载的过程中测定烟度,也称无负荷加速法。这种测试与实际有负荷的工况的烟度不同,可作监测用。控制加速法是在发动机试验台上模拟汽车在道路上行驶时可能得到的最大烟度而设定的方法,比较符合实际情况,但方法较复杂。

(5) 怠速法

怠速法是专为测定汽油车怠速时排气中 CO 和 HC 的浓度而制定的。测量时,发动机由怠速状态加速到中空空转转速,再降至怠速状态,此时用不分光红外分析仪从排气管直接取样,读取 CO 和 HC 的最大值。这种方法简单,仪器较简便,但只能反映汽车在怠速状态下的排放情况,仅适用于生产线简单检测、在用车路边检测、修理厂检测等场合。

3) 汽车排放污染物标准

我国现行的汽车排放标准仅相当于国外 20 世纪 70 年代末期水平,比现在美国的标准宽了 3~15 倍,比日本宽 10~20 倍;而且国外的排放标准通常 1~3 年修改一次,逐步加严,我国的排放标准则是"十年一贯制",修改更新的速度要慢得多。

目前,我国按法定程序制定的现行国家机动车污染物排放标准主要如表 13-2 所示。

现行国家机动车污染物排放相关标准　　　　表 13-2

| 序号 | 标准号 | 标准名称 | 标准实施时间 |
| --- | --- | --- | --- |
| 1 | GB 18352.5—2013 | 轻型汽车污染物排放限值及测量方法(中国第五阶段) | 2018 年 1 月 1 日 |
| 2 | HJ 689—2014 | 城市车辆用柴油发动机排气污染物排放限值及测量方法(WHTC 工况法) | 2015 年 1 月 1 日 |
| 3 | GB 26877—2011 | 汽车维修业水污染物排放标准 | 2012 年 1 月 1 日 |
| 4 | GB 14621—2011 | 摩托车和轻便摩托车排气污染物排放限值及测量方法(双怠速法) | 2011 年 10 月 1 日 |
| 5 | GB 14762—2008 | 重型车用汽油发动机与汽车排气污染物排放限值及测量方法(中国Ⅲ、Ⅳ阶段) | 2009 年 7 月 1 日 |
| 6 | GB 18176—2007 | 轻便摩托车污染物排放限值及测量方法(工况法,中国第Ⅲ阶段) | 2008 年 7 月 1 日 |
| 7 | GB 14622—2007 | 摩托车污染物排放限值及测量方法(工况法,中国第Ⅲ阶段) | 2008 年 7 月 1 日 |
| 8 | GB 20998—2007 | 摩托车和轻便摩托车燃油蒸发污染物排放限值及测量方法 | 2008 年 7 月 1 日 |

续上表

| 序号 | 标准号 | 标准名称 | 标准实施时间 |
|---|---|---|---|
| 9 | GB 20890—2007 | 重型汽车排气污染物排放控制系统耐久性要求及试验方法 | 2007年10月1日 |
| 10 | GB 18352.3—2005 | 轻型汽车污染物排放限值及测量方法(中国Ⅲ、Ⅳ阶段) | 2007年7月1日 |
| 11 | GB 17691—2005 | 车用压燃式、气体燃料点燃式发动机与汽车排气污染物排放限值及测量方法(中国Ⅲ、Ⅳ、Ⅴ阶段) | 2007年1月1日 |
| 12 | GB 19756—2005 | 三轮汽车和低速货车用柴油机排气污染物排放限值及测量方法(中国Ⅰ、Ⅱ阶段) | 2006年1月1日 |
| 13 | HJ/T 240—2005 | 确定点燃式发动机在用汽车简易工况法排气污染物排放限值的原则和方法 | 2006年1月1日 |
| 14 | GB 18285—2005 | 点燃式发动机汽车排气污染物排放限值及测量方法(双怠速法及简易工况法) | 2005年7月1日 |
| 15 | GB 14763—2005 | 装用点燃式发动机重型汽车燃油蒸发污染物排放限值及测量方法(收集法) | 2005年7月1日 |
| 16 | GB 14762—2002 | 车用点燃式发动机及装用点燃式发动机汽车排气污染物排放限值及测量方法(中国Ⅲ、Ⅳ阶段) | 2003年1月1日 |

## 13.3 噪声污染调查与分析

### 13.3.1 噪声的概念、计量及评价

1) 噪声的概念

噪声最经常和最简单的定义是不需要的声音,泛指一切频率混杂、呆板、凌乱,对人们的生活、工作、学习和健康有妨碍的声音。噪声是声音的一种,具有声音的一切特性。

环境噪声是户外各种噪声的总称。按照声源类别可将环境噪声分为交通噪声、工业噪声、施工噪声、生活噪声及其他噪声5种。道路交通噪声与车流量、车型、车速、路况等有密切的关系,在一天中是随机变化的,是一种变化范围很宽的随机噪声。许多国家的研究结果表明,城市环境噪声的50%~70%来自道路交通噪声,它主要来源于行驶车辆发动机产生的声音、排气管产生的声音、车辆各零部件振动产生的声音以及车胎与路面摩擦产生的声音。

2) 噪声的计量

(1) 计量声音的物理量

计量声音的物理量主要有声功率、声强和声压等。声功率是指声源在单位时间内辐射的总声能量,常用 $W$ 表示,单位为瓦(W)。声强是指声场中在垂直声波传播方向上,单位时间内通过单位面积的声能,常用 $I$ 表示,单位为瓦/米²(W/m²)。声压是指声波在某一瞬时某种介质中的压强相对于无声波时压强的改变量,记为 $P(t)$,单位是帕(Pa),$1Pa=1N/m^2$。

(2) 声压级、声强级及声功率级

人耳能听到的声压波动范围很大。例如,对一个1 000Hz的纯音,最低可听见声压为2×

$10^{-5}$Pa,而听觉痛阈声压是200Pa(声压相差$10^7$倍,相应的声强相差$10^{14}$倍),使用中很不方便。用分贝来表示声功率、声强和声压,就可以大大缩小这个数量级。分贝(dB)是表示两个量$Q$和$Q_{re}$相对关系的单位,其关系式为

$$\text{分贝}(Q) = 10\lg\left(\frac{Q}{Q_{re}}\right) \tag{13-1}$$

式中:$Q_{re}$——参考量。

在环境噪声中,以分贝表示声功率、声强和声压,分别称为声功率级、声强级和声压级。它们的定义如下。

声功率级:

$$L_W = 10\lg\frac{W}{W_{re}} \tag{13-2}$$

式中:$W$——声源发出的声功率,参考声功率为$W_{re} = 10^{-12}$W。

声强级:

$$L_I = 10\lg\frac{I}{I_{re}} \tag{13-3}$$

这里,$I$是声强,参考声强为$I_{re} = 10^{-12}$W/m$^2$。

声压级的定义与声功率级和声强级相似,不过声压级在表达式中用的是声压的平方。声压级的定义为:

$$L_P = 10\lg\frac{P^2}{P_{re}^2},\text{即} L_P = 20\lg\frac{P}{P_{re}} \tag{13-4}$$

这里,$P$是声压,参考声压为$P_{re} = 2 \times 10^{-5}$Pa。

在许多环境噪声控制问题中,我们关心的是多个声源的噪声在某点上的总和。我们首先只能把声强相加(或声压相加),然后在换成分贝数。两个声源联合作用的声压级是:$L_{P总} = 10\lg\frac{P_{总}^2}{P_{re}^2} = 10\lg\left(\frac{P_1^2 + P_2^2}{P_{re}^2}\right)$。如果多个声源相互作用,可用类似的方法求出。

3) 噪声的主观评价

(1) A声级

环境噪声的度量,不仅与噪声的物理量有关,还与人对声音的主观听觉感受有关。因而,根据听觉特性,在声学测量仪器中,设置有"A计权网络",使接收的噪声在低频有较大的衰减,而高频不衰减甚至稍有放大。这样,A网络测得的噪声值较接近人耳的感觉,其测得值的单位称为A声级($L_A$)。A声级能较好地反映出人们对噪声吵闹的主观感觉,它几乎成为一切噪声评价的基本值。

(2) 等效连续A声级

在声场内的一定点位上,将某一段时间内连续暴露的不同A声级变化,用能量平均的方法以A声级表示该段时间内的噪声大小,这个声级称为等效连续A声级,简称等效声级,单位为dB(A)。

在评定非稳态噪声能量的大小时,等效连续A声级尤为重要。它的数学表达式为

$$L_{Aeq,T} = 10\lg\left(\frac{1}{T}\int_0^T 10^{0.1L_{PA}}dt\right) \tag{13-5}$$

式中：$L_{Aeq,T}$——在 $T$ 段时间内的等效连续 A 声级，dB；

$T$——连续取样的总时间，min；

$L_{PA}$——$t$ 时刻的瞬时 A 声级，dB。

由于噪声测量，有时是采取等时间间隔取样的，所以等效连续 A 声级又可按下式计算：

$$L_{Aeq,T} = 10\lg\left(\frac{1}{n}\sum_{i=1}^{n}10^{0.1L_i}\right) \tag{13-6}$$

式中：$L_i$——第 $i$ 次读取的 A 声级，dB；

$n$——取样总数。

(3) 统计噪声级

统计噪声级是指某点噪声级有较大波动时，用于描述该点噪声随时间变化的统计物理量，一般用 $L_{10}$、$L_{50}$、$L_{90}$ 表示。

$L_{10}$ 表示在取样时间内 10% 的时间超过的噪声级，相当于噪声平均峰值；$L_{50}$ 表示在取样时间内 50% 的时间超过的噪声级，相当于噪声平均峰值；$L_{90}$ 表示在取样时间内 90% 的时间超过的噪声级，相当于噪声平均峰值。

其计算方法是将测得的 100 个或 200 个数据按大小顺序排列，第 10 个数据或第 20 个数据即为 $L_{10}$，第 50 个数据或第 100 个数据即为 $L_{50}$，第 90 个数据或第 180 个数据即为 $L_{90}$。

### 13.3.2 噪声的危害

正常的环境声音是 40dB(A)，一般把 40dB(A) 作为噪声标准。当声强超过此界限时便会产生一定的影响。噪声是影响面最广的一种环境污染，它的危害主要表现在以下几个方面：

1) 损伤听力

噪声可以造成暂时性的或永久性的听力损伤，后者即为耳聋。一般说来，在 80dB(A) 以下不至于危害听觉，而超过 85dB(A) 则可能发生危险。长期工作在 80dB(A) 以上的环境，每增 5dB(A)，噪声性耳聋发病率增加 10%。

2) 干扰睡眠

睡眠对人是极端重要的，它能够使人的新陈代谢得到调节，使人的大脑得到休息，从而使人恢复体力和消除疲劳，保证睡眠是人体健康的重要因素。噪声会影响人的睡眠质量和数量。一般 40dB(A) 的连续噪声可使 10% 的人受到影响；70dB(A) 时可使 50% 的人受影响；突发噪声达到 40dB(A)，会使 10% 的人惊醒；60dB(A) 时，会使 70% 的人惊醒。

3) 干扰交谈、工作和思考

实验研究表明噪声对交谈、工作的干扰是很大的，其结果如表 13-3 所示。

4) 生理及心理影响

许多调查和统计资料表明，大量心脏病的发展和恶化与噪声有着密切的关系。噪声还会引起消化系统和神经系统方面的疾病，此外强噪声还会刺激内耳腔的前庭，使人眩晕、恶心、呕吐，如晕船一般，极强的噪声[例如 175dB(A)]还会致人死亡。吵闹环境中儿童智力发育比安静环境中低 20%，噪声还可能导致胎儿畸形。噪声对心理的影响主要表现在令人精力不能集中、烦恼、易激动，甚至失去理智。

噪声对交谈的影响　　　　　　　　　表13-3

| 噪声[dB(A)] | 主观反应 | 保证正常讲话距离(m) | 通话质量 |
| --- | --- | --- | --- |
| 45 | 安静 | 10 | 很好 |
| 55 | 稍吵 | 3.5 | 好 |
| 65 | 吵 | 1.2 | 较困难 |
| 75 | 很吵 | 0.3 | 困难 |
| 85 | 太吵 | 0.1 | 不可能 |

5）对动物的影响

强噪声会使鸟类羽毛脱落，不产卵，甚至内出血，最终死亡。美国20世纪60年代曾发生因喷气式飞机飞行试验致使鸡场的鸡被噪声杀死的事件。

### 13.3.3　交通噪声标准和测量

1）噪声标准

噪声标准是国家政府部门根据保护人体健康及环境功能的需要，以技术规范形式规定的噪声级不宜或不得超过的限制值（即最大允许值）。我国根据不同的要求及目的制定了一系列的噪声标准，为采用控制噪声技术和方法提供了依据。在这些标准中，与道路交通活动有关的噪声标准有：《工业企业噪声卫生标准》、《声环境质量标准》（GB 3096—2008）、《建筑施工场界环境噪声排放标准》（GB 12523—2011）及《汽车加速行驶车外噪声限值及测量方法》（GB 1495—2002）。其中，第一个为劳动卫生标准，第二个为环境质量标准，第三、四个为污染物控制标准。现介绍如下：

(1) 工业企业噪声卫生标准

国家卫生部及劳动总局于1979年颁发了《工业企业噪声卫生标准（试行草案）》，规定工业企业的生产车间和作业场所的工作地点的噪声标准为85dB(A)，现有工业企业经过努力暂时达不到标准时，可适当放宽至90dB(A)。该标准主要是针对劳动者的健康保护而制定的，如表13-4所示。

工业企业噪声卫生标准（试行草案）　　　　　　表13-4

| 每个工作日接触噪声时间(h) | 允许噪声[dB(A)] | |
| --- | --- | --- |
| | 现有企业 | 新建企业 |
| 8 | 90 | 85 |
| 4 | 93 | 88 |
| 2 | 96 | 91 |
| 1 | 99 | 94 |
| 最大不得超过115dB(A) | | |

(2) 声环境质量标准

我国于2008年颁布了《声环境质量标准》（GB 3096—2008），该标准适用于声环境质量评价与管理,该标准是对《城市区域环境噪声标准》(GB 3096—1993)和《城市区域环境噪声测量方法》(GB/T 14623—1993)的修订。

该标准按区域的使用功能特点和环境质量要求,将声环境功能区分为以下 5 种类型:

①0 类声环境功能区:指康复疗养区等特别需要安静的区域。

②1 类声环境功能区:指以居民住宅、医疗卫生、文化教育、科研设计、行政办公为主要功能,需要保持安静的区域。

③2 类声环境功能区:指以商业金融、集市贸易为主要功能,或者居住、商业、工业混杂,需要维护住宅安静的区域。

④3 类声环境功能区:指以工业生产、仓储物流为主要功能,需要防止工业噪声对周围环境产生严重影响的区域。

⑤4 类声环境功能区:指交通干线两侧一定距离之内,需要防止交通噪声对周围环境产生严重影响的区域,包括4a 类和4b 类两种类型。4a 类为高速公路、一级公路、二级公路、城市快速路、城市主干路、城市次干路、城市轨道交通(地面段)、内河航道两侧区域;4b 类为铁路干线两侧区域。

各类声环境功能区适用表 13-5 规定的环境噪声等效声级限值。

**环境噪声限值[dB(A)]** 表 13-5

| 声环境功能区类别 | 时段 昼间 | 夜间 | 声环境功能区类别 | 时段 昼间 | 夜间 |
|---|---|---|---|---|---|
| 0 类 | 50 | 40 | 3 类 | 65 | 55 |
| 1 类 | 55 | 45 | 4 类 4a 类 | 70 | 55 |
| 2 类 | 60 | 50 | 4b 类 | 70 | 60 |

表 13-5 中 4b 类声环境功能区环境噪声限值,适用于 2011 年 1 月 1 日起环境影响评价文件通过审批的新建铁路(含新开廊道的增建铁路)干线建设项目两侧区域。

在下列情况下,铁路干线两侧区域不通过列车时的环境背景噪声限值,按昼间 70dB(A)、夜间 55dB(A)执行:

①穿越城区的既有铁路干线;

②对穿越城区的既有铁路干线进行改建、扩建的铁路建设项目。

既有铁路是指 2010 年 12 月 31 日前已建成运营的铁路或环境影响评价文件已通过审批的铁路建设项目。各类声环境功能区夜间突发噪声,其最大声级超过环境噪声限值的幅度不得高于 15dB(A)。

(3)建筑施工场界环境噪声排放标准

我国于 2011 年 12 月发布了《建筑施工场界环境噪声排放标准》(GB 12523—2011),该标准规定了建筑施工过程中场界环境噪声不得超过表 13-6 的排放限值。该标准适用于周围有噪声敏感建筑物的建筑施工噪声排放的管理、评价及控制。市政、通信、交通、水利等其他类型的施工噪声排放可参照执行。

建筑施工场界环境噪声排放限值[dB(A)]　　　　　　　表13-6

| 昼间 | 夜间 |
| --- | --- |
| 70 | 55 |

夜间噪声最大声级超过限值的幅度不得高于15dB(A);当场界距噪声敏感建筑物较近,其室外不满足测量条件时,可在噪声敏感建筑物室内测量,并将表13-6中相应的限值减10dB(A)作为评价依据。

(4)汽车加速行驶车外噪声限值

我国于2002年发布了《汽车加速行驶车外噪声限值及测量方法》(GB 1495—2002),该标准规定:汽车加速行驶时,汽车外最大噪声级不应超过表13-7的限值。

汽车加速行驶车外噪声限值　　　　　　　表13-7

| 汽车分类 | 噪声限值 dB(A) | |
| --- | --- | --- |
| | 第一阶段 | 第二阶段 |
| | 2002年10月1日~2004年12月30日期间生产的汽车 | 2005年1月1日以后生产的汽车 |
| $M_1$ | 77 | 74 |
| $M_2$ ($GVM \leq 3.5t$) 或 $N_1$ ($GVM \leq 3.5t$): | | |
| $GVM \leq 2t$ | 78 | 76 |
| $2t < GVM \leq 3.5t$ | 79 | 77 |
| $M_2$ ($3.5t < GVM \leq 5t$) 或 $M_3$ ($GVM > 5t$): | | |
| $P < 150kW$ | 82 | 80 |
| $P \geq 150kW$ | 85 | 83 |
| $N_2$ ($3.5t < GVM \leq 12t$) 或 $N_3$ ($GVM > 12t$): | | |
| $P < 75kW$ | 83 | 81 |
| $75kW \leq P < 150kW$ | 86 | 83 |
| $P \geq 150kW$ | 88 | 84 |

说明:

(1) $M_1$、$M_2$ ($GVM \leq 3.5t$) 和 $N_1$ 类汽车装用直喷式柴油机时,其限值增加1dB(A)。

(2)对于越野汽车,其 $GVM > 2t$ 时:

如果 $P < 150kW$,其限值增加1dB(A);

如果 $P \geq 150kW$,其限值增加2dB(A)。

(3) $M_1$ 类汽车,若其变速器前进挡多于四个,$P > 140kW$,$P/GVM$ 之比大于75kW/t,并且用第三挡测试时其尾端出线的速度大于61km/h,其限值增加1dB(A)

注:1. $GVM$——最大总质量,t;$P$——发动机额定功率,kW。

2.汽车分类按《机动车辆及挂车分类》(GB/T 15089—2001)的规定。

2) 噪声测量

噪声测量方法随着测量的目的和要求而异,对不同噪声和要求采取不同的测量方法。

(1) 单车车辆噪声的测量

测量时采用声级计快挡 A 计权声级,在开阔地带进行。要求以车辆为中心在半径 50m 内不得有较大的反射面,如建筑物等引起反射声的影响,对道路要求是长 20m 以内坡度不超过 0.5% 的平直完好的干燥沥青或混凝土路面。测量时背景噪声应比所测车辆低 10dB(A) 以上,否则对测量结果加以修正。用两个传声器接收,其位置为离车辆行驶中心线两侧各 7.5m,传声器离地面高 1.2m。为避免测量人员对测试结果的影响,宜远离传声器位置,用支架将传声器固定,通过电缆与声级计连接。如图 13-1 所示,$A\text{-}A'$ 和 $B\text{-}B'$ 为测试区,车辆进入测试区,要求匀速往返 2 次,每次读取最大值,同侧 2 次读数之差应小于 2dB(A),取同侧 2 次平均值,以平均值较大的一侧数值作为车辆的车外噪声级。

(2) 建筑施工场界噪声测量

① 测点的确定。

建筑施工场地是指工程限定的边界范围以内的区域,以及规定界线以外的确实用于建筑或拆毁的其他中间准备区域。建筑施工场地的边界是指由政府有关部门限定的建筑施工场地最外面的边界线。道路交通施工场界的确定应根据交通建设部门提供的施工方案和其他与施工现场情况有关的数据确定。

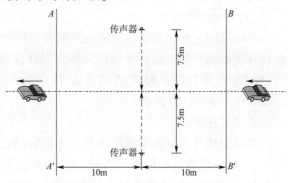

图 13-1 单车车辆噪声的测量示意图

根据被测建筑施工场地的建筑作业方位和活动形式,确定噪声最敏感建筑物或区域的方位,并在建筑施工场地边界线上选择离敏感建筑物或区域最近的点作为测点。由于敏感建筑物方位不同,对于一个建筑施工场地,可同时有几个测点。在测量报告表中应标出边界线与噪声敏感区域之间的距离。

② 测量条件。

测量仪器为积分声级计,其性能至少应符合《电声学 声级计 第 1 部分:规范》(GB/T 3785.1—2010) 中对 Ⅱ 型仪器的要求。在测量前后要对使用的声级计进行校准。如有条件,也可使用环境噪声自动监测仪,但仪器的动态范围应不小于 50dB(A),以保证测量数据的准确性。

测量时声级计或传声器可以手持,也可以固定在三脚架上,传声器处于距地面高 1.2m 的边界线敏感处。如果边界处有围墙,为了扩大监测范围也可将传声器置于 1.2m 以上的高处,但要在测量报告中加以注明。

测量应选在无雨、无雪的天气条件下进行。当风速超过 1m/s 时,要求在测量时加防风罩,如果风速超过 5m/s 时,应停止测量。

③ 测量时间。

测量分为昼间和夜间两部分,时间的划分可由当地政府确定。

④ 测量参数。

测量参数为等效连续A声级$L_{eq}$,即随时间变化的等能量稳态声级,单位为dB(A)。

⑤测量方法。

采用环境噪声自动监测仪进行测量时,仪器动态特性为"快"响应,采样时间间隔不大于1s。白天为20min的等效A声级表征该点的昼间噪声值,夜间以8h的等效A声级表征该点夜间噪声值。

测量期间,各种施工机械处于正常运行状态,并应包括不断进入和离开的车辆(例如卡车、施工机械车辆、搅拌机等)以及在施工场地上运转的车辆,这些都属于施工场地范围以内的建筑施工活动。

⑥测量报告。

测量报告中应包括:建筑施工场地及边界线示意图;敏感建筑物的方位、距离及相应边界线处测点;各测点的等效连续A声级$L_{eq}$。

(3) 环境噪声测量

环境噪声测量包括道路交通噪声测量和环境敏感点生活环境噪声测量。在道路建设之前的环境敏感点的生活环境噪声常称之为背景噪声,建成后的环境敏感点处的环境噪声是道路交通噪声和背景噪声的综合效果。这些环境噪声测量要遵守《声环境质量标准》(GB 3096—2008)的要求。

①测点选择。

道路交通噪声的测量点常选在路边0.2m处,环境敏感点测量点宜选在住宅或敏感建筑物外,离任一建筑物的距离不小于1m。传声器距地面的垂直距离不小于1.2m。不得不在室内测量时,室内的噪声限值低于所有区域标准值10dB(A)。测点距墙面和其他主要反射面不小于1m,距地板1.2~1.5m,距窗户约1.5m。要在开窗状态下测量。

②测量条件。

测量仪器使用Ⅱ型以上的积分式声级计及环境噪声自动监测仪器,其性能应符合GB/T 3785.1—2010 的要求。测量应选在无雨、无雪的天气条件下进行,风速为5.5m/s以上时,应停止测量。测量时传声器要加风罩。铁路两侧区域环境噪声测量,应避开列车通过的时段。

③测量时间。

如果一日之内的声级变化较大,而每天却有相同的规律,则选择具有代表性的一天测量其等效连续A声级即可;若噪声级不但在一日内有变化,而且日间变化也较大,按周期且表现有明显的规律,此时可选择具有代表性的一个周期测量其等效连续A声级。环境噪声测量分昼间和夜间两部分分别进行。昼间和夜间中的具体测量时间应根据噪声在一天内的变化情况而定,选取具有代表性的时间段作为测量时间。

④测量参数。

测量参数为等效连续A声级$L_{eq}$,单位为dB(A)。交通噪声测量时,同时要记录交通量、测试时间。

⑤测量方法。

仪器的时间计权特性为"快"响应,采样时间间隔不大于1s。

⑥测量报告。

测量报告中应包括测点与环境敏感点或道路的相对位置示意图,道路交通量及各测点的等效连续 A 声级 $L_{eq}$。

## 13.4 振动污染调查与分析

### 13.4.1 振动的产生及危害

1) 道路交通振动的产生

当车辆行驶于凹凸不平或有较深车辙的路面上,车辆产生上下、左右或前后颠簸、摇动,这种不断变化方向上的冲击力量作用于车体的各部分及车上的乘客,并作用于路面,路面又将这巨大的外力传给路基,路基土壤又传给道路两侧房屋设施,于是沿线一带就产生了不同程度的振动。这就是一队汽车从路旁驶过或桥上通过时,人们明显地感到震动或摇晃的原因,尤其是夜深人静时感受倍增。地铁或火车通过时也对周围建筑物产生振动,当振动超过某种限度就会对人的心理和生理上产生某种有害影响。

2) 道路交通振动的危害

近年来由于重型车辆、超重型车辆及拖挂列车的迅速增长,发动机功率增大,交通量剧增,汽车在运动中产生的振动越来越大,不仅对周围环境和生活产生影响,破坏安静的气氛,使道路两旁房屋门窗振动、墙面发裂,还由于汽车引起的振动在时间上不分昼夜,连续发生,给沿线居民的身体健康产生不利影响,使人感到疲劳烦躁、焦虑不安。这种不利影响从受害程度可分为:

(1) 降低人的舒适性(使人产生不快);
(2) 降低人的工作效率,增加人的疲劳;
(3) 降低人的健康素质。

### 13.4.2 振动的感觉

根据国际标准化组织对人体振动的研究,振动对人体的作用方式有 3 种情况:一是振动时作用于人体的主表面或基本部分;二是振动只是通过支撑面传递给人(如站立或坐在汽车上);三是振动作用在人的某一部分或器官(振动的手柄或头枕)。道路交通中的振动主要为第二种,即当人乘车时站立或坐在车中以及在路旁建筑物中,还由于受振的部位、频率、强度、方向和振动持续时间等的不同,其感受反应也不同,人体感受振动的范围一般在 0.1 ~ 500Hz,受害主要振动域为 1 ~ 90Hz。

根据《城市区域环境振动测量方法》(GB 10071—1988)规定,人体全身振动的感受与振动加速度的对数值大体成正比,故振动大小可以以加速度与基准振动加速度之比的以 10 为底的对数乘以 20 来表示,记为 VAL,单位为分贝[dB(A)],其定义为:

$$VAL = 20\lg \frac{A}{A_0} \tag{13-7}$$

式中:$A$——振动加速度的有效数值,$m/s^2$;

$A_0$——基准振动加速度,$10^{-6} m/s^2$。

国际上 $A_0$ 采用 $10^{-6} m/s^2$,当垂直振动时,振动频率为 4 ~ 8Hz,一般认为人感受出的最

小振动加速度为 $10^{-2} \mathrm{m/s^2}$，所以 $L = 20\lg\dfrac{A}{A_0} = 20\lg\dfrac{10^{-2}}{10^{-5}} = 60(\mathrm{dB})$。

### 13.4.3 振动的标准及测量

1）振动的标准

由于人体对振动的感受极其复杂，影响因素众多，且很多参数难以量测和取得定量指标，所以我国目前还未制定出全国性的统一标准，国际标准 ISO 2631—1987E 也仅就 1～80Hz 频率范围做出了规定。我国于 1988 年正式颁布了城市区域环境振动标准（如表 13-8 所示），对不同地带白天、夜间允许振动的邻界值做出了规定，其中稳态振动是指观测时段内振级变化不大的环境振动，冲击振动为具有突发性振级变化的环境振动，无规振动为未来任何时刻不能预先确定振级的环境噪声。

城市区域环境噪声振动标准（GB 10071—1988）　　　表 13-8

| 使用地带 | 昼间铅垂向下[dB(A)] | 夜间铅垂向下[dB(A)] | 备注 |
| --- | --- | --- | --- |
| 特殊住宅区 | 65 | 65 | 本标准适用于连续发生的稳态振动、冲击振动和无规振动每日几次冲击振动，最大昼间不许超过10dB(A)，夜间不许超过3dB(A) |
| 居民、文教区 | 70 | 67 | |
| 混合区、商业中心 | 75 | 72 | |
| 工业集中区 | 75 | 72 | |
| 交通干线道路两侧 | 75 | 72 | |
| 铁路干线两侧 | 80 | 80 | |

北京市为保护居民的身心健康，参考国外资料和北京市实际情况制定了一项限制振动的规定《北京市区环境振动标准》，对道路交通的振动提出了具体的要求，如表 13-9 所示。

北京市区环境振动标准　　　表 13-9

| 区域类别 | 白天[dB(A)] | 夜间[dB(A)] |
| --- | --- | --- |
| 一类区（安静的居民区）（$L_{10}$） | 65 | 60 |
| 二类区（工商业混杂区）（$L_{10}$） | 70 | 65 |

2）道路交通振动的测量

北京市测量地点多选择道路用地边界，测量时间选取可代表该路段交通振动强度的时间，如某天的白天与夜间，各测 4h 以上，每小时至少 1 次，将所测各小时之数值次数累计曲线的 10% 的数值作为 $L_{10}$，振动的大小取所测定值的平均值。

日本常用 JISC 1500 振动强度计测定，地点选在道路用地边界线边缘，振动示波器设在能满足下列条件的地点或地段：

（1）无缓冲物，且用脚踩踏十分坚实的地点；

（2）无倾斜凹凸的水平地段；

（3）不受温度、强电、磁场等影响的地点。

具体测法为间隔 5s 连续取定，取得 100 个数据，如交通量在 200 辆/h 以下，20s 以上无车辆通过，则此车辆通过时间前后 5s 以外数据剔除，数据整理时取 100 个数据中的 80% 界限上限值，并以此划分白天与夜间，其每个数值的平均值即为振动声级，对于一般地带环境振动的测量方法可按国标(GB 10071—1988)或参考 ISO/DP 8041—1984 有关条款进行。

## 课后习题

1. 何谓道路交通污染？道路交通环境污染主要包括哪些方面？
2. 按照《声环境质量标准》(GB 3096—2008)规定,声环境功能区分为哪几种？
3. 如何对单车车辆噪声进行测量？
4. 道路交通振动是如何产生的？

# 第14章 面向交通规划的调查

**【教学目标】**

交通调查在交通规划中占有重要地位,交通系统的实际数据是进行科学的交通规划不可或缺的必要条件,在规划过程中的每一个阶段都离不开各种各样来自实际系统的数据,以帮助建立模型或检验理论推导的正确性。本章将分别介绍城市综合交通规划和公路网规划中的交通调查项目和要求。本章的教学内容主要包括:

(1) 基本内容:城市综合交通规划的调查内容、方法、要求,公路网规划的调查内容、方法、要求;

(2) 重点:居民出行调查,公路机动车 OD 调查;

(3) 难点:居民出行调查,公路机动车 OD 调查。

通过本章内容学习希望能够达到以下几个目标:

(1) 掌握:城市综合交通规划的调查内容、居民出行调查、城市道路交通调查、出入境交通调查、公共交通调查,公路网规划的调查内容、公路机动车 OD 调查;

(2) 理解:城市社会经济系统调查与分析,城市交通运输服务系统调查,区域社会经济调查,公路交通基础设施调查,综合运输调查;

(3) 了解:城市综合交通规划调查的成果整理要求。

## 14.1 概述

### 14.1.1 交通规划

交通规划与土地利用、社会经济条件、运行模式及其时间变化等因素有关,特别是土地利用,与交通规划密切相关,一定要促使它们之间相互适应。交通规划的目的就是要设计快捷、安全、高效的交通系统,以便为经济发展和社会进步服务。

交通运输系统是一个复杂的动态开放系统,可分为"大交通"系统和"小交通"系统。所谓"大交通"系统是指道路交通系统、轨道交通系统、水上交通系统、空中交通系统和管道交通系统;所谓"小交通"系统是指道路交通系统,即指地面部分的交通。因此,交通规划相对于一个单项工程、一个交通设施来说,是属于整体的、全局性的问题,需要进行宏观的研究和战略决策。

从时间来分,有长期交通规划和短期交通规划。前者重点在于新的交通政策、交通战略、新的交通网络或对现有设施的重大改造等;后者着重在于如何挖掘现有设施的潜力和发挥新设施的作用,即交通治理和局部设施改造。

从区域来分,有城市交通规划和区域交通规划。前者是城市范围内的交通规划,其特点为内容复杂、模型多样、方法较成熟;后者是指较大区域的交通规划,其特点是范围大、环境多样、尚无统一模式。

从内容来分,有单项交通规划和综合交通规划。单项交通规划是关于某种交通方式的规划,例如公路网规划、城市公共交通规划等。综合交通规划是将对象区域内各种主要交通方式综合起来进行的规划。

### 14.1.2 交通规划中交通调查的意义

交通调查在交通规划中占有重要地位。首先,交通系统的实际数据是进行科学的交通规划不可或缺的必要条件,在规划过程中的每一个阶段都离不开各种各样来自实际系统的数据,以帮助建立模型或检验理论推导的正确性。另外,数据的调查不是一件轻松的工作。如前所述,交通规划所面临的是一些复杂的系统,正是由于系统的复杂性,所调查的数据将是多样的和庞大的,需要耗费大量的人力物力,一般交通调查要耗费整个交通规划 1/3～2/3 的费用。社会经济系统、交通运输服务系统和交通活动系统是运输系统分析的三个基本要素,如图 14-1 所示。交通规划的任务归根结底是

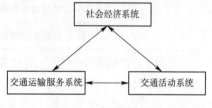

图 14-1　运输系统构成

要建立这三者之间的定性、定量关系,求得它们之间的协调与平衡发展。在进行定量分析和预测之前首先要进行这三方面的调查研究,收集必要的基础数据。

下面就城市综合交通规划和公路网规划分别介绍相应的调查项目和调查方法,其他交通专项规划根据规划内容和深度可参照执行。

## 14.2　面向城市综合交通规划的交通调查

城市综合交通规划是将城市对外交通、城市内各类交通与城市发展、用地布局结合起来进行系统性综合研究的规划。城市综合交通调查是分析城市交通现状与问题的必要途径,为建立交通需求预测模型并预测交通需求、分析交通的供需平衡以及交通供需关系发展趋势等提供基础数据。城市综合交通调查是制定科学合理的交通规划的基本前提和极其重要的环节。本节结合《城市综合交通体系规划编制导则》(建城〔2010〕80 号)介绍面向城市综合交通规划的交通调查,由于前文已经介绍了很多相关的调查项目的调查与分析方法,这里重点介绍在城市综合交通规划中需要进行的调查项目及其要求。

### 14.2.1　调查内容

城市综合交通规划调查需要实施的调查内容主要取决于城市交通模型开发或修正要

求、城市综合交通体系规划及各类交通专业规划的基础数据需求,其他考虑的因素还包括不同类型调查对象、调查可获取的数据、调查实施的成本及复杂性等。

当进行交通模型开发或修正以及城市综合交通体系规划时,一般需要实施的调查项目如表 14-1 所示。其中居民出行调查、城市道路交通调查、出入境交通调查和公共交通调查为必须开展的调查项目。

城市综合交通规划的主要调查内容　　　　表 14-1

| 类　　别 | 序号 | 调查项目 | 类　　别 | 序号 | 调查项目 |
| --- | --- | --- | --- | --- | --- |
| 城市社会经济系统调查 | 1 | 土地利用调查 | 城市交通活动系统调查 | 9 | 居民出行调查 |
|  | 2 | 社会经济调查 |  | 10 | 城市道路交通调查 |
|  | 3 | 自然情况调查 |  | 11 | 出入境交通调查 |
| 城市交通运输服务系统调查 | 4 | 城市道路调查 |  | 12 | 公共交通调查 |
|  | 5 | 交通管理与控制设施调查 |  | 13 | 商用车辆调查 |
|  | 6 | 城市公共交通设施调查 |  | 14 | 交通生成源调查 |
|  | 7 | 城市对外交通枢纽调查 |  | 15 | 停车调查 |
|  | 8 | 对外公路调查 |  | 16 | 流动人口出行调查 |

另外,随着城市交通信息化水平的提高,交通信息采集和挖掘在综合交通调查中的作用日益凸显。具备条件的城市可在充分利用信息化数据的基础上,对城市综合交通调查的调查项目及内容进行适当调整。常见的信息化数据利用技术包括:

(1)利用公交车 GPS 数据及公交 IC 卡刷卡数据对公交客流特征的分析技术;

(2)利用车辆 GPS 数据对车速的分析技术;

(3)利用视频数据对道路机动车流量的分析技术;

(4)利用移动信息数据对居民出行特征的分析技术等。

### 14.2.2　城市社会经济系统调查与分析

1)土地利用调查

土地利用调查的内容包括整个城市各分区现状用地状况和规划的土地开发计划。具体项目应包括:

(1)特殊用地(包括交通、绿化等)的用地量;

(2)基础产业(包括工业、大型贸易公司、中央政府机关、大学等)用地;

(3)非基础产业(包括商业、服务业、地方政府、中小学、医院等)用地;

(4)住宅用地量及开发密度。

土地利用调查一般可以从有关政府部门获得,如规划部门、土地管理部门,一般都有现成的数据和统计分析图表,可拿来后根据需要作适当加工。表 14-2 给出了一个分年度的统计用的样表。也可以分区制表,如表 14-3 所示。

面向交通规划的调查　第14章

**土地利用年度统计表**　　　　　　　　　　　　　　　　　　　表 14-2

年度_____

| 分区 | 特殊用地 | | | 基础产业 | | | | | 非基础产业 | | | | | 住宅 | |
|---|---|---|---|---|---|---|---|---|---|---|---|---|---|---|---|
| | 交通 | 绿化 | 其他 | 工业 | 大型商贸 | 政府机关 | 大学 | 其他 | 商业服务 | 地方政府 | 中小学 | 医院 | 其他 | 用地面积 | 开发密度 |
| 1 | | | | | | | | | | | | | | | |
| 2 | | | | | | | | | | | | | | | |
| … | | | | | | | | | | | | | | | |
| N | | | | | | | | | | | | | | | |
| 总计 | | | | | | | | | | | | | | | |

**土地利用分区统计表**　　　　　　　　　　　　　　　　　　　表 14-3

分区_____

| 分区 | 特殊用地 | | | 基础产业 | | | | | 非基础产业 | | | | | 住宅 | |
|---|---|---|---|---|---|---|---|---|---|---|---|---|---|---|---|
| | 交通 | 绿化 | 其他 | 工业 | 大型商贸 | 政府机关 | 大学 | 其他 | 商业服务 | 地方政府 | 中小学 | 医院 | 其他 | 用地面积 | 开发密度 |
| 2000 | | | | | | | | | | | | | | | |
| 2001 | | | | | | | | | | | | | | | |
| … | | | | | | | | | | | | | | | |
| 2014 | | | | | | | | | | | | | | | |
| 总计 | | | | | | | | | | | | | | | |

2) 社会经济调查

社会经济调查的内容包括对象区域的以下指标：

(1) 人口：总量、分布、构成、迁移情况、增长情况等；

(2) 国民经济：人均收入、投资情况、各产业产值等；

(3) 产业：结构、布局；

(4) 客货运输：运输量、各种运输方式比重等；

(5) 交通工具：拥有量、构成等。

社会经济调查应包括历史及现状的资料数据，这些资料一般可从统计部门、交通部门等政府机构获得。获得这些资料后，再根据需要进行适当的加工。

3) 自然情况调查

自然情况调查包括：气候、地形地貌、地质、自然资源、旅游资源等。气候、地形地貌和地质条件很大程度上决定各种交通的系统布局，例如山区城市的道路网结构多是自由式的，人们也较少采用自行车出行。对象区域的自然资源和旅游资源则对该区域的交通出行量有很大影响。如矿产自然资源丰富的地区矿石运量就多，旅游资源则刺激该地区的客运量。这些资料都可以从相应的专业政府部门获得。气候、地形地貌、地质资料基本上是稳定不变的;而自然资源和旅游资源可能会随时间变化的,例如自然资源会随不断开采而减少,或因新的勘探发现而增多。因此对于这两种资源应该分年度列出数据。

上述城市社会经济系统调查数据,最好能细化至交通小区层面,以便用于交通模型分析。

### 14.2.3　城市交通运输服务系统调查

1) 城市道路调查

城市道路系统的调查内容主要有:

道路网——道路网的总体布局,包括道路、停车场和加油站的位置。

路段——各路段的线形(平面、纵断面、横断面),车道划分,分隔设施,通行能力,路面质量等。

交叉口——交叉口的形式、几何布置、控制方式等。

停车场——停车场的面积、泊位数、开放时间、停车方式及收费等。

加油站——加油站的布局、规模、面积。

以上项目的详细数据大部分可以到市政管理部门查得,有一些可能要补充实地勘测。

2) 交通管理与控制设施

道路交通管理与控制设施调查包括交通管理措施、交通安全状况、交通管理队伍建设、交通管理水平、交通秩序等内容。

道路交通管理措施——禁左、单行、交叉口渠化设施、信号灯配时方案及车道转向方案、其他控制方案(如停车、让行,限速等警告标志等)。

道路交通安全状况——交通事故发生率、交通事故死亡率、交通事故多发地点整治情况、交通安全宣传、交通法规建设状况等。

道路交通管理队伍建设——交通管理队伍规模、知识水平、技术装备、管理制度等。

道路交通管理水平——交通管理设施与手段的现代化程度、交通管理信息系统建设水平、交通指挥中心建设水平等。

道路交通秩序——机动车遵章情况、非机动车遵章情况、行人遵章情况、停车遵章情况等。

3) 城市公共交通设施调查

城市公共交通(含常规公交、快速公交和轨道交通)设施的调查内容有:

公交网——公交路线的总体布局。

线路——各线路的里程长度、运营时间、发车频率、客运能力。

站场——起始站、停靠站、整备场(即维修补给站)等。

衔接——市内交通枢纽点的布置、普通公交与轨道交通的衔接情况。

4) 城市对外交通枢纽调查

调查内容包括航空港、公路客货运站、铁路客货运站、客货运码头的布局、容量、广场上城市交通的站点位置、各类城市交通方式的比重配备和集散能力。

5) 对外公路调查

调查内容包括整个城市的对外公路布局、各路段的技术参数等级、车道布置、设计速度、通行能力等。

### 14.2.4 居民出行调查

1) 调查对象、内容和方法

研究区域内按一定抽样原则确定的居民住户，包括家庭户和集体户。家庭户是以家庭成员关系为主、居住一处共同生活的人口作为一个家庭户。单身居住独自生活的，也作为一个家庭户。相互之间没有家庭成员关系，集体居住共同生活的人口，作为集体户。研究区域通常为城区（即中心城区），可根据需要扩展至区域（如市域、城市连绵地带等）。

调查内容应包括住户特征、个人特征、车辆特征和出行特征4大类：

（1）住户特征应包括住户住址、总人口、住房建筑面积、住房性质、住户拥有交通工具等信息；

（2）个人特征应包括性别、年龄、户籍、与户主关系、职业、文化程度、有无驾照等信息；

（3）车辆特征应包括车辆类型、车辆性质、车龄、车辆行驶总里程、工作日一天平均行驶里程等信息；

（4）出行特征包括出行地点、出发时间、各出行段交通方式、主要交通方式、到达地点、到达时间、同行人数、出行支付、停车费等信息。

居民出行调查采用抽样调查方法，通过调查员入户访问、信函、电话等一种或多种方式结合的手段，以户为单位进行。可借助于手持终端等电子媒介，以提高调查的精度。

2) 调查方案设计

（1）调查背景资料收集和分析

居民出行调查设计与实施前，应收集和分析研究区域：

①人口资料，包括最新人口普查资料、人口统计资料等；

②历次居民出行调查及其他交通调查资料等；

③交通出行信息数据，如交通出行需求分析模型等；

④能够用于住户抽样的基础数据；

⑤用于出行地址地理编码的基础数据。

（2）调查样本设计

居民出行调查样本应在研究区域住户基本信息库（如居民花名册）的基础上按均匀抽样或分类均匀抽样的原则来选取，保证每一类住户都有被抽中的概率，并且同一类住户（如同类区域或具有相同户属性的住户等）有相同的概率被抽中。

当居民出行调查数据应用于研究区域交通模型开发和修正，以及城市综合交通体系规划时，100万人口以上的城市的最小抽样率不低于1%，50万~100万人口城市不低于2%，20万~50万人口城市不低于3%，20万人口以下城市不低于5%。

（3）调查表格设计

住户特征各调查项说明与分类可参考表14-4。个人特征各调查项说明与分类可参考表14-5。车辆特征各调查项说明与分类可参考表14-6。出行特征各调查项说明与分类可参考表14-7。居民出行调查表可参考本书第7章相关表格。

**住户特征调查项目**　　　　　　　　　　　　　　　　　　　　　　　表 14-4

| 序号 | 调查项 | 说　明 | 选项分类 |
|---|---|---|---|
| 1 | 住户住址 | 住户详细地址 | |
| 2 | 家庭总人口 | 调查日居住在家庭中的人口数,包括在家中临时居住的亲友、老人和保姆等 | |
| 3 | 住房建筑面积 | 受访住户实际居住房屋建筑面积 | |
| 4 | 住房性质 | 受访住户实际居住房屋权属性质 | 1.自有住房;2.租(借)房屋;3.雇主提供;4.其他 |
| 5 | 家庭拥有交通工具 | 受访住户拥有各类交通工具数量 | 1.小汽车;2.摩托车;3.电动自行车;4.自行车;5.其他 |

**个人特征调查项目**　　　　　　　　　　　　　　　　　　　　　　　表 14-5

| 序号 | 调查项 | 说　明 | 选项分类 |
|---|---|---|---|
| 1 | 性别 | 受访人性别 | 1.男;2.女 |
| 2 | 年龄 | 受访人年龄 | |
| 3 | 户籍 | 户口所在地及居留时间 | 1.本市户籍;2.非本市户籍,居留6个月以上;3.非本市户籍,居留6个月以内 |
| 4 | 与户主关系 | 一个登记为户主,其他人围绕该人来填写 | 1.户主;2.配偶;3.子女;4.父母;5.岳父母或公婆;6.祖父母;7.媳婿;8.孙子女;9.兄弟姐妹;10.其他 |
| 5 | 职业 | 受访人职业 | 1.单位负责人;2.专业技术人员;3.办事人员和有关人员;4.商业、服务业人员;5.农、林、牧、渔、水利业生产人员;6.生产、运输设备操作人员及有关人员;7.军人;8.中小学生;9.大专院校学生;10.离退休人员;11.其他 |
| 6 | 文化程度 | 按照国家教育体制,受访人接受教育的最高学历 | 1.小学及以下;2.初中;3.高中或中专;4.大专;5.本科;6.研究生 |
| 7 | 有无驾照 | 受访人机动车驾驶执照持有情况 | 1.有;2.无 |

**车辆特征调查项目**　　　　　　　　　　　　　　　　　　　　　　　表 14-6

| 序号 | 调查项 | 说　明 | 选项分类 |
|---|---|---|---|
| 1 | 车辆类型 | 受访人主要使用机动车的车辆类型 | 1.小轿车;2.越野车(SUV);3.商务车、客货两用车(MPV);4.小型货车;5.摩托车;6.其他 |
| 2 | 车辆性质 | 受访人主要使用机动车的权属性质 | 1.自有;2.租赁;3.雇主提供;4.其他 |

续上表

| 序号 | 调查项 | 说　　明 | 选 项 分 类 |
|---|---|---|---|
| 3 | 车龄 | 受访人主要使用机动车的使用年数 | |
| 4 | 车辆行驶总里程 | 受访人主要使用机动车的当前总行驶里程 | |
| 5 | 工作日一天平均行驶里程 | 受访人主要使用机动车近期工作日平均行驶里程 | |

出行特征调查项目　　　　　　　　　　表 14-7

| 序号 | 调查项 | 说　　明 | 选 项 分 类 |
|---|---|---|---|
| 1 | 出发地点 | 本次出行出发地详细地址 | |
| 2 | 出发时间 | 本次出行离开出发点的时间 | |
| 3 | 出行目的 | 本次出行的目的 | 1.上班;2.上学;3.公务;4.购物、餐饮;5.文体娱乐、旅游休闲;6.探亲访友;7.看病、探病;8.陪护;9.回家;10.其他 |
| 4 | 交通方式次序 | 本次出行各出行段所采用的交通方式,按使用次序依次填写 | 1.步行;2.自行车;3.电动自行车;4.公交车;5.轨道交通;6 小汽车(自驾);7.小汽车(搭乘);8.班车;9.出租车;10.摩托车;11.其他 |
| 5 | 主要交通方式 | 本次出行中使用距离最长的一种交通方式 | |
| 6 | 到达地点 | 本次出行目的地详细地址 | |
| 7 | 到达时间 | 本次出行到达目的地的时间 | |
| 8 | 出行支付 | 本次出行支付的车票费用,包括公交、地铁票费用、出租车费等 | |
| 9 | 机动车停车费用 | 本次出行支付的停车费用 | |
| 10 | 同行人数(含本人) | 本次出行的同行人数,含本人 | |

注:当采用基于活动的调查时,应保证以上信息能从调查中直接或间接得到。

3)调查数据处理

(1)数据编码与录入

录入前应将一次出行的出发地和到达地转换为数字信息,如经纬度坐标、交通小区号、统计分区号等。应优先考虑经纬度坐标编码,以利于对出行数据不同需求的分析和应用。

应建立专门的地址信息库或借助于商业电子地图来进行地理编码,回收问卷时确保出发地和到达地填写出现交叉口、地标建筑等有助于提高编码的效率。难以编码的地址应再次联系调查对象以确定其编码。

应对地址编码进行总体检查,确保同一地址(本次出行的到达地与下次出行的出发地)有同一编码,并检查出行的方式、时耗及由地理编码计算的空间距离的合理性。

对出行目的等复杂变量宜采用多位数编码,以利于未来细分及保持较好的一致性。

应开发专门的数据录入程序,以调高数据录入的效率和准确性。在录入过程中实现对各项变量值域和一般逻辑性的检查,并保证家庭信息、个人信息、车辆信息和出行信息的对应关系。

(2) 数据校核

样本偏差检验:应从调查样本是否符合均匀抽样的要求、总体样本属性参数的均值和比例结构三个方面来检验和测量样本偏差。

应检查样本在地理空间上分布的均匀性。用于评价样本偏差的属性参数应包括家庭规模、车辆拥有情况、人口年龄结构、性别比例等。样本总体偏差可采用均方根误差的百分率(RMSE)来表示:

$$\text{RMSE} = \sqrt{\frac{1}{n_i}\sum_{i}^{n_i}\frac{1}{n_{ji}}\sum_{j}^{n_{ji}}\left(\frac{r_{ij}-S_{ij}}{r_{ij}}\right)^2} \times 100\% \tag{14-1}$$

式中: $n_i$ ——变量 $i$ 数目;

$n_{ji}$ ——变量 $i$ 分类 $j$ 数目;

$r_{ij}$ ——变量 $i$ 分类 $j$ 的参考值;

$S_{ij}$ ——变量 $i$ 的分类 $j$ 的样本值。

数据清洗:对数据的完整性、异常值和一致性进行检查,对缺失数据项和错误数据项进行替代。

①核实每条记录的完整性;

②检查和确认每一数据项的编码有效性;

③评价数据的内部一致性;

④对错误数据项替代前检查能否从已知信息推断出正确值;

⑤对替代数据进行标记。

(3) 数据加权与扩样

加权是对一个样本中的观测值赋予权重的过程,以使样本加权后能代表总体。权重一般通过对比样本的变量值与可靠的外部数据源(如人口普查数据)的变量值来确定。扩样是对一个样本中的观测值乘以扩样系数以使样本在扩样后为总体的估计值。扩样系数为抽样率的倒数。

居民出行调查数据在分析应用前应进行加权和放样的过程,并将最终确定的权重及加权过程说明文件与调查数据库一并存档。加权和放样的过程可单独进行,最后应将扩样系数包含权重中形成一个因子(即权重),以使加权后结果与全体人口的估计值相当。应依次计算家庭和个人的权重,出行的权重一般继承相应个人的权重。

4) 调查成果

调查成果包括调查数据库和调查统计分析报告。

(1) 调查数据库

居民出行调查数据库应包括:

①原始调查数据库,可分为住户信息、个人信息(车辆信息关联至个人信息)、出行信息三部分内容;

②调查交通小区划分图、地址信息库、交通网络图等;

③关于数据的说明文件,包括抽样步骤、加权过程、数据清洗过程等;

④修正数据库及相应的修正说明文件。

(2) 调查统计分析报告

居民出行调查统计分析报告通过分析居民出行起止点、出行目的、出行方式、出行时刻、出行距离和出行次数及其空间分布等信息,认识居民出行的基本交通特征和流动规律,进而掌握城市交通需求与供给的相互关系,为建立交通模型以及交通规划设计和政府决策等提供基础性支撑。

居民出行调查统计分析报告主要包括调查过程情况介绍和调查统计成果。调查过程情况包括调查目的、调查方法、调查内容、调查组织实施、调查规模与样本质量、调查居民基本情况等。调查统计成果主要包括:

①出行次数:人均出行次数、有出行者人均出行次数、按家庭人口规模及小汽车拥有量交叉分类的家庭平均出行次数等;

②出行量:出行总量水平、分方式出行总量等;

③出行方式:总体、分目的、分职业、分年龄段、分出行时耗段的出行方式构成;

④出行目的:总体、分方式、分职业、分年龄段的出行目的构成;

⑤出行时耗:总体、分方式、分目的、分年龄段的平均出行时耗;

⑥出行距离:总体、分方式、分目的、分年龄段的平均出行距离;

⑦出行时间分布:总体、分方式、分目的的出行时间分布、高峰小时系数等;

⑧出行空间分布:总体、分方式、分目的、高峰小时出行空间分布等。

### 14.2.5 城市道路交通调查

1) 核查线道路流量调查

(1) 调查内容

数据收集内容应包括所有被调查道路横断面形式和车道数量。

现场调查内容为一定时间间隔内(10min 或 15min)通过被调查道路断面的机动车、非机动车交通量,应包括调查时间、调查方向、车型和交通量,调查车型参见表 14-8。

调查车型分类　　　　　　　　　表 14-8

| 序号 | 车辆类型 | 说　明 | 序号 | 车辆类型 | 说　明 |
|---|---|---|---|---|---|
| 1 | 小客车 | 指蓝色车牌,低于8座(含8座)的客车 | 7 | 其他车 | 为特种车(工程车、油罐车、消防车等)、拖拉机等 |
| 2 | 出租车 | 出租营运车辆 | 8 | 摩托车 | 指2轮或3轮摩托车 |
| 3 | 公交车 | 公交营运车辆 | 9 | 电动自行车 | 助力车 |
| 4 | 大客车(非公交) | 指黄色车牌的客车,8座以上的客车 | 10 | 自行车 | |
| 5 | 大货车 | 指黄色车牌的货车 | 11 | 三轮车 | |
| 6 | 小货车 | 指蓝色车牌的货车 | | | |

注:根据城市具体运营公交车型,可对公交车型进行细分。

(2) 调查时间、地点选择

调查道路选取应为核查线一侧相交的所有道路。调查地点选择应避开交叉路口,选取路段中间便于调查统计的地点。

不同调查点的调查时段根据交通需求预测模型标定要求进行确定,应包含全日高峰时段,宜开展12h或24h连续观测。

(3) 调查方法

调查方法应采用人工计数、录像法等方法,有条件的城市优先考虑结合视频流量检测、地磁检测、红外检测等先进技术方法。

(4) 调查成果

撰写调查统计分析报告,对以下特征信息进行分类统计分析:

①核查线道路交通流量分布特征;

②核查线道路交通流车型构成特征;

③核查线道路交通流时间分布特征;

④道路交通负荷水平分析;

⑤(结合历史调查数据)交通量增长趋势分析。

2) 车速调查

(1) 调查内容

数据收集内容应包括所有被调查道路的横断面形式、车道数量、路况情况。

现场调查内容应为调查时段内通过城市道路上某一区间的车流平均行程车速。

(2) 调查时间、调查路段选择

调查时间及路段应根据交通需求预测模型标定要求进行选择,调查时段应包含全日高峰时段,宜开展12h连续观测;调查路段应覆盖城市主要交通通道。

调查路段应进行区段划分,可根据1km距离或者交叉口划分。

(3) 调查方法

调查方法宜采用跟车法调查,有条件的城市可采用浮动车法。

(4) 调查成果

调查统计分析报告通过分析机动车和非机动车流量,认识城市机动车和非机动车流量分布,掌握关键截面和重要路段的交通量状况,为建立和标定交通模型以及各种交通改善措施等提供基础性支撑。撰写调查统计分析报告,主要对以下特征信息进行统计分析:

①道路高峰时段和全日主要道路平均行程车速;

②车辆延误。

### 14.2.6 出入境交通调查

1) 调查内容

出入境交通调查前应收集以下基础资料:

①城市道路(公路)网电子地图;

②出入境收费站设施资料,比如收费站分布、收费广场布局等;

③出入境交通量统计资料和信息采集数据。

出入境交通调查内容应包括出入境交通量调查和出入境交通出行调查。

出入境交通量调查是指调查出入境机动车基本特征，主要包括车型、时间和车辆数等。车型可划分为小客车、大客车、小货车、大货车、集装箱卡车、摩托车、其他车等，可根据交通需求预测模型要求调整车型。

出入境交通出行调查是指在出入境交通量调查基础上，进一步调查出入境机动车出行特征，主要包括出发地、目的地、出行目的、额定座位数（客车）、载客人数（客车）、额定载货吨数（货车）、载货种类（货车）、外地车停留天数、行驶主要道路（公路）等。

2）调查时段、地点选择

调查时段应包括全日高峰时段，宜采用12h或24h连续观测，或根据交通需求预测模型要求综合确定。

出入境交通量调查地点宜包括穿越研究区域边界的所有道路（公路）路段，或根据道路（公路）等级、对外方向、交通量规模等选取主要道路（公路）路段，且符合交通需求预测模型要求。出入境交通出行调查的拦车问询地点应选择空间较为开阔的地点，便于停放拦截的车辆，保障调查员人身安全，并尽量降低对道路交通的影响，比如公路收费站的收费广场或展宽段。

3）调查方法

出入境交通量调查可采用观测法或信息化技术采集。现阶段常用信息化技术有收费站收费卡或ETC技术、感应线圈技术、牌照识别技术等。

出入境交通出行调查可采用问询法，由交警或道路（公路）管理人员协助调查员在调查点拦截样本车辆问询。抽样方法宜采用均匀抽样法，样本量取决于调查点交通量规模、调查时段和问卷问题数量等，平峰时段的抽样率宜大于高峰时段的抽样率，一般抽样率不低于调查点机动车交通量的10%，且样本量不低于300辆。如果样本量低于300辆，应提高抽样率乃至进行全样调查。

4）调查成果

调查成果应包括调查数据库和调查统计分析报告。调查数据库主要包括出入境交通调查的原始数据、成果数据和交通设施电子地图等。调查统计分析报告主要包括调查过程情况介绍和调查成果研究。调查过程情况包括调查方案设计、调查组织实施、调查数据处理等。应对以下特征信息进行统计分析：

①出入境交通流量、流向、车型构成、时间分布、高峰小时系数、通道分担比例、通道高峰饱和程度等；

②出入境交通出行特征包括出入境交通出行目的、研究区域外部出行空间分布和研究区域内部出行空间分布、研究区域外部主要通道和研究区域内部主要通道、平均载客人数和满载率（客车）、平均载货吨数和满载率（货车）、载货种类、外地牌照车辆在研究区域内停留天数等。

### 14.2.7 公共交通调查

1）调查内容

城市公共交通调查是指城市公共汽（电）车交通调查和城市轨道交通调查，其他公共交通调查可参考开展。

城市公共交通调查前应收集以下基础资料：

(1)公共交通行业基础设施资料,比如公交车辆、场站等。

(2)公共交通运营线路GIS地图,比如公交线路走向、站点分布等。

(3)公共交通运营线路运营计划,比如轨道交通运营列车的运行状况,包括发车间隔、列车编组、车辆类型、运营速度、停站时间等。

(4)公共交通站点配套交通设施,比如小汽车、自行车停放点等。

(5)公共交通行业客流统计资料和信息化采集资料。

城市公共汽(电)车交通调查可包括公交客流调查、公交车辆运行调查和公交乘客出行调查等。

(1)公交客流调查是指调查公交核查线、客运走廊、线路、枢纽的客流量。其中,公交核查线客流调查是指调查穿越河流、铁路、高速公路(快速路)等城市天然分割线的公交客流量,公交客运走廊客流调查是指调查城市公交走廊主要断面的客流量,公交线路客流调查是指调查公交线路的上(下)客流量、断面客流量和站间客流OD等,公交枢纽客流调查是指调查公交枢纽的上(下)客流量和换乘量等。

(2)公交车辆运行调查是指调查公交线路运营车辆的运行状况,包括发车班次、车辆类型、额定载客人数、行程车速、停站时间、延误情况等。

(3)公交乘客出行调查是指调查公交乘客的基本特征和出行特征。基本特征包括性别、年龄、职业、收入等。出行特征包括出发地(到达地)、出发时刻(到达时刻)、出行目的、上(下)客站、换乘站、出行时间(等车、步行、换乘、车内等时间)、换乘次数、接驳方式等。

城市轨道交通调查可包括轨道交通客流调查和轨道交通车站乘客出行调查。

(1)轨道交通客流调查是指调查轨道交通的客流规模,包括进(出)站量、上(下)客流量、换乘量、断面客流量、站间客流OD、换乘次数、平均乘距等。

(2)轨道交通车站乘客出行调查是指调查轨道交通乘客的基本特征和出行特征。基本特征包括性别、年龄、职业、收入等。出行特征包括出发地(到达地)、出发时刻(到达时刻)、出行目的、进(出)车站、换乘站、出行时间(等车、步行、换乘、车内等时间)、换乘次数、接驳方式等。

2)调查时段、地点选择

调查时段应包括全日高峰时段,宜采用12h或24h连续观测,或根据交通需求预测模型要求综合确定。

城市公共汽(电)车交通调查的调查地点宜遵循以下原则：

(1)公交核查线客流调查的调查地点宜包括穿越核查线的所有道路路段,或根据道路(公路)等级、公交客流量等选取主要道路路段,且符合模型要求。

(2)公交客运走廊客流调查的调查地点宜选择客运走廊中公交车辆数通过较多的主要路段。

(3)公交线路客流调查宜乘坐公交车辆跟车调查。

(4)公交枢纽客流调查的调查地点宜选择在公交枢纽的上(下)客区域。

(5)公交车辆运行调查宜选择乘坐公交车辆跟车调查。

(6)公交乘客出行调查的调查地点宜选择车站等候区域或乘坐公交车辆跟车调查。

轨道交通乘客出行调查的调查地点宜选择车站等候区域。

3)调查方法

城市公共汽(电)车交通调查的调查方法：

(1)公交核查线、客运走廊、枢纽等客流调查可采用观测法，记录通过调查点的公交车辆数和车厢客流满载情况，统计公交客流量。

(2)公交线路客流调查可采用跟车法。跟车法是指安排调查员跟随公交车辆记录站点上(下)客人数，且可对上车乘客发放特制小票，并在下车时进行回收，记录客流站间OD。抽样方法宜采用两阶段均匀抽样法，第一阶段根据线路功能、走向、长度、客流规模等对线路进行抽样，抽样率符合模型要求；第二阶段根据调查线路的发车频率对公交车辆进行抽样，发车频率在10min以内的线路，抽样率不宜低于20%；发车频率在10~20min的线路，抽样率不宜低于30%；发车频率超过20min的线路，抽样率应进一步提高；发车频率超过1h的线路，宜进行全样调查。

(3)公交客流调查也可采用信息化技术采集。现阶段常用信息化技术是指通过建立公交IC卡与公交车辆GPS设备对应关系，统计分析站点上(下)客流量、路段客流量和客流站间OD等。

(4)公交乘客出行调查可采用问询法，由调查员乘坐公交车辆对车内乘客进行问询。抽样方法宜采用均匀抽样法，样本量取决于调查线路客流规模、调查时段和问卷问题数量等，平峰时段的抽样率宜大于高峰时段的抽样率，一般抽样率不低于10%，且样本量不低于500人。如果样本量低于500人，应提高抽样率乃至进行全样调查。

城市轨道交通调查的调查方法：

(1)轨道交通客流调查可采用信息化技术采集。现阶段常用信息化技术包括进出站闸机客流信息技术、公交IC卡客流信息技术、手机用户使用轨道车站基站信息技术等。

(2)轨道交通车站乘客出行调查可采用问询法。

4)调查成果

调查成果包括调查数据库和调查统计分析报告。调查数据库包括调查原始数据、成果数据和公共交通运营线路GIS地图等。调查统计分析报告通过分析主要公交线路的客运量及客流分布、主要客运走廊上的公交客流通过量、主要公交客流集散点的集散量、公交乘客现状出行行为特征等客流资料，为交通模型建立及各种公共交通专项规划、公共交通政策制定等提供基础性支撑。主要内容包括调查过程情况介绍和调查成果研究。调查过程情况包括调查方案设计、调查组织实施、调查数据处理等。调查成果研究包括公共交通设施情况、公共交通车辆运行状况、公共交通客流特征和乘客出行特征等。具体如下：

(1)公共交通设施情况包括线路和站点规模、线网密度、线路走向、人口(岗位)覆盖率、线路重复系数、公交枢纽布局等。

(2)公共交通车辆运行状况包括列车编组(轨道交通)、车辆类型、发车班次、客位公里、行程车速、满载率等。公共交通客流特征包括公共交通客运量和客运周转量、平均乘距、公交核查线和客运走廊客流量、公交枢纽客流量、轨道换乘车站换乘量、站间客流OD、客流时辰分布等。

（3）包括性别比例、年龄结构、职业结构、收入结构等基本特征和出行目的、空间分布、时间分布、平均出行时耗（等车、步行、换乘、车内等时间）、换乘次数、接驳方式结构等出行特征。

### 14.2.8　商用车辆调查

1）调查内容

调查前应通过交通运输行业主管部门、出租车公司、物流企业、快递公司、专业货运企业等收集调查基础资料，包括：既有人员出行和货物运输调查数据，出租车和货运车辆保有量数据，出租车和货运车辆道路流量数据等。

出租车调查内容应包括：注册公司（或车主）名称和地址，夜间停放地点和形式（路内/路外），车型/运价/单双班类型，全天营运里程/载客里程/载客次数，以及每次载客的具体信息（包括上客地点和上客时间，下客地点和下客时间，载客人数）等。

货运车辆调查内容应包括：货源点（或雇主地址），调查地点（指填写表格的地点），货运车辆的车型和核定载质量（t），装载货物种类及质量（t），分段出行的起、止点及出发时间和到达时间，经过的主要路段（高速公路、快速路等）和可替代路径等。

2）调查时段、地点选择

出租车调查时间段为全天24h连续调查，可分工作日/节假日。货运车辆具体调查时段应结合城市交通管理措施确定，宜进行12h或24h连续调查；同时，应根据采取的调查方法选择对正常交通影响小的地点进行调查。

3）调查方法

（1）出租车调查方法

①出租车调查应根据研究范围内的营运出租车规模确定合理的抽样率，一般抽样率不低于10%，且调查样本量不低于300辆车，样本量低于300辆的应提高抽样率，乃至进行全样调查；

②出租车调查一般由出租车公司组织选中的当日营运驾驶人填写调查表格，并负责调查表格的发放、检查和回收；在有条件的城市，车载GPS数据和计价器数据可作为出租车交通调查的重要补充。

（2）货运车辆调查方法

①货运车辆调查样本选择应符合以下原则：确保研究范围内主要货运需求分布的行业（机构）都能被调查到；根据每类车型的有效调查样本数量接近的原则确定合适的抽样率；在每类车型内部遵循随机抽样的原则（最好是固定间隔的均匀抽样），以防止空间分布上的偏差；

②货运车辆调查可选择的方法较多，既可结合核查线流量调查开展路面拦车调查（须在交警部门的协助下，在研究范围内道路条件允许的地点，采用随机拦车问询的方法，由调查员现场问询并填写调查表格的方式进行调查），也可选择货运企业车辆进行询问调查（即基于货物运输的调查方法，选择研究范围内的一部分货源发生/吸引点，由货运车辆企业组织选中的当日营运驾驶人填写调查表格，包括电话或邮寄方式）；

③在有条件的城市,车载 GPS 数据等可作为货运车辆交通调查的重要补充。

4)调查成果

调查成果应包括调查数据库和调查统计分析报告。

(1)出租车调查统计分析

出租车调查统计分析主要是掌握城市现状出租车运营的基本特征,为制定合理有效的出租车政策提供数据支持,同时也为建立和标定交通模型提供基础数据。出租车调查统计指标包含:空驶率、平均日载客里程、平均日营运里程、平均日载客量、平均日载客车次等。

在获得出租车车载 GPS 数据的情形下,出租车调查统计指标还包括:分时段载客 OD 出行矩阵,分时段、分路段车速分布等。

(2)货运车辆调查统计分析

货运车辆调查统计分析是掌握货运车辆出行及货物运输的强度和特征,从而为道路网络规划、货运规划等提供依据。

货运车辆调查统计指标包含:空驶率、实载率(又称载质量利用率)等。

在获得货车车载 GPS 数据的情形下,货运车辆调查统计指标还包括:分时段载货 OD 出行矩阵,分时段、分路段车速分布等。

### 14.2.9　交通生成源调查

1)调查内容

调查前收集资料应包括交通生成源名称、地址、联系方式、用地规模、建筑规模、工作岗位、最大设计容纳能力、高峰出行时段等。

实地踏勘内容应包括内外部道路系统现状、机动车和非机动车出入口位置和数量、机动车和非机动车停车设施位置和数量、候车设施位置和数量等。

计数调查内容应包括进出生成源的车辆、人数和货运量。

问卷调查内容应包括生成源进出车辆和人员的出行特征,车辆出行特征应包括来源、货物类型、出发时间、出发地点、到达时间、出行目的、费用(过路费、停车费)等;人员出行特征应包括来源、交通方式、出发时间、出发地点、到达时间、出行目的、停车信息(停车地点、时间、费用、步行距离)等。

调查表可参考表 14-9 ~ 表 14-12 进行设计。

**生成源基本情况调查表**　　　　　　　　　　　　　　表 14-9

生成源名称:_____　　调查日期:_____　　调查员姓名:_____

| 建筑情况 | 名称:_____ 地址:_____ 区_____ 路_____ |
|---|---|
| | 类型:飞机场、火车站、长途客运站、货运枢纽、办公、商业、医院、学校、宾馆、景点 |
| | 总占地面积:_____ m², 总建筑面积:_____ m², 主要功能建筑面积:_____ m², 员工总人数:_____ 人 |
| | 停车位总数:_____ 个,自有停车位:_____ 个,其中对外使用:_____ 个,租用停车位数:_____ 个 |

续上表

| 相关指标 | 1. 飞机场、火车站、长途客运站、货运枢纽:设计容纳能力_____,日常全天吞吐量_____,高峰小时吞吐量_____<br>2. 办公、商业:员工_____人,建筑面积_____<br>3. 酒店:星级_____,客房数_____,客房面积_____,床位数_____个,当日入住率_____<br>4. 学校:注册学生_____人,宿舍床位总数_____个<br>5. 医院:门诊面积_____,住院部面积_____,固定病床数_____个,临时病床数_____个,当日病床使用率_____<br>6 景点:<br>  正常日接待客流量_____人次,高峰小时游客人数_____人次/h,人车流量时段基本范围:_____时_____分到_____时_____分;<br>  活动日接待客流量_____人次,高峰小时游客人数_____人次/h |
|---|---|
| 其他 | 距离周边公交(或地铁)站点:①<200m  ②200~500m  ③500~1 000m  ④≥1 000m |

进出车辆流量调查表　　　　　　　　　　　　　　　　　表14-10

生成源名称:_____　调查日期:_____　调查员姓名:_____

| 时间段 | 到达车辆及同行人数 | | 离开车辆及同行人数 | |
|---|---|---|---|---|
| | 车辆数 | 车内人数 | 车辆数 | 车内人数 |
| 00~10 | | | | |
| 10~20 | | | | |
| 20~30 | | | | |
| 30~40 | | | | |
| 40~50 | | | | |
| 50~60 | | | | |

进出人流量调查表　　　　　　　　　　　　　　　　　　表14-11

生成源名称:_____　调查日期:_____　调查员姓名:_____

| 时间段 | 到达人数 | 离开人数 |
|---|---|---|
| 00~10 | | |
| 10~20 | | |
| 20~30 | | |
| 30~40 | | |
| 40~50 | | |
| 50~60 | | |

**到达人员出行特征调查表**　　　　　　　　　　　　　　　　　　　　　　　表14-12

生成源名称：_____　　调查日期：_____　　调查员姓名：_____

| 记录号 | 记录时间<br>24h制 | 您从哪儿来？ | 出发时间<br>24h制 | 交通方式<br>（依次选择此次出行所用的<br>交通方式） | 来访目的<br>编号<br>或注明 | 如果您是乘坐或驾驶小汽车 | | |
|---|---|---|---|---|---|---|---|---|
| | | | | | | 停车地点<br>编号<br>或注明 | 停车地点到此处<br>的步行时间 | 停车<br>收费 |
| 1 | ___时___分 | 1 本市：___区（县）___街<br>2 外地：___省（市）___市 | ___时___分 | [ ]和[ ]和[ ] | | | ___min<br>或<br>___m | ___元/h |
| 2 | ___时___分 | 1 本市：___区（县）___街<br>2 外地：___省（市）___市 | ___时___分 | [ ]和[ ]和[ ] | | | ___min<br>或<br>___m | ___元/h |
| 3 | ___时___分 | 1 本市：___区（县）___街<br>2 外地：___省（市）___市 | ___时___分 | [ ]和[ ]和[ ] | | | ___min<br>或<br>___m | ___元/h |
| 4 | ___时___分 | 1 本市：___区（县）___街<br>2 外地：___省（市）___市 | ___时___分 | [ ]和[ ]和[ ] | | | ___min<br>或<br>___m | ___元/h |
| 5 | ___时___分 | 1 本市：___区（县）___街<br>2 外地：___省（市）___市 | ___时___分 | [ ]和[ ]和[ ] | | | ___min<br>或<br>___m | ___元/h |

交通方式:1.步行;2.自行车;3.电动自行车;4.公交车;5.轨道交通;6.小汽车(自驾);7.小汽车(搭乘);8.班车;9.出租车;10.摩托车;11.其他。
来访目的:1.上班;2.上学;3.公务;4.购物;5.餐饮;6.文体娱乐;7.旅游休闲;8.探亲访友;9.看病,探病;10.回家;11.其他。
停车地点:1.路内停车;2.路外停车场;3.公建配建停车场;4.居住小区停车场;5.其他(请注明)。

2) 调查时段、地点选择

(1) 调查时段应包含出行高峰时段,宜为 12h 连续调查;

(2) 生成源应选择对城市交通交通影响较大的区域和建筑;

(3) 生成源选择应涉及城市主要功能区域;

(4) 为保证调查数据的准确性,应尽可能选择出入口较少的生成源。

3) 调查方法

(1) 应采用计数法和问卷法相结合的手段进行调查。对于生成源进出总量特征可采用人工计数、录像等调查手段,对于生成源交通出行特征可采用调查问卷、邮寄等调查手段;

(2) 应在利用已有信息化数据的基础上,通过全样和抽样相结合的方式进行抽样设计;

(3) 生成源的基本信息、平面布局方案和交通进出总量特征宜采用全样调查;

(4) 生成源人员和货物的交通出行特征宜采用抽样调查;

(5) 抽样率应能满足交通预测模型参数标定和模型校验的最低要求。

4) 调查成果

调查成果应包括调查数据库和调查统计分析报告。调查数据库纳入综合交通调查数据库进行存储与管理。

调查统计分析应包括生成源的车辆、人员和货物进出总量、时间分布以及生成源的客流、货流产生率和吸引率;生成源进出人员的出行特征,含出行分布、出行方式、出行目的等;生成源进出货物的运行特征,含货物类型、货物时空分布等。

### 14.2.10 停车调查

1) 调查内容

调查前应通过规划/建设/交通/物价行业主管部门、物业管理公司、停车场管理公司、停车场行业协会等收集基础资料,包括:城市停车总体供需情况,停车收费标准,配建停车场指标及执行情况,现有停车场的形式及构成,停车场建设方式及停车管理体制等。

停车场调查内容应包括:现有停车场的分布和位置,现有停车场的规模(每个停车场的车位数和占地面积),长期停车和临时停车的构成比例,停车场的收费情况,停车场供需情况,停车管理方式等。

停车特征调查内容应包括:停车场服务对象及范围,寻找停车场的难易程度,使用本停车场的频率(每周或每月),车辆使用者出行目的,出行过程中的各个起讫点,停车地点到目的地的步行距离,停车场在停车调查开始/结束时的停车数量,车辆到达/离开停车场的时间,付费方式(单次计费、月费、自有车位),实际停车费用等。

2) 调查时段、地点选择

停车特征调查应分区域进行;数据来源为自动收费系统数据记录的,宜至少分析连续 3 天以上的原始数据。

直接访问可以在路边或停车场(库)内(或在出入口)进行,访问内容应该简明、准确,询问一般宜选在离开时进行。

3) 调查方法

停车调查样本数量和分布应满足相关规划研究的要求,如采用抽样调查方法,原则上应包含研究范围内不同地区的各类停车设施。

停车场调查方法主要有以下几种(可以结合使用)：

(1)征询意见调查：采用发明信片和直接与车主对话方式,较详细地记录停放车辆目的,从停放车辆地点至出行目的地的距离,出发地点、目的地,在该地停放车辆频率,违法停放理由,停车收费与管理意见等；

(2)间断式记录调查：调查员在调查区间内边巡回行走,边记录停放车辆的数量和停放方式、车型分类特征,巡回观测的周期时间可以是 5min、10min、15min、30min、1h 以上等,可再分为记车号(适合机动车)和不记车号(适合非机动车),适合于路内停车场的车辆停放调查；

(3)连续式记录调查：调查员在调查区间对停放车辆的车型、牌照和开始停放时刻及终止停放时刻记录下来,适合于大型公共建筑、专业停车场(库)的机动车停放调查；

(4)在安装有 IC 卡管理系统的停车场,也可以通过物业公司收集样本停车场在连续一定时期内的车辆出入记录。

4)调查数据处理

调查表格内容应尽量采用预编码的方式(除出行起终点外),对停放设施应建立一个编码系统：在起讫调查小区编码基础上,可再按更详细的街坊编出二级编码,对各个停放设施再依次单独编码。

评价不同停放地点或区域的停放供需情况时,应将车位容量和停放数量都换算到同一标准车型进行比较分析。

5)调查成果

调查成果应包括调查数据库和调查统计分析报告。调查统计分析报告通过分析停车关键参数,把握停车特征与土地利用之间的关系,为建立和标定交通模型以及静态交通设施规划等提供科学的依据。主要内容应包含：城市停车总体供需情况,停车收费标准,配建停车场指标及执行情况,现有停车场的形式及构成,停车场建设方式及停车管理体制,以及平均停车时间,停车能力(停车场容量),车位周转率,停车场利用率,高峰小时停车集中指数等统计指标。

### 14.2.11 流动人口出行调查

1)调查内容

调查前收集基础资料包括流动人口在不同类型建筑(如宾馆、酒店、建筑工地、出租屋或借住居住家庭等)的分布比例；宾馆、酒店或其他流动人口集中地(如建筑工地、出租屋)的基础信息,如酒店地址、酒店联系人及联系方式和客房数、建筑工地容纳能力等。

问卷调查内容应包括流动人口性别、职业、年龄、省份来源、经济状况、文化程度、到达城市交通方式、在城市驻留时间等流动人口基本信息；以及出发地、出行时间、交通方式、出行目的、到达地等流动人口当天的全部出行信息。

2)调查时段、地点选择

流动人口出行调查时段为全天 24h。宜选择在城市流动人口较多的区域,如宾馆、酒店中进行调查；可结合城市流动人口特征,选择在流动人口集中地如建筑工地、出租屋等进行调查。

　　3）调查方法

　　（1）应采用调查问卷、邮寄的手段进行问询法调查；

　　（2）宜结合城市特征、流动人口总量及出行特征进行抽样调查，总体抽样率宜不小于流动人口总量的1%；

　　（3）应采用分层抽样方法，先根据城市发展区域和酒店宾馆星级抽取一些酒店宾馆或其他集中地，再在抽取的地点中抽取一些流动人口进行调查。

　　4）调查成果

　　调查成果应包括调查数据库和调查统计分析报告。调查统计分析报告应包括流动人口的交通出行特征，包括出行率、出行方式、出行目的、出行时空分布、驻留时间、来源地等。

## 14.3　面向公路网规划的调查

　　公路网规划交通调查是为公路网规划服务的调查，是公路网规划工作的一项基本内容。通过调查得到的各类信息经过整理、分析和处理，可供公路网规划不同阶段的各种模型调用和分析。

　　公路网规划交通调查主要包括社会经济调查、公路交通基础设施调查、综合运输调查、公路机动车 OD 调查。

### 14.3.1　社会经济调查

　　区域社会经济调查的内容主要包括国家有关政策方针信息、资源环境信息以及包含人口、经济、土地利用等的社会经济信息。

　　1）国家有关政策方针信息采集

　　国家有关政策方针信息的调查通常包括：

　　（1）国家经济建设、国防建设的方针政策以及相关区域的社会经济发展规划；

　　（2）国家、省（自治区、直辖市）正式批准的资源报告、国土开发规划、综合运输网规划及有关行业发展规划等；

　　（3）有关的人口政策、用地政策、资源政策、环保政策及交通运输政策等；

　　（4）国防建设的需要，要求路线方案的走向；

　　（5）现行的有关公路工程技术标准、规范、定额、指标及基本建设法规等；

　　（6）当地政府及交通部门对公路的需求及改建方案的建议。

　　2）资源环境信息采集

　　资源环境信息调查的主要内容包括：

　　（1）矿藏分布、蕴藏量、质量特征（如煤炭品种、发热大卡、石油的含硫含蜡量、金属矿石的品种等）；

　　（2）主要工矿布局、产品产量、当地销量、外销量、库存量和所需原料、材料、燃料的数量；

　　（3）公路建设所需的人力、物力现状及主要材料单价；

　　（4）现有公路建设人才的概况；

(5) 环境保护、森林保护、水土保护、野生动植物保护及文物保护的等级和范围。

3) 社会经济信息采集

社会经济信息调查的主要内容包括：

(1) 规划区域内各分区域的总人口、各产业人口、总面积、耕地面积、社会总产值、主要产品产值、国民收入、人均收入等；

(2) 规划区域的经济结构、产业结构、产业政策、城镇建制、布设格局及其发展方向；

(3) 重大经济布局的调整和安排，新建、扩建、改建的大型工矿企业如汽车工业和电站等项目；

(4) 主要产品如煤炭、石油、金属矿石、钢铁、矿建材料、水泥、木材、非金属矿石、化肥及农药、盐、粮食、日用工业品及其他的产量等。

## 14.3.2 公路交通基础设施调查

公路交通基础设施调查的内容主要包括道路、运输站场和公路网结构等。

1) 道路设施调查

道路设施调查主要搜集规划区域内公用道路的信息。在有些调查中可能还包括某些专用道路，如林业道路、边境国防公路等的信息搜集。道路设施信息数据通常分路段搜集，路段可以按道班分界点、里程桩、交叉口、桥、隧道、渡口或道路等级、路面状况发生改变的地点来划分。道路设施信息采集可以分为道路几何参数信息采集、路面状况信息采集以及交通事故信息采集三个部分。

(1) 道路几何参数主要包括反映道路现状的一些项目，如：道路的起点、终点、长度、宽度、技术等级及路肩宽度、行车道宽度、交叉口类型与尺寸等。

(2) 路面状况包括路面类型（水泥混凝土、沥青混凝土、沙石路面、土路面等）、路基材料与结构、使用时间以及道路铺面状况（优、良、中、差、坏）。

(3) 交通事故主要包括事故次数、伤亡人数、经济损失及事故多发地段等。

道路设施信息采集还应该分路段注明道路类别（国道主干线、国道、省道、县道、乡道、通村公路）和地形特征（平原微丘、山岭重丘）等情况。

2) 道路运输站场调查

道路客货运输站场是运输系统的重要组成部分，也是运输系统成功运作的关键。一般来说，道路运输站场应该作为多种运输方式的接口区域来进行规划与设计。

运输站场采集的信息包括现有设施的容量与利用程度、趋势分析和未来市场预测。采集内容的详与略取决于信息采集结果是用于改、扩建原有站场，还是建造全新站场。除此之外，还应对规划区域内的每一个客运站、货运站和集装箱中转站进行信息采集。针对客运站完成旅客集散、换乘、服务等功能，采集各站的级别、日发送量、日发班次、建筑面积、占地面积和总投资等。针对货运站完成理货、分装、换装、仓储、服务等功能，采集各站年吞吐能力、配载率、占地面积和总投资等。对于集装箱中转站，采集各站的年吞吐能力、占地面积、掏箱率、自有箱数、装卸机械数和总投资等。

3) 公路网结构调查

公路网络结构信息主要包括网络邻接目录表、网络几何要素表、节点坐标系统表、交通节点类型表以及交通节点与交通区对应表等。

（1）网络邻接目录表主要包括各节点的编号、各节点的邻接边数以及各节点的邻接点号。

（2）网络几何要素表包括各路段的起点、终点、路段的长度、路段路面的宽度、路段的技术等级和行政等级。

（3）节点坐标系统表包括各节点的纵坐标和横坐标。

（4）节点类型表确定了不同节点的类型，通常将节点分为信号交叉口、无控制交叉口、环形交叉口、立体交叉口、交通枢纽以及城市或集镇所在地。

（5）交通节点与交通区对应关系表包括了交通小区与所对应的交通节点号。

通过对公路网络结构的采集，建立网络结构的数据库，可运用多种交通分析系统软件将网络结构用计算机图像表示出来。

### 14.3.3　综合运输调查

综合运输调查主要包括综合运输网络信息采集和综合运输交通信息采集。

1）综合运输网络信息采集

综合运输网络信息采集的主要内容包括：

（1）公路网各线路起讫点、主要经过点、里程、等级、路面、地形条件、大中桥、隧道、渡口、主要客（货）场站规模和布局及适应状况等；

（2）公路网内交通事故情况（次数、伤亡人数、经济损失及事故多发地段）；

（3）铁路网各线路起讫点、主要经过点、里程、等级、通过能力、主要场站规模及适应状况；

（4）航道网各航道起讫点、主要经过点、里程、等级、通过能力、主要港口规模及适应状况；

（5）航空线起讫点、里程、机场位置、通过能力及适应状况；

（6）管道起讫点、主要经过点、里程、通过能力；

（7）邮电设施密度及适应状况；

（8）铁路、航道、航空、管道及邮电设施的发展规划。

2）综合运输交通信息采集

综合运输交通信息的采集内容包括：

（1）铁路、公路、水运、航空及管道五大运输方式历年完成的客货运输量及所占的比重；

（2）公路交通运输部门完成的历年公路客货运量及周转量；

（3）非交通部门车辆完成的历年公路客货运量及周转量；

（4）国家、省级公路的历年交通量和县、乡级公路的基年交通量；

（5）铁路、公路、水运、航空及管道等运输方式的基年运输 OD 表；

（6）铁路、公路、水运、航空及管道等运输方式的运输成本、平均速度、实载率（使用率）以及汽车平均工作率、平均车日行程、平均运距等运营指标；

（7）汽车保有量。

### 14.3.4　公路机动车 OD 调查

1）公路机动车 OD 调查目的

OD调查于20世纪40年代在国外开始使用,60年代盛行。最初,OD调查结果仅在城市交通规划中应用,后来被逐步应用于城市间的交通规划和区域运输规划中。近年来,OD调查所得结果已被应用于我国公路交通规划、新建或改建公路项目可行性研究、设计、交通组织和管理等各个方面。大量的OD调查数据对远景交通量的预测、道路类型和等级的确定、互通立交的设置、道路横断面的设计、交通服务设施的配置、交通管理与控制、规划方案和建设项目的国民经济评价以及财务分析等提供了定量依据,进而为交通规划的完善和建设项目的科学决策奠定了基础。

2) 公路机动车OD调查方法

OD调查的方法很多,如路边访问法、给驾驶人发明信片法、记录汽车牌号法、给车辆贴标签法、家庭访问法和给车主发调查表法等。这些方法各有其优点和局限性,应根据调查的目的、数据要求并权衡人员、经费和时间要求来选择。对于公路网规划及公路工程可行性研究中的OD调查,我国目前多采用路边访问法,这是由于:

(1) 访问者和回答者之间的个人接触,可以获得最完全、最准确的资料;

(2) 回答率较高(相对于自愿回答方法而言),因此,可使调查偏差减到最小;

(3) 样本可以从交通流中选取,以满足预定的统计要求。

3) 公路机动车OD调查内容

路边访问调查法通常在事先商定的地点连续进行12h的调查,调查内容主要是向抽样车辆了解以下资料:

(1) 车辆的车型、车辆出行的起点、车辆出行的终点;

(2) 小客车、大客车、摩托车的座位数及载客数;

(3) 货车、拖拉机的额定载运吨位、货物种类及实载货物吨位。

4) 车辆分类统计

在每个路边调查点,通过交通量观测站在访问调查的同一天进行24h的车辆交通量观测,以获得以下资料:

(1) 扩展机动车问询调查所需的基础资料;

(2) 非机动车的交通量。这些数据对评价非机动车流对机动车流的影响是很重要的。

交通量调查时,通常将车辆分为小客车(≤12座)、大客车(>12座)、小货车(≤2.5t)、中货车(2.5~7t)、大货车(>7t)、摩托车、大型拖拉机、小型拖拉机、其他机动车及自行车、手推车、兽力车等非机动车等,并分车流方向按小时进行调查。

## 课后习题

1. 城市综合交通规划的调查内容主要有哪些?
2. 通过居民出行调查可以得到哪些反映交通出行特征的统计成果?
3. 流动人口出行调查内容主要有哪些?
4. 公路网规划的调查内容主要有哪些?
5. 公路机动车OD调查方法都有哪些?为何较多采用路边访问法?

# 第15章 预可、工可及后评价的调查

【教学目标】

公路建设项目预可行性研究和工程可行性研究是进行工程项目决策的基础和主要依据。公路建设项目后评价作为检验公路建设成果、总结已有建设经验、指导未来建设实践的有效方法,对于我国交通建设的发展具有十分重要的意义。无论是公路建设项目的预可、工可,还是后评价工作都必须建立在广泛、翔实的实际调查资料上。本章的教学内容主要包括:

(1)基本内容:预可、工可研究的目标、内容和特点,后评价的目标、内容和特点,可行性研究与后评价的关系,预可、工可资料调查与分析,公路建设项目后评价资料调查;

(2)重点:后评价的目标、内容和特点,公路建设项目后评价资料调查;

(3)难点:预可、工可资料调查与分析。

通过本章内容学习希望能够达到以下几个目标:

(1)掌握:预可、工可资料调查与分析,后评价的目标、内容和特点,公路建设项目后评价资料调查;

(2)理解:预可、工可研究的目标、内容和特点;

(3)了解:可行性研究与后评价的关系。

## 15.1 概述

### 15.1.1 预可、工可研究的目标和内容

公路建设项目可行性研究,是对项目建设的必要性、技术可行性、经济合理性和实施可能性进行综合性研究论证的工作,是公路建设项目前期工作的重要组成部分,是建设项目决策的主要依据。

交通运输部分别在1982年、1988年、1996年、2010年制定了相应的编制办法,目前公路建设项目可行性研究编制的依据是2010年的《公路建设项目可行性研究报告编制办法》。公路建设项目可行性研究,按其工作阶段可分为预可行性研究和工程可行性研究。

公路建设项目预可行性研究,以项目所在地区域经济社会发展规划、交通发展规划和其他相关规划为依据,通过实地踏勘和调查,重点研究项目建设的必要性和建设时机,初步确定建设项目的通道或走廊带,并对项目的建设规模、技术标准、建设资金、经济效益等进行必要的分析论证,编制研究报告,作为项目建议书的依据。

公路建设项目工程可行性研究,原则上以批准的项目建议书为依据,通过必要的测量和地质勘察,对可能的建设方案从技术、经济、安全、环境等方面进行综合比选论证,研究确定项目起、终点,提出推荐方案,明确建设规模,确定技术标准,估算项目投资,分析投资效益,编制研究报告。工程可行性研究报告一经批准,即为初步设计应遵循的依据。

预可行性研究和工程可行性研究由于两个阶段任务不同、深度要求不同、编制依据不同,其内容有所差别。但一般来说,公路建设项目可行性研究应包括:项目影响区域经济社会及交通运输的现状与发展、交通量预测、建设的必要性、技术标准、建设条件、建设方案及规模、投资估算及资金筹措、经济评价、实施安排、土地利用评价、工程环境影响分析、节能评价、社会评价等,对于特殊复杂的重大项目,还应进行风险分析。

### 15.1.2 后评价的目标和内容

公路建设项目后评价是用科学、系统的评价方法,通过对项目立项、可行性研究、设计、施工和运营各阶段工作的跟踪、调查和分析,全面评价项目的作用与影响、投资与效益、目标实现程度及持续能力等,总结项目的经验与教训。根据需要,也可针对项目的某一方面或问题进行专题评价。根据交通运输部2011年颁布的《公路建设项目后评价工作管理办法》规定,进行后评价的项目应已建成通车运营5年以上并通过竣工验收。

2011年,交通运输部颁布了《公路建设项目后评价报告编制办法》,使后评价报告编制工作有了科学的依据,编制工作更加规范化、科学化。编制公路建设项目后评价报告的目的是总结项目的经验教训,为不断提高项目的决策、设计、施工和管理水平,更好地发挥投资效益,制定相关政策等提供科学依据。

公路建设项目后评价报告的主要内容包括5部分:

(1)建设项目的过程评价:项目前期工作、建设实施、运营管理等;重大变化及原因。

(2)建设项目的投资与效益评价:投资执行情况、资金筹措评价及经济评价。

(3)建设项目的影响评价:项目对区域的综合交通体系、经济社会、环境、能源等方面的影响。

(4)建设项目目标持续性评价:交通量、经济社会效益、财务效益、环境保护等目标的实现程度及持续能力。

(5)经验与教训,措施与建议。

### 15.1.3 可行性研究与后评价的关系

公路建设项目可行性研究和后评价有密切的联系。从时间上看,可行性研究处于项目决策阶段,而后评价则处于项目的运营阶段,两者共同服务于一个项目,因此在研究的内容、方法和原则上具有较强的一致性。两者的资料调查有很多相同之处,在进行后评价时,可利用可行性研究的调查成果。但可行性研究与后评价存在以下区别：

1）两者数据性质不同

可行性研究是一种前评价，它用以评价的各项经济技术因素，如交通量、费用、收益等都是预测性的，按照这种预测因素计算出的各项指标自然是预测性的，而且往往带有决策者与分析评价者的主观因素。后评价用以评价的数据资料都是现实发生的实际统计数据或根据当前的实际情况重新预测的数据。所以据此计算出的各项指标都是现实的。

2）研究的内容不同

项目可行性研究的主要内容是项目建设条件、工程设计方案等。而后评价的主要内容则是除针对可行性研究的这些内容进行再评价外，还包括对项目决策、项目实施效果等进行评价，以及对项目实际运营状况进行比较深入的分析。相对于可行性研究而言，后评价更注重公路建设项目对区域社会影响和环境影响的评价。

3）比较的标准不同

可行性研究依照国家、部门颁布的定额标准、参数来衡量建设项目的必要性、合理性和可行性。后评价虽然也参照有关的定额标准和参数，但它主要是直接与项目可行性研究的预测结果或国内外其他同类项目的有关情况进行对比，检测项目的实际情况与预测情况的差距，并分析其产生的原因，提出改进措施。

4）在投资决策中的作用不同

可行性研究直接作用于项目投资决策，其结论是项目取舍的依据。后评价是项目管理的延伸，是投资决策的信息反馈，间接作用于项目的投资决策，其结果是评判项目前期工作优劣的依据。

项目后评价可反映出项目决策过程、建设过程和运营阶段出现的一系列问题，并将各类信息反馈到管理决策部门，可以检验项目投资决策的正确与否，促进项目前期工作和管理工作的不断完善。可行性研究工作通常由项目法人或建设单位组织承担本项目可行性研究、设计、施工、监理、运营、管理、审计等有关部门、单位以及地方政府的有关人员参加，共同展开。后评价研究工作一般不能由项目可行性研究的单位承担。

## 15.2　预可、工可资料调查与分析

### 15.2.1　公路建设项目可行性研究调查的要求

在可行性研究中，项目所在地区社会经济发展水平和特征，社会经济发展和交通运输的关系，建设项目的必要性和经济合理性的论述都需要社会经济方面的基础数据和研究结论。所以，社会经济调查、分析与预测是整个可行性研究的前提和基础。可行性研究只要求对社会经济的总体水平和发展趋势上进行把握并辅以必要的经济分析。我国公路项目可行性研究分为两个阶段，即预可行性研究阶段和工程可行性研究阶段。预可行性研究阶段是根据公路项目的具体情况确定的一个阶段，可行性研究阶段审批的报告则是编制设计任务书的依据。两个阶段可行性研究的工作要求与区别见表15-1。

由表 15-1 可以看出,可行性研究阶段需要调查的资料主要包括社会经济调查、交通量调查、路况调查、地形图或航测照片、线路桥涵踏勘、地质地形调查、建筑材料调查以及必要的线路桥隧测量和地质勘察钻探等。

**两阶段可行性研究的工作要求与区别**　　　　　　　　表 15-1

| 项　目 | | 预可行性研究 | 工程可行性研究 |
|---|---|---|---|
| 总体要求 | | 1. 项目建议书的依据; | 1. 设计任务书的依据; |
| | | 2. 偏重研究建设的必要性; | 2. 全面研究建设的必要性、技术的可行性、经济的合理性、实施的可能性; |
| | | 3. 概略研究,结论是初步的; | 3. 要求研究结论建立在定性、定量充分论证的基础上; |
| | | 4. 工程作业以 5 万分之一比例尺图作为基础,辅以踏勘、调查; | 4. 高等级公路要求万分之一比例尺图,需进行必要的测量和钻探; |
| | | 5. 提出方案设想和投资估算 | 5. 解决路线大方案,投资估算与概算误差控制在 10% 以内 |
| 提供的主要图表要求 | | 在 1:5 万~1:20 万比例尺地图上标出路线方案 | 高等级公路要求 1:1 万比例尺地形图上的路线方案 |
| 资料要求 | 社会经济调查 | 资料要求简要、概略,内容及范围参见《编制办法》,未来年份社会经济资料可以既有经济计划和规划为基础 | 资料要求全面、系统,内容及范围参见《编制办法》,未来年份要求进行社会经济发展预测 |
| | 交通情况调查 | 范围:五种运输方式;<br>内容:参见《编制办法》,不要求进行 OD 调查 | 范围:五种运输方式;<br>内容:参见《编制办法》,高等级公路要求进行 OD 调查 |
| | 路况运输调查 | 路网及相关公路状况;<br>公路部门运输效率指标 | 路网概况,其他交通线路及相关公路路况,全社会运输效率指标 |
| | 交通量预测 | 以基年交通量和交通量增长率为基础,采用定基与定标相结合的预测技术 | 高等级公路和特大桥梁和隧道要求进行交通量生成、分布和路网分配的分析与预测,研究收费情况下的交通量预测 |
| | 经济评价 | 1. 按经济评价办法提出初步经济评价;<br>2. 效益计算中的某些参数不要求动态处理;<br>3. 效益费用调整可直接参考《方法与参数》;<br>4. 不要进行敏感性分析;<br>5. 收费公路要求粗略进行财务分析 | 1. 按经济评价办法提出完整的经济评价;<br>2. 效益计算中的某些参数要求作动态处理;<br>3. 效益费用计算须根据项目具体研究;<br>4. 要求进行敏感性分析;<br>5. 收费公路要求进行财务分析 |

### 15.2.2　社会经济调查

1) 社会经济调查的范围

在可行性研究中,项目所在地区社会经济发展水平和特征,社会经济发展和交通运输的关系,建设项目的必要性和经济合理性的论证都需要社会经济方面的基础数据和研究结论。所以,社会经济调查、分析与预测是整个可行性研究的前提和基础。可行性研究只要求对社会经济在总体水平和发展趋势上进行把握并辅以必要的经济分析。

可行性研究资料调查的范围取决于项目影响区域。项目影响区域可以理解为,由于项目的实施,与项目有关的地区或区域的社会经济能按计划发展或更快地发展,那么,这些地区或区域就是项目影响区。为了集中力量研究项目影响区社会经济的主要问题,影响区要根据受影响的大小区别对待,习惯上划分成直接影响区和间接影响区,社会经济调查分析研究的重点在于直接影响区。

直接影响区和间接影响区的划分因项目而异,划分的标准就是看能否揭示影响区间的社会经济来往关系,能否有效地反映这一地区的物流和车流。直接影响区划得太大,会增加工作量;定得太小,则不能达到预期的目的要求。直接影响区和间接影响区的划分目前还没有统一的标准,但作为直接影响区通常应具备以下特点,即项目实施后,社会经济显著受益;是交通量的主要发生源;交通条件能够明显改变,并形成新的交通运输方式分担格局。另外,从地理位置看,直接影响区一般距项目很近或者是项目所在地区,类似于沿线形成的一条运输走廊。从直接影响区所具有的这些特点出发,通常将公路建设项目直接经过的市县等以行政单位划分作为直接影响区,必要时划分到区或乡;把直接影响区范围以外,凡公路建设项目上行驶车辆所涉及的范围,作为间接影响区。

根据可行性研究的深度要求,考虑行政区划分及资料收集方便等因素,项目直接影响区还应划分为若干交通小区,交通小区的划分一般划分到县和影响大的市辖区一级;在互通式立交附近,为了弄清各立交各匝道转向交通量时才作进一步细分。项目间接影响区划分可以粗些,一般划分到地区一级或更大一些。从交通流起讫点的角度看,交通小区也可称为OD区。公路可行性研究报告中要求有交通小区或OD区划分示意图。

项目直接和间接影响区的确定,要与影响区内有关的经济区的分析结合起来。因为有的建设项目就是以这些经济区为主要服务对象,这些经济区的功能、特点、发展趋势对项目的研究结论具有很大的影响。所以有关经济区、经济开发区、重要旅游区、重要建设基地、重要口岸或中转集疏点等的分析在公路建设项目可行性研究中是不可缺少的。

2)社会经济调查的内容

社会经济调查的主要内容有人口、资源及经济等。

(1)人口

社会经济分析研究的目的不同,需要的人口指标就不同。根据近年来公路建设项目可行性研究的实践情况,人口调查的指标可以分为两大类,它们是:

①总量指标:如总人口、职工人数、社会劳动者、劳动力资源总数、农业人口与非农业人口、暂住人口与流动人口等。

②相对指标:如人口密度、人口自然增长率、人口平均增长速度、人口年龄构成、性别比例等。

实际工作中可结合项目具体情况有选择地进行调查分析。

(2)自然资源

自然资源的储量和分布从根本上影响、决定了社会的经济结构、布局以及规模,因而也影响和决定了交通基础设施的布局。国民经济发展与能源消耗量的增长有直接关系,其他的自然资源也如此。因此,资源在某种意义上说就是交通运输的运量和潜运量。

自然资源包括矿产资源、水土资源、生物资源、旅游资源。与公路建设项目可行性研究关系密切的资源主要是水土资源、矿产资源和旅游资源。

①水土资源。主要指土地资源、水产资源、林业资源。调查的主要内容有:土地资源,包括土地面积、土地使用性质、开发计划和前景;水能资源,包括水能储量、可开发度及水电站开发规划;水产资源,包括水域面积、水产种类、水产品产量统计;林业资源,包括林区面积、木材种类、产量及用途。

②矿产资源。主要指煤炭、石油、盐、铁、铜等资源的储量,资源的质量,资源的地域分布及特点,资源的开发条件,已开发的规模以及开发计划和前景。

③旅游资源。旅游资源是交通客流的重要发生集中源。调查的主要内容有:旅游风景名胜,文物古迹点位置、等级,旅游区建设及规划,如国家重点或省级文物保护单位、国家公园等;旅游点与公路项目地理位置关系;旅游开发计划,如旅游收入、年接待旅游人数、国外旅客数、旅客接待能力;旅游资源开发计划;旅游交通工具选择情况等。

(3)宏观经济调查

①经济水平。目前,我国反映经济水平的指标主要有:国民生产总值、社会生产总值、工农业生产总值、国民收入等。另外,必要时还可以调查一些更具体的指标,如工农业总产值、农业总产值、工业总产值、人均国民收入、职工平均工资等指标。

②经济结构。经济结构包括国民经济结构(主要是生产力结构)和生产关系结构。反映国民经济结构的直观办法是调查分析国民经济各部门、各产业的总产品或总劳务的价值量以及各自在总体中所占的比重。

③经济布局。经济布局主要是指生产布局,调查的内容主要是地区重要物质部门在空间上的分布以及各重点区域的行业专门化程度。

④外贸。主要调查:出口总量、出口产品结构、主要贸易伙伴及贸易水平;进口总量、进口产品结构、主要贸易伙伴及贸易水平;外贸收入等。

⑤经济政策。主要调查经济政策与立法,应包括有关部门经济特区、对外经济开发区政策。

⑥经济计划及规划。主要调查项目所在地区有关产业、经济发展趋势与展望,经济发展目标与水平,经济增长速度、建设投资额,建设投资重点和重点项目等。

(4)与项目直接相关的微观经济调查

①投资估算依据。可行性研究投资估算的依据是交通运输部、住房和城乡建设部及其他各有关部门颁布的有关投资估算的规定。它们主要包括交通运输部颁布的《公路工程估算指标》、《公路工程投资估算编制办法》、《公路基本建设工程概算、预算编制办法》、《公路工程勘测设计取费标准》及上述规定的补充说明、附件。另外,有些地区为了执行上述文件,制定了相应的补充说明,这些补充说明或规定也是在编制投资估算时应掌握的。

②建设项目的工程量。建设项目的工程量是由可行性研究工程建设方案设计提供的。在预可行性研究阶段,由于工程设计只要求进行方案设想等内容的研究设计,所以工程量按公路里程计算。在工程可行性研究阶段,工程量按分项工程计算。

③主要建筑材料的单价。主要建筑材料目前已基本由市场供应,因此,在收集资料时,应全面掌握建筑材料的市场单价。对于主要的进口材料,还应调查其口岸价格。

### 15.2.3 交通调查

交通量预测是可行性研究中的一个关键内容,是论证项目建设的必要性、确定项目的工程规模和技术标准,以及进行经济评价的依据和基础。交通量预测的水平和质量,将直接影响到项目决策的科学性。交通量预测必须在深入调查分析的基础上进行,必须采用科学的方法,坚持定量计算与定性分析相结合的原则,做到系统全面。同时还要根据评价与决策的需要,区分远景预测交通量中的正常交通量、转移交通量及诱增交通量等。

交通调查的地理范围与社会经济调查的范围一致,且要求以划分的小区为基础。交通调查的方法按调查规模可分为普查和抽查两大类,后者在交通调查中应用甚广,按调查对象,其又可分为典型调查、抽样调查和重点调查。结合公路建设项目可行性研究的特点,交通调查的内容可分为4类:交通政策、交通设施、交通运量、交通经济。具体内容有以下几个方面:

1) 交通政策及法规

主要调查的内容有:交通运输政策;有关的技术标准、基建法规;项目所在区域公路网现状、地方政府对公路交通发展的计划或规划;已批准的综合运输网规划等。

2) 交通概况

主要的调查内容有以下几个方面:

(1) 铁路:相关铁路的里程、等级、类型(单复线)、机车类型、牵引定数、年通过能力、年输送能力、运输密度、主要货类、平均运距、运行速度、运输成本、运行对数和运价收费及收费标准等。

(2) 水运:相关水运航道等级、年运输能力、主要货类、平均运距、船舶种类、运行速度、运输成本;有关港口的泊位、吞吐能力、功能、集疏方式及比重、港口腹地和运价收费及收费标准等。

(3) 航空:相关机场的分布、规模、班次、发运量(始发量和联运量)和运价收费及收费标准等。

(4) 管道:管道运输能力、货类等。

(5) 公路:公路运输的地位及作用、主要相关公路的等级、网络系统、里程、路面类型、交通量、行车速度、行车时间、大中桥、隧道、重要交叉口;相关渡口通过能力、渡运时间、等待时间、渡口费用;分车型历年汽车保有量、主要货类、平均运距、运输成本、平均客(吨)位、实载率、吨位利用率、里程利用率等。

以上5种运输方式的改造和长期规划也应调查,因为这直接影响到项目远景年限的效益计算。

3) 交通运输量

主要的调查内容有:5种运输方式的客货运量、周转量、主要货类、流向、旅客构成;综合运输构成、各种运输方式能力利用、运输量增长率;历年港口吞吐量、有关渡口渡运量;远景运输的规划、各种运输方式的比重、货类及流量的变化;公路运输的新生源、新特点等。

4) 公路交通量

公路交通量,是交通调查的重点之一,内容包括有关公路的交通量和交通量的年递增率;汽车交通占混合交通的比例;车型构成;交通量月、周、日不平均系数;高峰小时交通量;车流平均运行速度;有关交叉口的交通状况等。

5) 公路运输成本

主要调查内容有:交通及非交通部门各种汽车单位运输成本;车辆免税售价、税金、购置费、管理费、折旧费、驾驶人工资;各种车辆平均使用年限、行驶里程、保险费、千车公里维修保养费;燃油规格、单价及所含税金;润滑油单价及所含税金;轮胎尺寸、规格、价格及所含税金;不同道路状况下,大中小型车辆的百公里油耗、润滑油油耗、轮胎平均磨损情况等。

6) 道路养护大修及管理费

主要调查内容有:各级公路平均每公里养护管理费;各级公路大修间隔;各级公路每次每公里大修费等。

7) 道路收费

主要调查内容有:交通拟建项目所在省市的收费道路的收费里程、收费形式、收费体制、收费时间及年限、收费标准、收费金额、收费对交通量的影响等。

8) 交通事故及货损

主要调查内容有:交通事故平均损失费,如果是新建项目,调查与之相关的公路平均事故率、在途货物平均价格、货损率等。如果是改建项目,调查公路自身平均事故率、在途货物平均价格、货损率等。

9) OD 调查

OD 调查即起讫点调查,其目的是为了获取公路上交通流的构成、流量、流向、起讫点、货物种类、实载率情况等,为预测远期交通量提供依据,同时也为道路的设计和经济评价采集基础数据。OD 调查的方法可参考本书相关章节。

### 15.2.4 基础资料调查

公路建设项目可行性研究的经济调查和交通调查是进行项目建设必要性和经济可行性论证的主要依据;而项目建设区域的基础资料调查,则是进行技术可行性论证的基础。公路建设项目的基本特征决定了在项目可行性研究阶段必须对以下基础资料进行相应深度的调查:

1) 地形资料

二级及以上公路的预可行性研究、工程可行性研究阶段的路线方案,应分别在1∶5万、1∶1万或更大比例尺地形图上进行研究,其中特殊困难路段须分别在1∶1万、1∶2000地形图上进行研究。对于可行性研究,如果得不到相应比例尺的地形图,就需要经过测量,绘制该比例尺的地形图。为了区分不同的地形,还要掌握有关地形的特性指标,如相对高差、地形的平均坡度等资料。目前,如果能从测绘部门获取详细卫星地形资料可减少大量人工测绘。

2) 地质资料

工程可行性研究除要求进行比较详细的调查研究和现场地质踏勘外,还需要对大桥、隧道及不良地质地段,进行必要的地质勘探。地质资料主要有大桥、隧道处地质构造、钻探柱状图;不良地质地段的分布。

对于不良地质地段,如软土、膨胀土等,应注明其分布范围、埋藏深度、土质的性质及特性指标,并以表格的形式表示。对于不良地质构造,如断层等,应注明其走向、位置、发育程度等。为了掌握不良地质地段的资料,必须进行必要的地质勘探。在对不良地质地段及大桥、隧道进行勘探时,设计人员与地质勘探人员应共同协调,确定地质勘探方法、范围。一般来讲,对于不良地质地段,采用简易钻探的方法比较经济。对于大桥桥位、隧道处的钻探,钻孔应控制在 1~3 孔之间。

3)地震资料

在对沿线地区的地震情况进行调查时,应掌握地震带的分布,并掌握该地区的地震烈度和区域,按规定的形式绘制地震烈度分区图。

4)水文资料

水文资料调查应明确路线有可能跨越的河流位置,流域面积,河流的流向、流量、流速、水深、洪水位和枯水位,汛期的持续时间,有关地区的降雨量及雨量分布。北方地区还应搜集河流的冰冻深度、冰凌汛期等影响到施工建设的有关资料。

5)气候资料

气候资料包括项目所在地区的气候类型、干湿程度、季节变化、气温变化及平均气温、雨季天数及降雨量、冰冻期、无霜期等。

6)建筑材料调查

建筑材料调查分为两部分内容,即地方建筑材料的调查和工业废料的调查。地方材料的调查,主要是指对沿线可能利用的土方、砂石料的分布、品质、数量的调查;工业废料是指粉煤灰、矿渣等可以用来筑路的工业废弃物。通过建筑材料的调查,绘制出建筑材料分布示意图,并按照表格的形式,提供筑路材料场的调查结果。

### 15.2.5 可行性研究应完成的分析和报告

编制可行性研究报告,应执行国家的各项政策、规定和交通运输部颁布的技术标准、规范等。根据公路建设项目可行性研究报告的主要内容,可行性研究应完成的分析主要有:社会经济发展趋势分析、交通量预测与分析、工程环境影响分析、经济评价和敏感性分析、投资估算及资金筹措分析等。

预可行性研究和工程可行性研究报告内容的具体要求以及应该完成的报告,分别详见《公路建设项目预可行性研究报告文本格式及内容要求》以及《公路建设项目工程可行性研究报告文本格式及内容要求》。有关的交通量预测和经济评价工作,应分别按《公路建设项目交通量评价办法》和《公路建设项目经济评价办法》办理。利用外资公路建设项目的财务评价,应按《利用外资公路建设项目财务评价方法》执行。

## 15.3 公路建设项目后评价资料调查

### 15.3.1 公路建设项目后评价调查的要求

公路建设项目后评价必须以项目各阶段的正式文件和项目建成通车一定时期内进行的

各种调查及重要运行参数的测试数据为依据。调查的主要任务是制定详细的调查提纲,确定调查对象和调查方法并展开实际调查工作,收集后评价所需的各种资料。这些资料应包括项目资料、项目所在地区的资料、评价方法的有关规定等。后评价项目资料一般应包括:

1)项目建设资料

如项目建议书;可行性研究报告;与项目相关的各种审批文件;设计文件、工程概算、预算、决算报告;项目交工报告;项目竣工验收报告及有关的合同文件;审计报告;项目自我评价报告等。

2)国家经济、政策资料

如与项目有关的国家宏观经济政策、行业政策;国家金融价格、投资、税收政策及其他有关政策、法规等。

3)项目运营状况的有关资料

如通车后历年的交通量情况,运营后的历年收费情况,上缴税收情况,维护养护管理费用情况,车速、交通事故变化情况,偿还贷款本息情况,设备利用情况等。这些资料可由利润表、资金平衡表(资产负债表)、会计报表等一系列财务报表来反映,必要时,还需做一些相应的实际补充调查。

4)项目实施和运营所产生实际影响的有关资料

如环境检测报告、对周围用地模式和产业布局的影响等有关资料。

5)本行业有关资料

如国内外同类行业、同类项目的有关资料。

6)与后评价有关的技术资料及其他资料

项目后评价现场调查包括:社会经济调查、交通量调查、OD调查、养护管理调查、交通安全调查、交通环境影响调查、工程设施调查、车速调查、油耗调查、客货车成本调查等。

### 15.3.2 社会经济调查

1)社会经济调查的范围

公路建设项目后评价调查范围与该项目在可行性研究阶段所确定的调查范围相一致,以保证评价的可比性。

社会经济调查不仅在空间上有一定范围,而且在时间方面也有一定要求,既要收集历史统计资料,又要收集项目沿线地区经济发展计划、规划,甚至国民经济发展计划和规划。一般要从项目实施前三至五年甚至更长时间的历史统计资料开始到进行项目后评价为止;另外还要收集与此相关的"五年规划"方面的资料。有了项目实施前后的经济调查资料,才能进行对比评价,依据未来的国家、地区经济计划与规划,才能对经济进行准确的预测。

2)社会经济调查的内容

社会经济调查的内容主要包括人口、资源及经济情况。因为社会经济的几项内容变化不大或基本无变化,所以可参考可行性研究阶段的调查结果。主要区别在于微观经济调查,调查内容主要包括:

(1)项目总投资。指项目从建设准备开始,到项目全部建成运营为止所发生的全部投资费用,它反映的是项目建设期末的投资总额。

（2）项目运营的养护、管理费用。包括公路日常养护费用和大修费用。公路建设项目正式通车运营以后，需要经常性的维修养护以确保路况良好，应调查每年用于养护以及管理的费用。

（3）建设项目投资来源。即项目筹资渠道和项目建设资金的结构组成，这影响到项目效益的计算。

（4）收费收入。对于收费公路，还必须调查通车运营以来，全线各收费站的收费总额，收费款的流向以及收费还贷情况等。

另外，还可以根据项目的具体情况，结合评价工作的深度，调查一些内容，如汽车运输成本、油耗等。

3）社会经济分析

社会经济分析是指对社会经济基础资料进行研究，分析社会经济活动过程、增长或制约因素，掌握社会经济的发展趋势，以对未来经济发展水平进行预测，提供更加具体可靠的基础数据。

社会经济分析主要包括人口分析、资源分析、经济分析三方面。

对资源分析主要侧重于资源开发、燃料及原材料供需三方面。资源分析主要对资源储量的综合分析，资源的开发条件及资源的资金来源的分析。经济分析主要侧重于工业部门结构和工业地区结构，工业基础，生产规模及工业增长等；农业生产自然条件，生产水平及规模，主要农副产品量，农业结构，农业布局与农业增长等；经济构成；经济增长分析；人均主要经济指标等。

4）社会经济预测

社会经济预测是指以准确的调查统计资料和经济信息为依据，从经济现象的历史、现状和规律性出发，应用科学的方法和技巧对经济现象未来发展进行科学的估算和测定的过程。预测的目的就是要揭示事物的发展规律，更好地把握事物未来的发展状态，为决策提供必要的信息。在占有资料的基础上，选择适当的预测方法和建立预测模型是预测准确与否的关键。社会经济预测有以下步骤：

（1）预测方法选择

对定性预测方法或定量预测方法的选择，应根据掌握资料的情况而定。当掌握资料不够完备、准确程度较低时，可采用定性预测方法。如对新的投资项目进行预测时，由于缺少历史统计资料和经济信息，一般可采用定性预测方法，凭掌握的情况和预测者的经验进行判断预测。当掌握的资料比较齐全、准确程度较高时，应用一定的数学模型进行定量分析研究。为了考虑不定量因素的影响，在定量预测基础上要进行定性分析，经过调整才能定案。

社会经济预测的方法很多，公路建设后评价中常用回归预测方法，其他有专家预测法、趋势外推法、指数平滑预测法、生长曲线预测法等。在进行定量预测时，对时间序列法或因果预测法的选择，除根据掌握资料的情况外，还要根据分析要求确定。当只掌握与预测对象有关的某种经济统计指标的时间序列指标，并只要求进行简单的动态分析时，可采用时间序列法。当掌握与预测对象有关的多种相互联系的经济统计资料，并要求进行较复杂的依存关系分析时，可采用因果分析预测方法。

（2）模型检验、误差分析和模型修正

根据历史样本资料，运用数学方法建立数学模型，对预测的近似模拟，能否预测未来发展趋势,必须进行一系列检验,其次是因变量和自变量间(对因果关系分析模型来说)经济关系的逻辑性检验。只有两种检验均符合要求时,该模型才能用于预测未来发展趋势,最后运用一部分历史资料对建立的预测模型进行验证,分析其误差,并对误差较大的预测模型做出必要的修正,使其能真正反映对象的变化规律。

(3)预测结果分析

根据预测模型、预测期限及预测误差,对于预测对象的各项指标进行实际预测分析,获得多种预测方案的数据。对用模型的预测结果不能直接加以应用,还要进一步进行分析评价。找出预测结果与未来实际之间的误差后,要对预测结果进行修正选出最佳值,作为决策依据。也可以建立一些数学模型,如用季节性指数或专家定性判断预测等因素进行修正,最终推荐可能性最大的预测方案。

### 15.3.3　交通调查

交通量调查、分析和预测是公路建设项目后评价的重要组成部分,是效益评价的基础,也是得出评价结论的主要依据。

后评价中交通调查的目的在于通过长期连续性观测或短期和临时观测,搜集交通量资料,了解交通量在时间、空间上的变化和分布规律,从而掌握项目所在地区交通的历史与现状实际资料,一方面为效益评价提供详细、准确的已发生的实际交通量,另一方面通过分析交通发展的过去、现在和将来,为远景交通量预测(一般为评价年限末)提供基础资料,为经济评价参数确定采集基础数据。

结合公路建设项目后评价的特点,交通调查的内容可分为4类:交通政策、交通设施、交通运量、交通经济。具体可参见前面各章节。

### 15.3.4　环境影响调查

环境影响评价,旨在对照项目前评估时批准的《环境影响报告书》,从项目建设所引起的区域生态平衡、环境质量变化以及自然资源的利用和文物保护等方面评估项目环境影响的实际效果。其评价程序如图15-1所示。

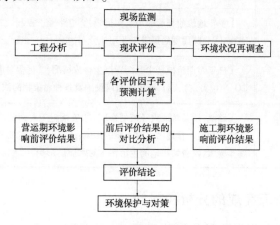

图15-1　环境影响后评价程序

具体内容和方法可参阅交通运输部发布的《公路建设项目环境影响评价规范》(JTG

B03—2006)。一般包括以下几个方面：

(1) 社会环境影响评价，由地区社会环境现状分析、项目影响预测评价和缓减(或降低)影响措施(建议)三部分组成。

(2) 生态环境影响评价，主要包括地区生态环境现状分析、项目影响预测评价和防治措施(建议)等三部分内容。

(3) 土壤侵蚀及水土保持评价，该专题的主要内容是地区土壤侵蚀(包括风蚀和水蚀)现状评价、项目影响预测评价、拟订水土保持方案。

(4) 声环境影响评价，该专题的内容主要有地区声环境现状评价、项目施工期噪声和营运期道路交通噪声对环境的影响预测评价、敏感点的噪声污染防治措施(建议)等。

(5) 环境空气影响评价，该专题的内容由地区环境空气质量现状评价、项目对环境空气影响预测评价和空气污染减缓措施(建议)等三部分组成。

(6) 水环境影响评价，该专题的主要内容是地区地表水环境质量现状评价、项目对水环境影响预测评价、水环境污染防治措施(建议)以及交通事故风险分析等。

根据环境评价的内容以及各子专题的评价因子组成情况，可将环境评价所需调查资料归纳成如表 15-2 所示。

环境评价所需调查资料表　　　　表 15-2

| 评价专题 | 所需调查的资料 |
|---|---|
| 社会环境影响评价 | ①占用耕地和良田；②占用基本农田保护区耕地；分割城镇小区及村落；③阻隔出行；④影响风景名胜区、文物保护区和其他人文景观；⑤影响农田水利设施；⑥拆迁安置；⑦影响土地利用性质；⑧影响交通安全等 |
| 生态环境影响评价 | ①局部地貌改变及地质灾害；②项目对流域内河流稳定性的影响；③公路影响带内生物多样性的变化；④沿线城镇、乡村、农田及各种建筑设施变化；⑤对沿线环境的污染 |
| 土壤侵蚀及水土保持评价 | ①路基防护工程和排水工程的情况；②崩塌、滑坡易发地调查及防治措施情况；③泥石流易发地调查及其防治措施情况；④地表土流失地点及流失严重度调查 |
| 声环境影响评价 | ①重要地段的交通噪声监测记录；②道路噪声控制设施；③车辆行驶噪声及轮胎噪声；④公路周围居民及工业用地分布情况 |
| 环境空气影响评价 | ①施工时期机械扬尘及沥青烟尘排放情况；②运营时期汽车排放的有害气体(以 $CO$、$NO_x$ 为主)；③长隧道的通风设施及各种污染物的浓度 |
| 水环境影响评价 | ①路基、桥梁对地表径流的影响；②桥梁施工对河流水质的影响；③施工期的施工废水和施工营地污水对水质的影响；④运营区的路面径流、服务区的生活污水和洗车废水、收费站等地的生活污水对水质的影响 |

### 15.3.5 后评价应完成的分析和报告

公路建设项目后评价报告编制必须客观、公正、科学，不应受项目各阶段文件结论的束缚。根据公路建设项目后评价的主要内容，后评价应完成的分析包括以下 4 个方面：

1）建设项目的过程评价

依据国家现行的有关法令、制度和规定,分析和评价项目前期工作、建设实施、运营管理等执行过程,从中找出变化原因,总结经验教训。

2）建设项目的效益评价

根据实际发生的数据和后评价时国家颁布的参数进行国民经济评价和财务评价,并与前期工作阶段按预测数据进行的评价相比较,分析其差别和成因。

3）建设项目的影响评价

分析、评价对影响区域的经济、社会、文化以及自然环境等方面所产生的影响。评价一般可分为社会经济影响评价和环境影响评价。

4）建设项目目标持续性评价

根据对建设项目的公路网状况、配套设施建设、管理体制、方针政策等外部条件和运行机制、内部管理、运营状况、公路收费、服务情况等的内部条件分析,评价项目目标(服务交通量、社会经济效益、财务效益、环境保护等)的持续性,并提出相应的解决措施和建议。

公路建设项目后评价报告由主报告及附件两部分组成。主报告应按《公路建设项目后评价报告文本格式及内容要求》编制。附件的内容应包括各种专题报告及建设项目管理卡。建设项目管理卡应按《公路建设项目管理卡内容要求及填表说明》编制。

# 课后习题

1. 公路建设项目可行性研究的主要内容包含哪些？
2. 公路项目后评价的主要内容包含哪些？
3. 公路项目可行性研究与后评价之间的区别有哪些？
4. 公路项目可行性研究中公路交通量调查的具体内容有哪些？

# 第 16 章　面向建设项目交通影响评价的调查

【教学目标】
在建设项目交通影响评价中,交通调查是一项基础性工作,通过对影响范围内的道路交通、土地利用等进行翔实的调查,掌握第一手资料,为现状交通运行状况评价、背景交通量预测、拟建项目交通需求预测等提供依据。本章的教学内容主要包括:
(1) 基本内容:交通影响评价概要,交通影响评价调查内容与调查方法;
(2) 重点:交通运行状况调查,周边同类性质项目调查;
(3) 难点:周边同类性质项目调查。
通过本章内容学习希望能够达到以下几个目标:
(1) 掌握:土地利用调查,道路交通设施调查,交通运行状况调查,周边同类性质项目调查;
(2) 理解:交通影响评价的内容,调查内容;
(3) 了解:交通影响评价的目的。

## 16.1　概述

1) 建设项目交通影响评价

随着我国社会经济的快速发展和城镇化进程的加快,城市建设项目日益增多,这些新的建设项目建成以后,会产生一些新的交通需求,会给原本不是很"宽裕"的城市道路、停车场等基础设施造成一定的压力。交通影响评价以最大限度地平抑城市局部的开发所引起的交通需求与交通供给之间的不平衡为目标,运用定性和定量相结合的方法,对土地开发项目与交通需求增长之间的关系进行研究,分析开发项目对周边一定范围内的道路交通设施造成的影响(包括影响范围、影响程度等),根据交通影响评价结果,确定相应的对策或修改开发方案,以减少建设项目对交通的影响。目前,交通影响评价工作正在国内如火如荼地开展。

建设项目交通影响评价(Traffic Impact Analysis of Construction Projects)是指对建设项目投入使用后,新生成交通需求对周围交通系统运行的影响程度进行评价,并制定相应的对策,消减建设项目交通影响的技术方法❶。

---

❶《建设项目交通影响评价技术标准》(CJJ/T 141—2010)。

2）交通影响评价的目的

从道路交通管理和城市发展的角度对建设项目进行交通影响评价，可使土地开发强度与交通承受能力相匹配，避免土地开发强度过大而使城市机能和交通需求集中，促进城市结构的合理发展。充分发挥政府对土地利用和交通规划的协调作用，以进行交通影响评价为手段，在建设项目申报阶段，把握城市交通发展的导向，控制并缓解建设项目对城市道路交通的影响，以期使城市土地利用合理化。

近年来，随着经济持续高速发展，城镇化进程的加速，机动车保有量不断增加。与此同时，随着城市建设发展迅速，城市内土地开发强度普遍增加，其结果是增加了城市交通的产生量和吸引量，给城市道路等基础设施造成了巨大的压力，也极大地增加了城市道路交通管理难度。

在此背景下，开展交通影响评价工作，对于加快交通设施建设，促进城市结构合理化，协调土地使用与交通负荷，保证城市建设健康发展，解决城市交通问题具有深远的现实意义。

交通影响评价是分析和评价建设项目对其周围路网交通负荷的影响，以及提出为抵消其中非正常增长因素所产生的影响，而必须采取的措施和提供的交通设施。它可以使行政主管部门从源头上保障城市道路交通运行安全、畅通。其主要目的如下：

(1)确定建设项目建成使用后对项目周边道路及其他交通设施的交通影响。

(2)确保建设项目内外部交通设施供应充足。

(3)提出有效措施，确保项目影响范围内道路及交通设施服务水平。

3）交通影响评价的内容

建设项目交通影响评价应根据建设项目所在地区的土地利用和交通系统状况，评价建设项目新生成交通需求对评价范围内交通系统运行的影响，并应根据交通影响的程度，提出对评价范围内交通系统以及建设项目选址、建设项目报审方案的改善建议。

交通影响评价报告内容应包括建设项目概况、评价范围与年限、评价范围现状与规划情况、现状交通分析、交通需求预测、交通影响程度评价、交通系统改善措施与评价，以及结论与建议。

(1)建设项目概况

包括建设项目主要规划设计条件、主要技术经济指标和经营业态、建筑设计方案、建设计划等内容。

(2)评价范围与年限

确定建设项目交通影响评价的区域范围、特征年、评价日与评价时段。

(3)评价范围现状与规划情况

介绍评价范围内现状、规划的用地和交通发展情况。其中现状交通分析应包括下列内容：

①交通调查方案说明。

②对评价范围内各种交通方式的交通流特征、交通设施、交通管理政策与措施进行说明。

③对评价范围内的现状道路、公共交通、自行车、行人和停车等交通系统的管理措施、供

需和运行状况进行分析，提出现状交通系统存在的主要问题。

（4）交通需求预测

对各评价年限、各评价时段的背景交通和项目新生成交通进行预测，分析评价范围内交通系统的交通量分布和运行特征。

（5）交通影响程度评价

应包括下列内容：

①根据交通系统供需求分析和交通影响程度评价，提出评价范围内交通系统存在的主要问题。

②评价建设项目新生成交通需求对评价范围内交通系统运行的影响程度。

③评价对象应包括评价范围内的各种交通系统，包括机动车、公共交通、停车、自行车和行人等。

（6）交通系统改善措施与评价

应包括下列内容：

①改善出入口布局与组织，优化建设项目内部交通设施：根据出入口与外部交通衔接的状况，提出出入口数量、大小、位置以及交通组织的改善建议；优化建设项目内部道路与停车设施布局。

②评价范围内的交通系统改善：各方式的交通组织优化；道路网络改善和道路改造措施；出入口或交叉口的渠化和信号控制改善；公共交通系统改善。内容宜包括公共交通运营组织、线路优化、场站改善等；自行车、行人和无障碍交通系统改善；停车设施改善，包括机动车、自行车停车设施，货车装卸点，出租车、社会车辆停靠点等。

③改善措施评价。

（7）结论及建议

应包括下列内容：

①交通影响评价的结论及建议应包括：评价结论、必要性措施和建议性措施。

②评价结论应明确项目建成对评价范围内交通系统的影响程度，明确交通改善后建设项目交通影响是否可接受，以及是否需要对建设项目的选址和（或）报审方案进行调整。

③必要性措施是保证建设项目交通影响可接受的前提条件；建议性措施包括对建设项目内部或评价范围内交通系统推荐采取的措施与方法；对评价范围内交通系统影响为显著影响的建设项目，应明确必要性措施。

4）建设项目交通影响评价的交通调查内容

交通调查是建设项目交通影响评价的重要基础工作，直接影响到评价结论合理准确与否。交通影响评价必须对评价范围内的交通、土地利用等进行翔实的调查，包括项目新生成交通相关的各种交通方式的交通设施和交通运行特征，调查的时段必须包含评价时段，并适当扩展。交通影响评价中，交通调查的主要内容如图16-1所示。

图16-1 面向交通影响评价的交通调查内容

## 16.2 土地利用调查

土地经过开发,成为人们各类活动的聚散点,交通出行也就随之形成。交通需求是土地使用的函数,且城市用地生成的交通量与用地强度和规模直接相关。依据土地使用与交通出行之间的关系,可通过用地开发强度来估计用地项目的出行生成量。由于用地项目的开发强度是已知的,而且在大多数情况下,单位用地的出行率或推算公式可参考相关成果,因此可通过这些资料计算出行生成量,这也是土地利用资料调查整理的主要目的。

因此,了解区域土地利用的现状和规划情况是预测出行需求、进行交通影响评价和确定必要的交通改善设施的前提和基础。交通影响评价应先从土地利用调查开始,调查和收集拟建项目相关经济指标、项目周边土地利用现状和规划、周边在建或待建建设项目情况等。

1)拟建项目经济指标

该项调查主要用于拟建项目的交通需求预测、内部交通组织分析、出入口交通分析等,具体调查内容包括:

(1)拟建项目的总体指标,包括:拟建项目的用地位置、用地面积、总建筑面积、建筑层数、建筑密度、不同性质用地(办公、居住、商业等)的建筑面积、容积率、配建停车位以及其他一些建筑指标(如,住宅项目还需了解户数、规划人口等),主要用于拟建项目交通需求预测。

(2)拟建项目的设计总图,包括:建筑总平面布置图、各分层平面布置图,这是项目内外交通组织的必要条件。

上述资料一般可从建设单位或拟建项目设计单位获得。

2)项目周边土地利用现状和规划

该项调查主要用于背景交通预测,调查范围一般涵盖拟建项目的交通影响范围,具体调查内容包括:

(1)拟建项目周边现状的土地利用性质与面积:各交通区主要土地利用类别的土地面积,如工业、商业、居住、科教文卫等土地利用类别的面积。一般应根据现行的《城市用地分类与规划建设用地标准》(GB 50137—2011)中规定的10大类城市用地性质分别进行。

(2)拟建项目周边土地的现状建筑指标。

(3)现状的土地使用分级。

(4)拟建项目周边用地的规划情况:各项用地的种类、使用性质、功能分区、数量比例、空间布局、开发强度和时序等。

上述资料一般可从规划部门、建设部门、土地管理部门等政府机构获得,或者通过对研究区域的踏勘和各项调查来得到的。

3)周边在建或待建建设项目情况

主要调查周边在建或已经审批同意的待建项目的用地性质、建筑规模、出入口设置情况等。

## 16.3 道路交通设施调查

通过实地踏勘,主要调查评价范围内的道路、交叉口等基础信息,为交通组织提供基础资料,具体调查内容如下。

（1）道路路段:包括道路等级、横断面形式、规划红线、机动车道、非机动车道、公交专用道及公交港湾、人行横道和人行道路面宽度、机非分隔方式、长度、车道数等。

（2）道路交叉口:各交叉口类型、位置、相交路段的几何线形、转向车道以及各种构造物、人行天桥、地道等设施、控制（管制）方式等。

（3）交通管理设施:包括研究范围内道路交通管理措施（禁左、单行等）、交叉口渠化设施、信号灯配时方案及车道转向方案、交通标志标线、其他控制方案（如停车、让行、限速等内容）。

## 16.4 交通运行状况调查

主要调查路段和交叉口的交通量,对重要路段和交叉口还应进行车速和延误调查,此外还需对通行能力进行调查,用于计算道路交通饱和度,并评价道路交通运行状况。

### 16.4.1 项目影响范围交通量调查

1）目的和意义

在交通影响评价中,一般需要对拟建项目周边一定范围内的路段或交叉口进行交通量调查,其目的主要在于：

（1）掌握影响范围内道路交通状况,评价现状交通系统运行状态。

（2）为背景交通预测提供基础。

2）类别

在建设项目交通影响评价中,根据交通影响评价的需要一般可将交通量调查分成以下几类。

（1）路段机动车流量调查:应调查研究范围内所有道路分车型、分时段交通量。

（2）交叉口机动车流量:应调查主要交叉口分车型、分时段、分流向交通量。

（3）路段非机动车流量:应调查主要道路分时段交通量。

（4）交叉口非机动车流量:应调查主要交叉口分时段、分流向流量。

（5）行人流量调查:主要调查研究区域内行人交通量大的地区,分时段的行人流量。

3）调查地点的选择

调查地点的选择,主要是考虑交通量集中而又有代表性、便于调查统计、具有控制性的地点。一般设置在下列场所：

（1）路段:交叉口之间的平直路段上；

（2）交叉口:交叉口各入口引道的停车线。

4）调查时间的选择

在交通影响评价中,道路交通量调查主要调查研究范围内所有道路不同类型的机动车交通量,根据需要有时也调查非机动车交通量和行人交通量。调查时间原则上应选择在交通需求的高峰时期进行,调查时间为正常工作日（建议周二至周四）的早高峰时段或晚高峰时段。具体应考虑项目及周边道路的流量特征选择合适的高峰时段推荐早高峰时段为7:00

~9:00,晚高峰时段为17:00~19:00。对于一些休闲娱乐型建设项目或者特殊类的建设项目,其背景交通的高峰时段与建设项目交通的高峰时段往往不重合,此时建议最好在背景高峰时段和项目高峰时段分别进行调查。

5)交通量调查方法

交通量调查的方法很多,主要有人工观测法(计数)、机械观测法、摄影(像)法、浮动车法、试验车法、航摄法等。建设项目交通影响评价中的交通量调查,一般涉及范围较小,调查工作时间也不太长,因此,多采用简单易行的人工观测法(计数)。

### 16.4.2 速度调查

根据车速的用途不同,派生出若干有特定用途的车速,常用的有:地点车速、行程车速、运行车速、临界车速、设计车速、时间平均车速、空间平均车速等。

在建设项目交通影响评价中,主要关注地点车速和行程车速(区间速度)。一般调查最常选用的时间是机动车上午高峰及下午高峰时间。

在建设项目交通影响评价中,地点车速测定最常用的方法主要有:人工测速法和雷达测速法。区间车速测定最常用的方法主要有:汽车牌照号码登记法和浮动车测速法。

### 16.4.3 延误调查

1)目的和意义

(1)评价道路交通阻塞程度。行车延误十分直观地反映了道路交通的阻塞情况。借助于延误资料可以确定产生交通阻塞的位置、程度和原因,进而对交通阻塞程度做出评价。延误越大,说明阻塞越严重。

(2)评价道路服务质量。道路的服务质量通常用服务水平来衡量。对于道路使用者,最关心的是时间和延误。

(3)作为采取交通控制措施的依据。根据延误资料,确定信号交叉口信号优化、无信号交叉口是否需要设置交通信号,从而减少交叉口的延误或某一入口引道的延误。另外也可根据延误资料确定是否需要采取某些管理与控制措施,比如禁止左转、限制停车、单向行驶和禁止某一方向通行等。

(4)改建道路和交叉口的依据。根据延误资料,对交通阻塞严重的路段或交叉口,提出改建计划。例如拓宽道路以改造瓶颈路段、实施快慢车分隔、拓宽交叉口引道或增设转弯专用车道等。

2)路段延误的调查方法

区间行车时间调查与区间车速调查时的行车时间调查完全一样,而延误调查实际上也是对不同条件下的行车时间调查。因此,该项调查可采用区间速度调查时所采用的方法。如试验车法、车辆牌号对照法、驶入驶出量法等。

3)交叉口延误的调查方法

交叉口延误是指车辆通过交叉口范围的时间延误。调查方法随所需资料不同而不同。

(1)行车时间调查

通过行车时间的调查即可求得延误。由于交叉口处的调查涉及范围一般较小,所以调查车辆通过交叉口的行车时间时,也可在通视条件良好处,由1人用秒表直接测定车辆通过的行驶时间。使用此法应注意抽样的随机性并应保证抽样数量。

(2)停车延误调查

①由调查人员用秒表和计数器测定车辆通过交叉口时的停车数量及累积停车时间。

②定时段测定。选择测时时段(如15s),由调查人员记录每时段内通过和停车的车辆数,然后计算求得延误。使用此法只要时段选择合适,可使实测精度相当高。

### 16.4.4 通行能力调查

通行能力是交通设施的一项重要指标,是评价相关交通设施服务水平的重要指标。在交通影响评价中,结合项目周边交通环境可能需要调查或计算路段通行能力、交叉口通行能力、自行车道通行能力和行人交通设施通行能力等。

1)路段通行能力

在建设项目交通影响评价中,对路段通行能力主要计算可能通行能力的大小。可能通行能力是指考虑到实际道路条件和交通条件的影响,并对基本通行能力进行修正后得到的通行能力。

(1)基本通行能力

《城市道路工程设计规范》(CJJ 37—2012)建议的一条车道的基本通行能力如表16-1所示。

城市道路路段一条车道的基本通行能力　　　　表16-1

| 道路类型 | 设计速度(km/h) | 100 | 80 | 60 | 50 | 40 | 30 | 20 |
| --- | --- | --- | --- | --- | --- | --- | --- | --- |
| 快速路 | 基本通行能力(pcu/h) | 2 200 | 2 100 | 1 800 | | | | |
| | 设计通行能力(pcu/h) | 2 000 | 1750 | 1 400 | | | | |
| 其他等级道路 | 基本通行能力(pcu/h) | | | 1 800 | 1 700 | 1 650 | 1 600 | 1 400 |
| | 设计通行能力(pcu/h) | | | 1 400 | 1 350 | 1 300 | 1 300 | 1 100 |

(2)可能通行能力

可能通行能力是指考虑到实际道路条件和交通条件的影响,并对基本通行能力进行修正后得到的通行能力。修正因素,主要考虑:

①多车道对路段通行能力的影响。

在多车道的情况下,同向行驶车辆的超车、绕越、停车等会影响邻近车道的通行能力,一般越靠近路中心线的车道,其影响越小。

②交叉口对路段通行能力的影响。

交叉口对道路通行能力的影响较大,尤其是当交叉口的间距较小时,它对通行能力往往起控制作用。车辆在通过交叉口时,实际的行程时间比没有交叉口的路段的行程时间要多,其实际平均车速也大为降低,通行能力下降。

③行人过街、铁路道口等因素对路段通行能力的影响。

行人过街对路段通行能力的影响,与行人过街的密度有关;铁路道口影响的折减系数,与每小时道口封闭的次数及每次封闭的时间长短有关。

④车道宽度对路段通行能力的影响。

车道的宽度达不到要求,必然影响车速,车速的降低则意味着通行能力的减小。

上述各因素对路段通行能力影响的折减系数可参考有关文献,基本通行能力乘上这些折减系数即为可能通行能力。

2) 交叉口通行能力

(1) 无信号管制的交叉口通行能力

根据可插间隙理论,直接计算优先方向交通流中的可插间隙(车头时间间隔),即非优先方向交通可以横穿或插入的间隙数,作为非优先方向可以通过的最大交通量。

(2) 环形交叉口的通行能力

①常规环形交叉口:可采用沃尔卓普公式或英国环境部暂行公式计算。

②小型环形交叉口:可采用英国运输与道路研究所公式或纽卡塞公式计算。

(3) 信号交叉口的通行能力

根据信号周期长度及每个信号相所占时间的长短,可以计算出交叉口的通行能力。根据交叉口交通管理与控制情况,分别调查与计算各条车道的通行能力。

## 16.5 停车调查

在建设项目交通影响评价中,停车调查主要调查项目周边车辆停放设施的供应情况和车辆停放需求特征,前者主要包括社会公共停车场、住宅小区停车场、公建配建停车场和路内停车场的位置、形式、停车容量、出入口等,后者则主要包括周边各类停车场上停放车辆的基本特征指标:停放数量的时间、空间分布,停放时间、停车目的、停车密度、停放车指数(饱和度,占有率)、停放周转率、步行距离等。

## 16.6 公共交通调查

建设项目交通影响评价中,公共交通调查主要是了解和掌握拟建项目周边公共交通设施及运营状况,其目的是要考察拟建项目本身的公共交通出行增加值在目标年对周边公交系统的影响是否在可接受范围之内。

公共交通调查主要分三个部分:线路调查、公共交通客流调查和公共交通满意度调查。线路调查时要调查项目周边指定区域内的公共交通线路、车辆配置与动力、场站及运营等基本情况。公共交通客流调查是对公共交通的乘降量进行调查。公共交通满意度调查是指对公共交通服务满意程度的调查。

线路调查由调查人员到所调查区域的公共交通场站进行问讯或站牌登记,记录在相应的表格上。公共交通满意度调查是由调查人员随车对乘客进行问卷调查。只有当建设项目对公共交通影响较大时,才需要进行公共交通满意度调查,一般项目可以不进行该项调查。

在交通影响评价中,对于公共交通的运行调查主要是指对公交车和轨道交通的运行状况进行调查。对于公交车的运行调查重点在于:区域内公交站点的位置和形式、通过各站点的公交线路、线路走向、满载率、运营速度等;对于轨道交通的运行调查的重点则在于:线路走向、站点布置、出入口位置、高峰小时上下客人数等。

## 16.7 周边同类性质项目调查

为了掌握拟建项目的交通产生、吸引率以及机动车的停车特征,可以在同一区域相似建设项目进行用地出行率调查。通过调查获取调查对象的建筑物功能布局、出入口分布、人(车)流量高峰时段基本范围等数据,为后续调查制定时间和调查员配置方案提供基础数据;获取调查对象的建筑物土地利用强度、功能类型、人员规模等方面的具体数据,为比较不同类型吸引点客流吸引强度和时空分布提供基础数据,具体调查方法与调查表格可参考本书14.2.9节的相关内容。

本调查包含以下4个子项:
1)建筑物(单位)基本情况调查
(1)建筑物(单位)基本信息(建筑物名称、地址、联系方式等)。
(2)用地类型和强度[建筑物(单位)]。
(3)建筑物(单位)规模(职工数、学生数、床位数、座位数、户数、使用率等)。
(4)建筑物(单位)客流吸引能力时间分布情况(最大容纳能力、高峰时段等)。
(5)交通工具和设施使用情况(拥有车辆数、停车位)。
2)建筑物(单位)住户或工作人员出行信息调查
建筑物(单位)内部住户或工作人员的个人出行特征:每次出行的出行目的、出行方式、出发时间、出发地点、到达时间、到达地点等。
3)建筑物(单位)来访者出行信息调查
(1)来访者个人出行特征:每次出行的出行目的、出行方式、出发时间、出发地点、到达时间、到达地点、被访单位名称等。
(2)停车信息和费用:停车地点、时间、费用、步行距离等。
4)吸引点吸引客(车)流数量调查
(1)客流吸引点人流量(时间段、到达人计数、离开人计数)。
(2)客流吸引点车流量和承载情况[时间段、到达车(乘车人员)计数、离开车(乘车人员)计数]。

## 课后习题

1. 什么是建设项目交通影响评价?该评价的目的是什么?
2. 建设项目交通影响评价的主要内容包括哪些?
3. 交通影响评价中,交通调查的主要内容包括哪些?
4. 周边同类性质项目调查的主要内容包括哪些?

# 参考文献

[1] 塙克郎,高田邦道,木户伴雄,等.交通调查指南[M].陈荣生,李一鸣,赖国麟,等,译.长沙:湖南省交通工程学会,1985.

[2] 美国交通工程师学会(ITE).交通工程调查指南[M].李江,王文治,吕哲民,译校.北京:人民交通出版社,1988.

[3] 张秋.交通工程学[M].北京:人民交通出版社,1980.

[4] 渡边新三,佐佐木纲,毛利正光,等.交通工程[M].赵恩棠,张文魁,译.北京:人民交通出版社,1980.

[5] 丹尼尔L·鸠洛夫,马休J·休伯.交通流理论[M].蒋璜,任福田,肖秋生,等,译.北京:人民交通出版社,1983.

[6] 威廉·瑞莱,唐纳德·开普里.道路与交叉口的通行能力[M].交通工程学会,编译.中国公路学会,1987.

[7] 中国公路学会《交通工程手册》编委会.交通工程手册[M].北京:人民交通出版社,1998.

[8] 王炜,杨新苗,陈学武,等.城市公共交通系统规划方法与管理技术[M].北京:科学出版社,2002.

[9] World Health Organization. Global status report on road safety 2013: supporting a decade of action[R]. L'IV Com Sàrl, Villars-sous-Yens, Switzerland,2014.

[10] 郭忠印,方守恩.道路安全工程[M].北京:人民交通出版社,2003.

[11] 罗石贵,周伟.路段交通冲突的调查技术[J].长安大学学报(自然科学版),2003,23(1).

[12] 任福田,刘小明.论道路交通安全[M].北京:人民交通出版社,2001.

[13] 骆勇.郑州黄河大桥交通冲突技术研究[D].西安:西安公路交通大学,1999.

[14] 冯桂炎.公路设计交通安全审查手册[M].北京:人民交通出版社,2000.

[15] 张苏.中国交通冲突技术[M].成都:西南交通大学出版社,1998.

[16] 方守恩,郭忠印,杨轸.公路交通事故多发位置鉴别新方法[J].交通运输工程学报,2001,1(1).

[17] 路峰,姜文龙,马社强.交通事故多发点段排查方法[J].长安大学学报(自然科学版),2003,23(1).

[18] 赵恩棠,刘晞柏.道路交通安全[M].北京:人民交通出版社,1990.

[19] 覃有钧,陈鲁言.汽车尾气污染[M].广州:中山大学出版社,1995.

[20] 徐吉谦.交通工程总论[M].北京:人民交通出版社,1991.

[21] 赵剑强.公路交通与环境保护[M].北京:人民交通出版社,2001.

[22] 赵章元.交通环境学概论[M].北京:中国环境科学出版社,1995.

[23] 杨晓光.城市交通设计指南[M].北京:人民交通出版社,2003.

[24] 刘灿齐.现代交通规划学[M].北京:人民交通出版社,2001.

[25] 邵春福.交通规划原理[M].北京:中国铁道出版社,2004.

[26] 陆化普.交通规划理论与方法[M].2版.北京:清华大学出版社,2006.

[27] 裴玉龙.公路网规划[M].北京:人民交通出版社,2011.

[28] 王炜,邓卫,杨琪,等.公路网络规划建设与管理方法[M].北京:科学出版社,2006.

[29] 向前忠.公路网规划后评价研究[D].西安:长安大学,2003.

[30] 交通部.公路建设项目后评价报告编制办法[M].北京:人民交通出版社,1996.

[31] 陕西省高速公路建设集团,长安大学.西安至宝鸡高速公路后评价总报告[R].西安:长安大学,2002.

[32] 王建军.公路建设项目后评价理论研究[D].西安:长安大学,2003.

[33] 交通运输部.公路建设项目可行性研究报告编制办法[M].北京:人民交通出版社,2010.

[34] 交通部.交通建设项目环境保护管理办法[M].北京:人民交通出版社,2003.

[35] 刘运哲,何显慈.公路运输项目可行性研究[M].北京:人民交通出版社,1998.

[36] 刘武.公共服务接受者满意度指数模型研究[M].沈阳:东北大学出版社,2009.

[37] 长安大学.2008年西安市居民出行调查总报告[R].西安:长安大学,2010.

[38] 张双.地铁乘客满意度评价体系研究[D].西安:长安大学,2008.

[39] 马昌喜,马超群.交通影响评价[M].北京:机械工业出版社,2014.

[40] 住房和城乡建设部.城市综合交通体系规划交通调查导则(建城〔2014〕141号).

[41] 关宏志,刘小明.停车场规划设计与管理[M].北京:人民交通出版社,2003.

[42] 赵鹏,藤原章正,杉惠赖宁.SP调查方法在交通预测中的应用[J].北方交通大学学报,2000,24(6).

[43] 王方,陈金川,陈艳艳.交通SP调查的均匀设计方法[J].城市交通,2005,3(3).

[44] 成卫.城市交通冲突技术理论与应用[M].北京:科学出版社,2006.

[45] 项乔君,陆键,卢川,等.道路交通冲突分析技术及应用[M].北京:科学出版社,2008.

[46] 中华人民共和国行业标准.CJJ/T 141—2010 建设项目交通影响评价技术标准[S].北京:中国建筑工业出版社,2010.

[47] Transportation Research Board. TCRP Report 165: Transit Capacity and Quality of Service Manual, Third Edition[R]. 2013.

[48] Transportation Research Board. Highway Capacity Manual 2010 [R]. 2010.

[49] 中华人民共和国行业标准.CJJ/T 119—2008 城市公共交通工程术语标准[S].北京:中国建筑工业出版社,2008.

[50] 梁春岩.自行车交通流特性及其应用研究[D].长春:吉林大学,2007.

[51] Bhat, C. R., Castelar, S. (2002). A Unified Mixed Logit Framework for Modeling Revealed and Stated Preferences: Formulation and Application to Congestion Pricing Analysis in the San Francisco Bay Area[J]. Transportation Research Part B, Vol. 36, No. 7.

[52] WebTAG. Transport Analysis Guidance[M]. London: Department for Transport, 2010.